Italy 義大利

no.13

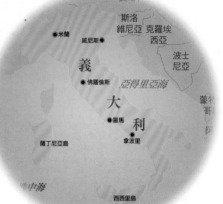

奧地

斯洛
維尼亞 克羅埃
西亞

米蘭
威尼斯

波士
尼亞

義

佛羅倫斯

亞得里亞海

蒙特
哥羅

大

利

羅馬

拿波里

阿

薩丁尼亞島

中海

西西里島

MOOK NEWAction

義大利 Italy

卡布里島藍洞 ╳ 南北義大利
五漁村、威尼斯 ╳ 全覽十二日

italy

科摩湖
西米歐尼　維諾納　威尼斯
米蘭
熱內亞
五漁村　佛羅倫斯
比薩斜塔
Italy 義大利
高速火車
羅馬
拿坡里　龐貝
卡布里島　蘇連多
地區

圖為義大利 > 托斯卡納區莊園

◎中華航空直飛羅馬，當日抵達
相較於大多數飛歐洲隔日抵達且在機上過夜的國際航班，搭配中華航空直飛羅馬，且於當天抵達入住飯店，舒緩搭機的疲勞後，隔日即可精神奕奕的暢遊義大利囉！

◎搭配中段飛機＋法拉利號高速列車，讓玩樂時間更充裕
要一次玩遍狹長的南北義大利，若不能增加遊玩的天數，那勢必得要搭配最省時間的交通工具。

◎物超所值住宿體驗
在飯店上我們特別將南義升等一晚五星的飯店並且入住托斯卡納莊園渡假飯店，光看飯店，就知道是不可錯過ＣＰ值極高的行程。

◎世界遺產之最不可錯過
一生一次，不可錯過羅馬的眾多遺跡，囊括十一個世界遺產之旅的義大利行程，絕對讓您不虛此行。

行程囊括羅馬古城，天主教梵蒂岡城，文藝復興的佛羅倫斯，人生必去的阿瑪菲海岸線，水都威尼斯，千年遺跡龐貝古城，熱門觀光景點比薩斜塔.......精彩可期的義大利之旅。＇

澄果旅遊
rangetour

台北營運處
02-2511-2135

台南營運處
06-208-6800

澄果官網

澄果臉書

澄果好友

義大利 Italy

MOOK NEW**Action** no.13

BY AIRMAIL
PAR AVION

義遊未盡

只去一次肯定不滿足！
藝術、美食、名牌、帥哥…
還有擋不住的義式熱情，更是度蜜月的首選

義大利天空之城.彩色島.雙米其林.三高鐵9天
2015 金質獎
。安排三段義大利國鐵及法拉利紅色子彈列車
。西斯汀教堂、烏菲茲美術館、搖櫓船、彩色島
。天空之城～班諾里吉歐、維洛納、佳達湖等

濃情蜜義.卡不里.彩色島.雙高鐵 12 天
2012 金質獎
。安排威尼斯兩晚＋升等拿坡里海景房兩晚
。一段內陸航班＋法拉利列車＋歐洲之星
。卡賽爾達皇宮、西斯汀教堂、烏菲茲美術館
。六次米其林推薦及紅蝦美食評鑑餐廳

義世珍藏.卡布里.彩色島.天空之城.雙高鐵 13 天
馬特拉石屋城、阿爾貝羅貝洛～蘑菇村、天空之城

長馬靴時尚精品義大利大城小鎮 9 天 超值推薦
戀上莊園.薄酒萊.浪漫義法 10 天
義瑞鐵力士天空步道三高鐵 10 天
義瑞法少女峰.四朵花酒鄉之路.米其林二星 12 天

【早鳥優惠】限定團每人最高減 6000 元
【特別加碼】參加指定團贈送 WiFi 分享器（每房一組）

◎更多義大利單國、義瑞法等多國精彩行程，歡迎上網或洽詢

鳳凰旅遊
PHOENIX TOURS

全台首家上市旅行社　台北：**(02)2537-8111**
桃園(03)302-6636　新竹(03)533-9119　台中(04)2321-0705
嘉義(05)2323-557　台南(06)295-7257　高雄(07) 335-0017

交觀綜2006　品保北0393

★五度榮獲觀光局頒發「優良旅行社獎」★十度榮獲TTG Asia頒發台灣最佳旅行社
★品保協會創始會員　★首家一億8千萬元履約責任險　★通過ISO 9001-2008版認證

本書所提供的各項可能變動性資訊,如交通、費用、開放時間、地址、電話,係以2016年1月前所收集的為準,正確內容仍以當地即時標示的資訊為主。如果你在旅行中發現資訊已更動,或是有任何內文或地圖需要修正的地方,歡迎隨時指正和批評。你可以透過下列方式告訴我們:
寫信:台北市104中山區民生東路二段141號9樓MOOK編輯部收
傳真:02-25007796　E-mail:mook_service@hmg.com.tw

符號說明

🕿 電話	🚫 休日	❗ 注意事項	⌚ 所需時間	ℹ️ 旅遊諮詢
🏠 地址	💲 價格	🎯 營業項目	🚗 如何前往	🅗 住宿
🕐 時間	🖱 網址	✳️ 特色	🚌 市區交通	

Welcome to Italy

歡迎來到義大利

義大利人最愛Espresso，小小一杯，直接而毫不掩飾的濃烈醇香，揉合現磨咖啡豆蘊藏的酸苦甘甜在舌尖併發，早晨的渾沌中一飲而盡，能瞬間打開五感並迷戀上那高溫淬煉後的滋味。在義大利旅行也有同樣感覺，千年古羅馬文明遺址、文藝復興藝術精華、時尚尖端的潮流精品、物產豐饒的美食饗宴、以及老師傅數代傳承的手工藝，都濃縮在這靴型的狹長土地上。

義大利境內擁有密集度最高的世界文化遺產，總是和熱情、浪漫、美食美酒畫上等號，成為蜜月及自助旅行的首選。每塊石頭皆古蹟的永恆羅馬、浪漫水都威尼斯、藝術聖殿佛羅倫斯、時尚之城米蘭、陽光洋溢拿波里，五大必遊城市，各有獨特鮮明的魅力；而在自然風光上，北義有托斯卡尼的田園景緻與阿爾卑斯雪山湖泊，南義有卡布里島的藍洞和西西里島的火山。昨天還在欣賞米開朗基羅巨作，今日已漫步托斯卡尼品味美酒，而阿瑪菲艷陽下，閃閃發光蔚藍海岸正等待著，從南到北絕無冷場，每天都有不一樣的感受。

個性十足的風貌也表現大城小鎮上，維洛納是不滅愛情的舞台、彩色五漁村在峭壁上隱世獨立、在龐貝尋找古羅馬的繁榮、走進阿爾貝羅貝洛的童話村莊、在馬特拉體驗穴居生活，不管偏好哪種玩法，義大利總能滿足多樣的需求。此外，全境被義大利包圍的兩小國：天主教聖地梵諦岡和小山國聖馬利諾，都是值得走訪的原因。

新版本的《義大利》在五大城市以外，更擴括了托斯卡尼、艾米利亞-羅馬納、維內多、倫巴底、利古里亞、坎帕尼亞、普利亞及西西里島等各大分區旅遊景點，並搭配清晰、好用的地圖及交通資訊。「義大利之最」、「精選行程」、「最佳旅行時刻」、「好味好買」、「交通攻略」、「義大利小百科」等單元，有系統的資訊整理，讓行前準備及行程規劃更加輕鬆。此外，針對藝術與建築的發展特別報導，幫助讀者在短短的時間，就能深入認識義大利席捲歐洲的文化魅力。

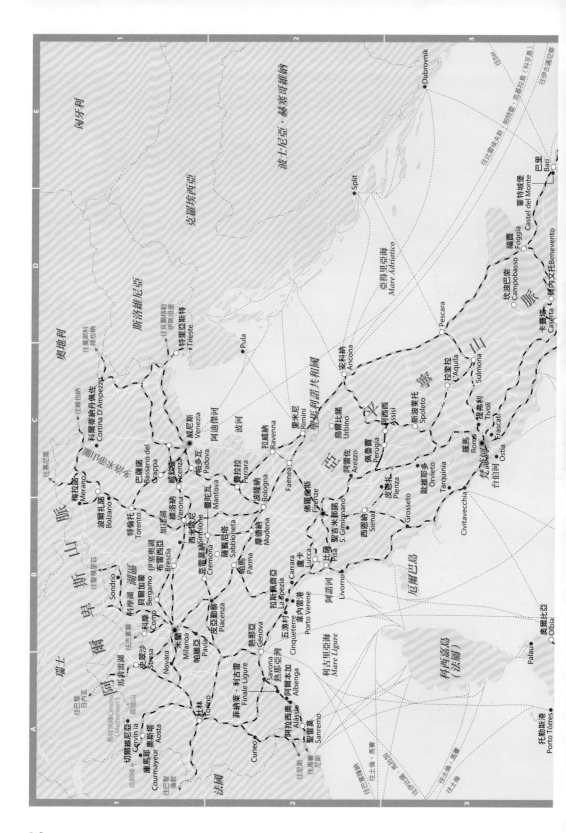

10

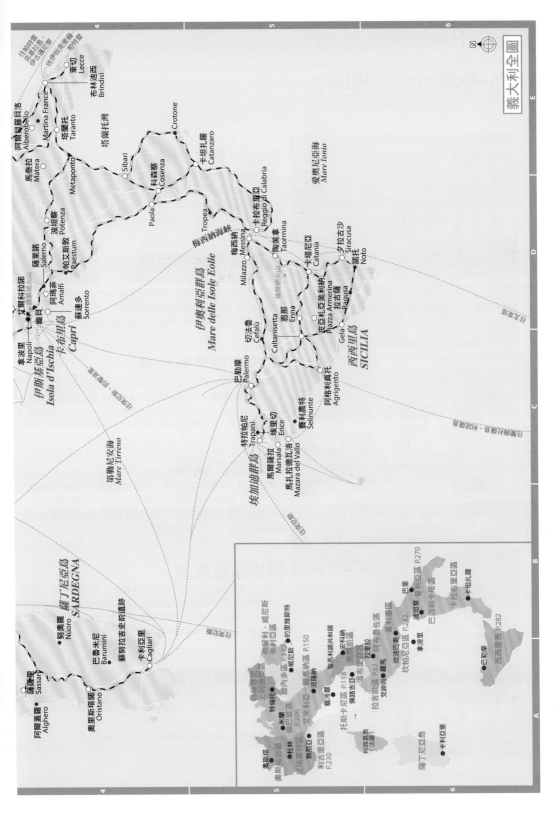

Top Reasons to Go

必去義大利理由

走訪世界文化遺產

義大利在歐洲政治、宗教及藝術方面，一直佔據重要地位，悠久歷史帶來數量最多的世界文化遺產。羅馬，威尼斯，佛羅倫斯，比薩，維洛納，龐貝等，在這些幾乎以整個城市為單位的世界文化遺產中，那塊不小心踢到的石頭都是古蹟的一部分！

鑑賞藝術大師巨作

從文藝復興三傑米開朗基羅的《創世紀》、達文西《最後的晚餐》、拉斐爾《雅典學院》，到威尼斯畫派的提香、喬久內和維諾內賽；從《大衛像》到貝尼尼的羅馬噴泉；從古羅馬到文藝復興，從建築、雕刻到繪畫，義大利就是一座超大型博物館。

宗教聖殿洗滌心靈

梵蒂岡是世界天主教中心，教徒莫不冀祈此生能有一次踏入聖彼得大教堂的機會。拋開信仰問題，欣賞榮耀上帝的藝術，哥德式的米蘭大教堂、文藝復興式的聖母百花教堂、濃濃拜占庭風的聖馬可大教堂，在宗教與藝術的饗宴下，心靈也得到淨化。

品嚐義式美食

義大利麵、比薩和濃縮咖啡，早就成為美食界的世界共通語言，此外，西西里島的海鮮、托斯卡尼的牛排和葡萄酒、威尼斯的提拉米蘇、帕瑪森起士、摩德納葡萄醋，以及義式冰淇淋Gelato，都是一吃就上癮的好味道。

擁抱蔚藍海岸

燦爛陽光、湛藍大海、白色沙灘和山崖上層層堆疊的五彩小房子，是旅人對地中海最美好的想像。卡布里島的優雅、阿瑪菲海岸的浪漫、西西里島陶美拿和切法魯的慵懶悠閒、以及五漁村的純樸可愛，滿足你目眩神馳的嚮往。

邂逅山城小鎮

托斯卡尼山城西恩納和聖吉米納諾，散發濃濃的中世紀風情；阿爾卑斯山腳下的科摩，擁抱湖光山色；蘑菇屋頂的阿爾貝羅貝洛，像童話中的村落；鑿山洞而居的馬特拉，將畫面凝結在千年前的耶路撒冷。義大利小鎮風格多變，怎麼玩也不會膩。

旅行計畫
Plan Your Trip

Top Highlights of Italy
義大利之最

文●李曉萍‧墨刻編輯部　攝影●李曉萍‧林志恆‧墨刻攝影組

永恆之城羅馬
Eternal Roma

　　從西元前8世紀羅馬創城以來，便一路領享著來自帝國、教皇甚至建築藝術的榮光，長達兩千年的首都命格造就了這不凡的偉大城市。萬神殿和圓形競技場彰顯古羅馬時期的輝煌，城中之國梵諦岡蘊藏米開朗基羅的文藝復興傑作，而貝尼尼的噴泉廣場則開啟了巴洛克式的華麗篇章。僅僅是為了這個城市，就值得前往義大利。（萬神殿P.83，圓形競技場P.74，梵諦岡P.100，拉沃那廣場P.85）

最佳博物館 The Best Museums	梵諦岡博物館/ 梵諦岡 Musei Vaticani/ Vaticano(P.103)	烏菲茲美術館/ 佛羅倫斯 Galleria degli Uffizi/ Firenze(P.127)

乘貢多拉遊水都
Roaming Venice by Gondole

貢多拉微微傾斜的船身輕巧劃過運河水面，穿梭在威尼斯的頹廢與華麗之間，穿梭在雍容氣勢與婀娜婉媚之間，搖槳人以一種不疾不徐的速度揭開水都的風情萬種，瀲灩水光、精雕細琢的哥德建築與義式情歌交織出一片迷離情調。小船上的世界沒有擁擠的人群，只有你和威尼斯的嫵媚。（P.172）

藝術學院美術館/
佛羅倫斯
Galleria dell'Accademia/
Firenze(P.133)

藝術學院美術館/
威尼斯
Gallerie dell'Accademia/
Venezia(P.186)

國立考古學博物館/
拿波里
Museo Archeologico
Nazionale/Napoli(P.250)

榮耀上帝的藝術
Art for the Glory of God

　　義大利教堂的規模一個比一個壯觀，工程一個比一個浩大，展現出對宗教的虔誠與對藝術的執著。粉紅、墨綠和白色大理石拼貼出珠寶盒一般的聖母百花教堂；當東方伊斯蘭的圓頂遇上仿羅馬圓柱，碰撞出聖馬可大教堂的火花；六百年歲月雕琢出米蘭大教堂的尖塔之林；而梵蒂岡的聖彼得大教堂不只是世界最偉大的圓頂建築之一，內部的雕塑繪畫更宛如一座世界級美術館。（聖彼得大教堂P.101，聖母百花教堂P.124，聖馬可大教堂P.184，米蘭大教堂P.212）

阿瑪菲海岸
Amalfi Coast

　　車行在迂迴盤旋的陡峭山崖，南義陽光下，湛藍海洋閃耀迷人光澤，繞過幾個山彎，依山而築的別墅忽然出現，像點綴海岸的彩色寶石，盛艷紅花綻放滿園熱情，翠綠橄欖樹隨風搖曳，空氣中飄散檸檬和柑橘芳香。從卡布里島、蘇連多到阿瑪菲，明媚風光自古即是藝術家的繆思女神，沒有人能反對，這裏是義大利最美的海岸線。(P.253)

最美教堂
The Most Beautiful Basilica

| 聖彼得大教堂/梵諦岡 Basilica Papale di San Pietro/Vaticano(P.101) | 聖母百花大教堂/佛羅倫斯 S. Maria del Fiore/Firenze(P.124) |

馬特拉石穴居
Matera Sassi

　　如果想尋找色彩繽紛的中世紀可愛小鎮，千萬別來馬特拉，因為這裡只有凝結了千年的石穴屋，密密麻麻佔領視線，層層疊疊地朝天空攀升；只有錯綜複雜的石階在屋舍間亂竄，引誘你踏入迷宮巷弄。馬特拉的居民以石灰岩洞穴作為住宅，安身立命，如大地的一部分，沈穩而平靜，就像整個舊城區，即使看起來破舊頹圮，卻總能在陽光下閃耀溫柔金光。(P.277)

| 聖馬可教堂/
威尼斯
Basilica di San Marco/
Venezia(P.184) | 米蘭大教堂/
米蘭
Duomo/
Milano(P.212) | 王室山主教堂/
巴勒摩
Monreale/
Palermo(P.294) | |

比薩扶正斜塔
Leaning Tower of Pisa

似乎沒在比薩的神蹟廣場上，拍幾張用各種姿勢扶正斜塔的照片，就不算來過義大利！比薩斜塔是義大利最具代表性的地標之一，其實因為地質因素，斜塔旁同樣風格的主教堂、洗禮堂，甚至整個市區的舊建築都是傾斜的。斜塔曾一度關閉，所幸經過大規模搶修後，已停止繼續傾斜，預計還能再撐200年。（P.140）

龐貝
Pompeii

龐貝的時間在西元79年8月24日被按下停止鍵，從此不再前進。維蘇威火山大爆發的浩劫之日，山腳南麓的龐貝古城瞬間被埋沒，火山灰厚達6公尺，這個商港的一磚一瓦、人們的一舉一動都凝結在羅馬時期最繁華的時刻。直到17世紀的考古挖掘，這些神殿、劇場、浴場和商店街才有機會重見天日。（P.262）

最有價值古蹟
The Most Valuable
Archaeological Area

羅馬歷史中心/
羅馬
Historic Centre of Rome/
Roma(P.73)

圓形劇場/
維洛納
Arena/
Verona(P.202)

托斯卡尼莊園慢活
Slowness in Tuscany

起伏的綠野丘陵，滿山的葡萄園和橄欖樹，與燦爛的陽光交織成無際田園天堂。美麗的鄉野間，小山城留下中世紀的韻味，石板小巷弄間滿溢誘人的美食芳香，托斯卡尼牧歌式的風景，是一首甜美的慢板，是義大利鄉村的最佳寫照。(P.118)

龐貝/ 坎帕尼亞 Pompei/ Campania(P.262)	阿格利真托/ 西西里島 Agrigento/ Sicilia(P.302)	艾爾科拉諾/ 坎帕尼亞 Ercolano/ Campania(P.266)

文藝復興巨作
Masterpiece of Renaissance

十五世紀的義大利，以佛羅倫斯為中心，刮起一陣重視人文主義，再現古羅馬精神的文藝復興颶風，席捲整個歐洲，從建築、雕刻到繪畫締造義大利最璀璨的時光。從米開朗基羅的《創世紀》、達文西《最後的晚餐》、拉斐爾《雅典學院》、波提且利《維納斯的誕生》，到威尼斯畫派的貝里尼、提香、喬久內和維諾內賽，那些書本上的大師作品不再遙不可及，義大利的博物館就是藝術寶庫。

最美廣場
The Most Beautiful
Piazza

拉渥那廣場/
羅馬
Piazza Navona/
Roma(P.85)

聖彼得廣場/
梵諦岡
Piazza San Pietro/
Vaticano(P.102)

阿爾貝羅貝洛
Alberobello

　　看到阿爾貝羅貝洛的剎那，一定會忍不住想像，下一個從圓錐頂小白屋下走出來的，會不會是童話中的小矮人。阿爾貝羅貝洛位於巴里南方50公里，小鎮因為造型特殊的錐頂石屋而聲名遠播，這種以石灰岩搭建的石屋名稱為「土廬洛Trullo」，像一朵朵冒出地面的可愛小蘑菇，佈滿整個山丘，散發療癒系魅力。（P.274）

五漁村
Cinque Terre

　　當你從鐵路、從海上緩緩駛進這些險峻崖岸上的村落，那岬角上散落的粉彩屋舍、山崖間挺立的小教堂、從海邊沿著山勢層層往上延伸的葡萄梯田、滿山粗獷野放的橄欖樹林，散發出一股無法擋的誘人魅力。義大利西北角利古里亞海的狹長海岸線，由於地勢險峻、交通不便，好幾個世紀以來幾乎與外界隔絕，直到近代火車的開發，才有機會一探這些遺世獨立的村落。（P.238）

文化混血西西里
Hybrid Culture of Sicily

這個僅是台灣0.7倍大的地中海島嶼上，千年來經過無數民族統治，造就獨一無二的混血文化。希臘神殿、諾曼式教堂、巴洛克建築、拜占庭鑲嵌畫和阿拉伯迴廊圓頂都能出現在同一個城市，即使向來水火不容的基督教和伊斯蘭文化，也能史無前例大和解，在諾曼王宮、王室山和切法魯的主教堂閃耀獨特的「阿拉伯－諾曼式」建築光輝。（P.282）

歌劇之夜
Opera Night

「義大利歌劇」為歌劇表演豎立了標準型態，來到王者的故鄉，就算不太懂，也要親身感受一下這種衣香鬢影的上流風範。喜歡古希臘羅馬式的恢宏場面，可選擇維洛納圓形劇場和陶美拿古希臘劇場，偏好貴族式的奢華璀璨，瑪西摩劇院和史卡拉劇院的音場效果和金碧輝煌，不會讓你失望。（圓形劇場P.202，古希臘劇場P.301，瑪西摩劇院P.292，史卡拉劇院P.214）

最佳小鎮
The Best Town

五漁村／
利古里亞
Cinque Terre／
Liguria (P.238)

阿爾貝羅貝洛／
普利亞
Alberobello／
Puglia(P.274)

跟著義大利人逛市集
Going Market with Local

市集最能感受義大利的熱情與活力，藝術古董市集裡挖掘下一個米開朗基羅的作品；果菜市場攤販上碩大瓜果鮮豔飽滿、油漬番茄橄欖誘發食慾、街頭小吃香味四溢；漁市場裡，技巧純熟的肢解新鮮漁貨的小販，專注地像面對大理石的雕刻家。那些大聲豪爽的彈舌語調、戲劇化的肢體語言，是一種鬧哄哄的、略微凌亂的生活感。

科摩
Como

科摩是阿爾卑斯山南麓閃耀的藍色寶石，陽光和煦、氣候宜人，平靜清澈的湖水船帆點點，綠意盎然間錯落著純樸的小鎮，遠景是阿爾卑斯山脈的皚皚白雪。世外桃源的悠然景致，從羅馬帝國時代以來，就吸引了皇室貴族前來興建別墅、花園。(P.229)

馬特拉／
巴斯利卡塔
Matera／
Basilicata(P.277)

波西塔諾／
阿瑪菲海岸
Positano／
Costiera
Amalfitana(P.256)

切法魯／
西西里島
Cefalù／
Sicilia(P.296)

Top Itineraries of Italy
義大利精選行程

文●李曉萍

經典四城7天

●行程特色

　義大利值得到訪的景點和城市絕不是短短7天就足夠，時間有限的情況下，建議把精力集中在最經典的四大城市，從古蹟建構的永恆羅馬為起點，在佛羅倫斯品藝術培養氣質、浪漫水都威尼斯邂逅愛情、最後在時尚之城米蘭血拼義大利品，每天遊走在名列世界文化遺產的必看景點之間，濃縮義大利精華。

●行程內容

Day1~2：羅馬Roma

Day3：羅馬Roma→佛羅倫斯Firenez（比薩Pisa）

Day4：佛羅倫斯Firenez

Day5：佛羅倫斯Firenez→威尼斯Venezia

Dya6：威尼斯Venezia→米蘭Milano

Day7：米蘭Milano→羅馬Roma

北義精華10天

●行程特色

　善用10天的時間，除了拜訪四大經典城市的古蹟與藝術，若能安排不同地點進出義大利，不妨在行程中加入北義小鎮，感受不同於偉大城市及雋永藝術的悠閒風情。托斯卡尼小鎮西恩納是義大利最完美的中世紀小鎮，熱內亞是大航海時代的海上霸主，而位於懸崖上的彩色五漁村則將會是此行最驚艷的亮點。

●行程內容

Day1~2：羅馬Roma

Day3：羅馬Roma→西恩納Siena

Day4：西恩納Siena→佛羅倫斯Firenez

Day 5：佛羅倫斯Firenez→比薩Pisa→熱內亞Genova

Day6：熱內亞Genova（五漁村）

Day7：熱內亞Genova→米蘭Milano

Day8：米蘭Milano→維洛納Verona

Day9：維洛納Verona→威尼斯Venezia

Day10：威尼斯Venezia

＊（ ）代表當日來回行程

漫遊北義小鎮10天

●行程特色

如果已是第二次造訪義大利，可將行程鎖定在風格各異的北義小城鎮，蔚藍海岸旁的繽紛漁村、托斯卡尼田園風光、阿爾卑斯山脈下雪山鏡湖、小山國聖馬利諾以及馬賽克之都拉威納，深度感受不同區域的人文風情。建議可以大城市為中心點，當天往返鄰近小鎮，減少自助旅行帶著大行李移動的不便性。

●行程內容

Day1：羅馬Roma

Day2：羅馬Roma→西恩納Siena

Day3：西恩納Siena→聖吉米納諾佛→佛羅倫斯Firenez

Day4：佛羅倫斯Firenez→比薩Pisa→五漁村Cinqueterre

Day5：五漁村Cinqueterre→米蘭Milano

Day6：米蘭Milano（科摩Como）

Day7：米蘭Milano→波隆那Bologna

Day8：波隆那Bologna（聖馬利諾共和國、拉威納Ravenna）

Day9：波隆那Bologna→維洛納Verona

Day10：維洛納Verona→威尼斯Venezia

古蹟、藝術與海洋的禮讚14天

●行程特色

這是越在最短的時間內，魚與熊掌兼得的旅程，除了一口氣拜訪義大利五大城市，徜徉傳世藝術及千年古蹟的懷抱，並穿插卡布里島和阿瑪菲的旖旎海岸、聖吉米納諾和西恩納的淳樸田園。建議安排一段國內線飛機，減少交通時間，最後回到羅馬，留下幾天深入探訪這偉大的城市，也可讓行程增加變動的彈性。

●行程內容

Day1：羅馬Roma→拿坡里Napoli

Day2：拿坡里Napoli→卡布里島Capri

Day3：卡布里島Capri→阿瑪菲海岸Amalfi

Day4：阿瑪菲海岸Amalfi→龐貝Pompeii→拿坡里Napoli

Day5：拿坡里Napoli→米蘭Milano（飛機）

Day6：米蘭Milano→維洛納Verona

Day7：維洛納Verona→威尼斯Venezia

Day8：威尼斯Venezia

Day9：威尼斯Venezia→佛羅倫斯Firenez（比薩Pisa）

Day10：佛羅倫斯Firenez（聖吉米納諾San Gimignano）

Day11：佛羅倫斯Firenez→西恩納Siena

Day12~14：西恩納Siena→羅馬及近郊Roma

＊（ ）代表當日來回行程

擁抱南義海洋與艷陽14天

●行程特色

特別推薦給不是第一次到訪義大利，或是想看看非典型義式風景的旅人。坎帕尼亞地區有夢境般的絕美藍洞和阿瑪菲海岸線，東部是童話村阿爾貝羅貝洛和洞穴石屋馬特拉，南部的西西里島融合了希臘、阿拉伯、羅馬式、拜占庭、以及巴洛克的文化混血風情，表現在建築、藝術甚至食物上，都足以打破對義大利的刻板印象。跨區移動時可安排高速子彈列車、水翼船、有臥艙的夜間遊輪、以及國內線飛機，體驗各區間不同的交通方式也是旅程的樂趣。

●行程內容

Day1：羅馬Roma

Day2：羅馬Roma→巴里Bari→馬特拉Matera

Day3：馬特拉Matera→巴里Bari

Day4：巴里Bari→阿爾貝羅貝洛Alberobello→拿坡里Napoli

Day5：拿坡里Napoli→卡布里島Capri

Day6：卡布里島Capri→阿瑪菲海岸Amalfi

Day7：阿瑪菲海岸Amalfi→龐貝Pompeii→拿坡里Napoli

Day8：拿坡里Napoli→巴勒摩Palermo

Day9：巴勒摩Palermo（切法魯Cefalù）

Day10：巴勒摩Palermo→阿格利真托Agrigento

Day11：阿格利真托Agrigento→卡塔尼亞Catania

Day12：卡塔尼亞Catania（埃特納火山Etna/陶美拿Taormina）

Day13：卡塔尼亞Catania（夕拉古沙Siracusa）

Day14：卡塔尼亞Catania→羅馬Roma

＊（ ）代表當日來回行程

義大利環遊21天

●行程特色

南義的海洋、火山及混合東方特色的西西里島文化，中部大量珍貴的古羅馬遺跡、藝術巨作及托斯卡尼田園風光，北部則有浪漫水都和時尚之城，不管在歷史人文、建築藝術、自然景觀、或購物美食等各方面，義大利從南到北呈現豐富多元的面貌。義大利土地狹長，氣候南北也略有差異，若是9~10月安排旅程，建議將行程反過來，以北義為起點。

●行程內容

Day1~2：羅馬Roma及近郊

Day4：羅馬Roma→拿坡里Napoli

Day5：拿坡里Napoli→卡布里島Capri

Day6：卡布里島Capri→龐貝Pompeii→拿坡里Napoli

Day7：拿坡里Napoli→巴里Bari（阿爾貝羅貝洛Alberobello）

Day8：巴里Bari→馬特拉Matera→巴里Bari→陶美拿Taormina

Day9：陶美拿Taormina→卡塔尼亞Catania

Day10：卡塔尼亞Catania（夕拉古沙Siracusa/埃特納火山Mt. Etna）

Day11：卡塔尼亞Catania→巴勒摩Palermo

Day12：巴勒摩Palermo→熱內亞Genova

Day13：熱內亞Genova（五漁村Cinqueterre）

Day14：熱內亞Genova→米蘭Milano

Day15：米蘭Milano→維洛納Verona

Day16：維洛納Verona→威尼斯Venezia

Day17：威尼斯Venezia→波隆那Bologna

Day18：波隆那Bologna→佛羅倫斯Firenez

Day19：佛羅倫斯Firenez（比薩Pisa）

Day20：佛羅倫斯Firenez→西恩納Siena

Day21：西恩納Siena→羅馬Roma

When to go
最佳旅行時刻

文●李曉萍・墨刻編輯部　攝影●李曉萍・墨刻攝影組

義大利是由阿爾卑斯山脈向地中海延伸的靴型半島，北與法國、瑞士、奧地利、斯洛維尼亞等國接壤，東、西、南面分別被亞得里亞海、愛奧尼亞海、地中海、第勒尼安海、利古里亞海環繞。本土之外，周邊還包括西西里島、薩丁尼亞島等70多座島嶼。

義大利半島呈南北延伸的細長狀，因此差異頗大。大體來說，在北部及山地年溫差大，越靠近南部和沿海地區，氣候愈溫和，是典型的地中海型氣候，夏季乾熱、冬季暖溼，晝夜溫差較大。此外，因為緯度較高，所以夏季日照時間長，有更多時間可在外活動。

特倫蒂諾・
上阿迪傑區
弗留利・威尼斯
朱利亞省
奧斯塔谷省
米蘭
倫巴底省　維內多省
皮埃蒙特省
熱那亞
艾米利亞・羅馬納省
利古里亞省
聖馬利諾共和國
托斯卡尼省
馬爾凱省
溫布里亞省
拉吉歐省　阿布魯佐省
梵諦岡●羅馬
莫利塞省
坎帕尼亞省
拿波里
薩丁尼亞島　　　　普利亞省
巴西利卡塔省
卡利亞里
卡拉布里亞省

巴勒摩
西西里島

中部地區

　　義大利中部多平原和起伏丘陵，滿山的葡萄園和橄欖樹，以及不虞匱乏的農產品，包括佛羅倫斯所在的托斯卡尼(Toscana)、溫布里亞(Umbria)、及羅馬所在的拉吉歐(Lazio)等大區。

　　整體來說，氣候較溫和，夏季乾燥少雨，7~8月有時會出現難耐高溫，9月開始涼爽最適合旅遊，雨季大約從10月開始，冬季轉為濕冷。一天中日夜溫差大，春秋兩季前往，建議隨身攜帶薄外套。

北部地區

　　義大利北部指的是阿爾卑斯山脈以南，艾米利亞－羅馬納省南側的亞平寧山脈以北，包含米蘭所在的倫巴底(Lombardia)、威尼斯所在的維內多(Veneto)、利古里亞區(Liguria)等。區域內散佈阿爾卑斯山脈融雪注入的冰河湖和波河(Po River)平原，自古即是農產豐饒的魚米之鄉。

　　這個地區受到海洋的影響較小，冬季氣候嚴寒多雨，12~2月間常有降雪，一月份波河平原平均氣溫約零度，高山上更可能到達-20°；夏季則十分炎熱，濕度也相當高。而利古里亞區的沿海有亞平寧山脈阻擋大陸冷空氣，又有海洋調節氣溫，所以氣候相當宜人。

南部地區

　　豔陽、白沙、藍天碧海和險峻崖岸是義大利南部最吸引人的景象，這個區域從拿波里所在的坎帕尼亞(Campania)開始，到鞋尖和鞋跟位置的普利亞(Puglia)、巴西利卡塔(Basilicata)和卡拉布里亞(Calabria)，本島以外則有西西里島(Sicilia)和薩丁尼亞島(Sardina)。

　　這裏呈現標準的地中海型氣候，夏季乾燥而炎熱，降雨少而旱季長，防曬用品是必須；冬季氣候溫和，也不像其他區域潮濕多雨，是歐洲人的避冬首選。外島的降雨量又比本島更低，年平均雨量在500mm以下。

各區主要城市氣溫雨量

城市名稱		1月	4月	7月	10月
米蘭	平均高/低溫	6/-1℃	18/8℃	28/18℃	17/10℃
	平均雨量	64mm	74mm	78mm	89mm
羅馬	平均高/低溫	12/4.5℃	18/9℃	29/19℃	22/13℃
	平均雨量	87mm	51mm	21mm	95mm
拿波里	平均高/低溫	13/7℃	19/12℃	30/21℃	22/18℃
	平均雨量	85mm	58mm	12mm	68mm
巴勒摩	平均高/低溫	15/9℃	19/12℃	29/20℃	24/16℃
	平均雨量	59mm	29mm	7mm	59mm

主要節慶活動

　　由於義大利當年是由各個不同國家、城邦所組成，除了復活節、耶誕節這種全國性的節日之外，大多都是地方性色彩濃厚的節慶，最有名的當屬威尼斯嘉年華，再其次則是各個城市守護神的宗教節日。

　　若是想前往義大利血拼，冬季特賣大約在1月上旬～2月下旬間，夏季特賣則6月底起跑，約8月中結束。

　　新年（1/1）、復活節、勞動節(5/1)、國慶日(6/2)、聖母升天節(8/15)以及聖誕節(12/24~25)，許多博物館及景點在這些日子關閉，安排行程需特別注意。

月份	地點	節慶名	內容
1	威尼斯	巫婆划船賽 (Regata della Befana)	威尼斯的巫婆不騎掃帚，而是划船。每年1月6日為了慶祝主顯節(Epiphany)，威尼斯的壯丁會打扮成巫婆模樣，進行划船賽。
2	威尼斯	威尼斯嘉年華 (Carnevale)	每年2月份的歐洲，沒有一個城市可以與威尼斯爭峰，從17世紀以來就是這樣，400多年來，嘉年華在威尼斯的水巷間散發著誘人色彩。
3-4	全義大利	復活節	耶穌受難日與復活節週日舉行火把遊行，在羅馬，一般是由教宗帶領隊伍經過圓形競技場，並在復活節週日於聖彼得大教堂主持向全世界廣播的儀式。
5	拿波里	聖真納羅節	聖真納羅(San Gennaro)是拿波里的守護神，教堂內收藏了兩管聖人的聖血，每到了5月的第一個週六凝固的聖血都會奇蹟般地液化，全城會舉辦慶典。
6	佛羅倫斯	中世紀服裝足球賽	6月最後一個星期在聖十字廣場或領主廣場舉行三場穿中世紀服裝足球賽，以紀念始於1530年的比賽。
6	威尼斯	威尼斯雙年展 La Biennale di Venezia	兩年一度的威尼斯雙年展在畸數年的6月揭幕，是世界上享有盛名的藝術節慶。
7	西恩納	賽馬節Palio	西恩納最重要的大事就是一年一度的傳統賽馬會，每到這個時候整個城鎮彷彿從沉睡的中世紀甦醒過來，舉辦地點在扇形廣場。
9	威尼斯	威尼斯影展 Mostra del Cinema di Venezia	威尼斯影展的紅地毯在麗都島(Lido)拉開星光大道序幕，是國際重要影展之一。
11	米蘭、威尼斯、拿波里、巴勒摩	歌劇季	米蘭的史卡拉歌劇院(La Scala)、威尼斯的鳳凰劇院(La Fenice)、拿波里的聖卡羅歌劇院(San Carlo)以及巴勒摩的瑪西摩歌劇院(Massimo)是義大利的四大歌劇院，從每年10月中進行到隔年3月，在11月達到高潮。

Best Taste in Italy
義大利好味

文●李曉萍・墨刻編輯部　攝影●李曉萍・林志恆・周治平・墨刻攝影組

世界上可以與中國餐館在數量與歡迎度上並駕齊驅的只有義大利餐館，義大利披薩、義大利麵簡直就是全球共通語言，義大利是「吃文化」的強勢主流，因為背後有豐富的食材與高超的廚藝支撐這個令人垂涎的美食帝國。

現今我們稱之為義大利的國家，其實統一不到兩個世紀，長久以來，這隻深入地中海的長靴由20個不同國家組成，各自形成獨特的文化，也因為這種各自為政的歷史背景，義大利各地料理也枝繁葉茂地發展出自己的風味，光是義大利麵的種類即高達200餘種、500種乳酪，更不要提最平常的飲料葡萄酒，竟然有1000多種。對食材原味講究的態度，造就了義大利料理的絕卓魅力，更進而成為義大利的文化內涵之一，其豐富處不下於繽紛的文藝復興藝術。

如何選餐廳

義大利的餐廳種類相當多樣，多少可以在餐廳的名稱上判斷這家餐廳的價位，當然，大部份餐廳門口都有菜單，記得先研究一下價位再進入。

高級餐廳(Ristorante)：穿著要正式、點餐要點全套，費用最高。

大眾餐館(Trattoria & Osteria)：較為平價的餐廳或傳統家庭式小館，規矩較少，氣氛也較為平民化，可以穿的隨興，點菜也較自由。

披薩屋(Pizzeria)：你可以選擇不同口味、不同尺寸的披薩，如半張或是1/4張、1/8張，通常還是有供應義大利麵或沙拉等，價位相對便宜。

熟食店(Tavola Calda、Rosticceria、caffeteria)：有點像台灣的自助餐店，提供各種已烹調好的熟食。點好餐後先到收銀臺結帳，拿著收據回來領微波爐加熱過的食物即可，是旅途中省錢的好選擇。

咖啡廳(Café)和酒吧(Bar)：這兩種大概是最平常的餐廳，咖啡館從早到晚供應咖啡與小點心，酒吧除了酒之外也供應小簡餐，例如三明治等，價位比較大眾化。

點菜及結帳

一頓完整的義大利餐其實份量驚人，通常服務生一定會送上一籃麵包，有時還會附贈火腿片和香腸片供食客取用，這些只是餐前點心而已，此時會先詢問是否需要酒類或飲料，再離開讓你慢慢研究菜單。

開胃菜(Antipasto)：開啟你對之後美食的憧憬，其中最具代表性的開胃菜是地中海蜜瓜(Prosciutto Melone)，搭配帕瑪火腿(Parma Ham)，鹹甜口味同時入口，風味絕佳。想要什麼都嚐嚐，可以點綜合盤(antipasto misto)。

第一道菜(Primo Piatto)：又稱為「前菜」，通常是義大利麵食、燉飯(risotto)、義大利餃(Ravioli)或特產的玉米糰。

第二道菜(Second Piatto)：以魚類或肉類料理為主的「主菜」。

配菜(Contorno)：一般多為蔬菜沙拉或水煮蔬菜，會在主菜的前後上桌。

甜點(Dolce)與咖啡：就算點餐時沒選擇，餐後服務生一定會再次詢問，畢竟以濃醇的espresso咖啡結束才是完美句點。

如果在菜單上看到Menu turistico，代表給觀光客的全套套餐，價格雖然比單點划算，但這種專門做觀光客生意的餐廳，品質上也不用太期待。Piatto del giorno代表今日特餐，是餐廳當日的促銷菜色。

對義大利人而言，在餐廳用餐不只是裹腹而已，更重要的是與家人好友高談闊論享受美食的時光，所以套餐吃下來往往需要2~3個小時。現在潮流越來越講究身材與健康，除非在高級餐廳，否則用餐時依自己食量來決定點菜的方式即可。如果酒量尚佳，不妨點一壺葡萄酒佐餐，義大利的任何餐廳都有品質不錯的葡萄酒。

大部份結帳會加上餐桌費(Coperto，可視為麵包費用)，有些餐廳另加收服務費。

義大利式的日常

雖然這些都是廣泛盛行於世界各地的義大利飲食，來到發源地，怎麼能不嚐嚐其中差異，雖然各區口味還是略有不同，但卻傳遞出相同的生活態度與哲學。

咖啡Café

義大利平均每人一年約喝600杯咖啡，早上站在麵包店櫃檯旁點杯Espresso搭配可頌麵包，下午和朋友同事一邊聊天一邊走進咖啡館，依然是站在櫃檯旁喝完就走，對義大利人而言，喝咖啡不一定要走到某家咖啡館坐下來品嚐，一杯一歐元的濃縮滋味，就和台灣人喝手搖茶飲一樣，是不可缺少的生活要素。

在義大利，站在吧台喝咖啡都比坐下來便宜，方法是先到收銀台點餐結帳，再拿著收據到餐點櫃檯領咖啡，點餐時說Café指的就是濃縮咖啡Espresso。若是要內用，直接找張桌子坐下來，就會有服務人員來點餐。

披薩Pizza

拿波里是披薩的發源地，一開始只是城市中下階層的路邊小吃，使用秤重的方式購買，直到20世紀才廣為流傳。最正統的披薩只有兩種口味，使用大蒜、歐利佳奴香料和蕃茄紅醬的Marinara，以及使用綠色蘿勒、白色Mozzarella水牛起司和蕃茄紅醬，有義大利國旗顏色的Margherita。

現在比較多的披薩作法是羅馬式的，餅皮外薄內厚，口味相當多元化。披薩屋(Pizzeria)的披薩較正統講究，多半使用石窯或磚窯燒烤，熟食店也販售多種口味的方型披薩，雖然是快速省錢的好選擇，味道上就差了一大截。

義大利麵Pasta

Pasta泛指一切用小麥加水攪和後揉搓製成的食物，製作成不同形狀後，各自又有不同名稱。高品質的義大利麵規定要以稍硬的杜蘭小麥製成，不得添加任何防腐劑及人工色素，形狀琳瑯滿目，多達200多種。

義大利麵又分成新鮮（Pasta fresca）與乾燥（Pasta Secca）兩種，一般而言，北義喜歡在麵粉中加入雞蛋製麵，艾米利亞－羅馬納又以手工雞蛋麵聞名。

義大利人喜歡吃有嚼勁的麵，稱為Al Dente的煮法，台灣很多人吃不慣這種麵心不熟的義大利麵。除了麵條形狀，各區域也會將當地物產特色加入烹調，例如：托斯卡尼的牛肝菌義大利麵Pasta Con Polcini。

義大利冰淇淋 Gelato

義大利冰淇淋稱為Gelato，在陽光燦爛的地中海區，有讓人一吃就上癮的神奇魔力。

相較於其他冰淇淋，Gelato是種健康而無負擔的甜品。天然無多餘添加物，使用牛奶混合少量奶油，脂肪含量較少，而降低脂肪就不會影響味蕾的敏銳度，所以味道也較鮮明。此外，打發速度較慢，空氣含量只有25~30%（冰淇淋含量為50%），且溫度比一般冰淇淋高，口感上較綿密軟滑。推薦新鮮水果口味，還吃得到果粒，南義流行的開心果口味也值得嘗試。

地區飲食特色

氣候及地理環境的差異性是造成地區招牌菜各異的主因，在對的季節品嚐各地的特色料理，則是旅行義大利不可缺少的樂趣。

羅馬與拉吉歐區

在生活習慣上，羅馬是比較偏向南方的，享受生活、喜愛美食；在飲食上，則訴求樸實而自然，烹調方式比較趨向於簡單和鄉野味。

橄欖油醃漬朝鮮薊Carciofi sott'Olio

朝鮮薊是義大利中南部常見的蔬菜種類，可用橄欖油醃漬作為前菜，或是拌麵後作為配菜。每年十月到隔年五月的盛產季節，幾乎每家餐廳都提供這道旁菜。

烤大蒜吐司Bruschetta

這是義大利中部非常普遍的前菜，把麵包烤到金黃變硬，加片大蒜、鹽與胡椒即可，若要更有味道，可擺些碎蕃茄(Bruschetta con Checca)；不過對於油就比較講究，必須是新鮮的「極純冷壓橄欖油」。

義大利麵Spaghetti

麵食的形狀變化不大，醬料卻很特別，除了基本的蕃茄以外，醃豬肚肉(Pancetta)與羊乳酪(Pecorino)在羅馬地區被普遍使用。

小羊肉Agnello

綿延在拉吉歐省的牧羊傳統，使得羊肉成為羅馬人的主食之一。小羊肉的作法有很多種，可以炙烤、燉煮、烘烤或油炸，而且經常會搭配馬鈴薯一起食用。

佛羅倫斯與托斯卡尼區

托斯卡尼地區是義大利的文明發源區，也是義大利菜的根本，這個山巒平緩起伏的碧綠大地盛產橄欖、大麥、葡萄，擁有豐富的資源，因此自古以來即講究新鮮食材與健康清淡的口味，到托斯卡尼學義大利廚藝儼然成為另一種流行趨勢。

佛羅倫斯大牛排Bistecca alla Fiorentina

佛羅倫斯牛排是以葡萄枝或栗子樹炭火燒烤的丁骨牛排，加上鹽、胡椒、橄欖油等簡單調味品，其特色在於使用品種優良的白色野牛Chianina，此牛種體型相當龐大，肉質極為細膩，而且膽固醇

比一般牛肉低，容易消化。一塊帶骨的牛排肉厚約5公分，極大的分量讓人印象深刻，切開香酥的外層裡面還飽含血水，主要就是要你嚐牛肉本身的甜度。

鄉村青豆濃湯Zuppa di Fagioli

托斯卡尼一帶的料理極喜愛以扁豆為食材，這也是當地人被稱為「食豆者」(Mangia fagioli)的原因，最常見的是白豌豆(cannellini)、花豌豆(borlotti)，除了煮成濃湯之外，還可以煮熟之後搭配香腸或肉類。

青豆義大利麵Pasta e fagioli

托斯卡尼的義大利麵條也較為不同，有一種當地特產的pinci，可搭配肉醬或醬汁食用，另外還有一種雞蛋麵(pappardelle)，都是扁平細長的麵條，搭配野兔肉醬。

威尼斯與維內多區

當年縱橫四海的威尼斯商人引進大量的東方物資，同時，也將口味特別的東方烹調技術帶入了威尼斯，因此，你可以感覺威尼斯的料理非但多元，而且口味又甜又酸。由於靠海，主菜大多是海鮮類產品，如蝦子、鯷魚(acciughe)、鱈魚(baccala)、淡菜等，造就了迥異於義大利其他地區的特色。

豌豆濃湯Risi a Bisi

這種傳統濃湯直接翻譯名稱就是「米與豌豆」，對於威尼斯人而言，不僅僅是湯，而且還可以稱為燴飯，可見濃稠的程度。

特製義大利扁平細麵Bigoli

當地自製的寬扁細麵條，比較厚一點，只要用水煮熟加入簡單的鯷魚醬，就是道地的威尼斯美食。

玉米糕加鹹魚乾Polenta& Baccala

玉米糕剛吃會有點不習慣，因為似乎沒有任何味道，慢慢嚼，你就會吃出它獨特的風味，可以搭配醃漬鱈魚食用。

提拉米蘇Tiramisu

提拉米蘇是台灣知名度最高的義大利甜點，威尼斯就是提拉米蘇的發源地，以一種特製的海綿蛋糕吸入濃縮咖啡與甜甜的櫻桃酒，上面再灑上帶著苦味的可可粉，這種苦甜交雜的味道，據說會讓你想起人生的滋味。

米蘭與倫巴底區

義大利北部多山巒，畜牧業發達，牛乳製品相當優異，盛產品質不錯的乳酪，而且位於米蘭近郊的羅迪是奶油的發源地，這裡使用牛油的機率遠高於南方沿地中海地區的橄欖油，此外，倫巴底地區多食用玉米與米飯，不像南方多吃麵食。

米蘭式燴飯Risotto alla Milanese

米蘭式燴飯以番紅花、骨髓湯、奶油調味的燴飯相當受歡迎。秘訣據說是用小牛犢的腿肉切成薄片與洋蔥、蔬菜、米飯一起焗烤，最後再加入香芹、大蒜、檸檬。

米蘭蔬菜湯Minestrone

這道米蘭蔬菜湯也是舉世聞名，以蔬菜與扁豆一起熬煮並加上麵食。

玉米糕la Polenta

玉米糕是義大利北部主要的食物，由磨碎的玉蜀黍粉製成，狀似黃色的麵團。玉米糕有許多不同的形式，主要依磨碎的粗細程度而定，一般來說，粗粒子的玉米糕較有咬勁。在北義大利的料理中，玉米糕可以是開胃的小菜，如水煮的玉米糕可以加上奶油或乳酪食用，或是當稍鹹食物的佐餐。

拿波里與義大利南部

義大利南部以地中海式飲食為主，食物通常較北方辣，調味也較重，多採用蒜頭、蕃茄、橄欖油為基調。番茄和乾乳酪是坎帕尼亞最受歡迎的兩樣食材；而普利亞區(Apulia)盛產優質橄欖，開胃菜有各式各樣的油漬橄欖、番茄及蔬菜；巴西里卡塔區（Basilicata）和卡拉布里亞區（Calabria）則善於辛香料理。綿長的海岸線漁產豐富，沿海城市都以大量鮮美海產為特色，拿波里魚湯當然是最受歡迎的料理。此外，拿波里披薩和蘇連多半島的檸檬酒也都是不可錯過的地區限定美味。

蘭姆巴巴Baba au Rhum

蘭姆巴巴是吸飽萊姆酒的布里歐麵包(Brioche)，有點類似海綿蛋糕，通常做成鉚釘形狀，大小剛剛好適合一個人，有時也搭配鮮奶油和水果。蘭姆巴巴是拿波里文化混血的證明之一，因為這其實是種法國甜點，16世紀時受到法國人的統治，也留下了法式飲食的痕跡。

西西里島

西西里島的飲食受到希臘、西班牙和阿拉伯文化的影響，與義大利本島差異較大，調味上善用各種香料，東方的茴香、松子，西班牙的番紅花都出現在料理中。即使同為海鮮料理，由於海島及海域的差異，盛行的魚種也不太一樣，章魚、旗魚、鱈魚、鮪魚、牡蠣、海膽等都是常見的食材。島上物產豐富，盛產的巨大圓形茄子常以各種形式入菜，比較特別的還有仙人掌果實，也會加入料理。

旗魚排

這道受當地人喜愛的料理，是將旗魚加入檸檬和奧勒岡香料調味，以燒烤或油煎的一道菜餚。

沙丁魚義大利麵Pasta con le Sarde

將去骨後的新鮮沙丁魚磨成泥，搭配茴香、葡萄乾、松子和番紅花的調味加持，每一根粗粗的圓麵條均勻包裹醬汁，沙沙的細緻口感，混合沙丁魚的海味及松子清香，是不能錯過的料理。

卡諾里捲Cannoli

西西里島人嗜吃甜食，最經典的是原意為「小管子」的卡諾里捲。將加了可可粉、糖、白酒醋與鹽的麵餅捲在中空竹管後下鍋炸，再填入以綿羊奶乳清作成的Ricotta起司餡，最後搭配糖漬水果妝點。卡諾里捲的滋味，連電影《教父》中的黑手黨老大都為之傾倒。

街頭油炸小吃

西西里島街頭和小吃店有各式各樣的庶民油炸類小吃，比較特別的是炸飯糰(Arancini Rossi)和炸鷹嘴豆餅(Panelle)。Arancini Rossi直接翻譯是「米做的柑橘」，以米飯包裹碎肉、番茄醬和Mozzarella起士，沾麵包粉下鍋油炸，完全沒有橘子成分，只因形狀相似得名。

Best Buy in Italy
義大利好買 文●李曉萍‧林志恆‧墨刻編輯部 攝影●李曉萍‧林志恆‧墨刻攝影組

在義大利購物，是旅行中最大的樂趣之一，從必「敗」的時尚精品、皮件家飾，到五花八門的食材、農特產品、名酒，再到具各地特色的工藝品，都讓人無法拒絕它的誘惑。

皮革

義大利的皮件世界馳名，皮質好且手工藝精湛，其中又以佛羅倫斯最出色。不論是林立的商店、新市場廠廊，還是聖羅倫佐教堂旁的市集，有各式各樣不同價位的皮件可選擇。

橄欖油

橄欖樹原產於小亞細亞，經由希臘人的殖民而傳入義大利半島。第一次不加溫壓榨出來的油，稱為「極純橄欖油」(Extra Vergine)，也是最頂級的食用油，帶著濃濃的橄欖香，不管是加在蔬菜、或者是肉類，都能增添食物的美味。特別以東南部普利亞（Puglia）區的橄欖油最有名。

名牌精品

義大利也是主要世界名牌創造國之一，Gucci、Prada、BVLGARI、Fendi、Versace、Dolce & Gabbana、Salvatore Ferragamo、Giorgio Armani、VALENTINO等都是義大利起家的高貴精品。

不論走在大城或小鎮，都必定看得到精品名牌街，其中又以羅馬、佛羅倫斯、威尼斯、米蘭這四大城最為經典。羅馬的精品街集中在西班牙廣場附近，威尼斯則在聖馬可廣場周邊，佛羅倫斯都集中於聖母百花大教堂和共和廣場周邊的徒步區，米蘭的頂級名牌則位於拿破崙大道(Via Monte Napoleone)和史皮卡街(Via della Spiga)之間的區域。此外，四個城市的周圍也都有名牌精品Outlet，一次滿足購物慾望。（羅馬P.114～115，佛羅倫斯P.138～139，威尼斯P.191，米蘭P.221~222）

廚房用品

充滿趣味性的廚具和餐具，讓人見識到義大利人除時尚外在其他設計方面的創新，也因此許多人前往義大利，都會選購一些杯碗瓢盆、咖啡壺或餐具，好讓自己的居家生活增添點色彩與變化。其中又以Alessi為全球知名品牌。

義大利麵與食材、調味料

義大利大大小小的超市和市集都是料理博物館，光是麵條就有40~50種形狀，螺旋狀的、餃子狀、細長條、四角形、貝殼狀……讓你嘆為觀止，特別推薦口感彈牙的手工麵條。此外，各式各樣的醬料、乾燥香料、調味品等也令人眼花撩亂。

帕馬森乾酪

艾米利亞-羅馬納省產的「帕馬森乾酪」(Parmigiano-Reggiano)每個重達38公斤，是受到原產地保護、有身份認證的DOP產品，從生產原料到製作方式都有規定，熟成期更長達18個月以上，又被稱為「起士之王」。具有風味濃郁、容易消化吸收且低膽固醇的特色。

巴薩米可醋

葡萄釀製的巴薩米可醋(Balsamico)又有「黑金」的稱號，自古就是獻給皇帝的頂級貢品，年份越久，越能達到酸甜間的微妙平衡，味道也更香濃，當然也越稀有珍貴。通過DOP原產地名稱保護與認證，產自摩德納(Modena)的巴薩米可醋，最受美食家愛戴。

威尼斯面具和玻璃

在威尼斯大街小巷，到處都看到到嘉年華所使用的面具，手工或大量製造價差很大，華麗繽紛的面具也可以當作房間裝飾。此外，慕拉諾島(Murano)產的玻璃製品也是威尼斯特產之一，送禮或自用皆宜。

乾燥菌菇

牛肝菌(Funghi porcini)是托斯卡尼極為珍貴的食材，不管搭配義大利麵或燉煮肉類料理，都能品嘗到它不被其他調味料掩蓋的獨特野地香味，市場可以買到乾燥處理過的菌菇。

帕馬生火腿

艾米利亞-羅馬納省是義大利的農業重鎮，著名的帕馬生火腿(Prosciutto di Parma)是這個省的特產。除了直接在餐廳享用，也可以在市場或食材店購買，請店家切薄片再真空包裝。

西西里木偶與皮諾丘

懸絲傀儡木偶劇（Opra di Pupi）是19世紀西西里島上最受歡迎的娛樂，雖然這種表演方式已式微，以西西里傳統人物為造型的木偶卻成了特色紀念品。而義大利更有名的木偶，是說謊鼻子會變長的皮諾丘，幾乎每個城市都有皮諾丘商品。

檸檬酒與檸檬橄欖油

自然生長同時不使用農藥的檸檬是阿瑪菲海岸一帶的特產。檸檬酒(Limoncello)喝起來既清爽又帶點獨特的香氣，檸檬橄欖油混合微酸清香，拌沙拉或作為魚肉、雞肉料理最後的調味，有畫龍點睛的效果。此外，也有檸檬糖和檸檬香皂等適合送禮。

葡萄酒

在葡萄酒的世界中，義大利葡萄酒與法國擁有同等地位，葡萄園幾乎遍佈整個國家。其中，奇楊地(Chianti)所產的葡萄，因為氣候及日夜溫差的改變，具有新鮮又特殊的果香。西西里島埃特納火山周圍，因火山土和高海拔造就口感豐富而均衡的紅白酒，而獲得「地中海的勃艮第」之稱。

石灰岩小屋

馬特拉和阿爾貝羅貝洛市是利用當地特產的石灰岩，發展出造型特殊的聚落而聞名。當地石匠以石灰岩製作的縮小版小屋，迷你可愛，是當地限定的別緻紀念品。

Transportation in Italy
義大利交通攻略

文●林志恆・墨刻編輯部　攝影●林志恆・墨刻攝影組

國內航空

近年來因為廉價航空的盛行，拉近了火車票和機票的價格距離，也因此讓國內航空具備優勢，大大降低旅程中南北移動的時間，善用機票比價網站可方便找出價格最划算的機票。

AZfly 🚐 www.azfly.it
Skyscanner 🚐 www.skyscanner.com.tw

義大利航空Alitalia

義大利航空是義大利的國籍航空，總部設在羅馬，以羅馬的李奧納多・達文西國際機場(Leonardo da Vinci International Airport)為主要機場。除了國際航班之外，義大利航空幾乎串連所有國內有機場的城市。

義大利航空 🚐 www.alitalia.com

廉價航空Budget Airline

只要提早訂票，通常都能拿到非常優惠的價格。當然，廉價航空之所以能打破市場行情價，在於各方面極力壓低成本，服務上自然也大打折扣，不過只要轉換心態，還是能開心享受低價快感。主要廉價航空公司如下：

Meridiana 🚐 www.meridiana.it
Air One 🚐 www.flyairone.it
Ryanair 🚐 www.ryanair.com
Easy Jet 🚐 www.easyjet.com

搭機小提醒

沒有劃位：廉價航空一律採取先上飛機先選位的方式，如果想要保證優先登機也很簡單，花點錢就能當VIP啦！
行李限額：行李重量管制嚴格，有的票價甚至不含託運行李在內，而超重或多出的行李會被收取額外費用。在網路上預先支付行李附加費會比到了機場便宜許多。
更改及賠償：若有需要更改日期、時間或目的地，都要收取手續費。若遇上班機誤點或臨時取消，也沒辦法幫你安排轉搭其他航空，對旅客比較沒保障。

鐵路系統

旅行義大利，除西西里島和南部鄉鎮外，最方便的交通方式就是搭乘火車，基本上，義大利鐵路(TRENITALIA)由義大利國家鐵路公司 (Ferrovie dello Stato，簡稱FS) 經營，網路密集且遍布全國，且中大型城市之間班次往來頻繁。至於國鐵沒有涵蓋的地區，例如：維蘇威火山區域和普利亞部分地區，則由民間私鐵補足。

雖然國鐵算是舒適且快速的旅遊移動方式，但安排鐵路行程建議在時間上多留一點餘裕，因為義大利國鐵的誤點率是有名的高，若遇上鐵路維修問題，甚至有可能出現好幾天無法通行的狀況。

列車車種
◎**義大利高速鐵路Le Frecce**
義大利的高速鐵路主要穿行於義大利各大城市之間，

不但快速且班次密集,例如從米蘭前往羅馬只需約3個小時,不過相對的票價也比較昂貴,且均須預約訂位。

義大利高速鐵路統稱為Le Frecce,共有三個車種,包括「紅箭」(Frecciarossa)、「銀箭」(Frecciargento)和「白箭」(Frecciabianca)。

「紅箭」列車連接義大利南、北之間,時速高達360公里,主要穿梭在「米蘭-拿波里」、「杜林-羅馬」、「波隆納-佛羅倫斯」之間。

「銀箭」列車主要營運於羅馬到威尼斯、維洛納或巴里(Bari)之間,該高速列車時速可超過250 公里。「白箭」列車時速可達200公里,則以米蘭為起迄點,往來於威尼斯、波隆納、巴里、萊切(Lecce)等地之間。

◎歐洲城市特快車EuroCity(EC)

一般簡稱為EC的歐洲城市特快列車,和義大利歐洲之星同屬高速火車,差別只在於歐洲城市特快列車主要行駛於義大利和歐洲各國主要城市間,其舒適性和快速的特點,讓往來於歐洲之間更加便利。因為是跨國列車,所以也可能使用其他國家的國鐵車廂。

歐洲城市特快列車採隨意訂位制,遊客可按照自己意願決定是否事先訂位,未訂位的旅客上車後,請選擇未標示「R」的座位,另外部分路線提供夜車EuroNight(簡稱為EN)服務,夜車則採訂位制。

◎城際特快列車InterCity(IC)

IC屬於長程特快列車,主要作用在於連接二級或較小的城市,串連起義大利境內的200個車站,無論速度或是票價都介於義大利歐洲之星和地方火車之間。城際特快列車座位多採包廂式,訂位與否同樣隨乘客決定,其夜車稱為InterCity Notte,簡稱為ICN,則採訂位制。

◎地方火車

地方火車的種類相當多,包括快車(Express,簡稱E)、平快車(Diretto,簡稱D)、一般跨區火車(InterRegionale,簡稱IR),以及一般地方火車(Regionale,簡稱R)。

快車多用於連接主要機場與市中心,例如行駛於羅馬Fiumicino機場和特米尼火車站(Stazione Termini)之間的李奧納多快車(Leonardo Express)。

IR和R則通常沿途每站都停,有固定的月台,沒有頭等與二等車廂的分別,不需劃位採自由入座。

◎歐洲第一條私營高鐵Italo

NTV 公司旗下的 Italo 高速列車2012年才開始營運,由於 NTV 多數股份由法拉利的老闆持有,因此也有人把 NTV 稱為「火車中的法拉利」。

目前已開通的路線是從杜林經米蘭、波隆納、佛羅倫斯、羅馬、拿波里,一直到義大利南方的薩萊諾;另有一條支線從波隆納分出,通往帕多瓦與威尼斯。列車行駛的平均時速為300公里,和義大利國鐵的紅箭列車(Frecciarossa)不相上下,票價也相仿。

Italo不只與義鐵共用相同的車站,車站內並設立專屬乘客休息室。車廂分為3種等級,最高級的Clu 提供私密性極高的小包廂,寬大的真皮沙發上附有9吋個人螢幕,可觀看免費電影。無論何種等級,都有免費的Wi-Fi訊號,只要登入手機號碼接收密碼簡訊(台灣門號亦可),即可連線上網。

票券種類

◎義大利火車通行證

如果想在義大利一次旅行許多城市,最佳方式就是擁有一張火車通行證。通行證可在有效期限內不限次數搭乘義大利國鐵(FS)的所有車種,除Le Frecce高速火車和夜車必須事先訂位且付訂位費外,其他EC、IC和地方火車都不需特別訂位,另外必須注意的是,使用火車通行證搭乘Le Frecce高速火車以及夜車臥鋪等車種,還需另外支付部分價差。

通行證的優惠很多,頭等艙持票者可免費搭乘行駛於羅馬機場到特米尼火車站的李奧納多快速列車(Leonardo Express)。除了義大利國鐵之外,搭乘往來希臘,以及地中海航線渡輪都享有折扣優惠;搭乘Thello 夜車從義大利各地前往法國巴黎享75折優惠。

由於通行證的發售對象為入境旅客,因此無法在義大利國內買到,需從海外代理商處購買。在台灣是由飛達旅行社代理,可至其官網查詢歐鐵及義鐵相關資訊,或直接撥打專線電話聯絡。

飛達旅行社

⌂台北市大安區光復南路102號7樓(華視光復大樓)
📞(02) 8771-5599　🌐www.gobytrain.com.tw

◎如何使用通行證

通行證需於開立後11個月內開始啟用,第一次使用前需至火車站內的義鐵櫃台蓋印生效章,並由站務人員填上使用者的護照號碼才可以使用。記得在使用當日第一次上車前先在通行證的日期欄位填上當天日期,若填錯不可塗改,否則可能會影響當日車票的效用。查票時,只要出示寫有當日日期的通行證即可,有的查票員會要求比對護照號碼,因此搭乘時護照也要收在隨時可以拿到的地方。

凡是搭乘晚上7點後出發的直達夜車,需在火車通行證上填入班車抵達日期而非出發日期。並須確認抵達日仍在火車通行證的有效日期內。

◎一般車票

如果只去一、兩個城市,或多為區域間短程移動,購買點對點車票就已足夠,一般車票可在火車站或於國鐵官網購買。

如何購買車票

在火車站購票時,如果只是搭乘地方火車,由於

2016年火車通行證票種票價一覽表

效期	票種	成人個人票	成人個人票	2-5同行票	2-5同行票	青年個人票	青年個人票
	艙等	頭等艙	普通艙	頭等艙	普通艙	頭等艙	普通艙
彈性	1個月任選3天	194.00	157.00	166.00	134.00	157.00	128.00
彈性	1個月任選4天	233.00	188.00	199.00	160.00	188.00	153.00
彈性	1個月任選5天	269.00	216.00	229.00	184.00	216.00	176.00
彈性	1個月任選8天	363.00	291.00	309.00	248.00	291.00	237.00

以上票價不含開票手續費€6，單位為歐元／每人。

12歲以下兒童與大人同行者免費，但4~12歲需於購票時附上兒童資訊。

青年票適用於26歲以下青年，同行票適用於 2~5 人全程持通行證同行。

不需訂位，可以直接在自動售票機或一般服務櫃檯購買，高速火車則有專門售票口。

◎義大利國鐵網站

義大利國鐵的網站非常方便且實用，在規畫旅程前不妨先上國鐵官方網站查詢火車班次與票價，對於是否需要購買火車通用證或行程安排上都有非常大的幫助。在官網首頁上方可選取英文介面，進入英文網頁後輸入起、訖站及時間，便可查詢所有的班次及細節。選擇想要的班次之後，會自動出現可能有的優惠票價與選擇，甚至可以預先選擇座位與車廂。

購票完成後會收到一封夾帶PDF檔案的email，內容包含乘車資訊、座位及QR Code，記得影印出來隨身攜帶，車長查票時只要出示這個即可。

www.trenitalia.com

◎自動售票機

使用車站的自動售票機購票，可避免售票窗口大排長龍的時間，機身上通常有圖示表示僅收信用卡或也可使用現金。火車站的自動售票機大多為觸控式螢幕設計，操作步驟如下：

1. 選擇語言： 一般當然是選擇英文鍵。

2. 選擇左上方塊的Buy Your Ticket（下方是給有Loyalty Card的旅客）。

3. 選擇起訖點： 預設購買車票的車站為出發地，你只需輸入目的地站名，不過你也可以按右上方的Modify更改出發地。只要輸入站名前幾個字母，下方就會出現符合搜尋的選項。

4. 選擇班次： 螢幕上會自動跳出你操作機器那個時刻之後所有當天的班次，每個班次同時顯示了起訖時間、轉乘次數、車型、不同艙等的價格，你只要在你欲搭班次點選SELECT。若不是購買當日車票，點選MODIFY DATE AND TIME重新輸入日期即可。

5. 確認資訊： 再確定一次你要搭乘的日期和時間，就可以進行下一個步驟選取車票類型。

6. 選擇票種： 基本上是點選第一格BASE，FAMILIA是給家庭旅遊使用，PROMO是給義大利本國人特殊折扣使用。如果你已經購買義大利通行證，但因為搭乘的是Le Frecce高速火車，依規定必須訂位且付訂位費，就得按第四格Global Pass。

7. 選擇艙等與人數

8. 選擇座位： 可選擇靠走道Aisle、中央Center、靠窗Window，或是坐在已訂位的人旁邊At Next To。選好位置，按下「確定」(CONFIRM)，畫面會再與你確認是否要換位置。

9. 購買付費： 最後會再跳出所有乘車資訊，如果無誤，即可點選「購買」(PURCHASE)，選擇以信用卡或現金付費。

◎票務櫃檯

國鐵的售票櫃檯經常大排長龍，因此除非有特別狀況或有疑問，否則一般人不太會去櫃檯買票。在大城市的火車站，臨櫃之前需要先抽取號碼牌。雖然櫃檯人員大部分都會說英語，但最好還是把要去車站的站名及日期時間寫在紙上，以免溝通上出了差錯。拿到票後，也要確認所有資訊正確無誤。售票窗口(Biglietto)又分為國內線(Nazionale)、國際線(Internazionale)、預約(Prenotazione)三種窗口，購票可同時預定座位。

訂位與變更

義鐵列車絕大多數都無須訂位，加上義鐵班次密集，因此只要你擁有義大利火車通行證，真可說是想坐就坐，但夜車和高速火車則一定要訂位。不過若是遇到旺季或嘉年華會，最好還是先訂位比較保險。

無論使用義鐵官網、自動售票機，或在櫃檯窗口，購買車票時都可順便訂位。即使持有火車通行證，訂位時還是得額外再付訂位費用。若需更改行程，可至車站的服務窗口辦理，可享一次免費變更，如果是網路購票可於網路上更改。

搭乘火車注意事項

許多大城市擁有不只一座火車站，甚至有時中央車

站不見得就是該城市的唯一大門，買票及搭車前一定要先確認火車站的正確名稱。

◎Step 1：確認發車時刻及月台

即使已事先查詢過發車訊息，到達車站還是要再次確認車站大廳的電子時刻表，上面顯示即將進站和離站的列車班次、候車月台，以避免因天候狀況或軌道維修的臨時變更。

◎Step 2：確認列車及車廂

每座月台前都設有電子看板，顯示該月台停靠列車的發車時刻及目的地，有時兩班列車的發車時間相近，所以上車前一定要再次確認月台上的看板。火車的車身上，會有1和2的標示，表示該車廂為頭等或普通車廂。

◎Step 3：上車

如果你買的是地方列車(R、RV)等無指定班次、時間的車票，在上車前記得先在黃色的自動打印機(Obbliteratrice)打上日期時間，以免受罰。

義大利火車的車門開啟採半自動式，若火車停在鐵軌不動，但車門已關閉時，只要車門上的按鈕燈還亮著，就可以按鈕開門；下車時也是，待火車停妥後就可以按開門鈕。

◎Step 4：尋找座位

義大利的火車除了地方火車(R、RV)之外，幾乎都是對號入座的，不過如果你手持的是義大利通行證，搭乘IC或EC，而沒有預定位子，只要座位上頭沒有顯示「Reserve」即可入座。而Le Frecce高速火車以及夜車臥鋪一定是對號的，需依照你訂位的編號入座。

火車上雖然有行李置放空間，不過義大利治安並不好，最好讓自己的行李保持在視線範圍內，並不時投之以目光，這樣便不容易成為下手目標。

◎Step 5：車上查票

義大利火車月台並無設置車票閘門，任何人都可隨意進出，但在火車上一定會遇到查票員，因此絕對不要抱持僥倖心態搭霸王車，被抓到的話後果非常嚴重，除了要繳納高額罰款，還有可能被拘捕並留下不良紀錄。

◎Step 6：到站下車

依時刻表上標示的時間來判斷何時該下車，不過義大利火車誤點是家常便飯，建議在下車時還是再確認一下車站名稱。

長途巴士

長途客運最大的優勢在於票價低廉，愈接近出發日期，票價會愈貴，但即使在出發當日才買票，車資往往還是比鐵路的早鳥票價便宜，不過相對來說，巴士所需的車程要比火車來得長，適合沒有時間壓力的旅行者。

在義大利，城際間行駛的長途巴士稱為Pullman或Corriere，每個城市都有不同的客運公司。雖然長程移動還是鐵路迅速，但有些鐵路網不密集的地區，特別是義大利南部和西西里島，搭直達巴士比需轉車好幾次的鐵路要方便得多。

購票與乘車

遊客服務中心大多能取得巴士的時刻表，有些甚至可以直接購票。有些大城市會委託旅行社代售車票，小城鎮則通常煙草雜貨店(Tabacchi)或上車也可以購票。旺季及搭乘夜車建議先至官方網站訂票。

大型城市的巴士總站不一定位於主火車站旁，但通常會有地鐵相連。至於中小型城市客運站，則通常位於火車站或城鎮的主要廣場旁。

渡輪

義大利的海岸線綿長，島嶼眾多，不管是國內或地中海其他國家，往來頻繁的渡輪是相當方便的交通工具，且搭乘夜班渡輪前往下個目的地，不但省下移動時間，也能省下一晚的住宿費，多數渡輪也都能讓車子上下。

較知名的航線包括從薩丁尼亞島的Golfo Aranci到羅馬北方的港口Civitavecchia，北義的熱內亞(Genova)到托斯卡尼的利佛諾(Livorno)，南義的拿波里(Napoli)及薩萊諾(Salerno)到西西里島。此外，著名的度假島嶼間也得靠渡輪串連，例如托斯卡尼的厄爾巴島(Elba)、南義的卡布里島(Capri)和西西里的伊奧利亞群島(Aeolian Islands)。

搭乘火車常用單字

◎火車 **Treno**
◎車站 **Stazione**
◎時刻表 **Orario**
◎售票處 **Biglietteria**
◎車票 **Biglietto**
◎車資 **Tariffa**
◎出發 **Partenza**
◎到達 **Arrivo**
◎自由席
　Posto Libero
◎訂位席
　Posto Riservato

◎單程車票
　Biglietto di Andata
◎來回車票
　Biglietto di Andata e Ritorno
◎頭等車廂 **Prima Classe**
◎二等車廂
　Seconda Classe
◎入口 **Ingresso**
◎出口 **Uscita**
◎月台 **Binario**
◎誤點、延遲 **Ritardo**

各區主要的長途客運公司

區域	客運公司	營運範圍	網站
全國性	SITA	全國跨區路線	www.sitabus.it
羅馬	Cotral	羅馬近郊及拉吉歐區	www.cotralspa.it
	Interbus	羅馬、西西里島及兩地往來	www.interbus.it
	Marozzi	羅馬和蘇連多(Sorrento)、巴里(Bari)、萊切(Lecce)之間	www.marozzivt.it
	SENA	羅馬和托斯卡尼	www.senabus.it
	Sulga	羅馬和貝路吉亞(Perugia)、阿西西(Assisi)、拉威納(Ravenna)之間	www.sulga.it
佛羅倫斯	LAZZI	佛羅倫斯前往盧卡(Lucca)、普拉托(Prato)、皮斯托亞(Pistoia)等托斯卡尼北部小鎮	www.lazzi.it
米蘭	Autostradale	倫巴底省、貝加蒙(Bergamo)、杜林(Torino)等	www.autostradale.it
西西里島	SAIS	SAIS Trasporti 為羅馬/拿波里至西西里島；SAIS Autolinee為西西里島內各城市往來	www.saistrasporti.it www.saisautolinee.it

主要輪船公司及營運路線

公司名稱	營運路線	網站
Corsica Sardinia Ferries	Civitavecchia/Livorno – Golfo Aranci（薩丁尼亞島）	www.corsicaferries.com
Grandi Navi Veloci	Genova/Civitavecchia – Palermo（西西里島） Genova – Porto Torres / Olbia（薩丁尼亞島）	www.gnv.it
Moby Lines	Piombino – Elba（厄爾巴島） Genova / Livorno - Olbia（薩丁尼亞島）	www.mobylines.it
SNAV	Pescara – Hvar / Split（克羅埃西亞） Naples – Capri / Ischia（卡布里/伊斯基亞島） Naples – Aeolian Islands / Palermo（西西里島）	www.snav.it
Tirrenia	Ancona - Split（克羅埃西亞） Naples - Catania / Palermo（西西里島） Cagliari - Palermo（西西里島）	www.tirrenia.it

夏天時大排長龍是必然，事先預定為必要法門，特別是7、8月想開車上渡輪。

租車自駕

義大利不論城市內外，大眾運輸都算發達，且許多單行道和小路，開車向來不是旅行的交通工具首選，但是若要前往托斯卡尼、南義較偏僻的小鎮或是西西里環島，開車還是比較方便。

租車

◎在哪裡租車
義大利的機場都有租車公司櫃檯進駐，雖然在機場租車會比在市區小型服務據點要來得貴，但租、還車都比較方便。

由於歐洲多為手排車，如果到了當地才臨櫃辦理，經常租不到自排車，建議先在網路上預約。若擔心英文介面問題，Hertz在台灣由盛興旅行社代理，可以透過他們，在台灣就先把手續搞定。

大型租車公司多有提供甲租乙還的服務，但需另外加價。需注意的是，有些便宜的優惠方案，會限制每日行駛的里程數，超出里程需加收額外費用，如果知道自己的移動距離較遠，記得選擇不限里程的方案。

Hertz ⓤ www.hertz.com.tw
Avis ⓤ www.avis-taiwan.com
Europcar ⓤ www.europcar.com
Budget ⓤ www.budget.com

◎臨櫃辦理
雖然在義大利18歲就可以開車，但租車公司對承租的駕駛人卻有更高的年齡限制，每家公司標準不太一樣，大約在21~25歲之間。若事先已於網路上預約，需要準備以下證件臨櫃取車：

1. 租車的預約號碼或確認單
2. 國際駕照
3. 台灣駕照（一年以上駕駛經歷）

4. 網路預約時作為擔保之用的那張信用卡

◎保險

租車的保險都是以日計價，租得愈久，保費愈貴。第三責任險(Liability Insurance Supplement，簡稱LIS)是強制性，此外，比較需要考慮的有碰撞損毀免責險(CDW)、竊盜損失險(TP)、人身意外保險(PAI)、個人財產險(PEC)，可視個人國內保險的狀況決定是否加保。

雖然交通意外不常發生，但在人生地不熟的地方開車，A到刮傷時有所聞，因此強烈建議CDW一定要保。希望獲得全面保障的話，可直接投保全險(Vollkasko)，也就是所有險種一次保齊。

出發上路

拿到鑰匙後，記得先檢查車體有無損傷，以免還車時產生糾紛。發動引擎，檢查油箱是否加滿。接著調整好座椅與照後鏡，弄清楚每個按鍵的位置，並詢問該加哪一種油，然後就可以出發上路。

還車

大多數人的還車地點是在機場，駛近航站大樓前，就會看到某一車道上的路標指示還車地點，順著該車道進入停車場後，會有不同租車公司的指標指引，在還車停車格停妥，就會有租車公司人員過來檢查車輛。務必在還車前先去加油站把油加滿，因為沒有滿油的話，會被收取不足的油錢，而租車公司的油價絕對比石油公司高很多。

義大利交通概況

義大利和台灣相同，也是開左駕車行駛在右車道，交通規則也大同小異。需注意的是，車燈需要全天候開啟。

◎道路種類與速限

義大利的高速公路稱為Autostrada，最高速限為130km/h。快速道路稱為Superstrada，速限為110km/h。一般道路稱為Straordinarie，速限為90km/h。

高速公路的指標為綠底白字的A，其中貫穿南北的A1是從米蘭到羅馬，A2為從羅馬拿波里，A3是從拿波里到半島最南端的卡拉布利亞(Reggio di Calabria)。高速公路收費站可以收現金和信用卡，上交流道閘道取票，下交流道收費，依照自己支付的方式駛進對應車道。另外也有ETC車道，但車上如果沒有安裝機器就不能駛入，租車前要先確認清楚。

◎加油

義大利的燃油在歐洲是數一數二貴的，開車其實不划算。汽油稱為Benzina，柴油稱為Gasolio，通常打開汽油蓋內側會註明使用哪一種油，租車時也會再次提醒。加油站大多採自助式，在油槍前停車熄火後，直接拿起油槍就可以加油了，油槍跳停後，到加

高速公路標誌及有編號的高速公路標誌。

高速公路方向指標。

類似高速公路的雙車道主要道路。

主要道路或次要道路指標，為藍底白字。

油站附設商店的收銀台，告知店員油槍號碼並確認金額，就可以用現金或信用卡付費。在20:00之後，在加油站無人的情況下，必須先在專門的機器投入定額紙鈔或刷卡，確認金額後再加油。

◎道路救援

道路上如果發生拋錨、爆胎、電瓶或汽油耗盡等狀況時，車鑰匙上通常會有道路救援的免付費電話號碼，而道路救援的費用則會在還車時顯示在信用卡簽單上。

車輛故障時的緊急救援電話為803116，手機撥800 116800。

◎停車

市區停車一定要停在有P標誌的地方，先在停車收費器投入硬幣，並將收據夾在擋風玻璃上。違反停車規定，會受到€40以上的罰鍰。

租摩托車

想要來一趟摩托車之旅，全歐洲大概只有義大利最為暢行無阻，如果只想短程近郊小旅行，租摩托車比租汽車便宜且方便，但要記得，只要租用49cc以上的摩托車，都需要用到國際駕照，租借手續和汽車一樣。

義大利百科
Encyclopedia of Italy

Brief History of Italy
義大利簡史　文●墨刻編輯部

共和時期到帝國時期

西元前509~西元前27年是羅馬的共和時期,結束異族統治之後的羅馬,開始了由元老院制訂決策的共和體制。這段時期羅馬開始向外擴張,而且為軍事目的而興建各種大型公共工程。最後由雄才大略的屋大維擊敗政敵,被尊為奧古斯都,開啟羅馬的帝國時期。

帝國時期的羅馬積極向外擴張,皇帝經常帶兵出征,並從征服地掠奪回大量的財富與藝術品。古希臘雕像與埃及的方尖碑成為皇帝炫耀個人軍功的戰利品,但卻也為羅馬的藝術帶來新的影響。皇帝與貴族為彰顯其愛民精神,出錢興建大型劇場,提供羅馬市民娛樂,真人格鬥遊戲日漸蓬勃。不過帝國的領地在圖拉真皇帝之後,便停止擴張。

定基督教為國教到分裂

西元1世紀時,基督教開始在帝國境內慢慢滋長。而此時羅馬帝國各方邊境的蠻族騷動,帝國為平亂造成長年的征戰與國力的耗弱,雪上加霜的是,擁兵自重的軍人屢屢刺殺皇帝,擁立將領,使得政治動盪不安。龐大的國土確實管理不易,促成帝國不得不執行多頭共治的局面,也為日後的分裂埋下隱憂。

羅馬帝國在西元270~西元476年間走向分裂,後來君士坦丁大帝在基督徒的幫助之下,完成統一,但為期不長。不過在這段帝國的紛擾時期,建設工程卻非常輝煌,大型浴場紛紛設立,公共工程及道路建設只有加速沒有減緩;然而再多的努力都無法防止羅馬多次遭受外族劫掠,帝國首都殘破不堪,君士坦丁大帝破釜沈舟,將國都東遷到新建的君士坦丁堡,也就是現今的土耳其伊斯坦堡。西羅馬帝國走向滅亡之路後,君士坦丁堡成為延續帝國榮光的根據地。

黑暗的中古世紀

西羅馬帝國滅亡之後,義大利半島從此分崩離析。羅馬的教宗以偽造的君士坦丁手諭,儼然成為古都的統治者;然而沒有軍隊的宗教領袖,根本無法對抗北方新興的民族國家,只有以外交手段為教皇領土的存亡做努力,因而產生所謂的「神聖羅馬帝國」。

在教宗的努力之下,羅馬曾一度成為權力中心,然而教宗與神聖羅馬帝國皇帝之間不斷的鬥爭,使得教皇領地勢力急速衰退,羅馬成為暴民與瘟疫猖獗之都,加上外族的侵略蹂躪,迫使教宗還得遷都到法國南部的亞維農(Avignon)。

而在11到12世紀,義大利北部則興起城市國家,包括因海外貿易致富的共和國威尼斯、比薩、熱那亞,及義大利其他城市如佛羅倫斯、西恩納、米蘭、波隆納、維洛納等,共計有四百多個城市國家,由富裕的家族執政,例如佛羅倫斯的麥第奇家族、米蘭的維斯康提家族。

從教權分裂、文藝復興到統一

當民族國家強盛之後,他們的國王反過來左右宗教領袖的選舉,加上宗教會議的意見不一,因而造成長達40年的教權分裂。不過在尼古拉五世(Nicholas V)擔任教宗之後,決定重建殘破的羅馬,使之成為世界之都。

當時在佛羅倫斯及義大利北部的城邦國,因為開明的執政者資助藝術家,開始興起文藝復興運動。而這位人文主義教宗則將之帶到羅馬,教宗們為了建設古都,鼓勵教徒前來朝聖奉獻,甚至課稅與出售贖罪券,大量的財富因而流入羅馬,使得這些基督在塵世的代言人也過起奢華的生活,成為名副其實的「教皇」。

16世紀初,日爾曼的馬丁路德因羅馬天主教會的奢侈腐敗,起而提倡宗教改革。為了對抗這股反動,羅馬的教廷反而大肆興建更華麗的教堂、宮殿與噴泉,以恢弘的都市規畫使古都成為最偉大的「教皇國都」,讚頌天主的光輝。然而隨著啟蒙精神與理性主義的興起,羅馬天主教的勢力逐漸衰退。

西元1797年拿破崙占領義大利之後,義大利半島曾擁有一段短暫的統一時光。後來復辟勢力勝利,在維也納公約中,義大利北部被畫歸奧匈帝國,於是有志之士便興起政治統一的念頭。在馬季尼、加富爾與加里波底的努力下,最後終於擊退在羅馬保護教宗的法軍,於1870年完成統一,並於1871年將首都遷往羅馬。

法西斯時代至今

工業革命帶來的勞資對立,使得20世紀初期,共產黨與法西斯黨在義大利北部成立。後來墨索里尼揮軍羅馬,成立獨裁政府,極權統治,他甚至想要恢復羅馬帝國的輝煌過往,打算摧毀教堂與中世紀的老建築,並在古羅馬議事廣場旁蓋一座法西斯宮,幸好他的計畫只有在郊區完成一部分,今天羅馬仍保留各年代的建築傑作。

1951年時,義大利與法國、西德、荷蘭、比利時、盧森堡成立了歐洲煤鋼共同體(ECSC),該組織也就是1958年的歐洲經濟共同體(EEC)以及歐盟的前身,1999年歐盟推出歐元貨幣,而義大利也成為首批採用歐元的國家之一。或許昔日羅馬帝國的光輝已不再,教宗也已失去政治上的權力,然而現代義大利卻擁有最多元的面貌與最豐富的藝術內涵,梵諦岡依然是天主教世界的精神中心。

World Heritages of Italy, Vaticano, San Marino
義大利‧梵諦岡‧聖馬利諾世界遺產

義大利為全球世界遺產最多的國家，多達51項，其中有47項文化遺產、4項自然遺產。而全境都被義大利領土包圍的兩個國家梵諦岡和聖馬利諾，分別名列世界最小和第五小國，也都分別有世界遺產上榜，梵諦岡其中一座與義大利並列。

文●李曉萍‧墨刻編輯部　攝影●李曉萍‧墨刻攝影組

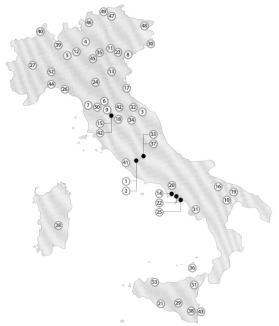

梵諦岡Vaticano(Holy See)

①梵諦岡城

Vatican City

登錄時間：1984
遺產類型：**文化遺產**

　梵諦岡是世界上最小的國家，也是全球天主教徒的聖地。在這超級小型的國度裡，幾乎全境都是世界遺產，其中最為人所熟知的便是擁有世界級收藏的梵諦岡博物館，以及世界最大宗教性建築聖彼得大教堂。

　梵諦岡博物館保存了數不盡的無價藝術品，從埃及、文藝復興的大師作品到現代藝術，這些都歸功於歷代教宗對藝術品有著極高的品味，並費心收藏。

　而聖彼得大教堂集合了眾多建築天才的風格於一體，在宗教的神聖性外，它的藝術性也是很有看頭。包括布拉曼特、羅塞利諾、拉斐爾、米開朗基羅、貝尼尼、巴洛米尼、波塔等藝術史上留下大師名號者都曾參與聖彼得大教堂的興建。

　至於聖彼得廣場昭示著羅馬最輝煌的17世紀巴洛克時代，貝尼尼經過仔細計算而安排的多利克柱廊，從聖彼得大教堂左右兩翼延伸而出，貝尼尼形容它有如「母親的雙臂」，將全世界的信徒導引進入神聖的聖彼得大教堂，以彰顯天父的偉大和敬畏宗教的無上神聖。

羅馬Roma

②羅馬歷史中心和羅馬教廷時期的宗教及公共建築

Historic Centre of Rome, the Properties of the Holy See in that City Enjoying Extraterritorial Rights and San Paolo Fuori le Mura

登錄時間：1980　遺產類型：**文化遺產**

　被列為世界遺產的部分包括幾處古老遺跡：議事廣場、奧古斯都的陵寢、哈德良陵寢、萬神殿、圖拉真柱、馬士奧略利歐柱、羅馬教廷時期的宗教和公共建築，及城牆外的聖保羅。

　羅馬議事廣場是最早的政治與商業活動中心，神殿、大會堂、元老院、凱旋門、演講台等具有公共功能的建築，全集中於此。

　1990年世界遺產組織把羅馬入選的範圍擴大到由教皇烏巴諾八世(Urbano VIII)於17世紀所修建的城牆，這其中又包含了啟發無數文藝復興大師的萬神殿、位於台伯河畔的奧古斯都陵寢、

改建為聖天使堡的亞德利安諾陵寢(Mausoleo di Adriano)及馬克奧里略大柱(Colonna di Marco Aurelio)等帝國時期的遺跡。

　歷任教皇們為使羅馬更加符合天主教國都的身分，還在城牆外盡力增建或重修大大小小的教堂，例如富於鑲嵌藝術之美的聖母瑪莉亞大教堂、拉特拉諾的聖約翰教堂、聖保羅教堂等。

聖馬利諾 San Marino

③聖馬利諾歷史中心與蒂塔諾山

San Marino Historic Centre and Mount Titano

登錄時間：2008
遺產類型：**文化遺產**

　　聖馬利諾這個位於亞平寧山 (the Apennine Mountains)間的超小國家，原是歐洲最古老的共和國之一，雖然最後只能以城邦國家的形式保存下來，卻代表了民主政體發展中一個重要的階段。

　　同名首都坐落於該國最高山蒂塔諾山的西側山坡，其歷史中心年代上溯到13世紀，區內擁有修建防禦高塔與城堡的城牆、14和16世紀的修道院、18世紀的蒂塔諾劇院，以及19世紀新古典主義的長方形會堂，說明了這處歷史中心幾個世紀以來依然運行不輟。由於高山屏障，使聖馬利諾逃過了工業時代以來對都市的衝擊，而沒有受到太大的影響。

倫巴底 Lombardia

④瓦爾加莫尼卡的岩畫

Rock Drawings in Valcamonica

登錄時間：1979　遺產類型：**文化遺產**

　　瓦爾加莫尼卡谷地位於義大利北部的倫巴底平原(Lombardy plain)，有多達14萬幅圖騰及圖案的史前岩畫，這些岩畫持續長達八千年的時間，其內容包括航海、農業、戰爭、跳舞及神話。

　　這些岩畫的價值，就在於它的持續力。從史前時代開始，接著基督誕生、羅馬人統治，再到中世紀，甚至現代，人們在岩石上作畫始終不輟，連接遠古與現代。

倫巴底 Lombardia

⑤擁有達文西《最後的晚餐》壁畫的感恩聖母教堂及修道院

Church and Dominican Convent of Santa Maria delle Grazie with "The Last Supper" by Leonardo da Vinci

登錄時間：1980
遺產類型：**文化遺產**

　　教堂內最有名的是達文西所畫的《最後晚餐》。《最後晚餐》的創作時間約於1495至1497年，繪於修道院裡的教士餐廳，強烈表現大師的「動態」風格，尤其是12位門徒各種不同的手勢上。而且達文西精確地運用透視法表現空間裡人物的關係與互動，也完美地表達了耶穌的神性，是文藝復興顛峰的代表作之一。

　　由於達文西以混合了油彩與蛋彩的顏料來創作，而非文藝復興時常用的濕壁畫原料，使得《最後晚餐》完成後不到50年便毀損得極為厲害。1982年起義大利政府利用高科技將畫作恢復原狀，於1999年大功告成。

托斯卡尼 Toscana

⑥佛羅倫斯歷史中心

Historic Centre of Florence

登錄時間：1982
遺產類型：**文化遺產**

　　佛羅倫斯是文藝復興象徵的城市，15、16世紀在麥第奇家族統治下，經濟及文化都達到鼎盛，六百年非凡的藝術成就展現在聖母百花大教堂、聖十字教堂、烏菲茲美術館及碧提宮等。

　　市內無數教堂和博物館，其陳設的藝術作品，展現文藝復興時期最耀眼的珍寶，而這都要歸功於麥第奇家族。麥第奇家族由經商到執政，把人文主義的精神注入佛羅倫斯，獎勵可以美化俗世的繪畫、雕刻、建築等各種藝術，再現古希臘羅馬精神，造就了文藝復興時代。當時的大師級人物如米開朗基羅、唐納泰羅、布魯內雷斯基、波提且利等人，都在這股風潮中，留下不朽的藝術作品。

托斯卡尼 Toscana

⑦比薩大教堂廣場

Piazza del Duomo, Pisa

登錄時間：1987　遺產類型：**文化遺產**

　　比薩大教堂所在的神蹟廣場，分布在四個古建築群：大教堂、洗禮堂、鐘塔(斜塔)及墓園，影響了義大利11至14世紀的藝術風格。其中最著名的比薩斜塔由於當地土質鬆軟，一度面臨傾倒的命運，所幸經過搶修後，遊客已重新登塔參觀。

　　主教堂建於1064年，在11世紀時可說是世界上最大的教堂，由布斯格多(Buscheto)主導設計，這位比薩建築師的棺木就在教堂正面左下方。修築的工作由11世紀一直持續到13世紀，由於是以卡拉拉(Carrara)的明亮大理石為材質，因此整體偏向白色，不過建築師又在正面裝飾上其他色彩的石片，這種玩弄鑲嵌並以幾何圖案來表現的遊戲，是比薩建築的一大特色。

維內多Veneto

⑧ 威尼斯與潟湖區

Venice and its Lagoon

登錄時間：1987
遺產類型：文化遺產

　最早威尼斯是拜占庭的殖民地，取得自治權後建立了共和國，在七世紀時威尼斯已經成為世界上強盛富有的國家之一，領土延伸到地中海。文藝復興也在威尼斯發光發熱，繼佛羅倫斯、羅馬之後，堤香、丁特列多、維若內塞等知名藝術家群集威尼斯，成為當時文藝復興的第三大中心。在威尼斯你可以看到各種建築風格：拜占庭式、哥德式、古典藝術、巴洛克，也可以欣賞到文藝復興時期經典名作，可說是名副其實的藝術之城。

托斯卡尼Toscana

⑨ 聖吉米納諾歷史中心

Historic Centre of San Gimignano

登錄時間：1990
遺產類型：文化遺產

　聖吉米納諾位在托斯卡尼省，它是往來羅馬間的中繼站，統治這個城市的家族建造了72座高塔，有些高達50公尺，象徵他們的富裕和權力，儘管目前只剩14座存留下來，聖吉米納諾仍瀰漫中世紀封建時代的氛圍。

　被譽為「美麗的塔城」，聖吉米那諾在托斯卡尼地區擁有極為特殊的都市景觀。12、13世紀是自治城邦時期，除了與鄰近國家爭戰之外，城內的貴族亦彼此角力，為了顯示自身的財富與權勢，於是競相修築高塔，極盛時期甚至多達76座，如今僅剩14座保存較為完整。這個城市也保存了14、15世紀義大利藝術大師作品。

巴西利卡塔Basilicata

⑩ 馬特拉的岩穴和教堂

The Sassi and the Park of the Rupestrian Churches of Matera

登錄時間：1993
遺產類型：文化遺產

　這是地中海地區最顯著的穴居聚落案例，展現人類活動與地形、生態完美結合。大約從舊石器時代就有人類定居於此的痕跡，後來在人類歷史的舞台上扮演了重要角色。

　馬特拉多為石灰岩地形，中世紀時受宗教迫害的隱修者在此鑿洞修築教堂，由於地理位置孤立，距離最近的大城市拿波里尚有240公里之遠，馬特拉保存完整的石洞風貌，與數千年前的耶路撒冷相當神似。

維內多Veneto

⑪ 威欽查 及維內多省的帕拉底奧式宅邸

City of Vicenza and the Palladian Villas of the Veneto

登錄時間：1994
遺產類型：文化遺產

　帕拉底奧是文藝復興時期代表的建築師之一，位於維內多省的威欽查，市內有一條帕拉底奧大道，兩旁有不少宅邸是出自名建築師帕拉底奧之手。在維內多省也有不少帕拉底奧設計的城市住宅及別墅，他的作品對於建築的發展影響深遠。

　在威欽查，巨大的帕拉底奧大會堂雄據在領主廣場上，青銅的船底狀屋頂及四周羅列的希臘羅馬諸神石雕，是它最大的特色。帕拉底奧大會堂是帕拉底奧於1549年接受委託的第一件公共建築設計，大師的雕像就位於正面；宮前高達82公尺的細塔則立於12世紀，而具有華麗裝飾外觀的首長迴廊(Loggia del Capitaniato)，也是帕拉底奧的作品。

倫巴底Lombardia

⑫ 克里斯比阿達城

Crespi d'Adda

登錄時間：1995　遺產類型：文化遺產

　克里斯比阿達城位於義大利北部的倫巴底省，是19至20世紀工業城鎮(Company Town)的典範。在北美和歐洲地區，由開明企業家依勞工需求所建造的住宅城，很多當年為了工業目的所設計的用途至今依然清晰可見，不過隨著社會及經濟環境的變遷，已經威脅到這些地方的生存。

艾米利亞-羅馬納Emilia-Romagna

⑬ 費拉拉文藝復興城 及波河三角洲

Ferrara, City of the Renaissance, and its Po Delta

登錄時間：1995
遺產類型：文化遺產

　臨著波河三角洲的費拉拉，因為艾斯特家族的費心經營，將費拉拉變成一座文藝復興城市，吸引許多大師前來設計並建造艾斯特家族的宮殿。

　費拉拉城的主要建築圍繞一座非常特別的主教堂，周圍有艾斯特家族的執政中心「市政廳」(Palazzo Comunale)，作為宅邸的「艾斯特城堡」(Castello Estense)，以及由比亞裘羅賽提(Biagio Rossetti)依照新的透視法則來設計，艾斯特權力的象徵「鑽石宮」(Palazzo dei Diamanti)。費拉拉在艾斯特家族的主導之下，成為15、16世紀波河地區文藝復興都市景觀的典範。

坎帕尼亞Campania

⑭拿波里歷史中心

Historic Centre of Naples

登錄時間：1995

遺產類型：**文化遺產**

　　拿波里是南義大利最大的城市，氣候溫暖、土地肥沃，還有優良的港口，但也因此遭致許多外國勢力的侵擾，從最早的希臘人、羅馬人，到後來倫巴底人及拜占庭帝國都分別統治過這裡。

　　成為拿波里公國後，拿波里得到了自治的地位，但維持不了多久再度易手於歐洲各皇室間。各民族為拿波里及南義大利帶來不同的文化及生活痕跡，希臘、法國、西班牙的風味融合為一，特別是13到18世紀的歐洲品味對這裡影響深遠，現今多數的重要建築多建於此時，不過，拿波里人也沒有失去自己的特色，17、18世紀的巴洛克時期，拿波里也發展出自己的文化藝術主張，皇宮就是最大的代表作。

托斯卡尼Toscana

⑮西恩納歷史中心

Historic Centre of Siena

登錄時間：1995

遺產類型：**文化遺產**

　　西恩納是托斯卡尼地區最完美的中世紀小鎮，尤其是鋪滿紅磚、呈扇形的市中心廣場，穿梭在街道上，每一個突如其來的轉角和小路，都能讓人有回到中世紀時代的錯覺。

　　西恩納在14世紀時發展出獨特的藝術風格，杜奇奧、馬汀尼及安布吉羅．羅倫奇等藝術大師都曾為這個小鎮妝點市容，主教堂內部還有米開朗基羅、貝尼尼等人的作品，這些藝術品豐富了西恩納的內涵。

　　此外，市政大廈大約在1310年完工，當時是九人會議的總部。曼賈塔樓高達102公尺，名列義大利中古世紀塔樓第二高，登上塔樓可以俯瞰由市中心廣場往外擴散的西恩納景致。

普利亞Puglia

⑯蒙特城堡

Castel del Monte

登錄時間：1996

遺產類型：**文化遺產**

　　13世紀腓特烈二世(Emperor Frederick II)在義大利南部靠近巴里(Bari)的地方建造蒙特城堡，是一座外型獨特的中世紀軍事建築。建築呈完美的八邊形幾何規則，不論從數學還是天文學，都十分精準，而固若金湯的城堡，也反應出腓特烈二世的雄風。

　　從建築使用的元素來看，城堡是古希臘羅馬風格、東方伊斯蘭教和北歐西妥會哥德式建築的完美融合。

艾米利亞-羅馬納Emilia-Romagna

⑰拉威納早期基督教古蹟

Early Christian Monuments of Ravenna

登錄時間：1996　遺產類型：**文化遺產**

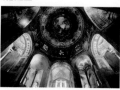

　　西元402年西羅馬帝國把首都遷到此城，其後拉威那還成為東羅馬帝國支持的蠻族國王特歐多利可(Teodorico)所建王朝的國都，直到第8世紀為止；因此基督教前期的建築結合拜占庭鑲嵌藝術的大量應用，而誕生了這座閃亮的馬賽克之都。

　　由西元4到6世紀之間所建的特歐多立可陵寢、聖維塔雷教堂、加拉．普拉契迪亞陵墓、大主教禮拜堂、內歐尼安諾洗禮堂、新聖阿波里那雷教堂、亞利安人的洗禮堂、克拉賽的聖阿波里那雷教堂，這8座結合希臘羅馬西方傳統與基督教肖像東方風格的建築，正是拉威納藝術最極致的典範。

托斯卡尼Toscana

⑱皮恩查歷史中心

Historic Centre of the City of Pienza

登錄時間：1996

遺產類型：**文化遺產**

　　皮恩查是教宗皮歐二世(Pope Pius II)的出生地，他於1459年把整座城市改建成文藝復興風格，也是首度把文藝復興風格應用在城市建築上，他找了建築師貝納多(Bernardo Rossellino)進行整座城市的改造。

　　華麗的皮歐二世廣場周圍建築，包括皮可羅米尼宮殿(Piccolomini)以及波吉亞(Borgia)宮殿和教堂，擁有純文藝復興的建築外觀，而內部是德國南部教堂的晚期哥德式樣式。

普利亞Puglia

⑲阿爾貝羅貝洛的錐頂石屋

The Trulli of Alberobello

登錄時間：1996　遺產類型：**文化遺產**

　　阿爾貝羅貝洛最具特色的建築景觀，就是居民就地取材，利用當地盛產的石灰岩所堆疊起來的錐頂石屋。

　　這種乾砌石建築工法，不靠灰泥黏合石塊，成功保存並延續了史前時代的造屋技術。然而在15~16世紀該區域之所以發展這種建築方式，其實是為了躲避嚴苛的房屋稅，以便在官員來巡察時能輕易推倒房舍。

坎帕尼亞Campania

⑳卡塞塔的18世紀皇宮以及園林、萬維泰利水道橋和聖萊烏喬建築群

18th-Century Royal Palace at Caserta with the Park, the Aqueduct of Vanvitelli, and the San Leucio Complex

登錄時間：1997
遺產類型：文化遺產

本建築群坐落於義大利南部卡塞塔省的首府卡塞塔市。1750年，波旁王室的成員那不勒斯國王查理七世決定在新首府興建一座皇宮，於是他採用參與聖彼得堡整修工程的名建築師盧伊吉・萬維泰利(Luigi Vanvitelli)的設計，將皇宮打造成一座規模宏偉的巴洛克式建築。這座建於1752年到1780年的卡塞塔宮，以法國凡爾賽宮作為設計範本，其氣派程度有過之而無不及，內部除了有1,200個房間，還設置一間富麗堂皇的皇家劇院。不過查理七世在1759年繼任為西班牙國王查理三世，因此他從未在這裡住過。

除了卡塞塔宮以外，本建築群還包括位於皇宮周邊，由噴泉、雕像和瀑布組成的人造園林、萬維泰利水道橋以及位於聖萊烏喬村的絲織工廠，雕塑、建築與自然景觀的結合，充分反映啟蒙運動對建築領域的影響。

西西里島Sicilia

㉑阿格利真托考古區

Archaeological Area of Agrigento

登錄時間：1997　遺產類型：文化遺產

若說阿格利真托是「諸神的居所」並不誇張，因為這個城市的規模早在西元前581年就已建立，當時來自希臘羅德島附近的殖民者，在兩河之中建立了一座名為Akragas的城市，也就是今日阿格利真托的前身。

西元5世紀起，先後被迦太基人、羅馬人占領，又歷經拜占庭、阿拉伯王國的統治，但後來阿格利真托的重要性逐漸被西西里島東岸的城市所取代，昔日繁華忙碌不再，只留下許多神殿遺蹟。這些神殿如今已成為阿格利真托最重要的觀光勝地，它們大多聚集於現今城市南面的谷地間，統稱為神殿谷，許多建築歷史回溯到西元前5世紀。

坎帕尼亞Campania

㉒龐貝、艾爾科拉諾、托雷安農濟亞塔考古區

Archaeological Areas of Pompei, Herculaneum and Torre Annunziata

登錄時間：1997
遺產類型：文化遺產

西元79年8月24日，維蘇威火山大爆發，山腳南麓的龐貝古城瞬間被埋沒，直到17世紀被考古學家發掘，將近兩千年前都市的一磚一瓦、人們的一舉一動，才得以重見天日。

今天走進遺址裡，街道呈整齊的棋盤狀分佈，除了神殿、廣場、劇場、音樂廳等建築之外，一座商業城市該有的機能，這裡一點也不少，如：市場、銀行等。

而位於拿波里和龐貝之間的艾爾科拉諾，和龐貝同樣埋藏於那場驚天動地的爆發中，雖然它的名聲沒有龐貝來得響亮，然而其保存狀況更完整。

維內多Veneto

㉓帕多瓦的植物園

Botanical Garden (Orto Botanico), Padua

登錄時間：1997
遺產類型：文化遺產

世界第一座植物園就是建在帕多瓦，時間是1545年，植物園內仍大致保持原貌，當初設立的目的是做為科學研究中心，目前仍是如此。

艾米利亞-羅馬納Emilia-Romagna

㉔摩德納的大教堂、市民塔和大廣場

Cathedral, Torre Civica and Piazza Grande, Modena

登錄時間：1997
遺產類型：文化遺產

摩德納不僅是一座美食城市與生產名牌車款的「引擎之都」，更是個歷史悠久的文化古城。摩德納市最著名的建築，就是由兩位大建築師蘭法蘭科(Lanfranco)與威利蓋摩(Wiligelmus)所設計建造的羅馬天主教堂。這座從1099年開始興建，在1184年接受教宗祝聖的大教堂，外觀雄偉壯麗，是目前歐洲最重要的羅馬式建築典範之一。

與摩德納大教堂共同名列世界遺產的建築，除了前方的大廣場，還包括大教堂的鐘樓「市民塔」。市民塔建於1179年，高86.12公尺，自古以來一直是當地的重要地標以及傳統象徵。

坎帕尼亞Campania

㉕阿瑪菲海岸景觀

Costiera Amalfitana

登錄時間：1997
遺產類型：**文化遺產**

　　阿瑪菲海岸位於義大利南部的索倫托半島(Sorrentine Peninsula)，總面積約11,200公頃，它不僅是相當受歡迎的旅遊景點，而且具有極高的歷史文化與自然價值，是地中海景觀的傑出典範。

　　本區雖然從舊石器與中石器時代就有人類活動的痕跡，但直到中世紀初期才開始出現密集的聚落，許多包括阿瑪菲在內的城鎮都保存了代表性的建築及藝術作品。由於地形狹長，適合農耕的土地有限，因此當地居民發揮了強大的環境適應力，充分利用多樣化地形，在較低矮的坡地梯田上栽種葡萄、柑橘、橄欖等農作物，並且在較高的山坡上開闢牧場。

利古里亞Liguria

㉖維內雷港、五漁村和群島

Portovenere, Cinque Terre, and the Islands (Palmaria, Tino and Tinetto)

登錄時間：1997
遺產類型：**文化遺產**

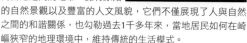

　　本區涵蓋利古里亞海岸(Ligurian coast)從五漁村到韋內雷港之間的地帶，擁有原始的自然景觀以及豐富的人文風貌，它們不僅展現了人與自然之間的和諧關係，也勾勒過去以1千多年來，當地居民如何在崎嶇狹窄的地理環境中，維持傳統的生活模式。

　　由蒙特羅梭(Monterosso al Mare)、維那札(Vernazza)、科爾尼利亞(Corniglia)、馬那羅拉(Manarola)及里歐馬喬雷(Riomaggiore)所構成的五漁村，是在中世紀晚期形成的濱海聚落，由於沿梯地而建，只能靠船隻、火車及步行抵達。維內雷港是建於西元前1世紀的古老城鎮，它包含3個村落和3座小島，最著名的建築物是哥德式聖彼得教堂(Gothic Church of St. Peter)。

皮埃蒙特Piedmont

㉗薩佛伊皇宮

Residences of the Royal House of Savoy

登錄時間：1997　遺產類型：**文化遺產**

　　薩佛伊(Savoy)公爵艾曼紐・菲利巴爾特(Emmanuel-Philibert)在1562年以杜林(Turin)為首都時，他開始一系列的建築計畫，用來展現他的權力，而這些傑出的建築都是出自當時具代表的建築師及藝術家之手。所有的建築都是以皇家宮殿(Royal Palace)為中心輻射出去，其中也包括許多鄉間的住宅和狩獵小屋。

薩丁尼亞島Sardinia

㉘巴努米尼的蘇努拉吉史前遺跡

Su Nuraxi di Barumini

登錄時間：1997
遺產類型：**文化遺產**

　　約在西元前2200年的青銅器時代，一種獨特的稱作努拉吉(Nuraghi)的防禦性建築開始在地中海上的薩丁尼亞島(Sardinia)出現，這種圓形的防禦塔以石塊堆積而成。

　　到了西元之後，在迦太基人侵略的壓力下，巴努米尼的居民將這些史前建築擴大及強化，也成為這類型建築的典型代表。

西西里島Sicilia

㉙卡薩爾的羅馬別墅

Villa Romana del Casale

登錄時間：1997　遺產類型：**文化遺產**

　　卡薩爾的羅馬別墅是羅馬在農間開發的代表作，廣大的莊園是西方帝國農業經濟的基礎。建於西元4世紀的卡薩爾羅馬別墅是這些奢華別墅的其中一座，最值得一提的是它豐富及具質感的馬賽克裝飾每個房間，也是羅馬世界中，最優秀的馬賽克工藝之一。

佛里烏利-威尼斯朱利亞Friuli-Venezia Giulia

㉚阿奎雷亞的考古遺址與大教堂

Archaeological Area and the Patriarchal Basilica of Aquileia

登錄時間：1998
遺產類型：**文化遺產**

　　西元前181年，羅馬人在阿奎雷亞建立拉丁殖民地，抵抗蠻族入侵，後來該地迅速發展為貿易重鎮，成為早期羅馬帝國時代規模最大、最富裕的城市之一。不僅如此，阿奎雷亞也在宗教上扮演重要的角色，直到1751年都被劃為宗主教區。

　　西元452年，匈人大肆劫掠阿奎雷亞，建於4世紀的大教堂遭到破壞，並且在接下來的數百年裡歷經多次整建。1909年，南側大廳的泥磚地板被人移除，原先鋪設於西元4世紀的馬賽克地板也重現在世人面前，成為整座教堂最引人注目的焦點。

　　阿奎雷亞擁有許多保存良好的歷史遺跡，因此是地中海地區最完整的早期羅馬城市範例。

坎帕尼亞Campania

㉛席蘭托及提亞諾谷國家公園

Cilento and Vallo di Diano National Park with the Archeological sites of Paestum and Velia, and the Certosa di Padula

登錄時間：1998
遺產類型：**文化遺產**

　　席蘭托是一處相當顯著的文化景觀，席蘭托地區有三座東西向山脈，聚落沿著山脈走向散開，也具體而微地揭示這個地區歷史的發展。從史前到中古世紀，這裡不僅是一條貿易路線，同時文化和政治也在此交會；這裡就位於古希臘和伊特魯斯坎兩種文化的交界處，從帕斯坎(Paestum)和維利亞(Velia)這兩座城市挖掘出的考古遺跡可以看出一二。

馬爾凱Marche

㉜烏爾比諾歷史中心

Historic Centre of Urbino

登錄時間：1998
遺產類型：**文化遺產**

　　位於山丘上的烏爾比諾小山城，位於義大利中部、靠近亞得里亞海的馬爾凱區(Marche)，在15世紀時歷經了文藝復興時期，吸引全義大利藝術家及學者，並影響歐洲其他區域文化的發展。到了16世紀，因為經濟和文化的停滯，使得文藝復興的外觀得以完整保存至今。

拉吉歐Lazio

㉝提弗利的哈德良別墅

Villa Adriana (Tivoli)

登錄時間：1999
遺產類型：**文化遺產**

　　提弗利位於羅馬東北近郊31公里，由於這裡是提布提尼(Tiburtini)山丘群分布區，因此由山上引來水源，創造如詩如畫的庭園勝景，是吸引皇帝和主教們來此度假的主要誘因，自羅馬共和時期以來就一直是羅馬貴族喜愛的避暑聖地。

　　哈德良別墅位於提布提尼山腳下，與提弗利市區相距5公里，是片非常典型的古羅馬別墅，它的設計師就是西元117至138年統治著帝國的哈德良皇帝。富於異國風情的建築，靈感來自哈德良皇帝(Hadrian)在希臘與埃及的長期旅行，因此它不只是皇帝度假的地方，更是他心目中理想城市的雛形。

翁布里亞Umbria

㉞阿西西的聖方濟大教堂及其他教會遺跡

Assisi, the Basilica of San Francesco and Other Franciscan Sites

登錄時間：2000　遺產類型：**文化遺產**

　　建立於羅馬時代的阿西西，中古世紀是自治城邦體制，12世紀末誕生了義大利的第一位聖人聖方濟(San Francesco)，也就是日後的方濟會創始人。西元1226年聖方濟去世，翌年羅馬教皇下令於此城為聖人建教堂。

　　直到1367年才全部完成的大教堂分為上下兩層，採哥德型式建築，不只規模龐大，內部還擁有當時最頂尖的藝術家，例如威馬布耶(Cimabue)、羅倫哲提(Lorenzetti)、西蒙內馬汀尼(Simone Matini)等人的傑出畫作，而文藝復興的繪畫之父喬托所做《聖方濟生平》的系列壁畫，更成為日後聖人肖像的經典。

維內多Veneto

㉟維洛納

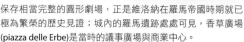

City of Verona

登錄時間：2000
遺產類型：**文化遺產**

　　建於西元1世紀、至今仍保存相當完整的圓形劇場，正是維洛納在羅馬帝國時期就已極為繁榮的歷史見證；城內的羅馬遺跡處處可見，香草廣場(piazza delle Erbe)是當時的議事廣場與商業中心。

　　1263年開始史卡立傑利(Scaligeri)家族長達127年的統治時期，他們驍勇善戰的騎士性格亦表現在建築形式上，堆垛式的「史卡立傑橋」(Ponte Scaligero)與「舊城堡」(Castelvecchio)，則成為中世紀防禦工事的建築典範。

　　15至18世紀末期，維洛納亦臣屬於威尼斯共和國，文藝復興、巴洛克風格的教堂、宮殿紛紛建立；經過兩千多年不間斷的發展，各個時期的建築皆能和諧地交織出維洛納最迷人的都市景觀。

西西里島Sicilia

㊱伊奧利亞群島

Isole Eolie (Aeolian Islands)

登錄時間：2000　遺產類型：**自然遺產**

　　伊奧利亞群島位於西西里島北部海域，取名自半神半人的風神(Aeolus)，總面積約1,200公頃，包括因火山活動而形成的7座大島和5座小島，最大島是利巴里島(Lipari)。

　　伊奧利亞群島現今的樣貌，是歷經長達26萬年的火山活動所造成的結果，它們提供了斯特隆布利式(Strombolian)和伏爾坎諾式(Vulcanian)兩種火山噴發型態的重要例證，因此從18世紀以來一直具有高度的地質研究價值。

拉吉歐Lazio

㊲提弗利的艾斯特別墅

Villa d'Este, Tivoli

登錄時間：2001

遺產類型：**文化遺產**

艾斯特別墅是16世紀由紅衣主教伊波利多艾斯特(Ippolito d'Este)所建，他是費拉拉的艾斯特家族第三任公爵與教皇亞歷山卓六世的女兒所生，更因支持朱力歐三世(Giulio III)成為教皇，而被任命為提弗利的總督；伊波利多艾斯特在短暫的居住後發現，這裡的氣候對其健康頗有助益，因此決定把原為方濟會修院改建為華麗的度假別墅，以配合他的精緻品味。

別墅是由受古希臘羅馬藝術薰陶的建築師與考古學家李高里奧(Pirro Ligorio)所設計，企圖把文藝復興時期藝術家們的理想展現於這片蓊鬱的花園裡，不過後來由不同時期的大師陸續完成，因此也帶有巴洛克的味道。

西西里島Sicilia

㊳晚期的巴洛克城鎮瓦拉底那托

Late Baroque Towns of the Val di Noto

登錄時間：2002

遺產類型：**文化遺產**

西西里島東南邊的 8 座城市：卡塔格羅尼(Caltagirone)、卡塔尼亞山谷的米里泰羅(Militello Val di Catania)、卡塔尼亞(Catania)、莫迪卡(Modica)、那托(Noto)、帕拉佐羅(Palazzolo)、拉古薩伊布拉(Ragusa Ibla)和西克里(Scicli)都被納入世界遺產的範圍。

這些城市都是在1693年的大地震之後重建的，呈現晚期巴洛克風格，不論建築或藝術成就均屬上乘，而在城鎮規劃以及翻新都市建築方面，更具意義。

倫巴底Lombardia

㊴倫巴底與皮埃蒙特省的聖山

Sacri Monti of Piedmont and Lombardy

登錄時間：2003

遺產類型：**文化遺產**

在義大利北部的倫巴底有9座聖山，群集著建於16世紀晚期及17世紀的禮拜堂及宗教建築，它們分別代表了不同觀點及教派的基督教信仰。除了宗教信仰的象徵意義之外，信徒們為了傳播信仰而在屋舍外牆畫上藝術及雕刻，將宗教藝術融入山丘、森林、湖泊等大自然景致之中，在聖山達到了最完美的呈現，也影響了其後在歐洲的發展。

倫巴底Lombardia

㊵聖喬治山

Monte San Giorgio

登錄時間：2003

遺產類型：**自然遺產**

瑞士義語區南部的聖喬治山，擁有三疊紀中期(約2億4千5百萬年到2億3千萬年前)完整而豐富的海洋生物化石，展示了古時爬蟲類、魚類、鸚鵡螺、甲殼綱動物等生物曾在此生存的證據。

也因為這個潟湖靠近陸地，化石中也包含了許多陸地上的物種，諸如爬蟲類、昆蟲及植物等，記錄了這一地區遠古時期的地理環境，形成非常珍貴的化石寶庫。

這座遺產在2003年被提名時，原本只是瑞士獨有，2010年再把範圍擴及義大利境內，成為橫跨兩國的世界遺產。

●與瑞士並列

拉吉歐Lazio

㊶切爾維泰里及塔爾奎尼亞的伊特魯斯坎人墓地

Etruscan Necropolises of Cerveteri and Tarquinia

登錄時間：2004

遺產類型：**文化遺產**

伊特魯斯坎人將生前居住環境的模樣呈現在他們的墓中，包括起居室、接待室等等，裡面還有美麗的壁畫及陳列生活用品。

鄰近切爾維泰里城市的大墓地包括上千座墳墓，其組成猶如一座城市，有街道、小廣場、房舍；而在塔爾奎尼亞最有名的，則包括擁有200座繪著壁畫的墳墓，其中最早的可溯及西元前7世紀。

托斯卡尼Toscana

㊷瓦達歐西亞

Val d'Orcia

登錄時間：2004　遺產類型：**文化遺產**

瓦達歐西亞是位於西恩納內陸地區的小鎮，農莊散布在山丘上，它反應出十四至十五世紀一套理想的土地管理模式，並創造出極具美學的自然景致，是文藝復興的理想典範。所有這些創新的土地管理模式包含了城鎮與村落、羅馬教堂與方濟會修道院，以及農舍、旅棧、神殿、橋樑等。

西西里島Sicilia
㊸夕拉古沙和潘塔立克石墓群
Syracuse and the Rocky Necropolis of Pantalica

登錄時間：2005
遺產類型：**文化遺產**

　　夕拉古沙和潘塔立克擁有希臘羅馬時期的遺跡，潘塔立克擁有5千多座墳墓，年代分布從西元前13到7世紀。

　　夕拉古沙在古希臘時代可是西方世界最重要的城市之一，它易於防守的海岸線、絕佳的天然海港以及肥沃的土壤，吸引了希臘人於西元前733年時在此創立殖民地；到了西元前367年時，這座城市已經成為希臘世界中最富裕的城市，直到西元前215年遭逢羅馬人攻擊，最後終因不敵長達2年的圍城而被迫投降，從此夕拉古沙失去了它的重要性。如今，這座西西里島上知名的濱海度假勝地，仍保留著許多希臘、羅馬和巴洛克時期的建築。

利古里亞Liguria
㊹熱那亞：新街和羅利宮殿群
Genoa：Le Strade Nuove and the system of the Palazzi dei Rolli

登錄時間：2006
遺產類型：**文化遺產**

　　在16至17世紀早期，義大利北部的熱那亞不論在財富或海權方面，都達到最強盛，當時的新街和羅利宮殿群是熱那亞的歷史中心，更是歐洲第一個統一在公權力架構之下的都市發展計畫，於1576年由上議院所頒布。

　　被列入遺產的範圍包括新街的文藝復興式建築及巴洛克宮殿，羅利宮殿群除了是當時貴族的居所，也作為社交組織舉辦活動，以及迎接國家貴賓住宿之用。

倫巴底Lombardia
㊺曼陀瓦與薩比奧內塔城
Mantua and Sabbioneta

登錄時間：2008
遺產類型：**文化遺產**

　　三面環湖的曼陀瓦城和坐落於波河北岸的薩比奧內塔城彼此相距30公里，這兩個同位於義大利北部倫巴底省的文藝復興城鎮，在貢札格(Gonzaga)家族的推動下，展現了不同的城市面貌，卻都在建築價值與傳播文藝復興文化上扮演了重要的角色。

　　西元2千年前已然發跡的曼陀瓦，利用原有的城市結構加以更新、擴張，產生兼具羅馬到巴洛克時期各種建築特色的不規則布局；至於貢札格家族建造於16世紀的薩比奧內塔城，則是當時理想城市規劃理論的體現，此座城市擁有棋盤狀的設計。

倫巴底Lombardia
㊻阿爾布拉/伯連納的利西亞阿爾卑斯山鐵路
Rhaetian Railway in the Albula / Bernina Landscapes

登錄時間：2008　遺產類型：**文化遺產**

　　興建於20世紀初的阿爾布拉－伯連納鐵道，標誌著瑞士建築學、工程學與環境概念的高度成就。這一整段鐵路總長約128公里，一共穿越55個隧道與狹廊，以及196座橋樑與高架道路，讓原本隔絕於崎嶇山麓中的孤立區域，其相互間的交通往來從此變得便利起來。

　　伯連納鐵路至今仍是穿越阿爾卑斯山區的鐵道中海拔最高的一座，同時也是世界同類型鐵路中高低落差最大的路線之一，完美體現了人類運用現代技術克服險阻山嶽的最佳範例。阿爾布拉－伯連納鐵道更難能可貴的地方在於，它雖然破除了地形上的障礙，卻不但沒有破壞原本壯麗的自然景觀，反而和諧地與整個環境融合在一起，共同構成一幅令人悠然神往的畫面。

　●與瑞士並列

維內多Veneto
㊼多洛米蒂山
The Dolomites

登錄時間：2008
遺產類型：**自然遺產**

　　屬於阿爾卑斯山系的多洛米蒂山，坐落於義大利的東北方，因為法國礦物學家以白雲石(Dolomite)比擬該山的形狀和顏色而得名。

　　這片遼闊的山區占地約14萬2千公頃，共包括一座國家公園和多座地區公園，境內擁有多達18座超過3千公尺高的山峰，錯落著陡峭的懸崖、筆直的山壁、既長且深的狹窄河谷，形成全世界最美的高山景觀之一，其中除了石牆、小山峰等重要地形特徵外，還有喀斯特與冰河等地形，此外根據化石分析，此地也保存了中生代碳酸鹽台地系統。

倫巴底Lombardia、普利亞Puglia、托斯卡尼Toscana

⑱義大利倫巴底人遺址

Longobards in Italy. Places of the power (568-774 A.D.)

登錄時間：2011　遺產類型：**文化遺產**

本遺址涵蓋義大利半島北部的7個古蹟建築群，包括聖薩爾瓦托－聖塔朱利亞修道院建築群（Monastic Complex of San Salvatore-Santa Giulia）、聖薩爾瓦托大教堂（The Basilica of San Salvatore）、克里圖諾聖殿（The Clitunno Tempietto）、聖塔索菲亞建築群（The Santa Sofia complex）以及軍營、堡壘等等，它們充分反映了倫巴底人這支日耳曼族群的輝煌成就。

西元6到8世紀，倫巴底人翻越阿爾卑斯山脈占領義大利北部，建立自己的王國並且發展出獨特的文化。倫巴底建築融合了多元風格，除了汲取日耳曼世界的價值觀，也吸收來自古羅馬、基督教、拜占庭的文化影響。這些建築物不僅預示了日後加洛林王朝（Carolingian Dynasty）的文藝復興、彰顯倫巴底人在中世紀歐洲基督教精神與文化的發展過程中所扮演的重要角色，更見證了歐洲從古代過渡到中世紀的歷史進程。

維內多Veneto、倫巴底Lombardia

⑲阿爾卑斯山區
史前干欄式民居

Prehistoric Pile dwellings around the Alps

登錄時間：2011　遺產類型：**文化遺產**

阿爾卑斯山區的河川、湖泊及溼地邊，共有111處史前干欄式民居遺跡，為德國、奧地利、瑞士、義大利、法國、斯洛維尼亞等6國共有的世界遺產。這些史前民居大約建於西元前5000年至西元500年間，時間橫跨新石器時代與青銅器時代，部分遺跡保存完好，提供豐富的考古證據，並展示當時人類的生活方式與適應環境的社會發展，是研究這個地區早期農耕社會形成的重要史料。

●與法國、德國、義大利、斯洛維尼亞、瑞士等6國並列

托斯卡尼Toscana

⑳托斯卡尼的麥第奇別墅

Medici Villas and Gardens in Toscana

登錄時間：2013　遺產類型：**文化遺產**

在托斯卡尼鄉間散布著一些別墅和花園，其風格明顯受到麥第奇（Medici）家族的影響，而這些藝術風格又影響到現代歐洲文化。被納入世界遺產範圍的，共有12座別墅和2座花園。

這些別墅花園建於15到17世紀之間，代表了王侯貴族在鄉村建築形式上的創新，不僅與自然環境完美融合，而且主要用途是表現在娛樂、藝術、知識等方面，不同於過去大多數是農牧之用的莊園或軍事用途的宏偉城堡。從第一棟麥第奇別墅開始，便非常注重建築本身和土地、花園、環境之間的連結，而這興建王公貴族宅邸的參考標準，不僅持續很久，影響更遍及義大利和全歐洲，也因為人文建築和自然環境的完美結合，使得整體別墅地景呈現出人本主義和文藝復興的特質。

西西里島Sicilia

㉑埃特納山

Mount Etna

登錄時間：2013
遺產類型：**自然遺產**

埃特納山位於西西里島東岸，海拔3350公尺，是所有地中海島嶼的最高山，也是世界上最活躍的層狀火山（Stratovolcano）。這座火山的爆發史可追溯到50萬年前，而近2700年都有活動紀錄，其持續的噴發活動，對火山學、地球物理學及其他地球科學提供了寶貴的研究資料，同時對當地方性的陸地動植物生態體系也非常重要，對於研究生態和生物而言，無疑是座天然的實驗室。

皮埃蒙特Piedmont

㉒皮埃蒙特的葡萄園景觀：
朗格——羅埃洛和蒙法拉托

Vineyard Landscape of Piedmont: Langhe-Roero and Monferrato

登錄時間：2014　遺產類型：**文化遺產**

義大利西北部，介於波河和亞平寧山脈之間的連綿丘陵，自古羅馬時期就是頗負盛名的葡萄酒產區，皮埃蒙特南部的葡萄園景觀包含五個獨特的葡萄產區及凱渥爾城堡（Castle of Cavour）。

這個區域是土壤肥沃的丘陵帶，有適合葡萄生長的大陸性氣候，使用土生品種進行單一釀造，葡萄酒產銷歷史可追溯至西元前五世紀，而當時皮埃蒙特地區與塞爾特、伊特魯斯坎人貿易接觸往來頻繁，甚至現在當地方言中，從葡萄釀造相關的單字，還找得到塞爾特及伊特魯斯坎人的語言。

延續幾個世紀的葡萄種植、釀造技術及產銷經濟活動，造就迷人的生活地景讓葡萄酒的生產與釀造富有傳統的美感與詩意。

西西里島Sicilia

㉓阿拉伯——諾曼式的巴勒摩
以及切法魯和王室山的主教堂

Arab-Norman Palermo and the Cathedral Churches of Cefalú and Monreale

登錄時間：2015
遺產類型：**文化遺產**

西西里島位於地中海中心的地理位置，自古以來即是各國覬覦之地。各民族在島上留下曾經統治的痕跡，而集大成者是西北邊海岸線的巴勒摩。諾曼王朝時期羅傑二世的經營之下，這種融合了西方古羅馬、東方伊斯蘭和希臘拜占庭文化的混血文化，發展出獨樹一格的「阿拉伯－諾曼式」建築。包含諾曼王宮帕拉提納禮拜堂、巴勒摩主教堂、王室山（Monreale）及切法魯（Cefalú）主教堂等在內的9個市民及宗教建築，因為在建築、裝飾及空間運用上表現東西方文化的完美融合而列入文化遺產，這也是不同種族與宗教可和平共存的最佳詮釋。

Art of Italy
義大利的藝術

文●李曉萍・墨刻編輯部　攝影●墨刻攝影組

如果把藝術的元素抽離，那義大利大概只剩下美食和鄉村了。從古羅馬時代到海權時代，這個狹長型的半島從政治中心，轉變成宗教和經濟中心，唯一不變的是在西歐文明上的領導地位，即使到現在，義大利人的創造精神仍在電影、工業設計及時尚設計等方面大放異彩。義大利位於地中海中心位置，東歐、西歐、亞洲與北非的交接點，其藝術發展包含了傳承、融合、與創新的意義。古羅馬時代繼承了希臘

藝術和伊特魯斯坎人的實用哲學，發展出以雕刻服務政治，以大型公共建築取悅人民的實用美學，站在圓形競技場的跟前，沒有人不發出深深讚嘆；融合東方拜占庭及仿羅馬式的建築，古樸外衣下閃耀馬賽克鑲嵌的華麗，而北方哥德式與仿羅馬式的結合則兼顧耐用及輕巧；文藝復興是義大利投下的強力震撼彈，承先啟後影響歐洲接下來數百年的藝術發展；而巴洛克式的動感華麗，甚至傳播到美洲大陸。藝術上的璀璨成就不僅止於對歐洲藝術史的影響，現在佔據義大利重要經濟來源的旅遊市場，也全靠藝術撐腰，吸引全球旅人及藝術迷為它痴狂。

仿羅馬式藝術

西羅馬帝國滅亡後，陷入分裂混亂的黑暗時期，直到11世紀，義大利終於逐漸擺脫保守的封建桎梏，自由貿易和商人、工匠階層的興起，市民開始擁有自主意識，勢力龐大的家族發展出城邦式的自治城市，此時盛行於西歐的建築與古羅馬相似，因此藝術史學家稱這種11~13世紀間的藝術類型為「仿羅馬式藝術Romanesque Art」。仿羅馬式藝術其實不只是復古風，而是近東、拜占庭、羅馬等藝術的綜合體，根據不同區域，又各自發展出不同流派，如倫巴底風格、諾曼式、以及大量運用立體拱飾的「比薩風」建築等。

比薩斜塔

建築

藝術上以建築居於主導地位，主要表現在教堂，其次是修道院和城堡。教堂的主要特色是內部拱頂結構的運用，以及教堂的平面空間配置。從平面來看，採用早期基督教長方形會堂(basilica)為中殿，與橫殿交叉成為「拉丁十字」，即十字型的垂直軸較長，此外，教堂旁通常有獨立的塔樓。由於使用厚重石材作為拱頂，為了增加牆壁承重力，少有窗戶而顯得室內較昏暗也是一大特點。在裝飾上則以正立面的玫瑰窗，以及廊柱和地板上多彩繽紛的幾何鑲嵌最吸引目光。

代表建築

比薩斜塔及主教堂/比薩(P.140)
摩德納大教堂/摩德納(P.162)
聖尼古拉教堂和主教堂/巴里(P.273)

繪畫和雕刻

中世紀的繪畫和雕刻臣屬於建築。為了符合建築物的造型，雕刻的人物往往像是被框架在區域內而略微變形，以大門一層層內縮的裝飾栱和門楣最具特色。

聖馬可大教堂

繪畫延續中世紀於新鮮灰泥層上作畫的方式，沒什麼突破，倒是與拜占庭帝國往來密切的地區，吸收東方文化而大量採用鮮豔燦爛的馬賽克鑲嵌畫，例如：威尼斯和西西里島。鑲嵌畫就是將許多細小、尺寸、顏色各異的石材琉璃等鑲嵌物拼貼成各種圖案，受拜占庭的影響，畫面人物有表情嚴肅、拉長身形的特色。

不管是繪畫或雕刻，都以聖經故事為內容，可看出此時重視的不是裝飾，而是為了對不識字的大眾教育道德倫理及聖經故事。

馬賽克鑲嵌畫代表

聖馬可大教堂/威尼斯(P.184)
王室山主教堂/西西里島(P.294)
帕拉提納禮拜堂/西西里島(P.290)

哥德式藝術

哥德式藝術(Gothic Art)是12世紀發源自法國巴黎北部法蘭西島的建築風格，逐漸在整個歐洲傳播並影響其他藝術形式，然而半島上的義大利人，對這種來自北方蠻族的文化，一開始卻認為是野蠻的，所以「哥德式」的稱呼其實帶著輕蔑的態度。

擺脫封建制度的束縛，不再只為貴族工作，中產階級的興起，社會風氣已相對開放。而神職人員逐漸成為城市生活的要角，甚至表現出對權力及財富越來越大的野心，在這種風氣下，大教堂的產生不只是為了榮耀上帝，更是表現至高權力的一種方式。

13~15世紀流行於西北歐的哥德式風格當然不是憑空冒出來的，無論在建築或雕刻元素上，都能看見從仿羅馬式一路發展而來的影子。在義大利較少見到純粹的哥德式建築，多半混雜著明顯的仿羅馬風格。

米蘭大教堂

建築

建築上最重要的三個元素就是尖拱、拱肋和飛扶壁。與水平發展、結構厚實的仿羅馬式建築最大差別，就是轉變為輕盈修長的垂直結構，高聳垂直的尖塔，讓人們仰望時自然產生崇敬之心，彷彿能透過這些尖細的高塔與上帝溝通。哥德式發展出尖頂交叉拱頂，擁有輕巧、結實、有彈性的優點，能分散拱頂重量，再加上建築物外側的飛扶壁，有效紓解肋拱的側推力，所以可以任意調整弧度，朝更高處伸展，因此教堂規模才能夠越來越大，極致表現就是蓋了六百年才完工的米蘭大教堂。而大量彩色玻璃的運用一改仿羅馬式教堂內的幽暗氣氛，陽光照射下，映照出瑰麗的莊嚴神秘感。

代表建築

米蘭大教堂/米蘭(P.212)
總督宮/威尼斯(P.183)

繪畫和雕刻

哥德藝術中的雕刻是為建築服務，而繪畫則是為宗教服務。門柱、高塔上無所不在的雕像，呈現幾乎要脫離建築而出的立體感，人物的面容更真

《史特法尼斯基三聯畫》

實，大多以站立的姿態放在小神龕中，衣服自然的垂墜，都是為了不破壞建築物的垂直線條。

「聯畫」是這個時期發展出的繪畫形式，就是將數幅畫集合在一個華麗的鍍金畫框中，繪製於木板上，當時的中產階級或貴族會訂購聯畫，當作方便搬運的小祭壇，以便日常祈禱或祭祀使用。畫中人物表情恬淡、平靜，呈現優雅而和諧的世界，然而現實當然不是這樣，喬托(Giotto,1266-1336)的作品就能看出他極力想跳出哥德式繪畫的框架，表現更人性化的寫實。典藏於梵諦岡博物館的《史特法尼斯基三聯畫》已可看見透視法的運用，接近文藝復興早期的空間配置，這是西洋繪畫史的重要轉淚點，所以喬托又有「西方繪畫之父」之稱。

文藝復興時期

中世紀又被稱為黑暗時期，羅馬帝國遭蠻族入侵幾達千年之久，歐洲陷於戰亂與瘟疫頻仍之中，此時宗教成為精神與知識的重心，但宗教至上的結果，便是人們的思想受到嚴厲的控制。

然而在義大利中部出現但丁、佩托拉克與薄伽丘三位方言大文豪，打破了只有少數貴族或教士才瞭解的拉丁文寫作，他們以大眾通用的語言寫下平易近人的不朽作品，文明的曙光在他們的筆下乍現。

此時的佛羅倫斯也在織品工業及貿易蓬勃之下，出現富有的中產階級，這批人的獨立性格與自由思想開始對宗教的嚴厲箝制產生反動，人文主義思想認為人生在世應該注重的是塵世的生活，而非死後的世界。麥帝奇家族(Medici)正是這種典型的富商，由經商到執政，他們把人文主義的精神注入整個佛羅倫斯之中，獎勵可以美化俗世的繪畫、雕刻、建築等各種藝術，再現古希臘羅馬精神，在15~16世紀形成一股席捲歐洲的文藝復興(Renaissance)風潮，使箝制之下的人類思想往理性與多元化的方向發展。

佛羅倫斯身為文藝復興浪潮的領航員，培養不少不朽的大師級人物，波提且利（Botticelli），馬薩其奧(Masaccio)、唐納泰羅(Donatello)、蒙帖那(Mantegna)、達文西、米開朗基羅等，都在這人文薈萃的百花之城奠下根基，而後才各自朝南、北部發展。15世紀末因為佛羅倫斯政局開始動盪，藝術重心轉移到羅馬和富裕的威尼斯。

聖母百花教堂

喬久內《暴風雨》

建築

文藝復興的建築善用透視法製造加大空間的效果，以理性為出發，訴求對稱與平衡。以科學的方法將建築的每一個構成元件標準化，建築師為監督指揮工匠的總負責人，這和以前每個工匠各自以自己理解的方式施工完全不同。

布魯涅內斯基(Filippo Brunelleschi, 1377~1446)是初期文藝復興建築之先鋒，他最大成就是完成聖母百花大教堂的壯觀圓頂，而巨大圓頂也成為教堂建築的主要元素。帕拉底奧(Andrea Palladio)以古羅馬建築為藍本，在威欽查興建一批混合視覺美學與實際功能的別墅宮殿，在中期蔚為潮流。

代表建築

聖母百花教堂／佛羅倫斯(P.124)
聖彼得大教堂／梵諦岡(P.101)

繪畫

強調人文主義的精神，讓繪畫內容開始重視現實世界，即使取材自宗教或神話故事，景物空間也帶有濃厚的現世意味，藝術脫離為宗教服務的單一目的。

透視法和明暗表現法的運用，讓畫面可以被「安排」與「設計」，這是藝術家從工匠走向知識份子的道路。構圖上著重平衡、適中、莊重、理性與邏輯，畫面主題明確，人物體態豐滿，金字塔式的佈局佔主導地位，拉菲爾的《金翅雀的聖母》是很經典的範例。

文藝復興時期在各地區發展出不少流派，其中威尼斯畫派屬於主流之一，使用油彩表現明朗華麗、色彩豐富的特色，在作品中大多充滿了樂觀主義色彩，代表人物有貝里尼(Bellini)、提香(Titian)、喬久內(Giorgione)等。（威尼斯畫派詳見P.187）

文藝復興三傑

米開朗基羅Michelangelo Buonarroti，1475~1564

掙扎著從硬石中甦醒的《奴隸》、奮力擺脫卻無法如願而憤怒的《奴隸》，還有《最後審判》的晦暗氛圍中，毫不留情要痛擊人類的基督，都説明著米開朗基羅這位文藝復興巨匠內心的陰暗面，這種無法與自然和平共處的矛盾，帶動了矯飾主義的浪潮，米開朗基羅的作品充分展示時代的劇變，並激情地描繪進他的作品中。

米開朗基羅13歲時到當時佛羅倫斯領導畫家吉蘭達歐(Domenico Ghirlandio)的畫室當學徒。雖沒有藝術家庭背景，但他在畫室中很快就展露才華，於是吉蘭達歐將他推薦給佛羅倫斯大公羅倫佐麥第奇(Lorenzo de'Medici)。

麥第奇大公的花園基本上是年輕藝術家的教育場所，米開朗基羅在花園裡滿佈的希臘羅馬古典作品中，自學技法，捏陶複製或用炭筆描繪，而這裏往來皆人文主義詩人、哲學家和藝術家，他們的言談和思想擴大了米開朗基羅的視野。

米開朗基羅最重要的作品幾乎都在佛羅倫斯及羅馬完成。1496年，羅馬的紅衣主教San Giorgi無意間買了一尊米開朗基羅的《丘比特》石雕像，而將他召來羅馬。米開朗基羅受到羅馬帝國古遺跡的啟發，創作了第一件超過2公尺的大型作品《酒神》，這件作品獲得極大的成功，被認為是羅馬文藝復興的最佳代表作，那時他才21歲。

《摩西》

這各時期還有另一件傳世大作，即現藏於聖彼得大教堂的《聖殤》。《聖殤》於聖彼得大教堂展示數天後，有人傳出作者是別人，憤怒的米開朗基羅當晚於是帶著工具到聖彼堂大教堂，在聖母像的衣帶刻下「MICHEL ANGELUS BONAROTUS FLORENT FACIBAT」，亦即「從佛羅倫斯來的米開朗基羅做的」，這是他所有作品中唯一署名的一件，事後米開朗基羅極為後悔，因此決定再也不為作品署名。

《大衛》雕像可説是米開朗基羅早期創作生命的最高潮，它展現

拉斐爾Raffaello Sanzio，1483~1520

拉斐爾是在1483年出生於烏比諾(Urbino)，1520年生日當天死於羅馬，死時才37歲，英年早逝，是文藝復興成熟時期最教人惋惜的曠世天才，其作品的和諧之美，令人難忘，影響力直到19世紀仍不衰。

在文藝復興三傑中，拉斐爾最年輕，畫風也最溫和，行事作風也是最具人性的。他所畫的聖母和梵諦岡美術館中的拉斐爾室壁畫，是最為人熟知的題材和創作，他的作品畫面清新、構圖簡單易懂，人物栩栩如生，有血有肉、似乎仍在呼吸著。

拉斐爾在1504~1508年寓居佛羅倫斯時，達文西和米開朗基羅也正在佛羅倫斯發展，好學的拉斐爾從他們身上學會了新的工作方法和表現光線、明暗的技巧，特別是從達文西那兒學到的，讓他的創作增加更多活力，最明顯的改變就是柔和似有氫氣包圍的上色法，以及重視視覺和觀畫者心理平衡的構圖。

在佛羅倫斯期間，拉斐爾從溫布利亞式的畫風轉變成更加強透視和幾何構圖，許許多多與聖母和聖子相關的主題，最能説明風格的變化。拉斐爾在佛羅倫斯期間最重要的委託案：《卸下聖體》，這一件祭壇畫毫無爭議的是米開朗基羅英雄式的畫風。

人物畫是拉斐爾最能表達自我風格的題材，也是他最大的藝術成就。畫人物肖像時的精準是拉斐爾最拿手的，不僅是外觀，他還能準確地捕捉畫像人物的內心世界。拉斐爾的《年輕自畫像》是他自己性格的寫照，英俊、愛沈思及自信的。

拉斐爾的風格在羅馬達到成熟，這要全歸功於米開朗基羅。米開朗基羅在梵諦岡西斯汀禮拜堂的天井畫，給予拉斐爾許多啟發，特別是人體有力的姿勢、多變的表情，梵諦岡拉斐爾室的《波哥大火》，可以説明拉斐爾受到的衝激。

拉斐爾廳

《金翅雀的聖母》

《年輕自畫像》

代表作品

拉斐爾廳Stanze di Raffaello / 梵諦岡博物館，梵諦岡(P.106)
《金翅雀的聖母Madonna of the Goldfinch》/烏菲茲美術館，佛羅倫斯(P.127)
《年輕自畫像Self-portrait》/烏菲茲美術館，佛羅倫斯(P.127)

《大衛》

《創世紀》

《創造亞當》

了純熟的雕刻技巧、深厚的科學知識，表達的美感和強烈情感，是米開朗基羅超越同時代的藝術家的證明。至於西斯汀禮拜堂的天井畫則注入新的雕刻式風格，讓《創造亞當》中的人物有了立體的感受，另一幅《最後的審判》更是文藝復興時期最大的一幅壁畫。

在米開朗基羅生命的最後20年，投入建築師的角色，參與多項整建羅馬的新都市計畫，如坎皮多怡歐廣場、戴克里先浴場的入口和天使的聖母瑪利亞教堂。當然最重要的是接手建造聖彼得大教堂的巨大圓頂。

代表作品

《聖殤Pietà》/聖彼得大教堂，梵諦岡(P.101)
《酒神Bacchus》/巴傑羅美術館，佛羅倫斯(P.132)
《大衛David》/藝術學院美術館，佛羅倫斯(P.133)
《摩西Mosè》/被手鐐腳銬的聖彼得教堂，羅馬(P.80)
《最後的審判II Giudizio Universale》/西斯汀禮拜堂，梵諦岡(P.107)
《創世紀La Volta》/西斯汀禮拜堂，梵諦岡(P.107)

《聖傑羅姆》

《最後的晚餐》

達文西Leonardo da Vinci，1452~1519

世人耳熟能詳的達文西本名李奧納多，一般人對於達文西的稱號，其實只是他全名的一部分，事實上應該稱之為「文西的李奧納多」，說明了他出生且成長於佛羅倫斯附近的文西城。

這位身兼藝術家、建築師、解剖學者、發明家甚至數學家等身分的大師，留下了大量的筆記及繪畫作品，從中說明了他對多方領域的博學，他最有名的作品《蒙娜麗莎的微笑》，因畫中女主角嘴角的微笑非常耐人尋味，進而從微笑代表的意義到畫中模特兒為誰，都被後代爭論不休，該作品目前收藏在羅浮宮。而另外一個知名作品──《最後的晚餐》就畫在米蘭的感恩聖瑪利亞教堂的修道院餐廳牆壁上，以完美的遠近透視法安排

畫面的人物，門徒們驚愕、憤怒、害怕、竊竊私語的動作表情幾乎要在凝結的畫面中動起來，達文西用舞台劇般的效果表現人物的心理狀態。

達文西精湛的構圖，還曾是米開朗基羅學習的對象，達文西不止在藝術上展現他的天賦，還發明樂器、設計武器，難怪被譽為全能的天才。

代表作品

《最後的晚餐Cenacolo Vinciano》/感恩聖母瑪利亞教堂，米蘭(P.218)
《三博士來朝Adorazione dei Magi》/烏菲茲美術館，佛羅倫斯(P.127)
《聖傑羅姆Saint Jerome》/梵諦岡博物館，梵諦岡(P.105)

巴洛克藝術

隨著新航線開啟的商業貿易，人們的物質生活越來越富有，思想也跟著自由，理性主義抬頭，對宗教神學產生質疑，因而引發一連串的宗教改革運動。而舊有的宗教勢力為了鞏固自身權力，也發起「反宗教改革」，巴洛克藝術(Baroque)就是在這種複雜的政治背景中誕生，發源地就是意圖鞏固神權、由教皇統治的羅馬，盛行於17~18世紀中並延燒整個歐洲。

天主教會認為感官刺激能提升觀賞者激動的情緒，產生崇敬之心，有助於對教會的認同，所以在教堂中，呈現宏偉、誇

張、光線對比強烈的空間動態。相較於注重平衡、理性的文藝復興藝術，巴洛克不拘泥各種不同藝術形式之間的界線，視繪畫、雕刻與建築為一個整體，擅用光的特性創造戲劇性、誇張、透視的效果。

在義大利，Baroque這個字意指沒有辯論價值的思維和邏輯，然而發展到最後，這個字在歐洲都等同於怪誕、媚俗、荒唐、無規律。而事實上，巴洛克追求的是更切近人世間感官的喜悅和刺激，將世俗慾望的狂想從內心解放出來，是更為貼近世俗的美學。

繪畫

油畫強調光線對比，打破構圖規則且富含想像，畫中人物充滿動態，以巴洛克繪畫的先驅卡拉瓦喬（Caravaggio，1571~1610）為代表。卡拉瓦喬的畫品大膽捨棄對所有背景細節的描寫，如同在聚光燈下的主角，呈現舞台劇的戲劇感，更大的突破是以市井小民為模特兒創作宗教畫，將聖母及使徒的形象平民化。

教堂或宮殿的天頂畫則是與建築結合的表現，用色亮麗而夢幻，構圖靈活，塑造人物豐腴健美的形象，善用仰角透視法，畫作破格至建築物梁柱外，有時很難分辨哪部分是建築物，哪部分是畫作。

科爾托納(Pietro da Cortona, 1596 ~ 1669)的《神意的勝利The Triumph of Divine Providence》天頂畫堪稱傑作，各色人物從雲際空間直接穿插於建築透視背景之中，產生突破空間的效果。

代表作品

《神意的勝利The Triumph of Divine Providence》，科爾托納 / 巴貝里尼宮，羅馬(P.90)

《卸下聖體The Entombment》，卡拉瓦喬 / 梵諦岡博物館，梵諦岡(P.105)

《泰瑞莎的狂喜》

四河噴泉

《神意的勝利》

建築與雕刻

對巴洛克的建築師而言，建築就像是一個巨大的雕刻，可以被「塑造」，而建築與雕塑更是密不可分。

巴洛克藝術追求的動感表現在建築上是波浪狀的流動線條、凹凸平面和噴泉，喜歡用橢圓、拱形及其他幾何形狀組成複雜的平面結構，旋渦形狀的扶壁裝飾是常見的元素。表現在雕刻上則是動作中肌肉線條緊繃的律動感，像是被凝結在一個不穩定的瞬間。貝尼尼(Gianlorenzo Bernini，1596~1680)和他的死對頭巴洛米尼(Francesco Borromini，1599~1667)是義大利巴洛克建築的代表人物。

貝尼尼是個多產的建築師和雕刻家，從他的作品就能清楚見到巴洛克式建築及雕塑的連結。羅馬的噴泉是都市規劃的一環，創造與市民生活連結的景觀藝術；聖彼得廣場的環形柱廊是他建築上最大成就，平衡大教堂過寬的正面造成的疏離感，廣場中的方尖碑則產生視覺焦點；而放在勝利聖母瑪莉亞教堂中的雕塑《泰瑞莎的狂喜》，結合建築物的佈局方式如觀賞舞台表演，與其說表現對宗教的激情，卻更直接感受到貝尼尼暗喻世俗感官性、肉體情慾上的解放與激情。此外，也用雕塑創造出類似於建築結構的裝飾，例如貝尼尼為聖彼得大教堂創作的聖體傘。

代表作品

《泰瑞莎的狂喜The Ecstasy of Saint Therese》，貝尼尼 / 勝利聖母瑪莉亞教堂，羅馬(P.93)

四河噴泉，貝尼尼 / 拉沃納廣場，羅馬(P.85)

聖彼得廣場，貝尼尼 / 梵諦岡(P.101)

分區導覽
Area Guide

羅馬
及梵諦岡

拉吉歐省

Roma and Vaticano

從西元前8世紀羅馬創城以來，便一路領享著來自帝國、教皇甚至建築藝術的榮光，這座城市無論歷經歷史上的哪個階段，或是以何等方式稱呼今日的義大利，幾乎都是首都的命格，也因此長達兩千多年來，一直都是義大利半島上的政治、經濟、文化以及交通中心。

昔日的羅馬城牆依舊圍繞著這座古城，台伯河以蜿蜒之姿將城市切割為東西兩塊，兩岸以20多座橋樑連接，大部分重要的遺跡和景點主要分散於東岸7座綿延起伏的山丘。

台伯河西岸則以城中之國梵諦岡為貴，這個全世界最小、卻最有權勢的王國，坐落於羅馬市區之內，無須攜帶護照或辦理簽證，就能從容的走進另一個國度，它不但是天主教徒的聖地，更是藝術愛好者的天堂，梵諦岡博物館在全球大型博物館中有無可取代的地位。

若以行政區域劃分，羅馬除了是首都之外，全境也被拉吉歐省(Lazio)所包圍，在羅馬東北

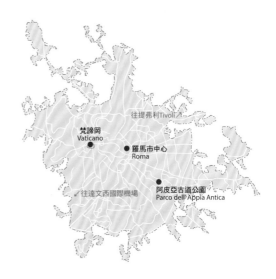

近郊31公里的提弗利(Tivoli)，擁有兩座世界遺產——艾斯特別墅(千泉宮)與哈德良別墅，分別代表了輝煌的古羅馬與教皇時代，這裏的花園別墅洋溢著與羅馬截然不同的悠閒情調。

羅馬及梵蒂岡之最The Highlight of Roma and Vaticano

圓形競技場及羅馬議事廣場
在這個廣闊的區域，不經意踢到的石頭，可能都是羅馬帝國千年遺跡，斷垣殘壁間彷彿回到帝國鼎盛時代，富商平民湧入雄偉的競技場，隨著刺激的格鬥熱血沸騰。（P.74）

萬神殿
直徑達43公尺的穹頂無一根樑柱支撐，天頂開口是唯一採光，射入室內的光柱如上帝之眼賜予大地光亮及惠澤。米開朗基羅曾讚譽為「天使的設計」，是古羅馬藝術與科技精萃的結晶。（P.83）

城市的活力－噴泉
羅馬市區有大大小小近三千多個噴泉，是巴洛克的羅馬最佳代言。從雕飾華麗的希臘神話故事，到市井小民及怪獸動物，噴泉不只是街頭廣場的裝飾，現在更是商業活動密集的城市活力根源。

聖彼得大教堂及梵蒂岡博物館
走進天主教最崇高的聖殿，欣賞15~17世紀最傑出的藝術大師傑作，宗教與藝術的華麗協奏曲。梵蒂岡博物館中的收藏更是媲美羅浮宮、大英博物館的藝術寶庫。（P.103）

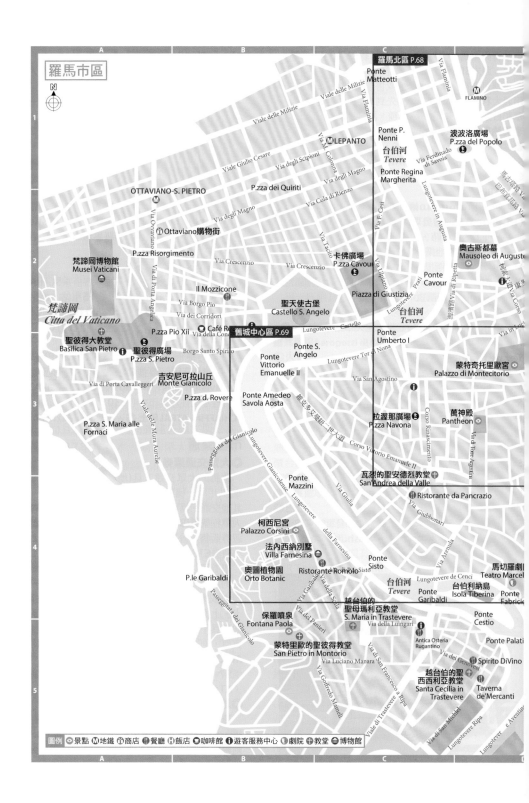

羅馬市區

N

羅馬北區 P.68

Ponte
Matteotti

FLAMINO

Viale delle Milizie

Via Flamina

Ponte P.
Nenni

波波洛廣場
P.zza del Popolo

台伯河
Tevere

Viale Giulio Cesare

Via degli Scipioni

Ponte Regina
Margherita

Via degli Magno

Via Ferdinado
di Savoia

OTTAVIANO-S. PIETRO

P.zza dei Quiriti

Via M. Colonna

LEPANTO

Via degli Magno

Via Cola di Rienzo

Lungotevere in Augusta

Ottaviano購物街

奧古斯都墓
Mausoleo di Auguste

Via Ovaviano

P.zza Risorgimento

梵諦岡博物館
Musei Vaticani

Via Crescenzio

Via Crescenzio

卡佛廣場
P.zza Cavour

Via Taclo

Ponte
Cavour

Via di Porta Angelica

Il Mozzicone

Via Borgo Pio

Via dei Corridori

聖天使古堡
Castello S. Angelo

Piazza di Giustizia

台伯河
Tevere

Prati

梵諦岡
Città del Vaticano

Café R

舊城中心區 P.69

Lungotevere Castello

聖彼得大教堂
Basilica San Pietro

P.zza Pio Xii

Via della Conci

Ponte
Umberto I

聖彼得廣場
P.zza S. Pietro

Borgo Santo Spirito

Ponte
Vittorio
Emanuelle II

Ponte S.
Angelo

Lungotevere Tor en Nona

蒙特奇托里歐宮
Palazzo di Montecitorio

吉安尼可拉山丘
Monte Gianicolo

Via di Porta Cavalleggeri

P.zza d. Rovere

Via San Agostino

Ponte Amedeo
Savola Aosta

拉渥那廣場
P.zza Navona

萬神殿
Pantheon

Viale delle Mura Aurelie

P.zza S. Maria alle
Fornaci

Corso Rinascimento

Via de Torre Argentina

Corso Vittorio Emanuele II

瓦烈的聖安德烈教堂
San Andrea della Valle

Passeggiata del Gianicolo

Lungotevere Gianicolense

Ponte
Mazzini

Ristorante da Pancrazio

Via Giubbonari

柯西尼宮
Palazzo Corsini

Via Giulia

法內西納別墅
Villa Farnesina

della Farnesina

Ponte
Sisto

Via Arenula

馬切羅劇
Teatro Marcel

P.le Garibaldi

奧圖植物園
Orto Botanic

Ristorante Romolo

Sisto

台伯河
Tevere

Lungotevere de Cenci

台伯利納島
Isola Tiberina

Ponte
Garibaldi

Ponte
Fabrici

Passeggiata del Gianicolo

Via Garibaldi

Via della Scala

越台伯的
聖母瑪利亞教堂
S. Maria in Trastevere

Ponte
Cestio

保羅噴泉
Fontana Paola

Via del Panieri

Via della Luingari

Antica Osteria
Rugantino

Ponte Palati

蒙特里歐的聖彼得教堂
San Pietro in Montorio

Via di San Francesco a Ripa

Via dei Genoesi

Spirito DiVino

Via Luciano Manara

越台伯的聖
西西利亞教堂
Santa Cecilia in
Trastevere

Taverna
de'Mercanti

Via Goffredo Mameli

Viale di Trastevere a Ripa

Via di San Michel

Lungotevere Ripa

Lungotever e Aventin

圖例　◉景點　Ⓜ地鐵　🛍商店　🍴餐廳　ℍ飯店　☕咖啡館　❶遊客服務中心　🎭劇院　✝教堂　🏛博物館

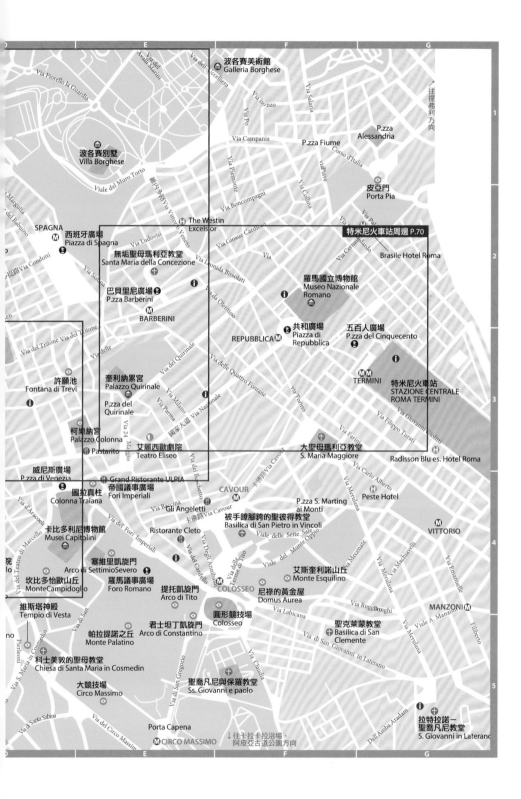

波各賽美術館
Galleria Borghese

往提弗利方向

P.zza
Alessandria

P.zza Fiume

皮亞門
Porta Pia

波各賽別墅
Villa Borghese

SPAGNA

The Westin
Excelsior

特米尼火車站周邊 P.70

Brasile Hotel Roma

西班牙廣場
Piazza di Spagna

無垢聖母瑪利亞教堂
Santa Maria della Concezione

羅馬國立博物館
Museo Nazionale
Romano

巴貝里尼廣場
P.zza Barberini

BARBERINI

共和廣場
Piazza di
Repubblica

五百人廣場
P.zza del Cinquecento

REPUBBLICA

許願池
Fontana di Trevi

奎利納累宮
Palazzo Quirinale

TERMINI

特米尼火車站
STAZIONE CENTRALE
ROMA TERMINI

P.zza del
Quirinale

柯樂納宮
Palazzo Colonna

Pastarito

艾麗西歐劇院
Teatro Eliseo

大聖母瑪利亞教堂
S. Maria Maggiore

Radisson Blu es. Hotel Roma

威尼斯廣場
P.zza di Venezia

Grand Ristorante ULPIA

圖拉真柱
Colonna Traiana

帝國議事廣場
Fori Imperiali

CAVOUR

Peste Hotel

Gli Angeletti

P.zza S. Marting
ai Monti

卡比多利尼博物館
Musei Capitolini

Ristorante Cleto

被手鐐腳銬的聖彼得教堂
Basilica di San Pietro in Vincoli

VITTORIO

塞維里凱旋門
Arco di SettimioSevero

艾斯奎利諾山丘
Monte Esquilino

坎比多怡歐山丘
MonteCampidoglio

羅馬議事廣場
Foro Romano

提托凱旋門
Arco di Tito

COLOSSEO

尼祿的黃金屋
Domus Aurea

MANZONI

維斯塔神殿
Tempio di Vesta

帕拉提諾之丘
Monte Palatino

君士坦丁凱旋門
Arco di Constantino

圓形競技場
Colosseo

聖克萊蒙教堂
Basilica di San
Clemente

科士美敦的聖母教堂
Chiesa di Santa Maria in Cosmedin

大競技場
Circo Massimo

聖喬凡尼與保羅教堂
Ss. Giovanni e paolo

拉特拉諾─
聖喬凡尼教堂
S. Giovanni in Lateran

Porta Capena

CIRCO MASSIMO

往卡拉卡拉浴場、
阿皮亞古道公園方向

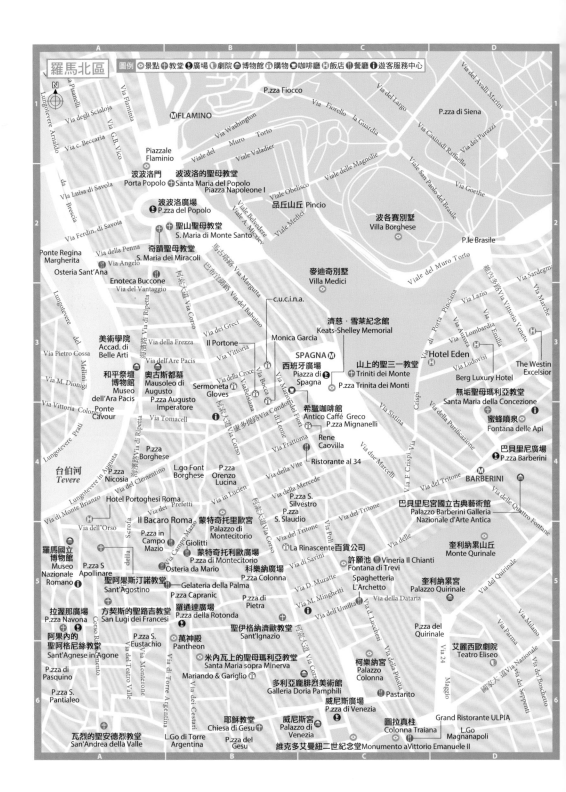

羅馬北區

圖例 ◎景點 ✚教堂 ✚廣場 ⊞劇院 ⋒博物館 ⋒購物 ⋒咖啡廳 Ⓗ飯店 ⋒餐廳 ⓘ遊客服務中心

P.zza Fiocco

Ⓜ FLAMINO

Via del Largo

P.zza di Siena

Via Fiorello la Guardia

Via Flaminia

Via Washington

Via del Muro Torto

Viale del Muro Torto

Piazzale
Flaminio

Viale Valadier

Viale delle Magnolie

波波洛門
Porta Popolo

波波洛的聖母教堂
Santa Maria del Popolo
Piazza Napoleone I

Viale Obelisco

品丘山丘 Pincio

波各賽別墅
Villa Borghese

波波洛廣場
P.zza del Popolo

Viale Medici

P.le Brasile

聖山聖母教堂
S. Maria di Monte Santo

奇蹟聖母教堂
S. Maria dei Miracoli

麥迪奇別墅
Villa Medici

Ponte Regina
Margherita

Via della Penna

Via Angelo

Osteria Sant'Ana

Enoteca Buccone
Via del Vantaggio

c.u.c.i.n.a.

濟慈·雪萊紀念館
Keats-Shelley Memorial

美術學院
Accad. di
Belle Arti

Via Pietro Cossa

Il Portone

Monica Garcia

Hotel Eden

Berg Luxury Hotel

The Westin
Excelsior

Via M. Dionigi

和平祭壇
博物館
Museo
dell'Ara Pacis

奧古斯都墓
Mausoleo di
Augusto
P.zza Augusto
Imperatore

Sermoneta
Gloves

SPAGNA Ⓜ
西班牙廣場
Piazza di
Spagna

山上的聖三一教堂
Triniti di Monte

P.zza Trinita di Monti

無垢聖母瑪利亞教堂
Santa Maria della Concezione

Ponte
Cavour

Via Tomacell

希臘咖啡館
Antico Caffè Greco
P.zza Mignanelli

蜜蜂噴泉
Fontana delle Api

台伯河
Tevere

P.zza
Borghese

Rene
Caovilla

巴貝里尼廣場
P.zza Barberini

P.zza
Nicosia

L.go Font
Borghese

P.zza
Orenzo
Lucina

Ristorante al 34

BARBERINI Ⓜ

Hotel Portoghesi Roma

Via in Lucien

P.zza
S. Silvestro

巴貝里尼宮國古典藝術館
Palazzo Barberini Galleria
Nazionale d'Arte Antica

Il Bacaro Roma

蒙特奇托里歐宮
Palazzo di
Montecitorio

P.zza
S. Slaudio

奎利納累山丘
Monte Quirinale

羅馬國立
博物館
Museo
Nazionale
Romano

P.zza in
Campo
Mazio

Giolitti

蒙奇托利歐廣場
P.zza di Montecitorio

La Rinascente百貨公司

奎利納累宮
Palazzo Quirinale

P.zza S
Apollinare

Osteria da Mario

科樂納廣場
P.zza Colonna

許願池
Fontana di Trevi

Vineria Il Chianti

聖阿果斯汀諾教堂
Sant'Agostino

Gelateria della Palma

P.zza Capranic

P.zza di
Pietra

Spaghetteria
L'Archetto

P.zza del
Quirinale

拉渥那廣場
P.zza Navona

方契斯的聖路吉教堂
San Lugi dei Francesi

聖伊格納濟歐教堂
Sant'Ignazio

艾麗西歐劇院
Teatro Eliseo

阿果內的
聖阿格尼絲教堂
Sant'Agnese in Agone

P.zza S.
Eustachio

萬神殿
Pantheon

柯樂納宮
Palazzo
Colonna

P.zza di
Pasquino

米內瓦上的聖母瑪利亞教堂
Santa Maria sopra Minerva

P.zza S.
Pantialeo

Mariando & Gariglio

多利亞龐腓烈美術館
Galleria Doria Pamphili

Pastarito

威尼斯廣場
P.zza di Venezia

圖拉真柱
Colonna Traiana

Grand Ristorante ULPIA

耶穌教堂
Chiesa di Gesu

威尼斯宮
Palazzo di
Venezia

L.Go
Magnanapoli

瓦烈那的聖安德烈教堂
San'Andrea della Valle

L.Go di Torre
Argentina

P.zza del
Gesù

維克多艾曼紐二世紀念堂 Monumento a Vittorio Emanuele II

舊城中心區

從Lodi往城市東郊行駛的C線(黃線),對遊客而言不常使用。地鐵的班次非常多,但上下班人潮和大量觀光客常常讓地鐵連平時也大爆滿。

　　主要觀光景點不少位於A線上,像是梵諦岡的Ottaviano、波各賽美術館的Flamino、西班牙廣場的Spagna、巴貝里尼廣場和許願池的Barberini、共和國廣場的Repubblica等;至於B線則抵達兩個重量級景點,圓形競技場和羅馬議事廣場的Colosseo,以及卡拉卡拉浴場的Circo Massimo。地鐵的行駛時間在5:30~23:30之間,週五、週六晚上更營運到凌晨1:30,不過基於治安考量,一般建議人煙稀少的時刻還是少搭地鐵為妙。

◎巴士

　　由於羅馬的地底下到處是千年古蹟,地鐵始終只有兩條線,無法四通八達,因此想前往舊城中心區的萬神殿一帶,或是拉渥那廣場等台伯河沿岸的地方,除了步行以外,就得搭配巴士。

　　羅馬的巴士幾乎涵蓋所有區域,不過由於路線比較複雜,所以最好隨身攜帶一份巴士交通圖,巴士總站在特米尼車站前的五百人廣場,其他如在威尼斯廣場(Piazza Venezia)和Via di Torre Argentina都是許多公車會經過的地點。巴士主要行駛時間在5:30~午夜之間,過此時段另有夜間巴士提供服務,有夜間巴士服務的公車站牌會有一個藍色貓頭鷹的符號。

ⓦviaggiacon.atac.roma.it(可使用路名、站牌或景點查詢巴士路線)

◎電車

　　在羅馬搭乘電車的機會並不多,因為當地的電車大多環繞市中心並主要行駛於市郊,其中3號可以抵達圓形競技場,19號可以抵達梵諦岡。

◎計程車

　　官方有牌照的計程車為白色,車門並有羅馬的標誌,在火車站、威尼斯廣場、西班牙廣場、波波洛廣場、巴貝里尼廣場等觀光客聚集的地方,都設有計程車招呼站(fermata dei taxi),因此叫車方便。你也可以撥打電話叫車(060-609),不過車資通常從叫車的那一刻開始計算。車資按表計費,平日基本起跳價€3,週末假日€4.5,之後每公里跳錶約€1.1,夜間另有加乘費用,另放置行李箱的行李每件收取1歐元。

優惠票券

◎羅馬卡Roma Pass

　　如果打算參觀許多博物館和古蹟,並大量使用交通工具,購買一張羅馬卡是不錯的選擇,卡片期限為3天,可無限次使用所有種類大眾運輸工具,免費進入前兩處博物館或古蹟,適用的景點包括:阿皮亞古道

公園、圓形競技場、波各賽美術館、國立羅馬博物館等約40個博物館、美術館及歷史遺跡。除了兩間自選博物館以外，其他博物館也享有折扣優惠，此外，更提供9家免費參觀的館所。另有48小時羅馬卡，免費進入的自選博物館為一處，其餘優惠相同。

羅馬卡可於官方網站、遊客服務中心(PIT)、地鐵站的ATAC售票口、以及各大博物館和古蹟購得。

💲羅馬卡€36，48小時羅馬卡€28

🌐www.romapass.it

觀光行程

◎觀光巴士

想要以輕鬆愜意的方式快速了解羅馬，不妨搭乘專為旅客設計的觀光巴士，上層為開放式座位，車上並提供包含中文的各種語言導覽服務，有效期限內可隨上隨下的車票(Hop-on/Hop-off)，不但飽覽城市風光，也可取代市區巴士及地鐵做為景點間的移動工具。不同公司的路線大致相同，主要停靠站：特米尼車站→圓形競技場→大競技場→威尼斯廣場→聖彼得廣場→許願池→巴貝里尼廣場→特米尼車站。

Sightseeing Roma

🔽9:00~17:00，每20分一班次 💲24小時€25，48小

時€28 🌐www.roma.city-sightseeing.it

Roma Open Tour

🔽9:00~21:00，每20~30分一班次 💲24小時€20，48小時€25，72小時€30（另有網路、早鳥及週一購票優惠）🌐www.romeopentour.com

◎遊河船

從4月到10月，沿著羅馬的母親河——台伯河(Tevere)，從水上觀看羅馬風景，"Battelli Di Roma"也是很受歡迎的行程。出發點在聖天使堡，終點為Pietro Nenni橋，行程約1小時，可以自由上下船，船票24小時有效。若參加Roma Open Tour可加價購買此行程。

🌐www.battellidiroma.it

旅遊諮詢

◎羅馬旅遊局

Azienda di Promozione Turistica di Roma

☎(06)0608

🌐www.romaturismo.it 🌐www.060608.it

旅遊局熱線電話於每日9:00~21:00間提供住宿、餐廳、交通及文化表演等各項旅遊諮詢服務。並可於網站上購買各項門票及表演票券。

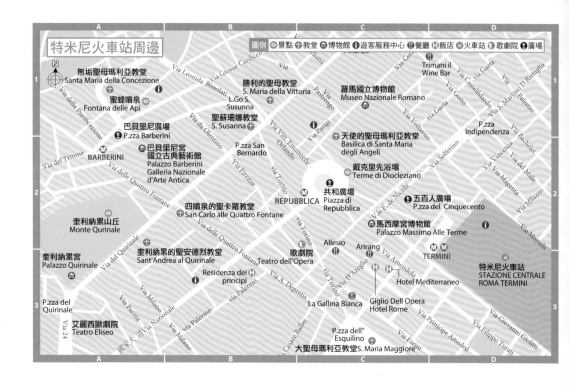

羅馬地鐵、國鐵圖

↑ Orte

↑ Viterbo

Rebibbia
Pontemammolo
S.M. Soccorso
Pietralata

Battistini　Cornelia　Baldo Degli Ubardi　Valle Aurelia　Cipro-Musei Vaticani　Ottaviano　Lepanto　Flaminio　Spagna　Barberini　Repubblica　C. Pretorio

Bologna　Tiburtina　Quintiliani　M. Tiburtini

Policlinico

Tivoli Avezzano →

← Citiavecchia

S.Pietro

Cavour　Vittorio Emanuele　Manzoni　S. Giovanni　Re di Roma

Colosseo

Circo Massimo

Termini

Ponte Lungo　Furio Camillo　Colli Albani

Piramide

Trastevere

Tuscolana

Garbatella

Ostiense

Basilica S. Paolo

Marconi

Magliana

Arco di Travertino　Porta Furba-Quadraro　Numidio Quadrato　Lucio Sestio　Giulio Agricola　Subaugusta　Cinecittà　Anagnina

Tooricola　Capannelle

╱往國際機場
Fiumicino Aeroporto

E.U.R. Palasport　E.U.R. Fermi　Laurentina

Ciampino

Frosinone →

Nettuno↓　Latina Formia↓　Velletri↓　Albano Laziale

	A線
	B線
	國鐵

◎市區及機場旅客服務中心

旅客服務中心(PIT)	地圖座標	地址	服務時間
特米尼車站	P.67G3	24號月台旁	8:00~18:45
國家大道	P.67E3	Via Nazionale (Esposizioni博物館內)	9:30~19:00
名格蒂街	P.66D3	Via Marco Minghetti(與柯索大道交叉口)	9:30~19:00
帝國廣場大道	P.67E4	Via dei Fori Imperiali	9:30~19:00，7~8月至21:45
索尼諾廣場	P.66C5	Piazza Sidney Sonnino（越台伯河區）	10.30~20.00
拉沃那廣場	P.66C3	Piazza delle Cinque Lune	9:30~19:00
協和大道	P.66B2	Via della Conciliazione, 4（近聖天使堡）	8:30~18:00
巴貝里尼	P.67E2	Via di San Basilio 51（羅馬市政旅遊及時尚局內）	週一至週五9:00~18:45
聖彼得大教堂	P.66A3	Largo del Colonnato 1	9:00~18:00
Fiumicino機場		第三航廈(T3)入境大廳	9:00~17:45
Ciampino機場		入境大廳	8:30~13:00、16:15~20:45

城市概略City Guideline

蜿蜒的台伯河將羅馬市中心切割為東西兩塊，兩岸以20多座橋樑連接，主要遺跡和景點多分散於東岸7座綿延起伏的山丘。

以威尼斯廣場為中心認識這個城市，東邊是羅馬的交通樞紐特米尼火車站，東南邊是羅馬議事廣場、帝國議事廣場、坎皮多怡歐廣場、圓形競技場等遺跡遍

佈的古代羅馬區(Ancient Roma)；往西走進舊城中心區(Centro Storico)，洋溢著巴洛克風情的拉渥那廣場和萬神殿是舊城的心臟；北邊則是因《羅馬假期》至今人氣不歇的西班牙廣場，以及遊客紛紛背對噴泉擲幣的許願池；跨過台伯河來到西岸，則是以傳統羅馬美食聞名的越台伯河區(Trastevere)，以及世界最小、在基督教中權力最大的國家梵諦岡。

羅馬行程建議Itineraries in Roma

羅馬是個精采絕倫的城市，不管以那種方式安排行程，都不是三兩天能看盡。除了必看景點，建議先挑出自己感興趣的地點，再依時間安排行程。

如果你有2天

古代羅馬區是認識永恆之城的最佳起點。圓形競技場是世上僅存最大的古羅馬遺址，周圍的帝國議事廣場和羅馬議事廣場是這個版圖橫跨歐、亞、非三洲的帝國政治宗教中心，卡比托利尼博物館更典藏了大量古羅馬珍貴雕塑，行程第一天的羅馬帝國巡禮，相信對古羅馬的政治、歷史、宗教、建築及藝術都能有初步的認識。傍晚繞過威尼斯廣場，走進舊城中心區，萬神殿廣場和拉沃那廣場周圍滿是美食誘人的香氣，挑一間小酒館品嚐道地的羅馬滋味，而夜裡亮燈的噴泉更添巴洛克羅馬的浪漫氣息。

第二天起個大早，趁人潮尚未湧入前進入梵蒂岡博物館，這裏不但收藏了基督教世界的寶物，還有古埃及、希臘羅馬、中世紀及文藝復興時期的大師傳世鉅作。離開藝術的寶庫，聖彼得廣場上壯觀的環形柱廊

迎接虔誠信徒及遊客進入宗教聖殿，在聖彼得大教堂內細細品味榮耀上帝的極致藝術。下午穿越聖天使橋步行至人氣最旺的西班牙廣場，不管是覓食、逛街還是坐在台階上發呆休息，都是美好的結束。

如果你有4天

羅馬還有許多精彩的景點，可依照個人興趣挑選參觀。喜愛宗教藝術的人，鄰近特米尼火車站的大聖母瑪利亞教堂，或是座落於公園綠樹中的波各塞美術館都是藝術饗宴；若偏愛歷史，別錯過具有特殊地位的第一座天主教堂－拉特拉諾聖喬凡教堂，而阿皮亞古道則是認識羅馬道路系統及基督教地下墓穴的地方。

看膩了大師之作，可稍稍遠離繁華喧鬧的羅馬市區，前往近郊避暑勝地提弗利，享受屬於山林綠意的輕快涼爽。

羅馬散步路線
Walking Route in Roma

距離：4.6公里

作為揭開古羅馬輝煌歷史的序曲，「**圓形競技場**」①絕對是氣勢滂礡的開場。即使大半遺跡已呈傾圮，遙想巨大遺跡內，五萬羅馬公民情緒沸騰，在血腥刺激的殺戮表演中喧囂，仍令人讚嘆數千年前的建築技術及帝國的強盛。離開古羅馬的大型娛樂中心，走進旁邊的「**羅馬議事廣場**」②就像翻閱一本石頭書，雕刻勝利戰事的凱旋門和殘存立柱訴說著羅馬政治史。而西北方「**坎皮多怡歐山丘**」③出自米開朗基羅之手的文藝復興精神，以及「**威尼斯廣場**」④上純白莊嚴的艾曼紐二世紀念堂，以華麗雕塑宣告巴洛克羅馬的開始。

向西走入舊城中心區，熱鬧的「**拉沃那廣場**」⑤是滿溢歡笑的第二樂章，貝尼尼、巴洛米尼和波塔的作品各顯風華，廣場是巴洛克大師們的競技場，而周圍露天咖啡館則是遊人最佳歇腳處。接著向東穿越僅容步行的小巷，令人眼睛為之一亮的是結合羅馬拱圈技術及希臘石柱的「**萬神殿**」⑥，古羅馬高超的建築技術與藝術濃縮在巨大穹頂之下。繼續朝東邊走，順著人潮在舊城區的巷弄中探索，就會看到如舞台般華麗的「**許願池**」⑦，在這裏轉身投下滿載期盼的硬幣，之後轉向北來到散步行程的最終章「**西班牙廣場**」⑧，走進周圍名牌店開始另一階段的血拼行程前，不妨先停下腳步，在文豪最愛的希臘咖啡館喝杯Espresso，或是坐在臺階上吃冰曬太陽，享受一下義大利的浪漫悠閒吧！

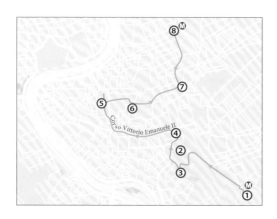

古代羅馬區Ancient Roma

MAP ▶ P.67E4

帝國議事廣場

Fori Imperiali

宣示皇權的象徵

🚇 搭地鐵B線於Colosseo站下車，後步行約10~15分鐘可達
🌐 www.capitolium.org
圖拉真市集及帝國議事廣場博物館(Museo dei Fori Imperiali)

📍 Via IV Novembre 94 ☎ 0608 🕐 9:30~19:30 💲 €11.5
🌐 www.mercatiditraiano.it

因為羅馬議事廣場不敷帝國時期急速擴張的都市規模與人口使用，從西元前1世紀開始直到第2世紀的羅馬皇帝，便於原廣場的北面相繼建立自己的議事廣場，因此這1萬5千平方公尺的範圍內，一共有四座皆以皇帝為名的議事廣場，包括：凱撒(Cesare)、奧古斯都(Augusto)、杜米先和內爾瓦(Domiziano e Nerva)、圖拉真(Traiano)等，統稱為「帝國議事廣場」(Fori Imperiali)。

凱撒議事廣場的興建年代最早，完成於西元前46年。而獨權在握的屋大維成為奧古斯都皇帝後，也積極建立羅馬人對他的個人崇拜，奧古斯都議事廣場的巨人廳(Hall of Colossus)即以一尊巨大的奧古斯都像為中心，同時在廣場的中心點，也聳立了一尊奧古斯都騎乘四馬戰車邁向勝利的雕像。雖然如今只剩碎石可供憑弔，但從巨人廳仍留存的巨手、巨腳來看，奧古斯都像應該有11至12公尺高。戰神廟則以帝國英雄人物雕像，彰顯奧古斯都一脈相傳的榮耀。

圖拉真自認是帝國的新創建者，因此建造了面積超越前幾位皇帝的雄偉議事廣場。圖拉真議事廣場是由大馬士革的建築師阿波羅多羅(Apollodoro)設計，其間半圓形的圖拉真市集(Mercati di Traiano)，包括150間商店和辦公室，販賣絲、香料及各種蔬果等，想必是當年最繁華熱鬧的地方。

在哈德良皇帝時代，圖拉真議事廣場是羅馬人舉行慶典的主要場地，在帝國晚期，也常利用此地舉行釋放奴隸的聽證會及詩人發表會，而廣場上最重要的裝飾則以圖拉真征服東方、擴張帝國版圖的戰功為主題。高38公尺、以18塊大理石構成的圖拉真柱面就雕刻了出征、皇帝訓示、雙方交戰及凱旋歸來的情節，可說是圖拉真的官方宣傳告示。

古代羅馬區Ancient Roma

MAP ▶ P.67F5

圓形競技場

MOOK Choice

Colosseo

全世界最大的古羅馬遺跡

🚇 搭地鐵B線於Colosseo站下車　📞 3996-7700(訂票與資訊)　🌐 www.coopculture.it (訂票與資訊)　🕐 開始時間：每日8:30，結束時間：3月中~3月底17:30、4~9月19:00、10月18:30、11~2月中16:30、2月中~3月中17:00（結束前一小時停止入場）　💲 成人€12，優待票€7.5（含羅馬議事廣場、帕納提諾之丘門票，有效期2日）　♿ 可租借中文語音及影片導覽
❗ 為避免排隊購票入場，建議使用羅馬卡、先於網站訂票或至羅馬議事場的入口購票

圓形競技場的建築形制起源於古希臘的半圓劇場，兩個劇場併接成橢圓形，中心為表演場，外圍看臺是觀眾席，而羅馬人發展成熟的拱圈技術，讓看臺區擺脫地勢限制，可以在平地修建。帝國時期，羅馬各地大量建造競技場，規模最大的正是偉斯帕希恩(Vespasianus)皇帝為征服耶路撒冷獲勝而建，據說總共動員了8萬名猶太俘虜，無數亡魂命喪其間。

偉斯帕希恩在西元72年下令建造圓形競技場，選定的地點原是尼祿皇帝的黃金屋(Domus Aurea)，西元79年偉斯帕希恩去世時，競技場還沒完成，而是由他的兒子提托皇帝(Titus)建成並舉行啟用慶典，但主建築體的裝飾和地下結構的完備則是圖密善皇帝(Domitianus)於西元81~96年間陸續完成；由於這三位皇帝皆屬於弗拉維亞(Flavia)家族，因此圓形競技場原名「Flavius」，7世紀才定名為「Colosseo」，並使用這個名稱至今。

現在看來殘忍血腥的競技場，對當時的羅馬人而言卻是帝國榮耀的象徵，因此這座融合希臘列柱和羅馬拱廊的建築盡可能地宏偉壯觀。圓形競技場是由拱廊包圍的橢圓形建築，長軸188公尺、短軸156公尺，結構共4層，1~3層均由80個圓形拱廊包圍看台，每一層設計的拱形柱式都不一樣，第4層的實牆以壁柱劃分，外牆以灰白色凝灰岩砌築，相當雄偉。

中間表演用的鬥獸場鋪著木地板，地下層用厚厚

血腥的格鬥文化

把血淋淋的格鬥殺戮當成刺激的娛樂,是奴隸制度下古羅馬的野蠻文化現象,而圓形競技場就是用來「表演」的大型娛樂建築。

格鬥士的來源多是罪犯、奴隸或戰俘,當然也有為了賞金自願前來的平民。格鬥的形式分為人對人、人對野獸、以及野獸互鬥,除了少數皇帝有禁令以外,戰鬥是以把另一方殺死為目的。表演時會在地板上撒上一層沙,以方便清理戰鬥時留下的血,當格鬥士受傷倒下時,專門的奴隸使用烙鐵燒他,以防止格鬥士裝死尋機逃跑,受傷的一方向觀眾投降,最後由皇帝決定生死。

競技場竣工開幕時,根據記載整整舉行了100天的「表演」,5千多頭猛獸和約3千名神鬼戰士在此喪命。西元248年,為了慶祝羅馬建城1000年,還曾透過輸水道引水入鬥獸場,進行模擬海戰的表演。

這種殘忍的競技直到西元404年後,才被何諾里歐皇帝(Honorio)禁止,523年希奧多里拉皇帝(Theodori)舉辦了競技場的最後一場鬥獸賽,從次不再使用。後世人很難想像血腥的樂趣何在,因此教宗皮烏斯六世(Pius)曾在此立過一座大型的木製十字架,以淨化此地撫慰亡靈。

的混凝土牆隔成一間一間的密室,就是作為野獸的獸欄、格鬥士等待區及醫務室等。在每一間獸欄的外邊都有走道和升降機關,當動物準備出場時,用絞盤將獸欄的門拉起,再將階梯放下,動物就會爬上階梯進入競技場內。

西元5~6世紀時,幾場劇烈的地震使圓形競技場受到嚴重損毀,中世紀被改為防禦碉堡使用。文藝復興時期,更有多位教宗直接將圓形競技場的大理石、外牆石頭取走,用做建造橋樑或教堂等的建築材料,直到1749年,教廷以早年有基督教徒在此殉難為由,宣布為受保護的聖地,才阻止了對圓形競技場的掠奪。

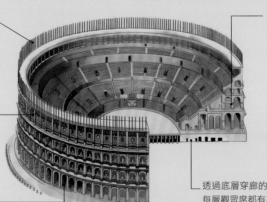

頂層原有支撐巨大遮陽布幕的欄杆,然後再以纜繩繫到地上的繫纜樁(Bitte)。

圓拱間以立體長柱分隔,底層為多利克式,中層為艾奧尼亞式,上層為柯林斯式。

競技場內部全以磚塊砌成,共80個入口,使五萬五千名觀眾能依序入場。

看臺約60排,由下而上分成五區,前四區為大理石座位,第一區是榮譽席,為元老、長官、外國使節及祭司使用,皇室成員有獨立包廂;第二區是騎士及貴族;第三區是富人;第四區是普通公民,又根據不同職業而有不同席位;第五區為木製台階的站席,給最底層的婦女、窮人和奴隸使用。

透過底層穿廊的階梯,可到達任一層觀眾席。每層觀眾席都有出入口(Vomitorium),再加上穿廊設計,可讓觀眾在很短的時間內找到座位。

MAP ▶ P.67E4

羅馬議事廣場

MOOK Choice

Foro Romano

見證帝國榮耀

🚇搭地鐵B線於Colosseo站下車，後步行約5分鐘可達 ☎
3996-7700(訂票與資訊) 🌐www.coopculture.it (訂票與資訊) ⏱同圓形競技場 💲成人€12，優待票€7.5(含帕拉提諾之丘、圓形競技場門票) ❗與帕拉提諾之丘使用相同入口，提托凱旋門有路標前往

　　羅馬帝國的歷史幾乎是以石頭訴說，只要是羅馬人統治過的城市，都會在議事廣場(Foro)留下經典建築；然而帝國時期首都羅馬市中心的議事廣場則有別於其他城市，它有個特別名稱－羅馬議事廣場(Foro Romano)，因為它是專屬於羅馬人的，當時他們在此從事政治、經濟、宗教與娛樂行為。對這本「石頭書」作更進一步的瞭解，才會知道羅馬人所曾經擁有過的驕傲。

1.雅密利亞大會堂 Basilica Emilia

　　原是多柱式的長方形大廳，西元前2世紀時由共和國的兩位執政官下令所建，不過並非做為宗教用途，而是提供借貸、司法及稅收等用途。建築原貌相當宏偉，側邊有兩排的16座拱門。

2.塞提密歐賽維羅凱旋門Arco di Settimio Severo

　　於西元203年賽維羅皇帝登基10週年所建，門上有讚頌兒子Geta和Caracalla的銘文，浮雕則描繪羅馬皇帝在阿拉伯世界的勝利。由於保存的狀況良好，而成為這片廢墟中美麗又醒目的建築。

3.元老院Curia

　　這座複製的元老院重建於原元老院大廳的遺址上。羅馬的第一座元老院建於隔壁的聖馬丁納與路卡教堂，之後遭祝融所毀，而於西元3世紀在迪歐克雷濟安諾(Diocleziano)皇帝的命令下重建，目前所見便是仿造的複製品。

4.偉斯帕希恩諾神殿 Tempio di Vespasiano

　　這三根殘柱也是羅馬議事廣場常見的地標，原是屬於偉斯帕希恩諾神殿的多柱式建築。

5.農神神殿 Tempio di Saturno

　　這八根高地基的石柱群屬於農神神殿，是6世紀重建之後的遺跡，最原始的建築出現於西元前5世紀，是廣場上的第一座神殿，為獻給傳說中黃金歲月時期統治義大利的半人半神國王，也就是象徵幸福繁榮的農神沙突斯。

6.朱力亞大會堂
Basilica Giulia

由朱力亞凱撒興建於西元前54年，但卻是在他遭刺殺身亡後由其姪子奧古斯都完成，在經過多次劫掠之後，只剩下今天這種只有地基及柱底的模樣。

7.佛卡圓柱
Colonna di Foca

這根高達13公尺的單一科林斯式柱，是議事廣場最後的建築，立於西元608年，是為了感謝拜占庭皇帝佛卡將萬神殿捐給羅馬教皇。

8.卡司多雷與波路切神殿Tempio di Castore e Polluce

此神殿興建於西元前5世紀，是為了感謝神話中宙斯的雙生子幫助羅馬人趕走伊特魯斯坎國王，今天所見的廢墟及三根科林斯式圓柱，則是羅馬皇帝提貝里歐於西元12年重建後的遺跡。

9.提托凱旋門
Arco di Tito

紀念提托皇帝於西元70年時征服耶路撒冷所建，此單拱古蹟坐落於早期的城市邊緣，和阿皮亞古道交會的地方，至今凱旋門上的浮雕依舊清晰，包括在天使注視下誕生的提托靈魂以及描繪索羅門教堂被摧毀的傳說。

10.安東尼諾與法斯提娜神殿Tempio di Antonino e Faustina

這座造型奇特的神殿，是羅馬皇帝安東尼諾皮歐於西元2世紀時為其最後一位妻子所建，不過在他死後，這座神殿便同時獻給這對夫妻。中古世紀時曾被改為「米蘭達的聖羅倫佐」教堂，17世紀又被改建而成為今天這種巴洛克教堂正面立於古羅馬神殿中的形式。

11.羅莫洛神殿
Tempio di Romolo

建於西元4世紀的圓形神殿，在6世紀被改為聖科斯瑪與達米安諾教堂(Chiesa dei Santi Cosma e Damiano)的門廳。

12.貞女神殿
Tempio di Vesta

圓形的貞女神殿興建於西元4世紀，由20根石柱支撐密閉式圍牆，以保護神殿內部的聖火，6名由貴族家庭選出的女祭司必須使其維持不熄的狀態，否則將遭到鞭笞與驅逐的懲罰。一旦處女被選為貞女神殿的祭司，她就得馬上住進旁擁有50個房間的三層樓建築──女祭司之家(Casa delle vestali)內。女祭司之家如今只剩下中庭花園及圍繞四周殘缺不全的女祭司雕像，不過卻是議事廣場內最動人的地方。

13.君士坦丁教堂
Basilica di Costantino

君士坦丁教堂是羅馬議事廣場上最龐大的建築，原是由馬善濟歐大帝於4世紀所建，當其戰敗遭罷黜後，便由君士坦丁繼續完成，就像一般所謂的羅馬教堂一樣，商業與審判所的功能要大於宗教用途。

`MAP ▶ P.67E5`

帕拉提諾之丘

Palatino

深受皇帝青睞的宮殿之丘

🚇搭地鐵B線於Colosseo站下車，後步行約5分鐘可達 ⓒ
3996-7700(訂票與資訊) 🌐www.coopculture.it (訂票與資
訊) 🕐同圓形競技場 💲成人€12，優待票€7.5(含羅馬議事廣
場、圓形競技場門票)

　　緊鄰羅馬議事廣場南側，這座身為羅馬七座山丘
之一的帕拉提諾之丘，一般推測為當初羅馬創城的
所在地，也因此保留了許多最古老的羅馬遺址。特
別是在共和時期，這裡成了羅馬境內最炙手可熱的
地區，到了帝國時期開始，就連歷任羅馬統治者也
喜歡在此興建宮殿，也因此義大利文中的「宮殿」
(Palazzo)便是從Palatino轉變而來。

　　二次世界大戰後，考古學家在此挖掘出許多歷史
回溯到西元前8世紀的遺跡，正符合了當初羅穆斯
創立聚落的傳統地點，也因此讓這項傳說多少也有
些歷史根據。這片遺址佔地遼闊，至今還有許多尚
未出土的建築與文物。

奧古斯都宮Domus Augustana

　　這裏並不是專指奧古斯都屋大維的住所，而是圖密善皇帝
（Titus Flavius Domitianus，西元81~96年）打造的私人宅邸，之
後成為歷任皇帝喜愛的居住，裡頭包含了專屬皇室家族使用的
區域，以及面向柱廊中庭的臥室。（「奧古斯都」是屋大維以
後的羅馬帝國時期對皇帝的稱號。）

莉維亞之屋
Casa di Livia

　　西元前1世紀時曾是一棟非
常漂亮的宅邸，過去曾是奧古
斯都皇帝和他的妻子莉維亞的
家。建築樣式簡單，但室內埋
有中央暖氣運輸管，並保存了
令人印象深刻的壁畫。

弗拉維亞宮與帕拉汀諾博物館
Domus Flavia & Museo Palatino

　　圖密善皇帝時期所建造，當時為一座開放宮殿，不過如今保
存下來的僅剩斷垣殘壁和兩座完整的噴泉。弗拉維亞宮隔著帕
拉汀諾博物館與奧古斯都宮相鄰，博物館內展示了彩色陶土面
具、雙耳細頸瓶、6世紀花瓶、骨灰甕、遠古聚落模型、小型半
身塑像以及馬賽克鑲嵌畫等作品。

運動場Stadio

　　由熱愛運動的圖密善皇帝所
興建，並在西元86年創辦卡
比托里尼運動會。這座令人印
象深刻的複合式建築擁有雙層
柱廊，配備小型的橢圓形角鬥
場、體育館、花園、觀眾席以
及皇帝專用看臺等設施，競賽
場本身長160公尺、寬80公尺，
一旁毗鄰Septimius Severus宮殿
和浴場。

瑪納瑪特神廟
Tempio Magna Mater

　　展現了羅馬對於異教的寬
容，瑪納瑪特是古代小亞細亞
人崇拜的自然女神，又稱為西
芭利(Cybele)，祂在西元前204
年左右傳入羅馬，據說女神化
身為黑石，因而從弗里吉亞地
區(Phrygian，今天土耳其境內)
將這塊石頭帶到羅馬時，興建
了這座神廟供奉。

古代羅馬區Ancient Roma

MAP ▶ P.67E5

君士坦丁凱旋門

Arco di Constantino

戰爭紀念建築

🔵 搭地鐵B線於Colosseo站下車，就位於圓形競技場旁

　　君士坦丁凱旋門是羅馬三座凱旋門中最重要的戰爭紀念建築，建於西元313年，興建目的在於紀念君士坦丁皇帝(Flavius Valerius Constantinus)於米爾維安橋(Battaglia Ponte Milvio)一役中、打敗對手馬克森提(Maxentius)，取得唯一羅馬皇帝寶座的勝利。

　　自從羅馬帝國被分成東西兩大統治區域後，統治國勢較強的西部的是戴克里先和由他拔擢的瑪西(Maximianus)皇帝。戴克里先和瑪西退位後並未指定任何人接任，但瑪西的兒子馬克森提卻自任為皇帝，這被統治東面帝國的加利(Galerius)和塞維里(Severus)視為叛亂，而興兵討代，不過爭戰的結果，塞維里戰死、加利撤兵後也死去，君士坦丁大帝成為唯一可和馬克森提爭奪皇位的人。

　　西元312年君士坦丁和馬克森提兩軍交戰於羅馬北郊的米爾維安橋，君士坦丁以寡敵眾，馬克森提和他的軍隊在試圖越過台伯河逃亡時，臨時橋樑坍塌而全軍覆沒，君士坦丁大帝的勝利終結了一段皇位的紛爭，羅馬帝國再度一統於一位皇帝的治權之下。

　　從圓形競技場所見的凱旋門立面的矩形浮雕主要是雕著馬可士奧略利歐皇帝與達契安人的戰鬥，另一面則是馬可士奧略利歐及君士坦丁大帝的戰績，拱門兩側以四根柯林斯柱式石柱裝飾，頂端站著達基亞囚犯的大理石像，可能來自圖拉真廣場。

古代羅馬區Ancient Roma

MAP ▶ P.67F4

被手鐐腳銬的
聖彼得教堂
San Pietro in Vincoli

米開朗基羅的摩西雕像

🚇搭地鐵B線於Cavour站下車，後步行約5分鐘可達 📍
Piazza di San Pietro in Vincoli, 4a ⏰8:00~12:30，
15:00~19:00(10~3月至18:00) 💲免費

這座興建於西元5世紀的教堂，建造目的在於供奉使徒聖彼得被囚禁於耶路撒冷期間所戴的兩付手鐐和腳銬(Miraculous chains)。這鐐銬原本被人攜往君士坦丁堡，艾烏多西亞女皇寄了其中一付給住在羅馬的女兒，她的女兒再轉贈給當時的羅馬教宗雷歐內一世，並要求教宗興建教堂加以保存；幾年之後，另一付也被送回羅馬，據說這付後到的囚具，一送進教堂靠近先前那付時，兩付手鐐和腳銬便像磁鐵般、吸黏在一起，如今它們一起安置於祭壇的玻璃櫃中。

不過此教堂最著名的是米開朗基羅為教宗儒略二世(Julius II)所設計的陵墓，因為工程過於浩大，加上後來米開朗基羅又被召去為梵諦岡的西斯汀禮拜堂作壁畫，所以只有部分完成，其中位於陵墓中間的摩西像，帶有大師一貫的力量與美，是文藝復興的顛峰傑作之一。

除了摩西像外，教堂左翼美麗的7世紀馬賽克畫《聖賽巴斯汀》(St Sebastian)，也值得細觀。而將本堂隔成三個空間的22根柱子，採用多立克式而非愛奧尼克柱頭，此情況在羅馬教堂中相當罕見，據猜測這些柱子可能是來自希臘。

古代羅馬區Ancient Roma

MAP ▶ P.67D5

科士美敦的聖母教堂
Chiesa di Santa Maria in Cosmedin

測謊的真理之口

🚇搭地鐵B線於Circo Massimo站下車，後步行約10分鐘可達 📍Piazza Bocca della Verità ⏰10:00~17:00 💲免費 ❗
想和真理之口合影記得先準備好€0.5投入旁邊箱子，可拍照的時間與教堂開放時間相同

這座藏身於古羅馬廢墟中的純樸小教堂，又稱「希臘聖母堂」(Santa Maria in Schola Graeca)，因為它原是居於羅馬的希臘商人的禮拜教堂，也有許多希臘僧侶在此服務，更早的原址應是希臘神祇赫丘力士的祭壇。

最原始的教堂建築體可能建於6世紀時，作為幫助窮人的機構，後在782年由教宗哈德良一世(Adrian I)重建，成為因無法偶像崇拜而遭宗教迫害的拜占庭人的庇護所。教堂在1084年日耳曼蠻族掠奪羅馬時遭到嚴重的破壞。

然而教堂最受歡迎的當屬因經典電影《羅馬假期》而聲名遠播的真理之口(Bocca della Verità)，這面西元前4世紀的河神面具石雕，原本可能是地下水道的蓋子或噴泉的出水口，1632年被移來教堂中，中古世紀時人們相信，說謊者若把手放入面具口中，將會遭到被吞噬的懲罰。

古代羅馬區Ancient Roma

MAP ▶ P.67D4

MOOK Choice

坎皮多怡歐廣場

Piazza Campidoglio

米開朗基羅的文藝復興精神

🚇搭地鐵B線於Colosseo站下車，後步行約10~15分鐘可達

坎皮多怡歐山丘是羅馬發源的七大山丘之一，也是主丘(Capitolium)，因為在羅馬帝國時代，主要神殿建築都興建於此丘上，如卡比托利朱比特神殿(Jupiter Capitolinus)和蒙內塔耶神殿(Monetae)，在兩座神殿之間，即羅穆斯(傳說中羅馬城建造者)給予鄰近城鎮奔逃至羅馬的庇難所，因此坎皮多怡歐廣場的所在地，對於羅馬人來說有著極神聖的地位。

西元前6世紀的伊特魯斯坎國王在此建造羅馬的宙斯神殿；羅馬共和及帝國時代，山丘不但是古羅馬人的生活中心，更由於元老院設置於此，而象徵權力中心；歷經黑暗時期而沒落的主丘，於1258年才正式建設具規模的教堂，即「天空聖壇的聖母瑪利亞教堂」(Santa Maria in Arocoeli)，

這座教堂前的階梯至今依然是丘頂一道美麗的風景線。

主丘最重要的振興工程在1536年，教宗保祿三世(Paul III)指定米開朗基羅重新整建，使它成為一個有紀念意義的廣場。米開朗基羅以線條裝飾整片坎皮多怡歐廣場，面朝著聖彼得大教堂，由寬大的斜緩坡台階連接廣場和平地；放射狀的條紋從某個角度看像花瓣，從某個角度看又是非常文藝復興時代流行的幾何線條。

米開朗基羅的文藝復興精神，還表現在斜坡路的裝飾上，在路底用來自埃及的石獅妝點，而廣場南側的保守宮(Palazzo dei Conservatori)中庭也擺飾著古代雕刻，包括從帝國時期的麥欣提歐神殿(basilica of Maxentius)移來的君士坦丁大帝的大頭像，以及慶祝克勞狄奧皇帝在西元43年打敗高盧人而建的克勞狄奧拱門(Arch of Claudius)。

廣場中央的雕像是雄才大略的羅馬皇帝馬可士奧略利歐(Marcus Aurelius)，但這件作品是複製品，原件則保存在一旁的卡比托利尼博物館裡。

古代羅馬區Ancient Roma

MAP ▶ P.67D4

卡比托利尼博物館

Musei Capitolini

希臘羅馬雕塑藏寶庫

🚇搭地鐵B線於Colosseo站下車，後步行約10~15分鐘可達
🏠Piazza del Campidoglio 1 ☎0608 🌐www.museicapitolini.org ⏰9:30~19:30 💲全票€11.5、優待票€9.5。售票至閉館前一小時。 ❗售票處在坎比多怡歐廣場保守宮一樓，從保守宮的地下通道可進入新宮

　　卡比托利尼博物館分別由市政廳(Palazzo Senatorio)、新宮(Palazzo Nuovo)和保守宮(Palazzo dei Conservatori)三館所組成，設計者正是米開朗基羅。

　　廣場正面的市政廳建於中世紀，在左面角落柱頭上的青銅雕像，是闡釋母狼哺育雙生子的神話傳說。

　　廣場北側的新宮，於1654年完成。馬可士奧略利歐皇帝騎馬銅像的真品就存放於此，二樓的陳列室收藏的許多知名雕塑，包括希臘的《擲鐵餅的人》(Discobolus)、《垂死的盧高人》(Dying Galatianu)等精彩作品。

　　廣場南側是保守宮，中庭有君士坦丁大帝龐大雕像的殘骸，以及來自哈德良神殿的浮雕、羅馬女神像等。第二層陳列室中，大部分是古典時期的雕刻品，如《拔刺的男孩》(Lo Spinario)、被視為羅馬市標的《母狼哺育孿生子》(Romolo e Reme Allattao dalla Lupa)青銅雕像，也有卡拉瓦喬精彩的繪畫作品。

古代羅馬區Ancient Roma

MAP ▶ P.67D4

威尼斯廣場

Piazza Venezia

新舊羅馬交界地標

🚇搭地鐵B線於Colosseo站下車，後步行約10~15分鐘可達。或於特米尼車站搭乘40、64、H等巴士。
維克多艾曼紐二世紀念堂
🏠Piazza Venezia ⏰9:30~19:00 💲免費，景觀電梯€7
威尼斯宮
🏠Via del Plebiscito 118 ⏰8:30~19:30 💲€4

　　羅馬的主要道路以此為起點，向四方放射狀延伸，這裡是羅馬帝國建築群的邊緣地帶，巴洛克羅馬與古羅馬在此分壘。

　　威尼斯廣場上高大的白色大理石建築維克多艾曼紐二世紀念堂(Ⅱ Vittoriano)完成於1911年，是獻給義大利統一後的首位國王，代表了義大利近代史上動盪不安年代的結束。

　　紀念堂的正面以16根高柱及勝利女神青銅像組成雄偉的門廊，巨大騎馬像就是維克多艾曼紐二世國王，建築物中心是一座「祖國的祭壇」(Altare della Patria)，祭壇下的無名戰士墓(Milite Ignoto)用以紀念戰死於第一次世界大戰的義大利士兵。目前紀念堂增建了一座景觀電梯，可以360度俯瞰羅馬市區。

　　紀念堂左前方的暗紅建築則是威尼斯宮(Palazzo Venezia)。在法西斯時代曾被墨索里尼當作指揮總部，中間的陽台便是他對群眾演講的地方，內部現改為博物館，展出15~17世紀的繪畫、陶器、木雕及銀器等。

舊城中心區Centro Storico

MAP ▶ P.69C2

MOOK Choice

萬神殿

Pantheon

古羅馬最輝煌的建築成就

🚇搭地鐵A線在Barberini站下車，步行約20分鐘 🏠 Piazza della Rontonda ⏰週一至週六8:30~19:30、週日9:00~18:00 💲免費

有句古諺用來描述到了羅馬卻沒參觀萬神殿的人：「他來的時候是頭蠢驢，走的時候還是一頭蠢驢。」對於這個不朽的建築藝術傑作，是相當合理的讚美。

西元前27年時，這裡是獻給眾神的殿堂，由阿格里帕(Agrippa)將軍所建，西元80年時毀於祝融，現在看到的神殿是熱愛建築的哈德良皇帝於118年下令重建。

重建的萬神殿在建築上採用許多創新手法，開創室內重於外觀的新建築概念。它的外觀簡單，正面採用希臘式門廊，16根高12.5公尺的圓柱都是由整塊花崗石製成，圓形神殿本身的直徑與高度全為43.3公尺，穹頂內的五層鑲嵌花格全都向內鏤空，並使用上薄下厚結構，澆灌混合不同

材質密度的混凝土，大圓頂才能屹立千年。拱門和壁龕不但可減輕圓頂的重量，並有巧妙的裝飾作用，彩色大理石更增加室內的色調，給予後世的藝術家不少靈感。事實上在1436年聖母百花大教堂完成前，萬神殿一直是世界上最大的圓頂建築，其成就之驚人可想而知。

西元609年時，神殿在教宗波尼法爵四世(Boniface IV)的命令下改為教堂，更名為聖母與殉道者教堂(Santa Maria ad Martyres)，因此逃過了中世紀迫害羅馬異教徒的劫難，成為保存最好的古羅馬建築，神殿中原有的眾神雕像也在當時被移除，改成與天主教相關的壁畫與雕像裝飾。文藝復興以後，這裏成為許多名人的陵寢所在，其中最有名的是統一義大利的國王艾曼紐二世、文藝復興三傑之一的拉斐爾(Raffaello)、以及備受羅馬人敬愛的畫家卡拉契(Carraci)。

這整座建築唯一採光的地方，就是來自圓頂的正中央，隨著光線在一天中的移動，萬神殿的牆和地板花紋顯露出不同的表情，更教人讚嘆這棟建築的完美。萬神殿可說是羅馬建築藝術的頂峰之作，也象徵帝國的國力，後來文藝復興的建築表現更深受萬神殿的影響。

舊城中心區Centro Storico

MAP ▶ P.69C2

米內瓦上的
聖母瑪利亞教堂

Santa Maria Sopra Minerva

羅馬罕見的哥德式教堂

🚇搭地鐵A線在Barberini站下車，步行約20分鐘。🏠
Piazza della Minerva ⏰週一至週五7:30~19:00，週六~
日8:00~12:30、15:30~19:00 🕸www.basilicaminerva.it

　　位於萬神殿後面的米內瓦上的聖母瑪利亞教
堂，是座建於13世紀、在羅馬市區相當罕見的
哥德式教堂。

　　教堂建築重建於米內瓦神殿遺址上，有米開
朗基羅、貝尼尼和利比修士的重要創作。利比
修士的壁畫在卡拉法禮拜堂(Cappella Carafa)
中，包括《聖湯馬斯的勝利》、《聖母升天》
和《聖告》圖等；教堂前馱著方尖碑的小象雕
刻生動，是貝尼尼的創作；而內殿中手持十字
架的站立基督像並不是米開朗基羅被重視的作
品，或許和最後是由他的學生完成有關，但仍
可看到米開朗基羅在日後最著名的《聖殤》中
耶穌臉孔的雛型。最值得藝術愛好者注意的
是，為早期文興復興帶來一股清新及人文畫風
的安潔利柯修士(Fra Angelico)的陵墓，他主要
創作都在佛羅倫斯，在羅馬唯一創作就在教堂
內的卡帕尼卡小禮拜堂(Cappella Capranica)。

　　這座教堂還是一件歷史大事的發生舞台，當
時提出天體運行說的伽利略，1633年就是在教
堂內接受審判。

舊城中心區Centro Storico

MAP ▶ P.69D2

多利亞龐腓烈美術館

Galleria Doria Pamphilj

貴族的私人藝術收藏

🚇搭地鐵A線在Barberini站下車，步行約20分鐘。或巴士
64、116等路線。 🏠Via del Coroso 305 ☎679-7323
⏰9：00~19：00(閉館前一小時最後入場) 💲€12，優待票
€8 🕸www.doriapamphilj.it

　　龐腓烈家族與多利亞家族一樣，都在義大利的
歷史上扮演著舉足輕重的角色，他們若不是藝術
的愛好者，就是靠著貴族間的聯姻而累積大量珍
貴的藝術資產，17世紀羅馬的重要建築也多在
他們的支持下完成。

　　18世紀龐腓烈家族沒有男繼承人，而引發
波各賽(Borghese)、多利亞(Doria)和柯樂納
(Colonna)家族的競爭，最後在教宗克勉十三
世(Clement XIII)的主持下，與來自熱那亞
(Genova)的多利亞家族聯姻，使這兩家族成為
更強大的貴族勢力。

　　多利亞龐腓利美術館展示的就是這個家族重要
的藝術收藏品，大多數是17世紀大師們的傑作，
包括卡拉瓦喬(Caravaggio)、卡拉契(Carracci)、
雷尼(Reni)、布爾傑(Jan Brugel)、里貝拉
(Ribera)、洛林(Lorrain)等，文興復興巨匠的作品
也不少，提香(Titian)、拉斐爾(Raphael)、布爾各
(Pieter Bruegel)、柯列吉歐(Correggio)、帕米吉
安諾(Parmigianino)等，也在收藏和展出之列；雕
塑方面則有貝尼尼的人物胸像，以及古代作品。

舊城中心區Centro Storico

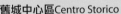
MAP ▶ P.69B2

拉渥那廣場

MOOK
Choice

Piazza Navona

巴洛克的華麗饗宴

🚇 搭地鐵A線在Barberini站下車，後步行約25分鐘可達。或巴士64於 S. A. DELLA VALLE下車步行5分鐘

　　拉渥那廣場被公認是羅馬市區最漂亮的一座廣場，位於維克多艾曼紐大道(Via Vittorio Emanuele)和台伯河之間，幾乎是市區的中心地帶，白天的廣場上有兜售藝品的小販、炒熱氣氛的街頭藝人、露天咖啡館和餐廳總是座無虛席，夜裡噴泉亮起燈，點亮羅馬著名的夜生活區，劇場氣息濃厚的拉渥那廣場上，隨時可見歡樂的人潮。

　　拉渥那廣場最早是羅馬帝國時一座可容納三萬人的圖密善運動場(Circus Domitianus)，所以呈現特別的長橢圓形，這裏也是羅馬巴洛克氣氛最濃厚的地區，放眼望去都是貝尼尼(Gian Lorenzo Bernini)、巴洛米尼(Boromini)和波塔(Giacomo della Porta)等巴洛克大師的作品。

　　廣場中的主角當然是貝尼尼巔峰時的創作－四河噴泉(Fontana dei Quattro Fuimi)，這是為了要鞏固方尖碑所特別設計的。四座巨大的雕像分別代表著尼羅河(非洲)、布拉特河(美洲)、恆河(亞洲)，以及多瑙河(歐洲)，這四條河就顯現了當時人類對世界的理解。

　　廣場南端的摩爾人噴泉(Fontana del Moro)同樣出自貝尼尼之手，雄壯的摩爾人手抱海豚，周圍則是噴水的海怪。廣場北端的海神噴泉(Fontana del Nettuno)，則是波塔的精彩之作，表現海神與海怪、海蛇及海馬搏鬥的場景。

　　廣場旁阿果內的聖阿格尼絲教堂(Sant'Agnese in Agone) 華麗優雅，是巴洛米尼的作品，正對著貝尼尼所打造的四河噴泉。巴洛米尼親手完成的包括圓頂及雙塔等，但由於進度緩慢，最後由貝尼尼於1672年完工，教堂內部華美的裝飾，很多都是由貝尼尼的學生完成的。

MAP ▶ P.68C3

西班牙廣場

MOOK
Choice

Piazza di Spagna

人氣不滅的廣場

搭地鐵A線於Spagna站下車

無論是旅遊旺季或淡季，無論何時來到西班牙廣場，都可見到滿坑滿谷的人潮鋪滿長達138階的西班牙階梯(Scalla di Spagna)，西班牙廣場可說是羅馬的超級人氣王。

位於平丘(Pincio)山腳下的西班牙廣場，帝國時期是山丘花園，17世紀時西班牙大使館在此設立，因此廣場四周也多是西班牙人的不動產物業；到了18世紀，這裡就已經是羅馬最繁榮的中心了，四周圍旅館幾乎都是有錢英國貴族的落腳處。

廣場後方山坡上有座法國人興建的聖三一教堂(Chiesa di Trinità dei Monti)，哥德式雙子鐘塔的外觀搭配埃及方尖碑，成為廣場的代表地標。18世紀時法國人更決定築一道階梯與山下相連，於是1726年由義大利籍的建築師山提斯(Francesco de Sanctis)完成了這個有中段平台的階梯，為廣場增添浪漫風情。

廣場中央的破船噴泉則是16世紀的作品，由教宗烏爾巴諾八世(Urbano VIII)委託貝尼尼父子設計，為廣場增加了歡樂和流動感。噴泉的設計靈感來自台伯河的水災，水災退去後在噴泉的所在位置留下一艘卡在泥濘中的小小救援船，貝尼尼就根據這個故事設計了噴泉的形式，紀念以堅毅和相互扶持度過危機的羅馬人。噴泉的水先流入半淹於水池中的破船，再從船的四邊慢慢溢出，加上整座噴泉幾乎只和街面一般高，感覺真的很像即將沉入地底下的漏水船。

西班牙廣場的四周是羅馬最著名的購物區，精品店櫛比鱗次，由於觀光客愈來愈多，這條街上的許多商店假日也會營業。

濟慈─雪萊紀念館
Keats-Shelley House

Piazza di Spagna 26
678-4235 www.keats-shelley-house.org 週一~週六10:00~13:00、14:00~18:00
休週日 全票€5、優待票€4

紀念館的外觀還保持著濟慈到羅馬旅行時的樣貌，濟慈病逝前在此度過了生命中的最後幾個月。紀念館內展示的是英國詩人濟慈、雪萊和拜倫的文物及手稿，也包括王爾德的創作手稿及渥斯華茲的信件，是對浪漫主義文學有興趣的人必定朝聖之地。

無罪純潔聖母柱
Colponna
dell'Immacolata

在西班牙廣場的南面有一根設立於1856年的高柱，教宗每年的12月8日都會到此紀念聖母處女懷孕的神蹟，由消防隊員爬上柱頂將花冠戴在聖母的頭上。無罪純潔聖母柱是1777年在一間修道院被發現的，原是古羅馬柱遺跡，1800年成為基督教的紀念柱，它的柱頂上站著聖母瑪利亞像，柱基則由摩西等先知的雕像簇擁著。

羅馬北區Northern Roma

MAP ▶ P.67F1

波各賽別墅與
波各賽美術館

MOOK Choice

Villa Borghese & Museo e Galleria
Borghese

綠蔭間的藝術寶庫

🚇搭地鐵A線於Spagna站下車，後跟隨指標步行約20分鐘可達。或從特米尼車站搭乘92號公車至Museo Borghese下車 🏠Piazzale del Museo Borghese 5 ☎美術館：841-3979，訂票：32810 ⏰週二至週日8:30~19:30 ⚠週一 💲全票€11、優待票€6.5，參觀波各賽美術館務必事先於網站購票，持羅馬卡需打電話預約 🌐www.galleriaborghese.it，www.tosc.it（購票網站）

位於市區北部的這一大片綠地，是散步與騎單車的好去處，1605年紅衣主教西皮歐內‧波各賽(Scipione Borghese)命人設計這個別墅與園區，新古典風格的維納斯小神殿、人工湖、圓形劇場等，隱藏於樹叢之中，精緻典雅。而且這位紅衣主教同時也是教宗保羅五世最鍾愛的姪兒，還是位慷慨的藝術資助者，他曾委託年輕的貝尼尼創作了不少雕刻作品；19世紀時，波各賽家族的卡密婁王子乾脆把家族的藝術收藏品集中起來，在別墅內成立了波各賽美術館。

波各賽美術館的收藏精華，全歸功於西皮歐內‧波各賽，他在17世紀初指定法蘭德斯建築師Jan van Santen建造波各賽別墅，1633年西皮歐內死後，波各賽家族成員進一步充實收藏品目及數量，然而拿破崙攻占羅馬後，不少波各賽的古典雕刻收藏被帶回法國，現在全都收藏在羅浮宮。

波各賽美術館一樓以雕刻作品為主，較具知名度的是以拿破崙妹妹寶琳(Pauline)為模特兒的雕像，這具《寶琳波各賽》(Paolina Borghese)雕像是雕刻家卡諾瓦(Canova)的作品，寶琳擺出一副維納斯的姿態，十分撩人。

而《阿波羅與達芙內》(Apollo e Dafne)、《抿嘴執石的大衛》等，則是貝尼尼的經典大理石雕，貝尼尼的《搶奪波塞賓娜》(Ratto di Proserpina)，更是經典中的經典，冥王的手指掐入波塞賓娜大腿處，那肌肉的彈性和力道，使人無法想像它居然是石雕作品！

以往被視為私人收藏並不對外開放的波各賽美術館，其內部珍貴的繪畫收藏有卡拉瓦喬、拉斐爾、提香、法蘭德斯大師魯本斯(Rubens)等；其中拉斐爾的《卸下聖體》(La Deposizione)幾乎被視為米開朗基羅《聖殤》像的翻版。而威尼斯畫派的代表人物提香在這裡也有許多重要的作品，其中一件是《聖愛與俗愛》(Amore Sacro e Profano)，作品中使用紅色的技巧以及對光線的掌握，深深影響著後代的藝術家。

87

MAP ▶ P.68B2

波波洛廣場(人民廣場)

Piazza del Popolo

古代羅馬門戶

🚇搭地鐵A線於Flamino站下車,步行約1分鐘可達

　　波波洛廣場是從前朝聖者和旅人由北邊佛拉米尼大道(Via Flaminia)入城的主要入口。

　　波波洛廣場原意為人民廣場,中心的方尖碑是奧古斯都大帝征服埃及後帶回羅馬的戰利品之一,為著名的法老拉姆西斯二世時代所打造,原本立於大競技場,教宗思道五世(Sixtus V)將方尖碑搬到這裏。19世紀初,由建築師瓦拉迪爾(Giuseppe Valadier)負責整建,他在廣場東西兩側設立噴泉,並建了兩道斜坡連接廣場和平丘(Pincio)山丘。

　　廣場的亮點是17世紀貝尼尼建造的雙子教堂,兩座幾乎一模一樣的教堂分據柯索大道(Via del Corso)兩旁,從廣場的方向看過去,右手邊是奇蹟聖母教堂(Santa Maria dei Miracoli),另一邊是聖山聖母教堂(Santa Maria di Montesanto),同樣有希臘式柱廊及大圓頂,不過左邊的屋頂為橢圓形,右邊則是圓形。

　　另一座波波洛聖母教堂(Santa Maria del Popolo)保存了最精緻的文藝復興藝術,它出現於西元1099年,據說坐落在被認為是邪惡之地的尼祿墳墓上,裡頭有拉斐爾設計的Chigi禮拜堂、米開朗基羅學徒Sebastiano del Piombo負責的祭壇、貝尼尼的雕刻等等。

MAP ▶ P.68A3

奧古斯都墓與和平祭壇博物館

Mausoleo di Augusto & Museo dell'Ara Pacis

藝術史創舉

🚇搭地鐵A線在Spagna站下車,步行約10分鐘　🏠Lungotevere in Augusta　☎(06)0608　🕘9:30~19:30　💲全票€10.5、半票€8.5(閉館前一小時停止售票)　🌐www.arapacis.it

　　圓形外觀的奧古斯都墓已呈頹圮,而羅馬時代最珍貴的紀念物—奧古斯都和平祭壇(Ara Pacis Augustae)—被珍藏在對面現代化的博物館中。

　　這座供奉和平女神的祭壇於西元前9年落成,用以榮耀首任羅馬皇帝奧古斯都(屋大維)從西班牙和高盧凱旋歸來,為羅馬帝國帶來和平。祭壇原本位於羅馬北方郊區,被深埋地底4米深,直到20世紀才被挖掘出來,並重置在奧古斯都陵墓旁。

　　祭壇由雪白大理石雕成,外圍牆上帶狀雕刻栩栩如生,描繪當年祭壇奠基的祝聖儀式。上面出現的人物有奧古斯都及妻子莉維亞,以及可能繼承帝位的人物,包括阿格里帕(Agrippa)、凱撒(Cesar)、台伯留(Tibere)等人。在藝術史上,和平祭壇具有劃時代的意義,這是史上第一次以當代人物的事蹟作為雕刻主題,而對皇帝的歌頌,不再是以寓意方式,而是直接表達。

羅馬北區Northern Roma

MAP ▶ P.68C5

許願池

MOOK Choice

Fontana di Trevi

最具人氣噴泉

🚇搭地鐵A線在Barberini站下車，後步行約10分鐘可達 Piazza di Trevi

許願池是羅馬最大的巴洛克式噴泉，高26.3、寬49.15公尺。許願池的原文「Trevi」其實是「三叉路」的意思，因為所在位置剛好涵蓋了三

條馬路而得名。

1450年時教宗尼古拉五世委託建築師阿貝蒂(Alberti)重新規畫原始的噴泉，不過目前所見的美輪美奐結果，則是1733年由羅馬建築師沙維(Nicola Salvi)動工、直到1762年才正式落成，是羅馬噴泉中比較年輕、名氣卻最為響亮的一座。

這座噴泉的設計靈感來自羅馬凱旋門，搭配後方的波利宮(Palazzo Poli)，整體造型像極了一座華麗劇院。噴泉雄偉的雕刻敘述海神的故事，背景建築是一座海神宮(Palazzo Poli)，四根柱子分隔出三格空間，中間聳立著駕馭飛馬戰車的海神(Neptune)，左右則分別為豐饒女神與健康女神，上方四位少女代表著四季，伴隨著海神的是兩位人身魚尾的崔坦(Triton)，控制的海馬一匹桀驁不羈，一匹溫馴順從，象徵海洋的變化萬千。此外，這座噴泉的其他浮雕頗為細緻，出自巴洛克大師貝尼尼的學生們。

這裡曾是電影《羅馬假期》的場景之一，傳說如果背對許願池，使用右手由左肩向池中丟一枚硬幣，他日就能再回到羅馬，丟兩枚硬幣則會遇上愛情。這裏應該是歐洲最賺錢的噴泉，據說每日大約有3,000歐元收入，羅馬政府會定期回收錢幣作為慈善用途。

羅馬北區Northern Roma

MAP ▶ P.68B5

科樂納廣場

Piazza Colonna

軍事勝利紀念柱

🚇搭地鐵A線在Barberini站下車，步行約15分鐘，或巴士492號等路線

科樂納廣場因為聳立著一根高大的馬可士奧略利歐柱(Colonna di Marcus Aurelio)而得名。大圓柱的形式乍看和圖拉真柱很像，也是軍事勝利紀念柱。

馬可士奧利略皇帝逝世後，元老院為他立了一

根紀念柱，表彰他在對抗異族上的軍事勝利。刻滿螺旋式敘事浮雕的柱身，由28塊大石塊構成，高42公尺，柱頂有皇帝的雕像，柱內則有一條樓梯可通至柱頂，浮雕的技法和君士坦丁凱旋門類似，猜測是同一批工匠的作品；1588年建築師馮塔納(Domenico Fotanan)曾在教宗的指示下，進行重建及裝飾紀念柱。

羅馬北區Northern Roma

MAP ▶ P.68D4

巴貝里尼廣場

Piazza Barberini
巴貝里尼家族的精神象徵

🚇搭地鐵A線在Barberini站下車
巴貝里尼宮國立古代藝術畫廊
🏠Via delle Quattro Fontane 13 ☏32810 ⏰週二至週日8:30~19:00（閉館前一小時停止售票）😴週一 💰全票€7、半票€3.5 🌐www.galleriaborghese.it/barberini/it/default.htm

廣場中央的海神噴泉(Fontana del Tritone)是貝

尼尼在羅馬的噴泉傑作，從貝殼中現身的海神吹著海螺，栩栩如生，它是貝尼尼在出身巴貝里尼家族的教宗烏爾巴諾八世(Urbano VIII)的指示下完成的作品。廣場附近還有另一件出自同一創作背景的噴泉，即蜜蜂噴泉(Fontana delle Api)，之所以選擇蜜蜂，乃因這正是巴貝里尼家族的徽章。

廣場邊是烏爾巴諾八世家族的宅邸。烏爾巴諾八世於1623年就任為教宗，選擇當時的市郊為他的家族蓋一幢豪宅，在巴洛米尼(Barromini)的協助下，將華宅設計成度假別墅的形式，8年後，再由貝尼尼建造完成，還為烏爾巴諾八世鑄塑胸像。

巴貝里尼宮內部目前為國立古代藝術畫廊(Galleria Nazioanle d'Arte Antica di Palazzo Barberini)，展示著12至18世紀的繪畫、家具、義大利陶器、瓷器等作品，中央大廳天井的寓言畫則是科爾托納(Pietro da Cortona)的精彩之作。其中收藏的畫作都是大師級的作品，如卡拉瓦喬、拉斐爾、霍爾班(Hans Holbein)、利比修士(Lippi)、安潔利柯修士(Angelico)、馬汀尼(Simone Martini)、葛雷柯(El Greco)等。

貝尼尼與羅馬噴泉

走在羅馬街頭，不認識貝尼尼設計的各式噴泉，就不算認識羅馬。

濟安·勞倫佐·貝尼尼（Gian Lorenzo Bernini）是拿坡里人，貝尼尼父親彼得(Pietro)是一位著名的翡冷翠雕刻家，貝尼尼在父親的教導下學習雕刻，很早就露出他早熟的天才；他努力學習羅馬古雕刻，又研究米開朗基羅、拉斐爾的作品，讓他更能掌握石頭及雕刻的繪畫性。

貝尼尼的早期作品受波各賽家族紅衣主教Scipione Borghese的注意，在主教的贊助下第一次雕刻重要的大型系列作品，這些作品從古典結構的《大衛》(Daivd)，到強烈衝突的《冥王搶奪波塞賓娜》《Pluto and Proserpina》，到充滿幻想性的《阿波

羅與達芙妮》《Apollo and Daphne》，顯示貝尼尼擅於掌握石材和題材，膚質、髮質以及陰影的表現，更打破了米開朗基羅以來的傳統，開展了西方雕刻史新的一頁。

在教宗烏爾巴諾八世(Urban VIII)的支持下，貝尼尼開始大量創作，同時教宗也鼓勵他投入建築。貝尼尼還發展出一種紀念建築的特殊形式：個人的紀念性墳墓和都市計畫一環的噴泉。

噴泉是貝尼尼對羅馬城市景觀最大的貢獻，最早的作品是西班牙廣場上的破船噴泉(Barcaccia)，巴貝里尼廣場的海神噴泉則大幅改變羅馬建築式噴泉的形式。拉渥那廣場上支撐方尖碑的四河噴泉，標示著貝尼尼建築事業的輝煌期開端。四河噴泉以擬人化的手法用四尊人像代表世界的四大河，無論視覺和技法都取得了極大的成功。

羅馬北區Northern Roma

MAP ▶ P.68D4

無垢聖母瑪利亞教堂
Santa Maria della Concezione

人骨教堂

🚇搭地鐵A線在Barberini站下車，步行約3分鐘 🏠Via Vittorio Veneto 27 ☎487-1185 🕐7:00~12:00、15:00~19:00 💲教堂免費，地下墓室捐獻€1 🌐www. cappucciniviaveneto.it ⚠地下墓室禁止拍照

這間教堂是由方濟會紅衣主教安東尼‧巴貝里尼（Antonio Barberini）興建，並由主教的兄弟烏爾巴諾八世教宗，於1626年的聖方濟日奠定基石。

教堂外觀簡單，儘管裝飾著壁畫和淺浮雕，然而真正吸引人們前來的是地下墓室。

這處名列羅馬最恐怖且怪異的景觀，由4000位於1500~1870年間過世的修道士遺骸裝飾而成。一條狹窄的通道通往6處小禮拜堂，沿途和禮拜堂中滿是頭顱、手腳骨、脊椎骨等人骨拼貼而成的圖案，其中甚至還能看到依舊身著僧袍的骨骸，或站或臥的出現於禮拜堂的壁龕中。

特米尼火車站周邊Around Stazione Termini

MAP ▶ P.70D3

特米尼火車站
Stazione Termini

現代羅馬交通樞紐

🚇地鐵A、B線交會的Termini站

不論搭飛機、火車，或者是巴士進入羅馬城，對羅馬的第一印象一定是繁忙熱鬧的特米尼火車站，這裏是市區巴士的總站，地鐵A、B兩線在此交會，是一座結合商店、餐廳，及交通轉運的超級購物商城，周邊街道民宿、旅館和餐廳林立，是自助旅行者最好的落腳地。

特米尼(Termini)這個名稱取自戴克里先浴場(Terme di Diocleziano)的「浴場」拉丁文諧音。最早於1863年由教宗庇護九世(Pius IX)下令建造，之後墨索里尼打掉了舊車站打算重建現代化車站，歷經二次世界大戰及法西斯政府垮台，車站蓋蓋停停，漸漸發展至今天的規模。火車站多達29個月台，每年旅客多達1億5千萬人次，是歐洲最繁忙的火車站之一。

特米尼火車站周邊Around Stazione Termini

MAP ▶ P.70C2

國立羅馬博物館(馬西摩宮與戴克里先浴場)
Museo Nazionale Romano (Palazzo Massimo Alle Terme)

古羅馬藝術之美

🚇搭地鐵A、B線於Termini站下車，後步行約3分鐘可達 🏠Largo di Villa Peretti 1 ☎3996-7700(預約) 🕐週二至週日9:00~19:45（閉館前一小時停止售票）休週一 💲€7，此票在八天內可參觀馬西摩宮在內的四個羅國立博物館，包括戴克里先浴場、巴爾比地窖博物館、阿爾坦普斯宮 🌐www. coopculture.it

羅馬國立博物館包括馬西摩宮、戴克里

先浴場(Terme di Diocleziano)、阿爾坦普斯宮(Palazzo Altemps)及巴爾比地窖博物館(Crypta Balbi)。

馬西摩宮收藏大量的羅馬及希臘雕刻藝術、鑲嵌畫，以及按歷代執政官分類的古羅馬錢幣等。

戴克里先浴場則為羅馬時代最大的浴場，3世紀末，戴克里先皇帝面對羅馬的頹勢，不但將首都他遷，還將帝國分為二大統治區塊，如此一來引發羅馬市民的不滿，為了安撫羅馬人，戴克里先於是興建這座超大公眾浴場，據稱其規模是卡拉卡拉浴場的兩倍，最多可同時間容納3000人。

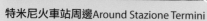

特米尼火車站周邊Around Stazione Termini

MAP ▶ P.70C3

大聖母瑪利亞教堂

Basilica di Santa Maria Maggiore

8月雪奇蹟聖堂

搭地鐵A、B線於Termini站下車，步行約10分鐘可達
Piazza di Santa Maria Maggiore ⏰07:00~19:00 💲免費
🌐www.vatican.va/various/basiliche/sm_maggiore

　　教堂所在的艾斯奎利諾山丘(Esquiline Hill)山頂原是一大片綠地花園，4世紀時因一次宗教奇蹟而起建。歷經多次的地震毀損與重建，許多建築天才參與其中，包括米開朗基羅在內。

　　據說於西元352年8月5日，一對有錢卻膝下無子的貴族夫婦夢見聖母顯靈，要他們在現今聖母瑪利亞大教堂的地點上興建教堂，因而他們將財產全數捐出，教宗里貝利歐(Liberius)於是下令建造這座羅馬最重要的聖母教堂，據說教宗前去勘查時發現，雖是8月天但地上卻有未經碰觸的白雪，也因此教堂還有另一名稱：白雪的聖母瑪利亞教堂(Santa Maria della Neve)。每年的8月5日教堂都會舉行慶典以紀念西元358年的那場8月雪，當白玫瑰花瓣從天井灑下時，彌撒的氣氛達到最高潮。

　　這座架構龐大的教堂結合了各種不同的建築風格，可以說是一部活生生的建築史。教堂本堂金光燦爛的天花板是15世紀文藝復興的手法，地面用彩石鑲嵌的幾何花紋大理石地板，是中世紀哥斯瑪特式風格，兩側長柱與三道長廊建於西元5世紀，是最原始的部份，之後才陸續擴建，1745年時傳加(Ferdinando Fuga)加上了立面，用以保護內層的中世紀藝術品，特別是14世紀的馬賽克鑲嵌畫。鑲嵌畫的上部以拜占庭手法表現基督為萬物的主宰，此作品中有作者魯肅提(Filippo Rusuti)的落款，這情況在過去的馬賽克作品中相當少見，顯示創作者已從無名角色中大幅提高了地位，落款因而成為新的潮流；而下部的鑲嵌畫則重現8月降雪的傳奇。

　　高75公尺的鐘塔，是羅馬最高的鐘塔，仍保持著羅馬中世紀的風格；天井雖採用文藝復興風格，但圓頂則是巴洛克式；史弗乍小禮拜堂(Capella Sforza)是米開朗基羅的設計，由波塔(Giacomo della Porta)接手，在1573年完成。

　　教宗思道五世(Sixtus V)長眠於右手邊的禮拜堂內，他的陵墓由馮塔納(Domenico Fontana)設計，對面則是教宗庇護五世(Pius V)的陵墓，也同樣出自馮塔納之手。

　　除了建築外，教堂也集合了重要藝術家的作品，如阿諾佛迪岡比歐(Arnolfo de Cambio)、布拉契(P. Bracci)、巴歐尼(Pompeo Baoni)等；而聖卡耶坦(St. Cajetan)抱著聖子的雕像則是貝尼尼的作品，描述聖卡耶坦在一次禱告時，聖子顯靈並爬向他臂膀的景象。

MAP ▶ P.70C2

天使的聖母瑪利亞教堂

Santa Maria degli Angeli e dei Martiri

羅馬浴場上的教堂

搭地鐵A線於Repubblica站下車　Via Cernaia 9　488-0812　7:30～19:00（週日和假日至19:30）　www.santamariadegliangeliroma.it

教堂原址是戴克里先浴場（Terme di Diocleziano），16世紀時，教宗庇護四世（Pius IV）下令在此興建一座教堂，據說是一名西西里的教士看見浴場遺址上有天使顯靈之故。

接下修建工作的是米開朗基羅，可惜他死之前並未看到教堂完工，最後由他的學生杜卡（Jacopo Lo Duca）完成，但和米開朗基羅的規畫已有些許出入。1749年經凡維特里重新整修成現在的模樣。

教堂入口保留了原浴場的紅磚外牆，內部空間呈現希臘十字架式（正十字架），多位藝術家長眠於前廳，而在通往橫軸的走道上，則有卡爾特修會創始者科隆的聖布魯諾（St. Bruno of Cologne）的雕像，以及Girolamo Muziano所做的精彩壁畫。在教堂的精彩藝術品中，多敏尼齊諾（Domenichino）所畫的《聖塞巴特汀殉教》最受關注。

支撐本堂天井的紅花崗岩柱是原浴場之物，高近91公尺，而教堂內最討喜的作品則是前廳中的天使造型聖水泉，由貝尼尼的學生Battista Rossi所做；前廳和布魯諾禮拜堂入口是由凡維特里更改米開朗基羅的設計而成，聖彼得禮拜堂（The Chapel of St. Peter）的正立面也出自凡維特里之手。

教堂前車子川流不息的是共和廣場（Piazza di Repubblica），周圍的建築呈半圓形，廣場中央的仙女噴泉（Fontana delle Naiadi）也小有名氣，四座雕像搭配著不同的水中生物，海馬代表海洋、水蛇象徵河流、天鵝意指湖泊、蜥蜴則代表地下水。

MAP ▶ P.70B1

勝利聖母瑪利亞教堂

Chiesa di Santa Maria della Vittoria

貝尼尼精湛之作

搭地鐵A線於Repubblica站下車，步行約4分鐘　Via XX Settembre 17　8:30～12:00、15:30～18:00　www.chiesasantamariavittoriaroma.it

小巧的教堂中，無論是牆壁或天花板都裝飾著滿滿的大理石、天使雕刻和壁畫，金碧輝煌的程度，堪稱羅馬最美的巴洛克式教堂之一。

其中最著名的是位於主祭壇左側的科爾納

羅紅衣主教禮拜堂（Chapel of Cardinal Cornaro），中央出自貝尼尼設計的《聖泰瑞莎的狂喜》（Estasi di Santa Teresa），為鎮堂之寶，表現聖泰瑞莎遭金箭刺穿心臟時，陷入狂喜與巨痛時的神態，展現出戲劇般的效果。另外位於主殿拱頂的巨幅濕壁畫《戰勝異端的聖母》，由賽瑞尼繪製於1675年，描繪勝利歡欣鼓舞的主題。

MAP ▶ P.66C5

越台伯聖母瑪利亞教堂
Basilica di Santa Maria in Trastevere

羅馬第一座獻給聖母瑪利亞的教堂

可搭乘780、H、N8號巴士在Sonnino- San Gallicano
站下車，後步行約5分鐘可達 Piazza Santa Maria in
Trastevere 7:30~21:00

西元337年，它是羅馬第一座獻給聖母瑪利亞
的教堂，而現在的建築建於1130~1143年，大
量運用卡拉卡拉浴場的遺跡為建材；其中，仿羅
馬式的立面和高大的鐘樓、美麗的馬賽克鑲嵌
畫，最吸引眾人的目光。教堂入口於1702年時由
馮塔納(Carlo Fontana)加以修改，並增添4尊巴
洛克式雕像。

教堂內部由包括一個
八角形的本堂及由大理
石列柱隔開的兩翼構
成，大理石材取自古
老的羅馬建築，歷經
長遠年代，石材仍顯
露出精美質感，仔細
看，它們的柱頭還是異教女神頭像；教堂的木造
天花板是1617年由多敏尼齊諾(Domenichino)
所建，上頭所繪的《聖母升天》也出自他的手
筆；而後堂祭壇及半圓頂上的馬賽克鑲嵌畫，描
繪聖母子被聖使徒們簇擁著，在最左手邊，教宗
諾森二世(Innocent II)就捧著這座教堂的模型，
半圓頂下的窗間更有六面由彼得卡瓦里尼(Pietro
Cavallini)所整修的馬賽克畫，描繪聖母的一生。

羅馬南區Southern Roma

MAP ▶ P.67G5

拉特拉諾–
聖喬凡尼教堂

MOOK Choice

Basilica San Giovanni in Laterano

羅馬第一座天主教堂

搭地鐵A線S. Giovanni站下車，步行約5分鐘可達 Piazza
San Giovanni in Laterano 4 9688-6493 教堂：
7:00~18:30，博物館：10:00~17:30 www.vatican.va/
various/basiliche/san_giovanni

西元324年，君士坦丁大帝將這座教堂獻給教
宗，可說是羅馬最早的一座天主教堂，被稱為「全
世界教堂之母」。直到14世紀初教宗將根據地遷往
亞維農(Avignon)之前，這裡一直是教廷所在地，
14世紀末，教宗從亞維農遷回羅馬後才住進梵諦
岡，而至今拉特拉諾–聖喬凡尼教堂依然是羅馬城
的主座教堂，在宗教史上占有相當重要的地位。

教堂經多次毀壞又重建，目前的樣貌是17世紀
巴洛克大師巴洛米尼(Borromini)在1650年所整
建，巴洛克風格因而壓倒性地超過其他年代的建
築風格。巴洛米尼保留了天井和有著獨特花紋圖
案的地板，但一舉改變了本堂的模樣，並運用彩
色大理石和多位教宗的雕塑為裝飾，也重建了13
世紀的兩座鐘塔與迴廊。

內部最珍貴的是文藝復興先驅喬托(Gioto)的壁
畫，壁畫的外框由巴洛米尼親自設計；八角頂的洗
禮堂則是自君士坦丁大帝時期所留下來的，天花板
設計已成為基督教堂的範本；教堂左廊則有一尊出
土自戴克里先浴場的君士君丁大帝的雕像。

聖喬凡尼廣場中央的方尖碑也是羅馬地標之
一，建於西元前1500年，君士坦丁大帝的兒子
Constantius將它帶回羅馬，是羅馬最古老的方
尖碑。

羅馬南區Southern Roma

MAP ▶ P.67F5

阿皮亞古道公園

Parco dell' Appia Antica

條條大路通羅馬的起點

🚇搭地鐵A線到San Giovanni站後轉搭218號巴士，或地鐵B線到Circo Massimo站轉搭118號巴士，過了聖賽巴斯提阿諾城門後在Domine Quo Vadis下車，下車處為遊客中心和「主往何處去教堂」；或地鐵A線到Colli Albani站轉搭660號巴士，終點站靠近西西莉雅麥塔拉墓園。巴士約每20~30分鐘一班次。

中心遊客服務處Centro Servizi Appia Antica
🚇搭乘118、218巴士，穿越聖賽巴斯提阿城門後下車即達 🏠Via Appia Antica, 58/60 ☎516-5316 🕐週一至週六9:00~13:00、14:00~17:30（冬季至17:00）。週日及假日9:00~18:30（冬季至17:00）🚫1/1、12/25 💲租借單車每小時€3，全天€15，須於遊客中心閉館前半小時還車 🌐www.parcoappiaantica.it ❗建議為遊覽古道的起點，提供古道的資料、地圖、租借單車及預約導覽等服務

卡拉卡拉浴場
🚇搭地鐵B線於Circo Massimo站下車後，步行約5分鐘可達 🏠Via delle Terme di Caracalla 52 🕐週一8:30~14:00，週二至週六9:00開始、結束時間4~9月至19:00、10月至18:30、11~2月至16:30、3月至17:00 💲全票€6、優待票€3，門票含西西莉雅麥塔拉墓及古羅馬水道公園，7天內有效。每月第一個週日免費 🌐www.coopculture.it

主往何處去教堂Domine Quo Vadis
🏠Via Appia Antica 51 🕐08:00~18:00

聖賽巴斯提阿諾墓窟Catacombs of San Sebastiano
🚇位於遊客中心旁邊 🏠Via Appia Antica 136 🕐週一至週六 10:00~17:00 🚫週日及12月 💲全票€8、優待票€5 🌐www.catacombe.org ❗參觀墓園一定要參加現場導覽，有英文解說，費用包含在門票內

聖卡利斯托墓園Catacombs of San Callisto
🚇搭乘218巴士至Fosse Ardeatine下車，或118巴士至Catacombs of San Callisto下車。遊客中心步行前往約20分鐘 🏠Via Appia Antica 110 🕐9:00~12:00、14:00~17:00，夏季至17:30 🚫週三及二月 💲全票€8、優待票€5 🌐www.catacombe.roma.it ❗參觀墓園一定要參加現場導覽，導覽時間約30~40分鐘，有英文解說，費用包含在門票內

西西莉雅麥塔拉墓Tombo di Cecilla Metella
🚇地鐵A線到Colli Albani站轉搭660號巴士，終點站下車 🏠Via Appia Antica 161 🕐💲同卡拉卡拉浴場

古羅馬水道公園Villa dei Quintili
🚇地鐵A線到Colli Albani站轉搭664號巴士，或118士於Squillace下車 🏠via Appia Nuova 1092 🕐💲同卡拉卡拉浴場

　　要了解羅馬道路建設的歷史，走一趟阿皮亞古道可以有很豐富的收獲，這條古道是為了快速連接羅馬與義大利半島東南部，以便取得地中海地區更多的貿易經濟利益而建，從羅馬南下至卡普阿(Capua)，之後轉向東南遠至布林迪西港口(Brindisi)，即使西羅馬帝國滅亡後，拜占庭世界仍頻繁地利用這條路和義大利半島、希臘、小亞細亞連繫，進行政治和貿易的往來，直至20世紀初。

　　阿皮亞古道由古羅馬的戶政官Appius Claudius Ciecus於西元前312年監督建成，古道因而以他來命名；從一開始起，道路的鋪設就不是臨時性的規畫，它的設計及用料都是為了適應各種交通工具和氣候，即使在雨天四輪馬車也能安全且迅速地奔馳在平整的石頭路上，因此造路時用了巧妙的排水系統，而能使用千年以上。

現在的阿比亞古道公園廣達3500公頃,包括一段6公里長的阿皮亞古道、整座卡發瑞拉山谷在內,以及重要的遺跡區拉提納道(Via Latina)和古羅馬水道公園(Villa Quintili and Aqueduct)等,不僅有古蹟還有差一點因都會擴張而消失的古羅馬城郊自然景觀。

出了位於古羅馬城牆東南方的聖賽巴斯提阿諾門(Porta S.Sebastiano),便是綠意盎然的古道。這條古道對基督徒而言有更重要的意義,西元56年,聖彼得就是沿著這條道路返回羅馬受審;西元2世紀開始,無數殉教者葬於此處的集體墳場(Catacombe);中世紀時,古道更是南義地區前往聖彼得大教堂的朝聖者必經之路。

古道兩旁林立著古羅馬著名家族的古老墓園、家族墳泉及基督徒墓園,綿延數公里,其中較著名的有聖卡利斯托(Catacombs of San Callisto)、聖賽巴斯提阿諾(Catacombs of San Sebastiano)、聖多米提拉(San Domitilla)三座,其中規模最大、最莊嚴的是位於主往何處去教堂(Domine Quo Vadis)後的聖卡利斯托墓園,這些墳場皆位於地下,如迷宮式的窄小通道兩旁皆是墓穴,不少墓窟還裝飾著美麗的壁畫。

在遊客中心附近的主往何處去教堂,是使徒彼得被迫逃離羅馬時遇見基督聖蹟的地方,彼得在此處經基督顯靈提點重回羅馬接受殉教的命運,聖彼得最後是被倒釘在十字架上而死的,時間在西元64或65年,羅馬皇帝卡利古拉(Caligula)及尼祿在位時。教堂所在位置正是聖彼得遇見基督的地點,在教堂內的地上有兩個腳印,據說是基督和聖彼得談話時所留下。

想要以步行的方式遊歷整座公園並不容易,最好選定自己的興趣,搭乘巴士接駁,或參加由旅客服務中心提供的導覽行程,若想遊完全區又保持行程彈性,租單車是很好的方式。古道的前段沿線有餐廳和飲用水處,往舊城牆水道的方向為寬闊的草原,則什麼都沒有,建議隨身準備充足的飲用水,且全區遮蔽物不多,夏季前往需注意防曬。

基督教地下墓園

Catacombs意思是古羅馬時代基督徒的地下墓穴。古羅馬原本使用火葬,直到哈德良皇帝時代,土葬方式才開始流行,但基於衛生原因,禁止將墓地設在城內,又為了解決空間和地價昂貴的問題,所以開始向下挖掘,發展出多層地道式的墓穴,目前最古老的地下墓園可追溯到西元2~3世紀左右。

地下墓園由多條地道組成,為疏導空氣與透射陽光,另設有方形的垂直天窗。兩邊土壁上挖滿作為墓槽的壁龕,遺體以殮布包裹,放入個別壁龕,再以磚石或大理石封口,並刻上死者姓名及逝世日期。也有比較精緻的拱形墓龕,以及如小房間一樣的家族墓堂。

卡拉卡拉浴場Terme di Caracalla

這座帝國時期的大浴場,也稱之為Antoniane,是由卡拉卡拉皇帝(Caracalla)的父親塞維羅皇帝(Settimio Severo)起建,並於西元217年在卡拉卡拉任內完工,直到西元6世紀蠻族哥德人入侵破壞水道為止,前後共使用約300年。

卡拉卡拉皇帝在位時間甚長(188~217年),他最大的功績是將羅馬公民權開放給所有自由人,而其目的在於增加政府稅收,以便支持他興建類似像卡拉卡拉浴場這樣的大型建築計畫。

卡拉卡拉浴場不但是古羅馬拱圈建築的典型,規模也非常龐大,內部格局對稱,可容納約1500至1700人同時入浴,浴池依水溫還分成熱水池、溫水池、冷水池,此外還有露天泳池,可以說是現代三溫暖的始祖;而為了源源不斷供應水源和控制水溫,浴場工程非常複雜,沒有足夠的工事能力是無法成就卡拉卡拉浴場的需求。

羅馬浴場不僅是羅馬人的交誼場地,它的建築也是羅馬休閒娛樂類建築智慧的結晶,到處裝飾著雕像,圓頂鋪滿光彩耀眼的馬賽克鑲嵌畫,地板和牆面則鋪上精美磁磚,建材更是珍貴的大理石;附屬設施更是設想周到,有花園、健身房、圖書館、畫廊及會議室等,連商店也不例外,浴場內還經常舉行運動賽事和劇場表演。

MAP ▶ P.67G1

提弗利

MOOK Choice

Tivoli

皇家貴族避暑勝地

🚏搭地鐵B線於Ponte Mammolo站下車,於地鐵站二樓轉搭前往提弗利方向的Cotral巴士,巴士單程€2.2,車程約50分鐘,約每20分鐘一班次。巴士上不售票,車票可在地鐵站的書報攤或2樓Cotral售票窗口購買。前往艾斯特別墅直接搭往提弗利鎮上的Largo Nazioni Unite站下,哈德良別墅可要求司機讓你在中途下車(巴士上無字幕顯示,上車時可向司機出示字卡Villa Adriana,請司機提醒),下車後沿路標步行約10分鐘。

ℹ️若要一天走訪兩個別墅,建議行程為早上先搭車至哈德良別墅,參觀後於售票口前方公車站牌,搭乘地區橘色巴士CAT 4號或4X號前往提弗利小鎮,約每30分鐘一班次,前往提弗利車程約10分鐘,單程€1。由於提弗利小鎮的餐飲選擇較多,剛好可先用餐休息,再繼續參觀艾斯特別墅。回程在遊客服務站對面的站牌搭往Roma的Cotral巴士,回到Ponte Mammolo地鐵站,這樣安排比較不用擔心上車無座位。

提弗利位於羅馬東北近郊31公里,自共和時期以來就一直是羅馬貴族喜愛的避暑聖地,由於這裡是提布提尼(Tiburtini)山丘群分布區,因此由山上引來水源,創造如詩如畫的庭園勝景,是吸引這些皇帝、主教和貴族們來此度假的主要誘因。

古羅馬時期的翹楚當屬哈德良皇帝興建的私人住宅,16世紀時紅衣主教伊波利多艾斯特(Ippolito d'Este)落腳此地後,許多貴族陸續跟進,提弗利開始發展成中世紀的教堂城鎮,進入工業時代的19世紀,小鎮因造紙業和電力的發展,1882年成為全義大利第一座電力城市。現在這片翠綠蔥鬱的山丘,除了有哈德良別墅與艾斯特別墅這兩個名列世界文化遺產的景點吸引遊人,更是羅馬人假日休閒的去處,悠遊與城市截然不同的緩慢生活步調。

哈德良別墅
Villa Adriana

☎3996-7900 🕐11~1月:9:00-17:00、2月:9:00-18:00、3月和10月:9:00-18:30、4月和9月:9:00-19:00、5~8月:9:00-19:30(閉館前1.5小時停止售票) 💲全票€8、優待票€4。每月第一個週日免費 🌐www.villa-adriana.net

哈德良別墅位於提布提尼山腳下,與提弗利市區相距5公里,是非常典型的古羅馬別墅。

哈德良皇帝於西元117至138年統治羅馬帝國,當時帝國領土遼闊,北達英國、東抵土耳其、南至埃及,哈德良皇帝足跡踏遍各地,誘發其富於異國風味的建築靈感,並將這些想法實現在庭園間,因此這裡不止是皇帝度假的地方,更是他心目中理想城市的雛形。

占地約300公頃的哈德良別墅,從南端引水貫穿整個園區,通過精密複雜的水道系統,讓每棟建築都有取水設施,造景水池、蓄水池和浴場等樣樣不缺,建築上增添了希臘建築的特色,例如維納斯小神殿(Tempietto di Venere)是由古典多立克式圓柱包圍著女神雕像。

隨著羅馬帝國的落沒,別墅中許多雕像被移送至君士坦丁堡,文藝復興時期仿古風氣盛,哈德良別墅持續遭到貴族的掠奪,只留下如今的斷垣殘壁。

海洋劇場Teatro Marittimo

圍牆、水池和40根艾奧尼亞式石柱以同心圓環繞池中小島,海洋劇場是別墅中保存較完整的建築,原本小島上有座小別墅,是皇帝吟唱詩歌的地方。緊鄰海上劇院的是哲學廳堂(Sala dei Filosofi)為接待大廳,拱頂下有七個壁龕,推測曾放置希臘七賢士的雕像,也曾經作為存放羊皮紙和莎草紙的地方,因此也有人認為是圖書館。

哈德良別墅

海洋劇場
Teatro Marittimo

黃金廣場
Plazza d'Oro

卡諾波
Canopo

圖書館庭院
Cortile delle Biblioteche

多立克柱大廳
Pilastri Dorici

圖書館
Cortile delle Biblioteche

冬宮（魚池）
Quadriportico Con
Peschiera

大浴場
Grandi Terme

哲學大廳
Sala dei Filosofi

泳池
Pecile

小浴場
Piccole Terme

入口➡

維納斯神殿
Tempietto di Venere

希臘劇場
Teatro Greco

運動場
Ninfeo O Stadio

賽拉皮歐神殿
Serapeo

大浴場Grandi Terme

相鄰連接的大小浴場仍可看出圓頂和拱圈結構，最能表現古羅馬建築風格。內部空間規劃完善，除了冷、熱、溫水池和休息室以外，還有健身房、三溫暖、廁所、鍋爐區等，大型窗戶則可納入景觀和陽光。

卡諾波Canopo

這裏是別墅中最著名的勝景。卡諾波位於埃及的亞歷山大港附近，它的華麗與富裕令皇帝難忘，別墅中的卡諾波則充滿了哈德良的嚮往。他在谷地間開鑿出長130公尺的池塘，代表尼羅河的運河，兩旁裝飾著圓拱石柱與希臘風格的女神雕像，運河的另一端的半圓形建築是賽拉皮歐(Serapeo)神殿。

艾斯特別墅Villa d'Este

☎199-766-166 ⏰週二至週日，11~2月：8:30-17:00、3月：8:30-18:15、4~9月：8:30-19:30、10月：8:30-18:30。閉館前一小時停止入場 💲全票€8、半票€4，若宮殿內有特展，全票為€11 🌐www.villadestetivoli.info

夏季走進艾斯特別墅的庭園，那沁人心扉的清涼水氣，如連續而輕快琴音般的潺潺水聲，立刻讓人暑氣全消，腳步和心情為之輕鬆。

因為園區大大小小多達500座噴泉，艾斯特別墅又稱為「千泉宮」。別墅修建者是16世紀時的紅衣主教伊波利多艾斯特(Ippolito d'Este)，他是費拉拉的艾斯特家族與教皇亞歷山卓六世的後代，因支持朱力歐三世成為教皇而被任命為提弗利的總督。他發現提弗利的氣候對健康頗有助益，因此決定把原來的方濟會修院改建為華麗度假別墅。

別墅由受古希臘羅馬藝術薰陶的建築師與考古學家李高里奧(Pirro Ligorio)設計，以高低落差處理噴泉的水源，企圖把文藝復興時期藝術家們的理想展現於這片蓊鬱的花園裡，後來由不同時期的大師陸續完成，因此也帶有巴洛克的味道，為歐洲庭園造景的典範。別墅中噴泉處處，流水聲不絕於耳，激發浪漫主義作曲家李斯特(Franz Liszt)的靈感，創作出鋼琴名曲〈艾斯特別墅的噴泉Fountains of the Villa d'ESTE〉。

1.主屋

入口是主教居住的四方形院落，位於區域的制高點，房間外的陽台廊道視野寬闊，可俯瞰整個噴泉花園和提弗利鎮。中央走廊貫穿每個房間，以精美華麗的雕刻和壁畫裝飾，每個房間的壁畫都有不同主題，有的描述提弗利的傳說，有的是主教家族的歷史。

2.巨杯噴泉Fontana del Tripode

由巴洛克大師貝尼尼所設計，原不在別墅的設計藍圖中，為1661年添加。

4.百泉之路Cento Fontane

這是條由無數小噴泉、翠綠苔蘚及潺潺水聲交織串流的美麗道路，水源來自奧瓦多噴泉，三段層層而下的泉水象徵流經提弗利的三條河流，匯集後流向道路另一頭的羅梅塔噴泉。裝飾的老鷹雕像是艾斯特家族家徽，最下層出水口則是各種有趣的怪物臉孔。

5.羅梅塔噴泉
Fontana di Rometta

羅梅塔噴泉表現羅馬崛起的意象，上層是城市起源的母狼與雙胞胎傳說，帶頭盔執長矛的女神代表羅馬，下層泉水和載著方尖碑的船分別代表台伯河和台伯島，從別墅往下看向羅梅塔噴泉方向，還可看到修剪成圓形競技場形狀的樹籬。

3.奧瓦多噴泉
Fontana dell'Ovato

泉水自一片綠意盎然間傾瀉而下，形成清涼剔透的半圓水簾幕，奧瓦多噴泉是由改建別墅建築的李高里奧所設計。噴泉上方的3尊雕像，分別象徵流經提弗利的三條河流Aniene、Erculaneo和Albuneo。

6.管風琴噴泉與海王星噴泉
Fontana dell'Organo & Fontana di Nettuno

從魚池的方向看向管風琴噴泉，平靜池水與倒影，水柱擎天、氣勢滂礡的海王星噴泉，以及遠處雕飾華美的管風琴噴泉堆疊成一幅有動有靜、如詩如畫的風景。海王星噴泉是園區內最大的噴泉，最初設計者為貝尼尼，後來經過多次破壞和整修。海王星噴泉上方是巴洛克式風格的管風琴噴泉，立面裝飾了滿滿的浮雕和雕像，噴泉每日10:30～18:30間，每兩小時有一場樂曲演奏，不妨在此歇歇腳，聆聽水流與樂器的協奏曲。

艾斯特地圖

←入口

❶
❷
❸ ❹ ❺
❻
❼

N

7.月神黛安娜噴泉
Fontana di Diana Efesia

柏樹圍籬的盡頭，涓涓泉水自「月神黛安娜」胸口層層疊疊的乳房流出，象徵大地之母的灌溉帶來豐饒，所以又被稱為豐饒女神。

梵諦岡

梵諦岡
Vaticano

文●林志恆‧墨刻編輯部
攝影●林志恆‧墨刻攝影組

梵諦岡只有0.44平方公里、人口800人，不論從面積還是人口計算，都是世界上最小的主權國家。不過它在全世界卻擁有好幾億的信仰人口，具體表現出上帝在俗世的統治權。梵諦岡擁有屬於自己的廣播媒體，還發行郵票、貨幣和報紙，更是一個獨立的政權，也是天主教世界的首都。

梵諦岡是西元1929年根據拉特蘭條約(Lateran Treaty)所建立的，由教宗庇護11世(Pius ⅩⅠ)和墨索里尼(Mussolini)共同簽訂，除了現在梵諦岡城牆涵蓋的範圍，羅馬教廷(Holy See)還管轄了羅馬境內及周邊28個地點，包括拉特拉諾的聖喬凡尼教堂(San Giovanni in Laterano)、大聖母瑪利亞教堂(Santa Maria Maggiore)等。

來到梵諦岡，你也一定會被那些穿著華麗制服的守衛所吸引，他們都是奉行天主教規、前來服役的瑞士士兵，擔任教宗的私人護衛，而這項傳統從1506年的儒略二世(Julius Ⅱ)時代延續至今。

梵諦岡雖小，然而聖彼得大教堂與廣場、梵諦岡博物館、聖天使古堡這些一級景點，遊客即使耗上一整天都看不盡。

MAP ▶ P.66A3

聖彼得大教堂

MOOK Choice

Basilica di San Pietro

世界天主教中心

🚇搭地鐵A線於Ottaviano San Pietro站下車,步行約10分鐘可達。 ⌂Piazza San Pietro ⊕www.vatican.va ◷4~9月7:00~19:00、10~3月7:00~18:30;登圓頂4~9月8:00~18:00、10~3月8:00~17:00 💲教堂免費,搭電梯登圓頂€8、徒步登圓頂€6。搭電梯後,仍須再爬320層階梯,徒步登圓頂則總共需爬551層階梯。 ❗注意服裝不得暴露,不得穿露肩及迷你裙

聖彼得大教堂是一座長方形的教堂,整棟建築呈現出拉丁十字架的結構,造型傳統而神聖,它同時也是目前全世界最大的一座教堂。

聖彼得教堂長達176年的建築過程中,幾位在建築或藝術史上留下名號的大師都曾參與教堂的興建,包括布拉曼特(Donato Bramante)、羅塞利諾(Rossellino)、山格羅(Antonio da Sangallo)、拉斐爾、米開朗基羅、貝尼尼、巴洛米尼(Borromini)、卡羅馬德諾(Maderno)、波塔(Giacomo della Porta)、馮塔納(Demenico Fotana)等,可以說集合了眾多建築天才的風格於一體,在宗教的神聖性外,它的藝術價值也相當具有看頭。

聖彼得大教堂最引人注意的是大圓頂,設計者是米開朗基羅,但實際完成的是馮塔納和波塔,也正是這個圓頂,聖彼得大教堂更穩固了它列名世界偉大建築之一的地位。

米開朗基羅著名的《聖殤》(Pietà)表現了當基督從十字架上被卸下時,哀傷的聖母抱著基督的畫面,悲傷不是米開朗基羅的主題,聖母的堅強才是,也是這件作品的不朽之處。米開朗基羅創作這件作品時才22歲,他還在聖母的衣帶上簽名,這是米開朗基羅唯一一件親筆落款的作品。在梵諦岡博物館內也有一件複製品。

造型華麗的聖體傘(Baldacchino)位於祭壇最中心的位置,建於1624年,覆蓋著聖彼得墓穴的上方,四根高達20公尺的螺旋形柱子,頂著一個精工雕琢的頂蓬,總重3萬7千公斤,是全世界最大的銅鑄物,大師貝尼尼運用巴洛克式極其誇張和奢華的設計,而貝尼尼製作聖體傘時才25歲,至於建材則拆自萬神殿的前廊。

聖彼得大教堂的洗禮堂(Baptistry)內不但有基督受洗的馬賽克鑲嵌畫,還有一尊歷史久遠的聖彼得雕像,雕像的一隻腳是銀色的,是數世紀來被教徒親吻及觸摸的關係。

在洗禮堂外、通往左翼的通路上有一座造型特殊的紀念碑,這是教宗亞歷山大七世墓,也出於貝尼尼的設計。在教宗雕像的下方有一片暗紅色的大理石雕出的祭毯,幾可亂真;還有象徵真理、正義、仁慈和智慧的四座雕像,以及作勢要衝出祭毯的骷髏。

在教堂左翼最受人注目的便是教宗克勉十三世(Clement XIII)紀念碑,為新古典風格的雕刻家卡諾瓦(Canova)所做,教宗呈祈禱跪姿,兩頭獅子馴服地伏於紀念碑的階梯上,左側雕像為宗教,右側代表死亡。

MAP ▶ P.66A3

聖彼得廣場

MOOK Choice

Piazza San Pietro

聖殿前的華麗巴洛克序曲

🚇 搭地鐵A線於Ottaviano San Pietro站下車，步行約10分鐘可達

聖彼得廣場昭示著羅馬最輝煌的17世紀巴洛克時代，那時的建築被要求必須彰顯天父的偉大和敬畏宗教的無上神聖，貝尼尼確實辦到了教皇的要求，美麗而經過仔細計算安排的多利克柱式柱廊，從聖彼得大教堂左右兩翼延伸而出，貝尼尼形容它有如「母親的雙臂」，導引著全世界的信徒進入這宏偉的廣場，通往神聖的聖彼得大教堂。就這樣，聖彼得廣場成為全羅馬最重要也最著名的廣場，更是世界上最大的公眾集合場所。

聖彼得廣場之大，從空中看，它有如一個巨型的鑰匙孔，長軸達240公尺，貝尼尼以立柱為半圓型門廊，柱廊共分四列，使進入教堂的前進空間自然地分成三條通道，中間通道大於左右兩側，柱頭則裝飾著140位聖人的雕像，以及貝尼尼的庇護教皇亞歷山大七世(Alexander VII)的徽章。

廣場的中央由一根高37公尺的埃及方尖碑和兩座噴泉構成視覺的中心點，這裡也正是橢圓形廣場兩軸的交會點，站在這裡觀賞兩邊的柱廊，會產生似乎只有一列的錯覺。

方尖碑是由羅馬皇帝卡利古拉(Gaius Caligula)從埃及古都赫利奧波利斯(Heliopolis)帶回羅馬的，原本擺在尼祿皇帝的競技場中，當作馬車競賽時的折返點，尼祿皇帝的競技場的位置，就是現在聖彼得大教堂的所在地。

這座方尖碑也是所有位於羅馬的方尖碑中，唯一在中世紀時未曾倒下的；廣場從中世紀起經過不同階段的改建、復建，方尖碑曾被移到聖彼得大教堂旁，而非廣場中心點，直到1586年，建築師馮塔納整建廣場時，才把它移回中心位置。

馮塔納同時也是方尖碑下兩座噴泉之一的設計者，另一座則是馬德諾所做。噴泉水引自羅馬市郊，由引水道引至廣場，原本廣場上只有一座由馬德諾設計的噴泉(方尖碑右邊)，但貝尼尼增加廣場兩邊的柱廊後，必須再增加一座以達到平衡和對稱，馮塔納於是多設計一座噴泉，使兩座噴泉和方尖碑結合成一體，而且新噴泉仿舊噴泉的形式，雕刻教宗伸出的雙臂，馬德諾的噴泉是教宗保祿五世(Paul V)的雙臂，馮塔納的新噴泉則是克勉十世(Clement X)的雙臂。

MAP ▶ P.66A2

梵諦岡博物館

MOOK Choice

Musei Vaticani

教宗的藝術寶庫

🚇搭地鐵A線於Cipro Musei Vaticani或Ottaviano San Pietro站下車，後步行約10分鐘可達 🏠Viale Vaticano ⓌⓉmv.vatican.va ⏰週一至週六9:00~18:00(閉館前兩個鐘頭結束售票)。每個月最後一個週日9:00~12:30 ⏹休週日(每月最後一個週日例外)、1/1、1/6、2/11、2/22、3/19、復活節、6/29、8/15、11/1、12/8、12/25、12/26及其他義大利國定假日。💲全票€16、半票€8，每個月最後一個週日免費 ❗禁止穿著暴露，如露背裝、短褲等、喧嘩；西斯汀禮拜堂內不得拍照，如果能隨身帶著望遠鏡，壁畫可以看得更清楚。參觀人潮很多，再加上館內有非常多展場及展品，建議提早在開館前就去排隊。

如同法國的羅浮宮、英國的大英博物館，梵諦岡博物館在藝術史的收藏上，也享有同樣崇高的地位。博物館內所收藏的珍貴瑰寶，主要來自歷代教宗的費心收集，不但擁有早期基督教世界的珍貴寶物，還收藏了西元前20世紀的埃及古物、希臘羅馬的重要藝術品、中古世紀的藝術作品、

文藝復興時期及現代宗教的藝術珍品。

14世紀教廷從法國亞維儂遷回羅馬後，這裡就是教宗住所，直到16世紀初期，教宗儒略二世(Julius Ⅱ)將之改造成博物館，5.5公頃的面積，主要由梵諦岡宮(Vatican Palace)和貝爾維德雷宮(Belvedere Palace)兩座宮殿構成，裡面有各自獨立的美術館、陳列室、中庭和禮拜堂，其間以走廊、階梯或是坡道連結，展間路線長達7公里。

數十萬件的展品無法一次看盡，有此一說，如果你在每一件展品都花一分鐘欣賞，那麼你得耗費12年才看得完。館方設計好多條參觀路線可供參考，或是順著「西斯汀禮拜堂」的指標沿路參觀，要多預留一點時間給最後的高潮──「拉斐爾陳列室」和「西斯汀禮拜堂」。

基拉蒙提博物館
Museo Chiaramonti

坐落在貝爾維德雷宮東側低樓層，沿著長長的廊道牆壁，陳列了希臘羅馬神祇、羅馬帝國歷任皇的胸像、前基督教時期的祭壇，到石棺等數千件雕刻作品。

皮歐克里門提諾博物館
Museo Pio Clementino

收藏希臘羅馬藝術的皮歐克里門提諾博物館坐落在貝爾維德雷宮，以雕刻作品為主，最好的作品幾乎都集中在八角庭院(Cortile Ottagono)。

貝爾維德雷宮的殘缺軀幹 Torso Belvedere

雕刻師的名字以希臘文寫在中間的石頭上，是少數寫上希臘文的成品，強而有力及完美體態所呈現出極具力量的肌肉，就坐在鋪著獸皮的石頭上。這個殘缺的塑像，深深吸引著米開朗基羅，還拒絕為它加上頭部及四肢。米開朗基羅雖然決定不要改變這座雕像，不過他還是在西斯汀禮拜堂繪製了雕像的完整形態。

貝爾維德雷宮的阿波羅 Apollo Belvedere

這座2世紀的雕刻，是羅馬複製自西元前4世紀的希臘銅雕，雕像中的太陽神阿波羅正看他射出去的箭。雕像被發現時，左手及右臂都遺失了，才於1532年由米開朗基羅的學生蒙特爾梭利(Giovanni Angelo Montorsoli)加上。

勞孔 Laocoön

這座在希臘羅德島的1世紀雕刻作品，直到1506年才被發現，描繪特洛伊祭司勞孔因說服特洛伊人不要將在尤里西斯附近海邊的木馬帶進城，而被女神雅典娜從海裡帶來的兩隻大毒蛇纏繞至死的模樣，兩旁雕像則是他的兒子。強而有力的肌肉線條及清楚的人體結構，影響了不少文藝復興時期的藝術家，尤其是米開朗基羅。

地圖畫廊 Galleria delle Carte Geografiche

長120公尺、寬6公尺的地圖畫廊中，繪製著40張天主教領地及義大利的地圖，這些地圖都是由地圖繪製家丹提(Ignazio Danti)在牆上以壁畫形式完成，色彩鮮豔且立體。

埃及博物館
Museo Egizio

埃及博物館的埃及收藏品，主要來自19、20世紀從埃及出土的一些古文物，以及羅馬帝國時代帶回羅馬的一些雕像。此外，還有一些從哈德良別墅移過來的埃及藝術仿製品，以及羅馬時代神殿裡供奉的埃及神像，例如伊希斯神(Isis)和塞拉皮斯神(Serapis)。

館內的埃及收藏品雖然不多，但精采而珍貴，類型包括西元前10世紀的木乃伊以及陪葬物，西元前21世紀埃及古墓出土的彩色浮雕，以及西元前8世紀的宮殿裝飾品等。

來自古埃及首都底比斯墓場的祭司棺木，是館中最美、最貴的展品，棺蓋上還繪製了死者的肖像。而棺木中的木乃伊被包在亞麻布製的裹屍布內，身體保存仍非常完整，能清楚地看出他的長相。

繪畫館Pinacoteca

繪畫館由於不在博物館的主要動線上，經常會被遊客忽略，然而所收藏的15至19世紀畫作，不乏大師之作，尤其是文藝復興時代的作品。包括提香(Tiziano)、卡拉瓦喬(Caravaggio)、安潔利珂(Fra Angelico)、利比(Filippo Lippi)、貝魯吉諾、凡戴克(Van Dyck)普桑(Poussin)，及達文西等。

《卸下聖體》(The Deposition)，卡拉瓦喬

卡拉瓦喬擅長運用明暗、光線及陰影呈現戲劇性的畫風，在這裡清楚可見，畫中耶穌的形態是具有張力，他的手臂擦過墓石，呈現出彷彿要走出畫中並進入到觀賞者的空間感，讓人感覺進入畫中並參與畫中發生的情景。

《史特法尼斯基三聯畫》(Stefaneschi Triptych)，喬托

喬托將拜占庭僵化的藝術，轉變成古羅馬畫風的自然主義風格，這幅畫就是典型的代表，畫框中金色背景是拜占庭式，而運用透視法讓祭壇的寶座與地板清楚可辨，以及人物的表現方法就屬義大利式。

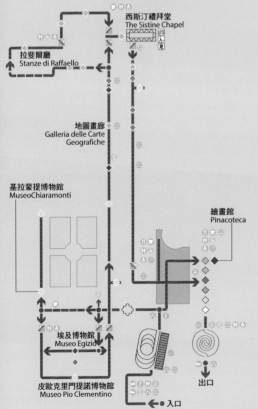

西斯汀禮拜堂
The Sistine Chapel

拉斐爾廳
Stanze di Raffaello

地圖畫廊
Galleria delle Carte
Geografiche

基拉蒙提博物館
MuseoChiaramonti

繪畫館
Pinacoteca

埃及博物館
Museo Egizio

皮歐克里門提諾博物館
Museo Pio Clementino

出口

入口

《基督的變容》(The Transfiguration)，拉斐爾

這是拉斐爾最知名的作品之一，可惜他死於1520年，未能來得及完成這副作品，後來是由他的學生完成。這幅畫可分為上下兩部分，上半部可見基督和祂的使徒，下半部則是一個被惡魔附身而使臉孔及身體變得扭曲的小孩，他的父母及親友正在請求耶穌和使徒幫忙，而使徒的手正指向耶穌。

《聖傑羅姆》(Saint Jerome)，達文西

這個未完成的畫作是由達文西所繪，單色調的畫法敍述聖傑羅姆(他將聖經翻譯成拉丁文)拿石塊搥胸口，以示懺悔。由於這幅畫作未完成，我們得以看出達文西完美的解剖技巧，畫中聖人凹陷的雙頰及雙眼，讓人深刻感受到這位苦行者的痛苦及憔悴。畫作被發現時已經分成上下兩部分，如今是修復後的模樣。

拉斐爾廳Stanze di Raffaello

拉斐爾廳原本是教宗儒略二世(Julius II)私人寓所，1508年，拉斐爾帶著他的學生重新設計這四個大廳，牆上的壁畫是最重要的作品。雖然當中有些出自拉斐爾學生之手，但整體設計確實來自拉斐爾。這項工作進行了16年之久，拉斐爾在完工前已去世(1520年)，由他的學生接手，於1524年落成。

拉斐爾廳一共有四個廳室，依參觀動線，分別是君士坦丁廳(Sala di Constantino)、赫利奧多羅斯室(Stanza d'Eliodoro)、簽署室(Stanza della Segnatura)、波哥的大火室(Stanza dell' Incendio di Borgo)。

君士坦丁廳Sala di Constantino

這是四個廳室中最大的廳，四面牆壁分別繪製了《十字架的出現》、《米爾維安橋之戰》、《君士坦丁大帝的洗禮》、《羅馬的捐贈》。內容主要描繪因為有米爾維安橋這場關鍵戰役，基督教才被羅馬帝國承認。

赫利奧多羅斯室Stanza d'Eliodoro

這廳室的內容主要探討上帝如何保衛宗教正統這個主題，四面壁畫分別為《赫利奧多羅斯被逐出神殿》、《聖彼得被救出獄》、《教宗利奧會見阿提拉》、《波爾賽納的彌撒》。

簽署室Stanza della Segnatura

這裡原本是教宗的書房、簽署文件的地方，也是拉斐爾首次彩繪之處，四座廳室中，以這間的壁畫最為精彩。壁畫內容主要探討神學、詩歌、哲學和正義等主題，其中又以拉斐爾第一幅在羅馬完成的溼壁畫《聖禮的辯論》和探討宗教和哲學的《雅典學院》為傳世巨作。

在《雅典學院》這幅畫作中，拉斐爾的知性透過色彩和柔和的構圖表現無遺，也反映出拉斐爾對文藝復興時期宗教和哲學的理想。畫作中央是希臘哲人柏拉圖與亞里斯多德，手指向天空的那位就是柏拉圖，右邊張開雙手的是亞里斯多德。在他們的左邊，著深綠色衣服、轉身與人辯論的是蘇格拉底。其餘出現在這幅畫的歷史名人還包括亞歷山大帝、亞里斯多德、瑣羅亞斯德、阿基米德、伊比鳩魯、畢達哥拉斯等人。而在這些古代哲學家中，拉斐爾也將自己化身成雅典學院的一員，右下角第二位就是他自己。

拉斐爾作畫時，很想看到33歲的米開朗基羅在西斯汀禮拜堂的畫作，可惜除了教宗以外，不允許任何人看見。後來教宗因為想知道米開朗基羅作畫的進度，下令拆掉作畫的鷹架後，拉斐爾才第一次看到西斯汀禮拜堂的壁畫，也因此受到許多啟發，尤其是人體有力的姿勢，自此改變拉斐爾的畫風，從《雅典學院》中便可看出這樣的轉變，他還在畫作中央的下方，畫上具肌肉線條的米開朗基羅，他就坐在階梯上，左手撐頭，右手執筆。

波哥的大火室Stanza dell'Incendio di Borgo

波哥的大火是描述9世紀時，教宗利奧四世(Leo IV)在波哥地區發生的事件。繪畫工程幾乎全由拉斐爾的學生所完成。畫作背景是4世紀時，由君士坦丁大帝下令建造的梵諦岡大教堂。其餘三幅畫的主題為《查里曼大帝的加冕》、《利奧三世的誓言》及《奧斯提亞之戰》。

西斯汀禮拜堂The Sistine Chapel

梵諦岡博物館每天平均進館遊客達12000人次,不論你選擇什麼參觀路線,人潮一定會在這最後的高潮交會,爭睹米開朗基羅的曠世巨作《創世紀》與《最後的審判》。

西斯汀禮拜堂是紅衣主教團舉行教宗選舉及教宗進行宗教儀式的場所,原建於1475至14781年間,以教宗西斯都四世(Sixtus IV)命名。

早在米開朗基羅作畫之前,貝魯吉諾(Perugino)、波提且利(Botticelli)、羅塞里(Cosimo Rosselli)、吉蘭吉歐(Domenico Ghirlandaio)等15世紀畫壇精英,已經在長牆面留下一系列聖經故事的畫作。

《最後的審判》

20多年後,米開朗基羅在1536~1541年,再應教宗保祿三世(Paul III)之託,繪製祭壇後的《最後的審判》,此時已是米開朗基羅創作的顛峰。《最後的審判》反映了教廷對當時歐洲政治宗教氣氛的回應,但米開朗基羅畫的審判者基督、聖母等天國人物,和充滿缺陷的人類一樣,面對救贖的反應都是人性的。

在正式向公眾揭幕前,《最後的審判》就遭到嚴重的批評,特別是在西斯汀禮拜堂這麼神聖的地方,居然裝飾了一幅人物全裸的壁畫,連基督也不例外,挑戰者攻擊米開朗基羅把教宗的禮拜堂當成酒館和浴場。米開朗基羅立刻反擊攻擊者,他把帶頭攻擊的Biagio da Casena畫進《最後的審判》中,用一條大蛇緊緊纏著他的腿,魔鬼正在把他往地獄拉。

所有的紛爭和《最後的審判》中的裸體人物,一點都不影響教宗對米開朗基羅的信任,直到米開朗基羅死前一個月,教廷下令「修改」壁畫,由米開朗基羅的學徒Daniele da Volterra畫上被認為是多此一舉的遮布。

《創世紀》

西元1508到1512年期間,米開朗基羅銜教宗儒略二世(Julius II)之命,在穹頂和剩下的牆面作畫。4年期間,米開朗基羅忍過了酷暑、寒冬,時而蜷曲弓背、時而仰躺在狹小空間作畫。最後在天花板上畫出343個不同的人物,以9大區塊描繪出《創世紀》中的《神分光暗》、《創造日月》、《神分水陸》、《創造亞當》、《創造夏娃》、《逐出伊甸園》、《諾亞獻祭》、《大洪水》、《諾亞醉酒》。

根據聖經記載,上帝用6天時間創造天地萬物,最後再依照自己的形象創造了人類,壁畫中最有名的《創造亞當》就是描述這段故事,體態慵懶像剛醒來的亞當斜倚躺著,伸出左臂準備觸碰上帝賦生命之手。

MAP ▶ P.66B2

聖天使堡

Castello di Sant'Angelo

歌劇《托斯卡》的舞台

🌐搭地鐵A線於Lepanto站下車,後步行約15分鐘可達 🏠
Lungotevere Castello 50 ☎681-9111 🕐9:00~19:30,
售票到18:30 💲€8.5 🌐castelsantangelo.beniculturali.it

聖天使堡的頂端,因為有一座巨大的天使銅雕
而得名。最早建於西元139年,原作為哈德良皇
帝的陵墓,而後在中世紀時又演變為城堡、監
獄,也曾當作教皇的官邸之用,現在則是擁有58
個房間的博物館。

哈德良皇帝在所建的哈德良別墅中,顯露他對
希臘化建築品味的喜愛,但在建造陵墓時,他
回歸到古羅馬的風格。哈德良皇帝將陵墓的位置
選在台伯河的右岸,主要是為和阿格里帕皇帝
(Marcus Vipsanius Agrippa)在左岸的陵墓相
對,二者以艾利歐橋(Ponte Elio)相連。由於這

裡曾是教皇的庇護地,也曾軟禁過教皇,西元
1277年時為強化城堡的防禦功能,在城堡和梵
諦岡之間還修建了一條秘密通道,以便教皇安全
地往來聖天使堡和梵諦岡之間。

城堡的中庭曾經是軍火彈藥庫,現在則是以成
堆的石頭砲彈來裝飾。裡頭的寶藏室據稱就是哈
德良皇帝最原始的埋葬室,而這裡一直保存著哈
德良至卡拉卡拉為止的皇帝遺體。

聖天使堡目前為一座博物館,展示防衛武器及
城堡歷史上重要的文件。堡內的各個房間,從教
皇的寓所到監獄都開放參觀。從聖天使堡的露台
往外望,一邊是羅馬街景,一邊是聖彼得大教堂
的圓頂,視野極佳,而這裡也是普契尼歌劇《托
斯卡》的舞台。

聖天使古堡面對著台伯河,而河上的聖天使橋
被喻為台伯河上最美麗的一座橋,橋上有兩列天
使雕像,為貝尼尼及其學生的作品,不過目前立
在石橋上的為複製品。

Where to Eat in Roma
吃在羅馬

舊城中心區

MAP ▶ P.69B2 **Da Francesco**

🚌搭巴士30、70、81、87、492、N6、N7至拉沃那廣場旁的Senato站下車，步行約5分鐘 🏠Piazza del Fico 29 ☎686-4009 ⏱12:00~15:30、19:00~0:30 💲比薩€6~12 🌐www.dafrancesco.it

　位於拉渥那廣場附近的小巷弄，一到用餐時間，總是一位難求；傳統的羅馬味道，除了受在地人歡迎，也獲得不少遊客好評。

　格子條紋的紙桌巾、熱情活潑的服務人員、琳瑯滿目的義大利麵、香味四溢的披薩不斷從火紅的窯爐送出，座位總是從室內一直滿到室外的小廣場，典型的羅馬傳統廚房樣貌。你只要願意等(服務人員會精確地跟你説要等幾分鐘)，絕不會令你失望；在這裡用餐十分輕鬆自在，而且價格實惠。

舊城中心區

MAP ▶ P.69B3 **Ristorante Da Pancrazio**

🚌搭乘40、46、64、492等巴士至Via Torre Argentina下車後步行約5分鐘 🏠Piazza del Biscione 92 ☎686-1246 ⏱9:00~15:00、19:00~00:00 💲義大利麵€12~13，主菜€13~24 🌐www.dapancrazio.it

　這是一家古意盎然的餐廳，因為它是建於擁有兩千多年歷史的龐貝歐劇院(Teatro di Pompeo)廢墟上，在餐廳的地下室仍能看見這些原始遺跡。由窄小的旋轉梯走下，一道道圓拱撐起濃濃的古羅馬風情，最典型的網狀砌磚方式依然歷歷可見；在這些地窖式的空間中用餐，可以體驗一種與早已消失的羅馬帝國時空交錯的奇異感覺。

舊城中心區

MAP ▶ P.69C1 **Osteria da Mario**

🚌搭巴士30、70、81、87、492、N6、N7至拉沃那廣場旁的Senato站下車，步行約5分鐘 🏠Piazza delle Cappelle 51 ☎6880-6349 ⏱12:00~15:00、19:30~23:00；週日休息 💲義大利麵€8~14，主菜€12~20

　在萬神殿附近的這片小祭堂廣場(Piazza delle Cappelle)，白天是熱熱鬧鬧的傳統市場，當夜色來臨時，這裡又是另一種全新的感覺，寧靜又充滿食物的馨香。既然是以小酒館自居，Mario的烹調方式講究的是家常口味，秉持著最簡單、又最忠於原味的烹調方式，希望提供給顧客最傳統的羅馬滋味。

舊城中心區

MAP ▶ P.69C1 **Il Bacaro Roma**

🚌搭巴士30、70、81、87、492、N6、N7至拉沃那廣場旁的Senato站下車，步行約5分鐘 🏠Via degli Spagnoli 27 ☎687-2554 ⏱12:00~24:00 💲中餐主食€8~15，晚餐麵類€12~16、排餐€24 🌐www.ilbacaroroma.com

　隱身於小巷、坐落於轉角的Il Bacaro擁有迷人的門面以及坐落於綠意盎然間的露天座位，餐廳的內部也是小巧，高高的櫃臺旁可感受到廚房內沸沸揚揚的工作氣氛，雖然是間小餐廳，端出來的食物卻頗為精緻。主廚對食物的細心處理與巧思搭配，更讓味覺感受到羅馬最令人難忘的美妙滋味。

舊城中心區

MAP ▶ P.69C1 **Gelateria della Palma**

🚌搭巴士30、70、81、87、492、N6、N7至拉沃那廣場旁的Senato站下車，步行約5分鐘 🏠Via della Maddalena 19-23 ☎6880-6752 ⏱8:30~00:30 🌐www.dellapalma.it

　羅馬街上到處都有義式冰淇淋店，但這家位於萬神殿附近的冰淇淋店有些與眾不同，標榜有150種口味可以選擇，雖然你不可能每種口味都嘗試，但光看那一整櫃琳瑯滿目的各種口味冰淇淋，也能滿足乾癮，不同於多數冰淇淋店都是點了帶走，你還可以坐下來一邊休息，一邊慢慢品嚐。

舊城中心區

MAP ▶ P.69C1 **Giolitti**

🚌 搭巴士30、70、81、87、492、N6、N7至拉沃那廣場旁的Senato站下車，步行約5分鐘 📍Via Uffici del Vicario 40 ☎699-1243 🕐7:00~翌日凌晨1:00 🌐www.giolitti.it

這間位於萬神殿附近的冰淇淋店是有歷史的，從1900年營業至今。Giolitti的冰淇淋標榜其獨家秘方，大量使用鮮奶油，份量亦超大。曾有大公司要收購其品牌及秘方，但都多次遭拒。除了冰淇淋之外，Giolitti本身還是一間咖啡廳，並提供簡餐。除了冰淇淋也有多樣化的甜點，在店裡享用需另外付座位費。

特米尼車站周邊

MAP ▶ P.70C2 **Alessio**

🚇 Termini火車站步行約5分鐘 📍Via del Viminale, 2/g ☎488-5271 🕐週二至週五：12:00~15:00、18:00~23:00，週末：18:00~23:00 🈲週一 💲義大利麵€9~12，主菜€14~22

餐廳入口的小門像夾在兩棟樓之間，順著石梯向下走才發現別有洞天，半露天小庭院和室內皆坐無虛席，像是鬧哄哄的溫馨家常餐廳，建議用餐時間早點來，否則需要等一小時以上。Alessio相當受到當地居民的喜愛，使用新鮮食材，提供道地的羅馬味，即使是最簡單的紅醬義大利麵，都嚐得到吸飽了陽光的蕃茄甜香。

特米尼車站周邊

MAP ▶ P.70C1 **Trimani il Wine Bar**

🚇 搭地鐵A線在Repubblica站下，步行約10分鐘可達 📍Via Cernaia 37/b ☎446-9630 🕐11:30~15:00、17:30~00:30 🈲週日

想要品嘗義大利葡萄酒的滋味，來這間餐廳準沒錯，無論是一杯或一瓶，Trimani il Wine Bar上達百種的選擇，絕對能滿足任何族群對於各色葡萄酒的要求。葡萄酒吧的擁有者，是一位創業於1821年的酒莊老闆的女兒，也因此使得這間葡萄酒吧在當地小有名氣。

該葡萄酒吧除葡萄酒外也提供義大利麵或是各式肉類料理，此外還有Salami、canape等多種下酒菜，也因此每當用餐時間，許多當地人、特別是年輕人總三五成群的到這裡用餐，一邊品嘗美味的葡萄酒。

特米尼車站周邊

MAP ▶ P.67F4 **Gli Angeletti**

🚇 搭地鐵B線在Cavour站下，後步行約4分鐘可達 📍Via dell'Angeletto 3/a ☎474-3374 🕐12:00~24:00 💲義大利麵€8~10，主菜€14~20

餐廳位於山上的聖母小廣場(Piazza Madonna dei Monti)邊緣，一旁還有一座設計於西元1588年的噴泉為伴！既然名為小天使，這間餐廳無論大廳的窗戶邊或不起眼的小角落，都裝飾著一雙小翅膀的可愛孩子。這裡標榜傳統的地中海式烹調，不過還加入主廚個人的創意，所以它的菜色就帶著些許的變化，但使用的都是自然道地的食材。

特米尼車站周邊

MAP ▶ P.70C3 **La Gallina Bianca**

🚇 搭地鐵A、B線在Termini站下，後步行約5分鐘可達 📍Via Antonio Rosmini, 5-12 ☎474-3777 🕐12:00~15:00、19:30~23:30 🌐www.lagallinabiancaroma.it

鄰近特米尼火車站，這間餐廳以只提供與雞相關的食物而得名，它不只是餐廳，同時它也是披薩屋與燒烤。暖烘烘的大烤爐就在櫃臺旁，許多義大利人會來此外帶，看著師傅拿著大圓長柄鏟剷烤披薩的熟練動作，忍不住都要點一塊來嚐嚐。

古代羅馬區

Pastarito

🚇搭地鐵B線於Cavour站下車，後步行約10分鐘可達 🏠Via 4 Novembre, 139 ☎6919-0472 ◷12:00~14:30、19:00~23:30 💲€7~10 🌐www.pastarito.it

　　Pastarito是義大利麵連鎖餐廳，光在羅馬市區就多達8間。這間靠近威尼斯廣場，就在Colonna藝廊的轉角，簡單的外觀、現代的裝潢以及熱絡的用餐氣氛，會是你在羅馬飽餐一頓的好選擇。從餐廳名稱便不難得知這間餐廳如何以義大利麵為傲，事實也是如此，在這裡你可以從多達20種造型、粗細、口味的義大利麵條或麵餃中做選擇。除了義大利麵之外，餐廳另有披薩、沙拉、燉飯和甜點，每種都份量十足。

古代羅馬區

Grand Ristorante ULPIA

🚇搭地鐵B線於Colosseo站下車，步行約10分鐘可達 🏠Foro Trariano 1/b, 2 ☎678-9980 ◷4~10月：週一至週六11:00~23:00，12~3月：週一至週六10:15~13:00、19:00~23:00 🌐www.ristoranteulpia.com

　　這間緊鄰圖拉真市集的餐廳，擁有絕佳的地理位置，你只需要坐在戶外的半露天座位上，就能欣賞到這位野心勃勃的皇帝宏偉的建築，它那迷宮般層次錯落的隔間提供無窮趣味，同時還能欣賞坐落於威尼斯廣場主丘上的維克多艾曼紐二世紀念堂。

　　除了景觀加分之外，餐廳的歷史也相當悠久，它創立於1880年，連墨索里尼都是它的顧客，幾乎可說是羅馬最古老的餐廳之一，餐廳本身位於一座17世紀的宮殿中，除提供正統料理外，也有供遊客品嘗的遊客套餐，不過價格不斐。

古代羅馬區

Ristorante Cleto

🚇搭地鐵B線於Colosseo站下車，後步行約5分鐘可達 🏠Via del Buon Consiglio, 17 ☎6994-1507 ◷週四至週二12:00~23:00 🈺週三 🌐www.ristorantecleto.it

　　這家餐廳就位於圓形競技場與帝國議事廣場附近的巷弄中。雖說沒有偉大的古蹟當背景，然而躲在寧靜的街道角落，斑駁的粉牆倒也帶出另一種羅馬風情。牆壁粉刷地極為白淨，並以傳統式的大圓拱來分隔。提供的是小酒館式簡單、又不花俏的美食。

羅馬北區

希臘咖啡館Antico Caffè Greco

🚇搭地鐵A線在Spagna站下，後步行約3分鐘可達 🏠Via Condotti 86 ☎679-1700 ◷9:00~21:00 🌐www.anticocaffegreco.eu

　　於1760年開張的希臘咖啡館，是最受當代藝術家青睞的聚會場所，包括詩人濟慈與拜倫、大文豪歌德、布朗寧姐妹、王爾德、喬依斯等，連比才(Bizet)、華格納與李斯特等作曲家，也不會錯過這麼一處優雅的咖啡館。

　　咖啡館今天依然高朋滿座，尤其它位於著名的西班牙廣場旁，大批遊客慕名而來，因此這家當初由希臘人所開的咖啡館，雖然已有兩百多年的歷史，卻毫無龍鍾老態。在義大利站著喝咖啡比坐在店內喝便宜，想要在這間名店喝經濟實惠的咖啡，只要到櫃台先買單，再拿著收據到吧台等咖啡即可。

羅馬北區

Spaghetteria L'Archetto

🚇搭地鐵A線在Barberini站下車，步行約10分鐘 🏠Via dell'Archetto 26 ☎678-9064 ◷12:00~23:00 💲€8~9

　　L'archetto位在許願池附近的Via dell'Archetto路上。這條窄小的石板路，在過去曾有小拱門橫跨，所以餐廳也就依街道來取名；若確切定義，它應該是「麵食館」與「披薩屋」才對。打開菜單，洋洋灑灑的通心麵與披薩，看得令人眼花撩亂，因為L'Archetto要為顧客提供最豐富的醬料選擇，有些甚至是主廚的創造發明。

羅馬北區

MAP ▶ P.68C5 **Vineria Il Chianti**

🚇搭地鐵A線在Barberini站下，後步行約10分鐘可達 🏠Via del Lavatore 81/82a📞679-2470 ⏰10:00~翌日凌晨1:00 🌐www.vineriailchianti.com

這家位於許願池附近的餐廳以酒莊為名，可見品酒也是這家餐廳除美食之外的另一項特點。內部以木頭材質的裝潢為主，頗有托斯卡尼的地方色彩，菜色雖然以托斯卡尼菜色為主，不過總帶著些許的羅馬味，除滿室的葡萄酒提供多重又香醇的選擇，甚至可以點盤道地的托斯卡尼醃肉拼盤，或是乳酪切片來下酒。

羅馬北區

MAP ▶ P.68A2 **Osteria Sant'Ana**

🚇搭地鐵A線於FImamino站下，步行約5分鐘可達 🏠Via della Penna 68📞361-0291 ⏰18:00~23:00 🌐週日 🌐osteriastana.it

在人民廣場與台伯河之間寧靜的巷道，Sant'Ana就躲在離台伯河畔不遠的角落。沿著餐廳的入口往下，才會瞭解為何羅馬人會喜愛這家酒館，地下室的用餐大廳，充滿濃厚的鄉野風情，粗粗的石牆點出了「小酒館」的精神。這是一家提供鮮魚烹調的小酒館，對於熱愛海鮮的饕客而言，是一處絕佳的選擇。

羅馬北區

MAP ▶ P.68B2 **Enoteca Buccone**

🚇搭地鐵A線在Flaminio站下，步行約5分鐘可達。 🏠Via di Ripetta 19/20📞361-2154 ⏰週一至週六12:30~15:00，週五、六19:30~22:30 🌐週日 🌐www.enotecabuccone.com

走過Buccone的店門口，根本就不會察覺這是一家餐廳，原來這裡是酒窖，室內的牆壁全被高達天花板的大木櫃給佔據著，琳瑯滿目的商品當中，除了義大利各地區的葡萄酒之外，還有橄欖油及食品出售。然而酒窖中還是附設了幾張桌椅，提供配酒輕食，所以如果只想嘗點清淡又不油膩的菜色，這裡會是不錯的選擇。

羅馬北區

MAP ▶ P.68B3 **Ristorante al 34**

🚇搭地鐵A線在Spagna站下，後步行約3分鐘可達 🏠Via Mario de' Fiori 34📞679-5091 ⏰週二至週日12:30~23:00；週一：17:30~23:00 💰義大利麵€11~15，主餐€15~20，套餐€40~50 🌐www.ristor006anteal34.it

餐廳外面花木扶蔬，內部也絲毫不遜色，由紅磚塊砌成的大圓拱，撐出濃濃的鄉野風；靠近落地門前的大理石柱，則著些許羅馬味。這家雖為餐廳，不過菜色卻帶有小酒館式的家常樸實。除了正常餐點，此餐廳還有所謂的「半盤」(Piatto di Mezzo)，若不是很餓，但又想吃點東西，就可試試這種份量剛好的「半盤」，此外，也有包含麵食、肉類主餐、佐餐酒及甜點咖啡的套餐選擇。

梵諦岡

MAP ▶ P.66B2 **Il Mozzicone**

🚇搭地鐵A線於Ottaviano San Pietro站下車，步行約10分鐘 🏠Borgo Pio 180📞686-1500 ⏰週一至週六12:00~15:00，18:30~22:30 🌐週日

由梵諦岡那貝尼尼所設計的「基督的雙臂」280根大圓柱走出，位於Borgo Pio路上的Il Mozzicone，標榜家常式的服務與烹調，所以沒有花俏又精緻的菜色，但卻非常平實儉樸。拜訪完教宗的土地，不妨來此品嚐最平凡的羅馬味，因為過去這裡正是虔誠的朝聖者聚集的地方，至今仍散發著淡淡的傳統香醇。

越台伯河區

MAP ▶ P.66C5 **Antica Osteria Rugantino**

🚌搭巴士780、H、N8至Gioacchino Belli站下車 🏠Via della Lungaretta 54 ☎581-8517 ⏰12:00~24:00 🌐www.anticaosteriarugantino.com

這家餐廳標榜「在越台伯河區最古老的小酒館」，充滿濃濃鄉野風味，內部以火腿、鍋盆及酒瓶點綴出一片平易近人的農村世界，在這裡吃飯可以像在家中般自在。當然侍者端來的菜色，也是傳統的羅馬口味。在Rugantino門口的大橡木桶旁，品嚐道地的羅馬美食，同時也體驗古都最熱鬧活潑的夜。

越台伯河區

MAP ▶ P.66C5 **Taverna de'Mercanti**

🚌搭巴士23、44、280、N11至Lungotevere Ripa-Porto站下車 🏠Piazza de'Mercanti, 3a ☎588-1693 ⏰19:00~24:00 🈺週日 💲比薩€12~17，主餐€17~20 🌐www.tavernademercanti.com

在商人廣場(Piazza de'Mercanti)上，最能感受到越台伯河區的魅力，因為這裡有間古老倉庫改裝而成的餐館。順著老舊的石階爬上，寬廣的內部、馬車輪、木板拉車、垂掛的植物與鍋盆，配上16世紀的傾斜天花板，就像走入古代的農莊裡。在這家「商人小酒館」可以體驗到最道地的中古世紀越台伯河區的古意，以及非常鄉野粗獷的美食。

越台伯河區

MAP ▶ P.66B4 **Ristorante Romolo**

🚌搭巴士23、125、280、N11至Lungotevere Farnesina-Trilussa站下車 🏠Via Porta Settimiana 8 ☎581-8284 ⏰12:00~15:00、19:00~24:00 🈺週一 🌐www.ristoranteromolo.it

據說拉斐爾住在羅馬期間，曾有一位祕密情人兼作畫時的模特兒，這名女子是一位麵包師傅的女兒，而且他們的麵包店就位於這家餐廳的後面，因此Romolo又標榜「在拉斐爾與麵包師傅女兒的花園裡」。穿過餐廳內部，中庭有一座美麗的花園，當年拉斐爾經常來此花園小酒館用餐，而藝術家與麵包師傅女兒的戀情，更為此地增添浪漫的傳奇色彩。

Tips：羅馬的餐廳

●作為一個觀光大城，無論傳統美食或各國料理餐廳都不難找，一般來說大型廣場附近都能找到咖啡館或餐廳，價格則視地點而定，至於最方便且便宜的用餐方式，就是到平價的熟食食品店中，來份加熱的義大利麵或披薩，有的也提供雞肉或沙拉。

●盡量選擇當地人去的，而避免到擠滿觀光客的餐廳，尤其是看到菜單翻譯成五種語言，以及淋上紅醬汁義大利麵照片的餐廳，鐵定是專作觀光客生意的。

●拉渥那廣場、特米尼車站、越台伯河區周邊是幾個好餐廳集中的區域，但好餐廳通常不會在大廣場旁，而要盡量往小巷弄或小廣場走；要注意梵諦岡附近有不少專作觀光客生意的餐廳，埋藏很多陷阱。而餐廳服務生在街上招攬生意的，也要盡量避免。

●傳統的披薩是窯烤的，而且多半是晚餐才有，如今白天到處看到櫃台排滿切成片的披薩，顧客選擇後再微波加熱，風味自然無法跟正統披薩店相比擬；冰淇淋如果有寫上Prodotto Proprio，代表手工自製，不妨試試。

●每年八月是暑假，許多傳統餐廳此時會休假好幾個星期，要特別注意。

越台伯河區

MAP ▶ P.66C5 **Spirito DiVino**

🚌搭巴士23、44、125、280、N11至Lungotevere Ripa-Ripense站下車 🏠Via dei Genovesi, 31a/b-Vicolo dell' Atleta 13 ☎589-6689 ⏰19:00~23:30 🈺週日 💲義大利麵€12~14，主餐€16~25 🌐www.spiritodivino.com

曾經是神殿、修道院、麵包店、私人住宅與倉庫，今天是訴求慢食文化的Spirito DiVino餐廳，周遭雖古意悠悠，然而內部卻是現代風格的佈置，並且提供非常精緻的美食。老闆是世居於此的老羅馬人，親自為顧客解釋菜單，掌廚者正是他的太太，這對夫妻及接手的兒子是餐廳的靈魂所在。

西班牙廣場

MAP ▶P.68B3	西班牙廣場名牌精品街 High-fashion Boutiques Around Piazza di Spagna

🚇搭地鐵A線在Spagna站下車

「條條道路通羅馬」，但也有人這麼形容：「西班牙廣場周邊的道路都通向信用卡的債務。」以康多提大道(Via dei Condotti)為主幹的格子狀街道周邊，是名牌聚集的大本營，不管是奢華名品或是時尚潮牌，都能在這區域找到。在康多提大道上，有Albert Ferretti、Armani、Dior、Dolce & Gabbana、Ferragamo、Gucci、Hermès、La Perla、Louis Vuitton、Max Mara、Prada、Valentino、YSL，而Fendi的旗艦店就在街上最西端；從西班牙廣場上，則看得到Roberto Cavalli、D&G、Escada、Frette、Missoni、Sergio Rossi等；Via Babuino這條街上有Chanel、Etro、Giuseppe Zanotti、Prada Sport等；Via Borgognona街上有Givenchy、Loro Piana、Tod's、Versace；Via Belsiana街上則有Moschino。

西班牙廣場

MAP ▶P.68B3	c.u.c.i.n.a.

📍Via Mario de'fiori 65
📞679-1275　🕐週一15:30~19:30、週二至週六10:00~19:30　⛔週日 🚇
www.cucinastore.com

Alessi充滿趣味性的廚具和餐具，讓人見識到義大利人除時尚外在其他設計方面的創新，也因此許多人前往義大利，都會選購一些杯碗瓢盆、咖啡壺或餐具，好讓自己的居家生活增添點色彩與變化。c.u.c.i.n.a.在羅馬有四家分店，販售各式各樣的餐具和廚具，可愛的湯匙、素雅的玻璃杯、各種大小顏色的咖啡壺、琳瑯滿目的桌墊，整間店就像個百寶箱，裝滿所有廚房和餐廳所需用品。

西班牙廣場

MAP ▶P.68B3	Monica Gracia

📍Via delle Carrozze 71　📞6992-2443　🕐10:00~20:00　🚇
missgarcia.es

與其說這是一家鞋店，倒不如說它是一間鞋子的藝廊，一雙雙色彩繽紛且充滿創意的鞋子，或裝飾鈕釦、或裝飾亮片，模樣或可愛或華麗，幾乎讓所有看過的人都不願移開目光，而且店內的鞋子除了大人版外，還有小女生的尺寸。

西班牙廣場

MAP ▶P.68B3	Il Portone

📍Via Delle Cazrrozze 73　📞679-3355　🕐週一至週六10:00~19:15　⛔週日 🚇
www.ilportone.com

Il Portone是一間訂製和販售襯衫的專門店，創立於1971年。櫃台木格架上的襯衫整齊排放，店內中規中矩，沒有太多的裝潢，然而卻是深受之名人士的喜愛，其中包括美國前總統克林頓等，原因就在於合理的價格以及優美的剪裁。

舊城中心區

MAP ▶P.68B5	La Rinascente百貨公司

🚌62、63、N5、85、160、492等路線的巴士都會經過　🚇galleria a. sordi　📞678-4209　🕐週一至週六10:00~21:00　⛔週日 🚇www.rinascente.it/rinascente/en

La Rinascente(文藝復興百貨公司)是義大利最知名的百貨公司，已經有百餘年的歷史，義大利各大城市都可以在最重要的區域，看到它的身影。羅馬的這間就位於科索大道(Via del Corso)上，馬可士奧略利歐柱(Colonna di Marcus Aurelio)正對面的Galleria Alberto Sordi這棟建築裡。舉凡名牌精品、配件、化妝品、居家設計，都可一網打盡。外籍遊客可以上網列印折扣券，享有10%的折扣。

西班牙廣場

MAP ▶ P.68C4 **Rene Caovilla**

🏠 Via Borgognona 10 ☎ 678-3879 ⏰ 週一至週六 10:00~19:00 🚫 週日 🌐 www.renecaovilla.com

Rene Caovilla這個品牌的歷史可以回溯到20世紀初，該義大利家族企業以精緻的手工藝著稱，打從該品牌出現的第一天，就是以高級晚宴鞋為作品，在1970年代進軍時尚圈時曾和CD和Chanel等重量級品牌合作過，如今它成立了自己的鞋坊，向全世界肯為愛鞋一擲千金的女性，設計裝飾羽毛、綴珠、甚至寶石的奢侈鞋履，也因此贏得英國皇室以及黛安娜王妃的青睞。

西班牙廣場

MAP ▶ P.68B3 **Sermoneta Gloves**

🏠 Piazza di Spagna 61 ☎ 679-1960 ⏰ 9:30~20:00 🌐 shop.sermonetagloves.com

如果你必須經常前往海外旅行或出差，又或者你只是單純的手套愛好者，Sermoneta Gloves是你必不可錯過的手套專賣店。Sermoneta Gloves的每個手套都是經過24道工序，於義大利全手工製作，在這裡你可以發現顏色多達50種的皮手套，無論是中等價位或是高級手套在這裡全部一應俱全。

舊城中心區

MAP ▶ P.69C2 **Mariando & Gariglio**

🏠 萬神殿附近 🏠 Via del Pie di Marmo 21-22 ☎ 699-0856 ⏰ 9:00~19:30

這間色彩繽紛的糖果店位於萬神殿附近。Mariando和Gariglio是一對表親，1850年時在薩沃伊皇室家族的指定下，於杜靈(Turin)創立了一家巧克力工廠，不久後，因為義大利統一的緣故，該巧克力工廠搬到了羅馬。這間技術傳承數代的巧克力店，所有的巧克力都以手工生產，此外就連配方也都是打從19世紀開始沿用至今，除了巧克力之外，每天該糖果店還會生產80種左右各種口味的糖果，深受當地人與遊客的喜愛。

Tips：羅馬的購物

●義大利一年有兩次折扣季，如果你在1月底或7月底來到羅馬，也許天氣不一定最好，但對於愛好購物的人而言，恰好恭逢其盛。平均折扣從7折起跳，5折比比皆是，甚至還可能打到25折。

●除了名牌精品之外，能代表羅馬的伴手禮還包括了香草、義大利農產食品、義大利歌劇CD、教堂商品、葡萄酒等。

●羅馬的平價超市有以食品為主的Sma、在Nazionale上的Despar，以及位於特米尼車站地下樓層的Conard。

●西班牙廣場附近的購物區，有許多商店週末不營業，若要安排購物日建議避開。

梵諦岡

MAP ▶ P.66A2 **Ottaviano購物街**

🚇 在地鐵A線Ottaviano站下車，往聖彼得大教堂的方向前行。

Ottaviano這條路是從地鐵站出站之後，前往聖彼得廣場的必經之路，由於終年人潮不斷，也帶動沿途商家的買氣，沒有貴不可攀的名牌精品，兩旁商店的購物氣氛輕鬆自在，年齡層也偏向年輕族群。這裡有一整年都打折的商店，價格也較平民化。

羅馬郊區

Castel Romano Designer Outlet

🚌 共有三處可以搭接駁巴士前往
1.特米尼車站旁的Marsala路，每日9:30、9:55、11:30、12:30、15:00出發，回程11:20、13:45、17:15、20:05
2.梵諦岡的Viale Bastioni di Michelangelo路，每日14:30出發，回程19:55
3.Barberini地鐵站附近的Via Ludovisi路48號，每日9:30出發，回程13:30、17:00、19:55
🏠 Via Ponte di Piscina Cupa 64 ☎ 505-0050 ⏰ 10:00~20:00，週末至21:00 🌐 www.mcarthurglen.com

這間位於羅馬西南郊25公里的Castel Romano Designer Outlet，距市區車程約20分鐘，是座嶄新的暢貨中心，裡面聚集了上百家名牌精品店，全年平均折扣在3折到7折之間。這間連鎖暢貨中心在拿波里、佛羅倫斯、威尼斯和米蘭近郊也都有分店。

暢貨中心以古羅馬為主題的美麗布置，除了商店之外，還有咖啡廳、餐廳、兒童遊戲區，而商店種類也非常廣，從時尚品牌Valentino、Roberto Cavalli、Michael Kors到運動名牌Nike、Adidas，再到休閒的Guess、Diesel……可以滿足多數人的購物慾。

羅馬北區

MAP ▶ P.68D3 | **Berg Luxury Hotel**

🚇搭地鐵A線在Barberini站下車，步行約10分鐘 🏠Via Aurora, 29 ☎4202-0277 🌐www.bergluxuryhotel.com 星等：★★★★

如果你想找一間兼具奢華、設備新穎、設計又現代化的旅館，那麼Berg Luxury Hotel正符合你的需求。

旅館距離地鐵Barberini站僅5分鐘步行距離，而不論前往西班牙廣場、許願池或波各賽別墅，也都十分方便。而旅館座落在北區一大片綠地、公園、別墅區的邊緣，沒有喧囂，多了一分寧靜與清新空氣。

Berg Luxury Hotel是一棟建於1895年的百年宅，外觀為19世紀末的羅馬留下見證。走進旅館，卻是另一番全新面貌，內部由設計師Carmen Etzi設計，以現代前衛風格徹底翻新，並選用時下最符合潮流的裝潢建材、照明設備、衛浴設施，一進入房間，立刻感受其簡潔低調中的奢華感，擺設富品味而有魅力。

羅馬北區

MAP ▶ P.68D3 | **The Westin Excelsior**

🚇搭地鐵A線在Barberini站下車，步行約10分鐘。🏠Via Vittorio Veneto 125 ☎47081 🌐www.starwoodhotels.com/westin 星等：★★★★★

這間羅馬著名的五星級飯店深獲世界名人的推崇，即使創立於1904年，至今依舊保持非常良好的狀態，內部裝潢富麗堂皇，讓人有種身處皇宮的錯覺，這裡也是電影《甜蜜生活》的拍攝場景之一。

羅馬北區

MAP ▶ P.68D3 | **Hotel Eden**

🚇搭地鐵A線於Spagna站或Barberini站下車，步行約10分鐘 🏠Via Ludovisi 49 ☎478-121 🌐www.dorchestercollection.com 星等：★★★★

光看外表，就知道這間旅館的悠久歷史了，從1889年開幕至今，已經走過120多年的歲月。旅館所在位置，就位於西班牙廣場階梯上方的山丘上，其頂樓餐廳的露台，視野奇佳，從聖彼得大教堂的大圓頂到維克多艾曼紐二世念堂，都能一眼覽盡。

特米尼車站周邊

MAP ▶ P.70B3 | **Residenza dei Principi**

🚇Termini火車站步行約10分鐘，或搭乘地鐵A線於Repubblica站下車後步行約5分鐘 🏠Piazza del Viminale, 5 ☎487-3983 🌐residenzadeiprincipi.com

這家B&B藏身於Viminale廣場旁一棟19世紀新古典建築的樓上，不仔細找很容易錯過。搭乘被迴旋梯環繞、看起來很有歷史感的鏤空鐵製電梯來到民宿門口，有種拜訪義大利朋友家的感覺，走進房間卻著實令人驚艷，復古雕花床架搭配粉嫩色彩，呈現雍容雅緻的貴族風，而寬敞的衛浴空間，則是十足現代化舒適配備。民宿公共空間不大，廚房內冰箱茶包等均可隨時取用，早餐時間則可自取餐點回房內，搭配窗外廣場風景享用。

特米尼車站周邊

MAP ▶ P.70C3 | **Giglio Dell Opera Hotel Rome**

🚇Termini火車站步行約5分鐘 🏠Via Principe Amedeo 14 ☎484-401 🌐www.gigliodellopera.it 星等：★★★

這間優雅的三星級旅館，位於距離特米尼火車站步行大約5分鐘的距離，擁有非常便利的交通，四周餐廳、咖啡館林立，生活機能也很強。客房佈置的古典優雅，內除配備電視、空調、minibar等現代化設備外，另提供付費無線上網服務。接待櫃台旁有一塊沙發休息區和一間小酒吧，早餐室則位於地下一樓。

特米尼車站周邊

MAP ▶ P.67G2 **Brasile Hotel Rome**

搭地鐵B線CastroPretorio下車,步行約10分鐘 Via Palestro 13 ☎481-9486 www.hotelbrasile.com 星等:★★★

位於Palestro路和Cernaia路轉角的Brasile Hotel Rome,靠近皮亞門(Porta Pia),面對著一片公園綠地。這間三星旅館四周有著大大小小的餐廳,其中Trimani Wine Bar也在幾步之遙的距離。旅館位於一棟19世紀末期的建築,從它狹小的電梯以及不算寬敞的客房多少能瞧出端倪,此外在旅館一樓的休息室中,可以免費使用無線網路。

特米尼車站周邊

MAP ▶ P.70C3 **Hotel Mediterraneo**

Termini火車站步行約3分鐘 Via Cavour 15 ☎488-4051 www.romehotelmediterraneo.it 星等:★★★★

這間距離特米尼火車站不過步行3分鐘左右距離的四星級旅館,擁有絕佳的地理位置,以歐洲風格設計,建於1938年,受到古蹟式建築的影響,大廳裝飾著羅馬皇帝的大理石塑像,儘管歷經數十年的歷史,依舊可以看出昔日展現氣派的野心。該飯店共有251間客房分散於10個樓層,漂亮的早餐室中除了挑高的天花板外,橡木上還雕刻了希臘海神崔坦以及人魚的裝飾。

特米尼車站周邊

MAP ▶ P.67G3 **Radisson Blu es. Hotel Rome**

地鐵A線Vittorio Emanuele站下車,步行約5分鐘 Via Filippo Turati 171 ☎444-841 www.radissonblu.com/eshotel-rome

如果你是設計飯店的追隨者,那麼到羅馬來怎麼能不到這家飯店瞧瞧,它那以燈光營造出五顏六色的外觀非常吸睛,然而進入室內,幾根白色的柱子撐起寬敞的大廳,素淨得令人詫異,不過最令人驚喜的是以白色和灰色為空間主調的舒適客房,墨綠或深海藍勾勒出空間重點,令人心情平穩。

© Hotel

Tips:羅馬的住宿

●根據羅馬議會的決議,住在羅馬除了旅館費用之外,不管是公寓、民宿或星級旅館,都需要額外付城市稅,根據不同等級住宿,每人每晚的城市稅為€3~7不等。9歲以下孩童不需付城市稅。

●特米尼火車站四周的旅館最為密集,無論前往機場、搭乘火車或地鐵和巴士都相當方便,不同等級的旅館選擇也多,從青年旅館、B&B、商務旅館到星級飯店都有。不過周遭環境較複雜,尤其是車站西邊的Giolitti街,對女性遊客來說,夜晚要注意安全問題。

●舊城中心區有不少便宜又好的旅館,不過這一區沒有地鐵通過,距離任何地鐵站都有一段距離,要懂得利用巴士,才能解決交通問題。

●以Spagna和Barberini地鐵站為主的羅馬北區有不少好的高檔飯店,不論交通或周邊環境都不錯。

舊城中心區

MAP ▶ P.69B1 **Hotel Portoghesi Roma**

搭地鐵A線在Spagna站下車,轉搭116號巴士至Via Zanardelli,步行約5分鐘。或於Termini火車站搭乘492號巴士於Piazza Navona下車,步行約5分鐘 Via dei Portoghesi 1 ☎686-4231 www.hotelportoghesiroma.it 星等:★★★

靠近拉渥那廣場的Hotel Portoghesi Roma,是一間小巧美好的三星旅館,位於舊城中心區,西班牙廣場、許願池、萬神殿和梵諦岡皆在步行範圍內,周邊的餐廳選擇也相當多,舒適的客房給人一種在家的感覺,而它位於頂樓的露臺提供一處俯瞰羅馬舊城風光的好去處,旅館提供上網服務。

佛羅倫斯
及托斯卡尼

托斯卡尼省

Firenze & Toscana

起伏的綠野丘陵，滿山的葡萄園和橄欖樹，與燦爛的陽光交織成無際田園天堂；而美麗的鄉野間，點綴著中世紀山城和村落，教堂和博物館內文藝復興的光芒歷久不滅。牧歌式的風景，是義大利鄉村的寫照，是旅人的夢想之地。

佛羅倫斯是托斯卡尼的首府，西元前59年，羅馬人在今日的佛羅倫斯設立了一處殖民地，並命名為Florentia，意思是「百花女神」。若從義大利語直接音譯，佛羅倫斯也有「翡冷翠」這個美麗的譯名。

佛羅倫斯是一座非常獨特的城市，規模不大份量卻很重，而且是濃厚的家族主導性文化；雖說在義大利這種家族式城邦到處林立，但佛羅倫斯的麥第奇家族所建立出來的文藝復興典範，可說是空前絕後，影響所及是西洋文明史的人本主義再次甦醒。

另外兩座足以和佛羅倫斯匹敵的托斯卡尼文藝復興城市，要屬西恩納和比薩。西恩納不但有著「義大利最完美的中世紀小鎮」的美譽，還以一年一度的傳統賽馬會吸引遊客的目光。至於以斜塔聞名的比薩，在它的神蹟廣場旁坐落著主教堂、洗禮堂和墓園等建築，是獨樹一格的「比薩風」最佳的詮釋。而聖吉米納諾則是以山丘上的無數塔樓聞名，擁有小山城的古意靜謐。

佛羅倫斯及托斯卡尼之最The Highlight of Firenze & Toscana

聖母百花大教堂
聖母百花大教堂是佛羅倫斯的驕傲，彩色大理石立面平衡協調又不失活潑，壯觀的圓頂、金光燦爛的八角洗禮堂、以及天堂之門，每個細節都濃縮了文藝復興建築精華。(P.124)

比薩斜塔
神蹟廣場上大量圓拱、長柱及迴廊建構出風格鮮明的「比薩風」建築群，引領風騷的當然是義大利的經典地標－比薩斜塔。(P.141)

烏菲茲美術館
全世界收藏最多文藝復興時期傑作的美術館，從文藝復興之父喬托，到波提且利、達文西、米開朗基羅、拉斐爾等人的曠世鉅作，都典藏於這個藝術聖殿中。(P.127)

西恩納
有震撼心靈的藝術珍品，有熱鬧迷人的扇形廣場，也能領略恬靜美好的托斯卡尼風情，西恩納的時光彷彿被凝結在光芒萬丈的中世紀。(P.145)

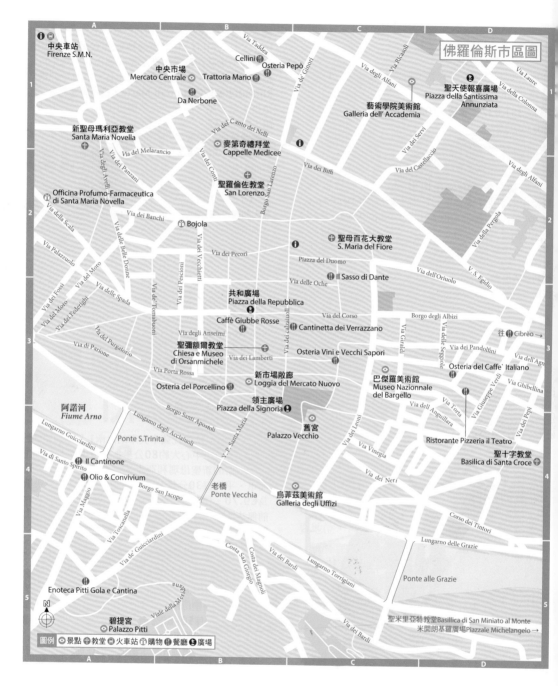

佛羅倫斯市區圖

中央車站
Firenze S.M.N.

中央市場
Mercato Centrale

Trattoria Mario

Da Nerbone

Cellini

Osteria Pepò

Via Taddea

Via de' Ginori

Via degli Alfani

Via Ricasoli

Via della Colonna

Via Laure

聖天使報喜廣場
Piazza della Santissima
Annunziata

新聖母瑪利亞教堂
Santa Maria Novella

Via del Canto dei Nelli

藝術學院美術館
Galleria dell' Accademia

Via dei Servi

Via del Melarancio

麥第奇禮拜堂
Cappelle Medicee

Via dei Conti

Via de' Castellaccio

Via degli Alfani

Officina Profumo-Farmaceutica
di Santa Maria Novella

Via degli Avelli

Via dei Panzani

聖羅倫佐教堂
San Lorenzo

Borgo San Lorenzo

Via dei Biffi

Via della Pergola

Via della Scala

Via dei Banchi

Bojola

聖母百花大教堂
S. Maria del Fiore

Via dei Vecchietti

V. S. Egidio

Via Palazzuolo

Via delle Belle Donne

Via de' Pescioni

Via dei Pecori

Piazza del Duomo

Via dell'Oriuolo

Via dei Fossi

Via del Moro

Via delle Spada

Via de' Federighi

Via de' Tornabuoni

Via delle Oche

Il Sasso di Dante

共和廣場
Piazza della Repubblica

Via del Corso

Borgo degli Albizi

往 Cibrèo →

Via di Parione

Via del Purgatorio

Via degli Anselmi

Caffè Giubbe Rosse

Cantinetta dei Verrazzano

Via Ghibellina

Via dei Pandolfini

Via dell'Agn

聖彌額爾教堂
Chiesa e Museo
di Orsanmichele

Via dei Lamberti

Osteria Vini e Vecchi Sapori

Osteria del Caffè Italiano

Via Porta Rossa

Osteria del Porcellino

新市場敞廊
Loggia del Mercato Nuovo

巴傑羅美術館
Museo Nazionale
del Bargello

Via Giuseppe Verdi

Via dei Pepi

阿諾河
Fiume Arno

Borgo Santi Apostoli

領主廣場
Piazza della Signoria

Via dell'Anguillara

Ristorante Pizzeria il Teatro

Lungarno Guicciardini

Lungarno degli Acciaiuoli

Ponte S.Trinita

V. P. Santa Maria

舊宮
Palazzo Vecchio

Via dei Leoni

聖十字教堂
Basilica di Santa Croce

Via di Santo Spirito

Il Cantinone

Via Vinegia

Olio & Convivium

Borgo San Jacopo

老橋
Ponte Vecchia

烏菲茲美術館
Galleria degli Uffizi

Via dei Neri

Corso dei Tintori

Via Maggio

Via Toscanella

Via de' Guicciardini

Costa San Giorgio

Costa dei Magnoli

Via dei Bardi

Lungarno Torrigiani

Lungarno delle Grazie

Ponte alle Grazie

Enoteca Pitti Gola e Cantina

N

碧提宮
Palazzo Pitti

Viale della Scala

聖米里亞特教堂 Basilica di San Miniato al Monte
米開朗基羅廣場 Piazzale Michelangelo →

Via dei Bardi

圖例 ◎景點 ✚教堂 🚉火車站 🛍購物 🍴餐廳 ⓢ廣場

◎計程車

托斯卡納機場的計程車招呼站位於航站前方，從機場前往市中心大約需要15分鐘，固定車資為€20，假日再加價€2，每件行李多加€1。至於從伽利略機場前往佛羅倫斯市區，由於距離遙遠，並不划算，所以使用者不多，若有需求可利用比薩計程車合作社(CO.

TA.PI)的網站查詢。

www.cotapi.it

市區交通

◎大眾交通工具

　　佛羅倫斯的大眾交通工具包括巴士和電車，不過景點大多集中在中央車站東南方三公里的範圍內，建築群很集中，也是個很舒服的城市，只要徒步就可到達主要景點。

　　若要前往距離較遠的米開朗基羅廣場，可能利用到巴士，從火車站可搭乘12或13號公車前往，比較常被使用的電車為C1線，行經幾個主要博物館。由於在巴士上購票價格較高，最好先在公車站旁的自動販賣機、售票亭、或香菸攤(Tabacchi)先行購買。

　　巴士車票在有效時間內(90分鐘)可以無限次搭乘，成人單程每趟€1.2，上車購票單程€2，Biglietto Multiplo為4張單程票，票價為€4.7。另有交通周遊券發售，分為1日券€5、3日券€12、7日券€18。第一次使用周遊券時，必須在車上的打卡機上打卡，上面會秀出使用的時間。雖然在這裡搭乘大眾交通工具不一定會設有驗票閘口，但是如果被抽查到沒買票，則罰款數倍，千萬不要以身試法。

ATAF大眾交通工具洽詢處

SMN火車站內　7:00~20:00　www.ataf.net

◎計程車

　　佛羅倫斯的計程車為白色車身，乘車同樣必須前往計程車招呼站，在新聖母瑪利亞車站以及共和廣場等重要景點前方大多設有招呼站。也可使用電話叫車。

CO.TA.FI 4390、4499
SOCOTA 4798、4242

優惠票券

◎佛羅倫斯卡Firenze Card

　　雖然這張卡貴得令人咋舌，雖然它所提供的免費搭乘大眾交通工具功能你不一定用得到，但是如果你打算把佛羅倫斯的博物館、景點一次掃盡，而且避免大牌長龍之苦，那麼也許你可以考慮忍痛花大筆錢買下這張卡，包括烏菲茲美術館、學院美術館等，都可以在3天效期之內，免預約，也不用在售票口排隊，長驅直入七十二處博物館、教堂和景點。若想於3天內無限搭乘大眾交通工具及使用無線網路，需另加€5。
€72　www.firenzecard.it

旅遊諮詢

◎佛羅倫斯遊客務中心APT di Firenze

Via Cavour 1/R　290-832
週一至週五9:00~18:00、週六9:00~14:00　週日
www.firenzeturismo.it

◎旅客服務中心(聖喬凡尼廣場)

Piazza S. Giovanni 1(近聖母百花教堂)
288-496
週一至週六9:00~19:00、週日9:00~14:00

◎旅客服務中心(新聖母瑪利亞車站)

Piazza della Stazione 4
212-245
週一至週六9:00~19:00、週日及假日8:30~14:00

MAP ▶ P.122C2

MOOK Choice

聖母百花大教堂

S. Maria del Fiore (Duomo)

文藝復興經典建築

🏠Via della Canonica, 1　☎230-2885　⏰大教堂：10:00~17:00。圓頂：8:30~18:30。入口於教堂北面，需爬463層階梯，沒有電梯。聖雷帕拉達教堂遺跡：10:00~17:00。鐘樓：8:15~18:50。需爬414層階梯，沒有電梯。洗禮堂：8:15~10:15、11:15~18:30。大教堂博物館：9:00~19:00。
🚫大教堂博物館於每月第一個週二休館　💲大教堂免費，其餘包括圓頂、聖雷帕拉達教堂遺跡、鐘樓、洗禮堂一票到底，24小時內使用完畢，€15　🌐www.museumflorence.com　❶1. 大教堂在元旦、聖誕節等重大宗教節日另有開放時間，另外圓頂、洗禮堂在某些日子不對外開放，詳細情形請上網查詢。2. 進入大教堂請勿穿著過於暴露的服裝。

聖母百花大教堂至今仍是佛羅倫斯的驕傲，巨大的紅色圓頂為那段風起雲湧的人本思潮寫下永恆的見證，當時最偉大的藝術家都曾為它奉獻精力與才華，大教堂吟誦的不只是詩歌，而是雄渾的文藝復興交響樂。

聖母百花大教堂是佛羅倫斯的主座教堂，巨大的建築群分為教堂本身、洗禮堂與鐘塔三部分，1982年被列入世界文化遺產。

教堂重建於西元5世紀已然存在的聖雷帕拉達教堂上，它的規模反映出13世紀末佛羅倫斯的富裕程度及市民們的野心，一開始是根據岡比歐(Arnolfo di Cambio)的設計圖建造，他同時也監督聖十字教堂及領主廣場的建造。

岡比歐死後又歷經幾位建築師接手，最後大建築師布魯內雷斯基(Filippo Brunelleschi)於1434年在教堂上立起紅色八角形大圓頂，整體標高118公尺，對角直徑42.2公尺的圓頂至今仍是此城最醒目的地標，大小僅次於羅馬萬神殿。布魯內雷斯基沒有採用傳統的施工支架，而是利用滑輪蓋頂的技術，對當時來說，能創造出這麼一座壯觀的圓頂，確實讓百花大教堂又添一項值得稱讚的事蹟。

與教堂正門相對的八角形洗禮堂，外表鑲嵌著白綠兩色大理石，這座建於4世紀的羅馬式建築，可能是佛羅倫斯最古老的教堂，因為在聖母百花大教堂尚未出現之前，它曾經擔任主教堂的角色。洗禮堂中最膾炙人口的部分，首推出自吉貝帝(Ghiberti)所設計、描繪舊約聖經的東門，也就是後來因米開朗基羅的讚嘆而被改稱為「天堂之門」的銅鑄作品，雕工之精細被認為是文藝復興前期的經典作品。

而高85公尺的喬托鐘樓(Giotto's Bell Tower)，則由喬托(Giotto)所設計，結合了仿羅馬及哥德式的風格。

1. 大教堂本體

　　雖然大教堂於13世紀末重建，但正面於16世紀曾遭損毀，現在由粉紅、墨綠及白色大理石鑲嵌而成的新哥德式風格正面，是19世紀才加上去的。

3.《最後的審判》濕壁畫

　　大圓頂內部裝飾著非常壯觀的《最後的審判》濕壁畫，由麥第奇家族的御用藝術家瓦薩利(Giorgio Vasari)和朱卡利(Federico Zuccari)在教堂完工的一百多年後所繪。在這幅面積達3600平方公尺的壁畫中間，可以看見升天的耶穌身旁圍繞著天使在進行審判。

2. 大理石地面

　　地面精心舖上彩色大理石，讓教堂內部看起來更加華麗，這是Baccio d'Agnolo及Francesco da Sangallo的傑作，屬於16世紀的作品。

4. 大圓頂Cupola

　　布魯內雷斯基畢生最大成就，就是這由內外兩層所組成的大圓頂，穹頂本身高40.5公尺，使用哥德式建築結構的八角肋骨支撐，從夾層之間的463個階梯登上頂端採光亭，會感受到大師巧奪天工的建築智慧。八角形的圓頂外部，由不同尺寸的紅瓦覆蓋，是布魯內雷斯基得自羅馬萬神殿的靈感。若有足夠的腳力登上大圓頂，可在此欣賞佛羅倫斯老市區的紅瓦屋頂。

5. 喬托鐘樓Campanile di Giotto

　　鐘樓略低於教堂，這是喬托在1334年的設計，他融合了羅馬堅固及哥德高貴的風格，共用了托斯卡尼的純白、紅色及綠色三種大理石，花了30年的時間完成，不過在花了三年蓋完第一層後，喬托就過世了。

　　鐘樓內部有喬托及唐納泰羅的作品，不過真品保存在大教堂博物館內。在鐘樓旁的建築有兩座雕像，一手拿卷軸、一手拿筆的就是教堂設計師岡比歐，而眼睛看向教堂大圓頂的，則是圓頂的建築師布魯內雷斯基。四面彩色大理石及浮雕的裝飾，描繪人類的起源和生活，如亞當和夏娃、農耕和狩獵等。

6. 聖雷帕拉達教堂遺跡Cripta di Santa Reparata

教堂還保留著百花大教堂前身－聖雷帕拉達教堂遺跡，從教堂中殿沿著樓梯來到地下，可以看到這間教堂斑駁的壁畫、殘留的雕刻及當時的用具。而布魯內雷斯基的棺木亦在此。

7. 洗禮堂 Battistero San Giovanni

洗禮堂是西元4世紀時立於這個廣場上的第一個建築物，是佛羅倫斯最古老的建築之一，詩人但丁曾在此接受洗禮。洗禮堂外觀採用白色和綠色大理石，縱向和橫向都呈現三三制結構，包含三座銅門，其中兩道銅門出自吉貝帝(Lorenzo Ghiberti)的雕刻。

八角屋頂

洗禮堂的八角屋頂裝飾著一整片金光燦爛的馬賽克鑲嵌壁畫，這是13世紀的傑作，由Jacopo Francescano及威尼斯、佛羅倫斯藝術家共同完成。

天堂之門

洗禮堂東邊面對百花大教堂的方向，是出自吉貝帝之手，雕工最精緻華麗的銅門，米開朗基羅曾讚譽為「天堂之門」，這也是最受遊客矚目的一道門。門上有十格浮雕敘述舊約聖經的故事，從第一格的《亞當與夏娃被逐出伊甸園》到最後一格《所羅門與雪巴女王》。門上有數個用圖框框住的人物像，吉貝帝也在其中一個。不過現在的銅門是複製品，因為傳說佛羅倫斯每一百年會發生一次大洪水，而在1966年大門被洪水沖壞，真品目前保存在大教堂博物館裡。

據說若能走過開啟的天堂之門，能洗淨一身罪孽，和聖彼得大教堂的聖門一樣，每25年開啟一次，下一次為2025年。

大教堂博物館 Museo dell' Opera di S. Maria del Fiore

在大教堂博物館中，收藏了為聖母百花大教堂而製作的藝術品，其中包括米開朗基羅80歲時，未完成的《聖殤》、唐納泰羅(Donatello)的三位一體雕刻，以及洗禮堂的「天堂之門」。

Tips: 輕鬆接近藝術

烏菲茲美術館和藝術學院美術館經常大排長龍，最好事先預約。在聖彌額爾教堂、藝術學院美術館旁的書店裡，設有櫃台販售烏菲茲美術館等熱門博物館的預約券。烏菲茲美術館裡也有獨自的預售票販賣處，可以指定當天及數日後特定時間的門票。網站上可預約一整年度的任一日期及參觀時段，若使用官網預約，會收到一封電子確認函，只需要影印出來，於預約時間前15分鐘抵達美術館入口，並將確認函出示服務人員即可。至少需於1天前預約。

當然事先上網預定最方便：www.firenzemusei.it

烏菲茲美術館

MOOK Choice

Galleria degli Uffizi

文藝復興寶庫

🚶 從聖母百花大教堂步行前往約10分鐘 🏠 Piazzale degli Uffizi 6 ☎ 294-883(預約專線) 🕐 週二至週日 08:15~18:50，售票口於18:05結束 🚫 週一、1/1、5/1和 12/25 💰 全票€12、若包含臨時展€16.5，預約費€5.99 🌐 www.uffizi.firenze.it

要看義大利文藝復興的最高傑作，就必須到烏菲茲美術館，從開拓出人道內涵的喬托起，到正式宣告文藝復興來臨的波提且利，再到最高頂點的文藝復興三傑——達文西、米開朗基羅、拉斐爾等人的曠世鉅作，都在這裡，堪稱是全世界最重要的美術館之一。

這幢文藝復興式建築是由麥第奇家族的科西摩一世，委託瓦薩利於1560年所建的辦公室，而Uffizi正是義文「辦公室」的意思。

宮廷建築師瓦薩利把「辦公室」設計成沿著長方形廣場兩翼的長廊，然後再由沿著阿諾河這面的三道圓拱相互連接；科西摩一世的繼承者法蘭切斯科一世後來把「辦公室」改成家族收藏藝品的展覽室，加上後繼的大公爵們不斷地增購藝術品，使得文藝復興的重要作品幾乎全集中在這裡。

1737年麥第奇的最後一滴血脈安娜瑪莉亞路得維卡，把家族的收藏全數贈與佛羅倫斯的市民，才有了今天的烏菲茲美術館。

館內的展覽品是陳設在頂樓，而雕刻類的作品陳列在走廊上，繪畫則是依照年代懸掛在展示室中。

《莊嚴聖母》(Maestá)，喬托(Giotto di Bondone，1266-1336) 陳列地點：2室

喬托被譽為「西方繪畫之父」，為文藝復興的開創者，一直努力於遠近畫法及立體感的畫家，對長期陷於黑暗時期中、見不到出路的藝術創造來說，喬托指引出一條光明之路，同時喬托更重視描繪畫中人物的心理。

《莊嚴聖母》中的空間構圖已經非常接近文藝復興早期的畫法，也可以說是喬托的代表作之一。

《聖母、聖嬰與天使》(Madonna with Child and two Aggles)，利比(Filippo Lippi，1406-1464) 陳列地點：8室

利比畫聖母都是以佛羅倫斯地區的美女為模特兒，而他自己就和這些模特兒有曖昧關係；但他還是受敬重的畫僧，因為他作畫的特質剛好兼具優美詩意及人性。

《聖母、聖嬰與天使》中，聖母祥和溫柔，聖嬰迎向聖母，而天使則愉快地望向觀畫者；這幅畫的背景風景畫也很值得注意，顯示利比的寫實功力。

《春神》、《維納斯的誕生》、《誹謗》，波提且利(Sandra Botticelli，1446-1510) 陳列地點：10-14室

在烏菲茲美術館中，波提且利共有《春神》、《維納斯的誕生》、《毀謗》三幅不朽且偉大的作品。

《春神》(Primavera)中，三位女神(美麗、溫柔、歡喜)快樂地舞蹈，春神和花神洋溢祥和而理性的美感，北風追著精靈，但慘綠的北風並無法影響春天帶來的希望和生命。

《維納斯的誕生》(The Birth of Venus)更精確地描繪了波提且利心目中的理性美——靈性又帶著情慾；除了維納斯揚起的髮稍、花神帶來的綢緞外，連細膩的波濤也帶來視覺上的享受。

《誹謗》(Calumny)一畫和前兩幅截然不同，是畫家的抗議之聲，一物一景一人都有暗示，達到波提且利意喻畫的最高境界。

佛羅倫斯及托斯卡尼…

佛

羅倫斯 Firenze

《賢士來拜》(Adoration of the Magi) 杜勒(Albrecht Dürer, 1471-1528) 陳列地點：20室

從德國紐倫堡到義大利習畫的杜勒，在義大利也留下不少作品。《賢士來拜》中綜合的北方畫派的自然主義、謹慎的細部處理，以及義大利的透視處理手法。

《自畫像》(Self-Portrait) 林布蘭(Rembrandt van Rijn, 1606-1669) 陳列地點：49室

法蘭德斯光影大師林布蘭的兩幅自畫像，像在為我們透露這位不朽畫家一生的故事。年輕自畫像中的彩度溫暖而明亮，表情自信而無畏，年老自畫像則沉暗，垂垂老矣的風霜完全刻畫在臉上。

《酒神》(Bacchus) 卡拉瓦喬(Caravaggio, 1576~1610) 陳列地點：新展室

畫風寫實的卡拉瓦喬，在美術史上占了很重要的地位，用色明暗強烈，且創造出一種暴力血腥的魅力。卡拉瓦喬畫過許多幅《酒神》，這一幅似乎是喝醉的年輕酒神，打扮妥當後為畫家擺pose。

《聖家族》(Doni Tondo) 米開朗基羅(Buonarroti Michelangelo, 1475-1564) 陳列地點：25室

米開朗基羅可說是西洋美術史的巨人，且英雄氣質濃厚；他個性剛烈，不畏面對局勢的混亂和不公，他悲憤，在古典神話中尋找英雄。

米開朗基羅創作甚多，但在佛羅倫斯的創作多屬雕塑，因此收藏在烏菲茲的這幅《聖家族》畫作就顯得很不尋常，線條及豔麗色彩的運用讓人憶起梵諦岡西斯汀禮拜堂的天井畫《創世紀》。更值得注意的是，畫框也是米開朗基羅自己設計的。

《烏比諾公爵及夫人》(Diptych of the Duchess and Duke of Urbino), 法蘭契斯卡(Piero Della Francesca, 1415-1492) 陳列地點：8室

中世紀時的肖像畫著重於表現人物的社會地位或職位，而文藝復興時期開始重視表現個人的長相特徵，這幅畫就是15世紀同類型作品中嘗試性的第一幅，當時這種雙聯幅畫是可以摺起來像一本書，作為禮物。公爵及其夫人的肖像都只有側面，但非常寫實，尤其是公爵異於常人的鼻子，非常引人側目。

《神聖的寓言》(Sacred Allegory) 貝里尼(Giovanni Bellini, 1427-1516) 陳列地點：21室

這是威尼斯畫派始祖貝里尼的作品中最受注目的一幅。貝里尼把人物像靜物畫一樣處理，加上採取來自法蘭德斯的油彩作畫，使畫面柔和而色彩豐富；神秘大作《神聖的寓言》到底在「寓言」著什麼？

畫中的人物都是宗教人物，聖母、聖嬰、聖徒們各據一角，形成有趣的位置關係，更奇怪的是背後的風景，像是虛幻的，不知那是畫中人物正想像著的虛幻世界，還是觀畫者自身添加的幻想；總之，貝里尼在畫下這凝結的一刻時，他丟下了一個神秘的「寓言」，讓大家爭辯它的哲理。

《弗蘿拉》、《烏比諾的維納斯》,提香(Vecellio Tiziano, 約1489-1534) 陳列地點：28室

威尼斯畫派第一把交椅的提香，讓大家見識到油彩的魅力，無論畫宗教主題或神話主題，色彩牽動畫面的調性，成就了文藝復興中威尼斯畫派的巔峰。

古典的型式、金光的暖色調、詩意的畫面是提香最大特色，在烏菲茲美術館中，可以找到數幅名作，如《弗蘿拉》(Flora)、《烏比諾的維納斯》(The Venus of Urbino)，具有成熟、情慾、金色調的理想美人形象，且表情深不可測。

《金翅雀的聖母》、《自畫像》,拉菲爾(Raffaello Sanzio, 1483-1520) 陳列地點：26室

在這個專室中，可以看到多變的拉菲爾的畫風，《金翅雀的聖母》(Madonna of the Goldfinch)中的畫法顯然受到達文西及米開朗基羅很大的影響，三角黃金比例的人物安排搭配背景的風景畫是當時流行的佈局方式；《年輕自畫像》(Self-portrait)則有法蘭德斯畫派的影子；《利奧十世畫像》(Portrait of Leo X)則有威尼斯畫派的筆觸，垂老的神情也非常寫實。

《伊莎貝拉‧班達畫像》(Portrait of Isabella Brandt),魯本斯(Rubens, 1577-1640) 陳列地點：55室

麥第奇家族從未委託法蘭德斯巴洛克畫家兼外交家的魯本斯作畫，但仍收藏了數幅魯本斯的重要作品，包括描繪法皇亨利五世戰績的巨作，以及這幅色調截然不同的畫像，畫像人物是魯本斯的第一任妻子。

MAP ▶ P.122C4

領主廣場與舊宮

Piazza della Signoria & Palazzo Vecchio

佛羅倫斯的政治中心

🚶 從聖母百花大教堂步行前往約10分鐘 　🏠 Piazza della Signoria 　📞 276-8325 　🌐 museicivicifiorentini.comune. fi.it/palazzovecchio 　🕐 4~9月：9:00~23:00（週四至 14:00）；10~3月：9:00~19:00（週四至14:00）　💲 舊宮全票 €10，舊宮＋導覽€14，舊宮＋高塔€14，舊宮＋導覽＋高塔 €18

自13世紀起，這裡就是佛羅倫斯的政治中心，在麥第奇統治時期，廣場上最醒目的舊宮，就是當年麥第奇家族的府邸，一旁的烏菲茲美術館則為辦公的地方。由於當時採行共和體制，凡是公共事務都在廣場上議事並舉手表決。直到阿諾河對岸的碧提宮落成，舊宮才成為佛羅倫斯的市政廳。

舊宮由岡比歐(Arnolfo di Cambio)於13世紀末設計，他同時也是聖母百花教堂的原始設計者，這裡擁有94公尺高塔的哥德式建築，為佛羅倫斯中世紀自由城邦時期的代表建築，不過當麥第奇家族執政時，御用建築師瓦薩利(Vasari)將其大幅修改，因此又混合了文藝復興的風格。

五百人大廳(Salone dei Cinquecento)是舊宮裡最值得一看的地方，15世紀時當作會議廳使用，天花板及牆上裝飾著滿滿出自瓦薩利及其門生之手的濕壁畫，描繪佛羅倫斯戰勝比薩和西恩納的戰役。

領主廣場被稱為「露天的美術館」，是佛羅倫斯最美麗的廣場，擺設了最具代表性的石雕複製品。包括米開朗基羅的《大衛》、唐納泰羅的《裘蒂達》(Giuditta)、班迪內利(Bandinelli)的《赫克力士與卡可》(Ercole e Caco)。

而一旁建於14世紀的傭兵敞廊(Loggia dei Lanzi)裡，則有強波隆納(Giambologna)的《掠奪沙賓婦女》，以及精工之父切里尼(Cellini)的《佩賽歐》(Perseo)，都是文藝復興的頂級作品。傭兵敞廊最早是用於接待前來舊宮的外賓及給官員遮風擋雨使用，科西摩一世時期，這裏曾駐紮外國僱傭軍。

至於舊宮旁的海神噴泉(Fontana di Nettuno)，是阿曼那迪(Ammannati)16世紀時的作品，白色大理石的海神四周被各種青銅造型的仙子與牧神包圍，象徵統治者伸展海權的決心。

MAP ▶ P.122B3

新市場敞廊與野豬噴泉

Loggia del Mercato Nuovo & Fontana del Porcellino

尋覓在地手工藝

🚶 從聖母百花大教堂步行前往約10分鐘

　　這座敞廊距離老橋和舊宮只有幾步之遙，16世紀時，由麥第奇家族的科西摩一世下令建造，稱為新市場，是為了區隔原本位於共和廣場的舊市場。敞廊由一列列的科林斯式石柱構成，當年市場內主要販售絲織品及當地著名的草帽，現在是佛羅倫斯皮件、手工藝品及紀念品的商場。

　　新市場敞廊旁有一座銅雕的野豬噴泉(Fontana del Porcellino)，原作存放在烏菲茲美術館裡，目前所看到的是複製品。豬的鼻子早已被遊客摸得金光閃閃，傳說遊客只要摸摸野豬的鼻子，再將硬幣放入金豬的口中，如果錢幣順著掉入下方的孔中，願望就能實現。

MAP ▶ P.122B3

共和廣場

Piazza della Repubblica

咖啡與藝文廣場

🚶 從聖母百花大教堂步行前往約3分鐘

　　共和廣場是羅馬時代的議事廣場，到了中世紀，則成為佛羅倫斯的市中心，繁忙的舊市場就位於此。不過19世紀末，市政府進行了一件具爭議性的改造計畫，包括拆除老市場、貧民窟，同時遷走近6000位居民。

　　如今共和廣場周邊，聚集了不少歷史咖啡館，其中包括藝術家和作家常聚會的Giubbe Rosse咖啡館。廣場中央，豐饒女神之柱(Colonna dell'Abbondanza)於1956年重新被豎立起來；廣場上則是街頭藝人即興表演的地方。

MAP ▶ P.122B3

聖彌額爾教堂

Chiesa e Museo di Orsanmichele

各行業的守護神

🚶 從聖母百花大教堂步行前往約5分鐘　📍Via dell'Arte della Lana　🕙10:00~17:00

　　13世紀的時候，教堂原只是市場堆放穀物的一座拱廊，到了14世紀末，拱廊多了外牆並添加一層樓，成為佛羅倫斯雕刻及貿易工會附屬的一座小禮拜堂。

　　由於曾經是職業工會的禮拜堂，這座教堂最特殊的就是教堂外牆神龕上的雕像，他們分別代表了銀行家、商人、醫生、紡織工、鞋匠、屠夫等各種職業的守護神，只要看他們手上拿的東西，就可略知一二，也反映出佛羅倫斯當年商業繁榮的盛況。不過目前所看到的雕像都是複製品，原件收藏在教堂的博物館裡。

MAP ▶ P.122B1

中央市場

MOOK Choice

Mercato Centrale

托斯卡尼食材集散地

🚶 從中央車站沿Via Nazionale步行前往約8分鐘 🏠 Piazza del Mercato Centrale ⏰ 周一至週五7:00~14:00，週六7:00~17:00

　　在麥第奇禮拜堂周圍有占滿整條街道的攤販，販售皮件、包包、圍巾、衣服、領帶、飾品等，從索價要上百歐元、需要講價的高級皮件，到一般只要5歐元就能買到的皮件都有。

　　中央市場則是一棟19世紀的鋼架、玻璃建築，專賣起士、香料、蔬果、肉類製品，所有托斯卡尼道地食材應有盡有，是當地人採買食品的地方，由於來參觀的觀光客不少，有些店家還備有中、法、德、日文的烹飪方式解說，此外，真空包裝也方便觀光客帶回國。

MAP ▶ P.122B1

麥第奇禮拜堂

Cappelle Medicee

麥第奇家族陵墓

🚶 聖羅倫佐教堂的後方 🏠 Piazza Madonna degli Aldobrandini 6 ☎238-8602 ⏰8:15~13:50 🚫每月的第1、3、5個週一，及第2、4個週日，1/1，5/1和12/25 💲€6，門票＋展覽€8 🌐www.operamedicealaurenziana.org/index.php

　　麥第奇禮拜堂其實是麥第奇家族的陵墓。在「王室祭壇」(Capella dei Principi)裡，長眠了6位麥第奇家族的大公爵，多重顏色的大理石鑲嵌令人眼花撩亂，牆上還留有大師以鉛筆所繪製的草圖。

　　新聖器室(Sacrestia Nuova)則是米開朗基羅所設計，他在1521年接受麥第奇家族的委託，麥第奇墓可說是全新的設計概念，米開朗基羅擺脫傳統基督徒墓上運用的天使、聖母或基督的雕像，墓上四尊雕像分別代表「白晝」、「黑夜」、「黎明」與「黃昏」，但這只是米開朗基羅的命名，實質上他們就只是人，受苦難的人，為自己的存在而激動著，磨難正是他們的美麗之處。

佛羅倫斯及托斯卡尼…佛羅倫斯 Firenze

MAP ▶ P.122B2

聖羅倫佐教堂

Basilica San Lorenzo

麥第奇家族教堂

🚶 從聖母百花大教堂步行前往約3分鐘 🏠Piazza San Lorenzo 9 ☎214-042 ⏰週一至週六10:00~17:30，3~10月週日13:30~17:30 🚫11~2月週日 💲€4.5 🌐www.operamedicealaurenziana.org/index.php ⏰10:00~12:00、15:00~17:00間，教堂內有義工提供英語導覽

羅倫佐圖書館

⏰週一~週五9:30~14:00，週二及週四至17:30 🚫週六、週日、假日及9/1~9/15 🌐www.bml.firenze.sbn.it

　　聖羅倫佐教堂是麥第奇家族的教區教堂，教堂

本身是由經常以大取勝的建築師布魯內雷斯基(Brunelleschi)於1421年所建，蓋在古老的4世紀教堂之上，不過教堂正面始終未完工，因此外觀儉樸。

　　教堂內有兩個部分特別值得參觀，其一是由布魯內雷斯基設計、唐納泰羅負責裝修的舊聖物室(Sagrestia)，其二則為米開朗基羅設計的羅倫佐圖書館(Biblioteca Medicea Laurenziana)及階梯，這裡收藏了上萬冊古書，包括珍貴的古代手抄本，都是麥第奇家族的藏書。

新聖母瑪利亞教堂

Santa Maria Novella

壁畫博物館

從新聖母瑪利亞火車站步行前往約1分鐘 ○Piazza di Santa Maria Novella ☎219-257 ◐週一至週四及週六9:00~17:30，週五11:00~17:30，週日及節日13:00~17:30 ⑤€5（含教堂博物館及修道院）⊕www.chiesasantamarianovella.it

　　新聖母瑪利亞教堂於1279到1357年由多明尼各教士所建，從新聖母瑪利亞中央車站走出來，一眼便可以看到這座擁有高聳尖塔的哥德式教堂，沿著教堂外圍走到正面，其立面又呈現仿羅馬式過渡到哥德式的風格。

　　教堂內部則是全然的哥德式風格，牆面上所保存的濕壁畫，就如一座博物館。其中最吸引人的是馬薩其歐(Masaccio，1401-1428)的《三位一體》(Trinity)，這是美術史上最早使用到透視法技巧的作品之一。此外，還有喬托所畫的《十字架》(Crucifix)。主殿左手邊為教堂博物館，其中《綠色迴廊》(Chiostro Verde)、《西班牙大祭壇》(Cappellone degli Spagnoli)都值得一看。

巴傑羅美術館

Museo Nazionale del Bargello

收藏大師之作

從聖母百花大教堂步行前往約10分鐘 ○Via del Proconsolo 4 ☎294-883(預約專線) ⊕www.firenzemusei.it ◐8:15~13:50 休每月的第二和第四個週一，每月的第一、第三和第五個週日，元旦，5/1和12/25 ⑤全票€4、半票€2，線上預約費€3

　　外觀像堡壘的巴傑羅美術館，建於1255年，最初是市政廳，後來變成法院及監獄，當時一樓是酷刑室，中庭是執行死刑之處，死者還會被掛在鐘樓旁的窗戶外面，直到1780年彼得大公爵才廢除刑囚的工具及絞刑架。

　　巴傑羅美術館經過裝修後，已成為義大利的國家博物館之一，館內共分為三層樓。一樓主要展示米開朗基羅及15、16世紀佛羅倫斯雕刻大師的作品，包括《酒神》、《聖母子》等；二樓則為藏唐納泰羅的作品，其中最有名的便是《大衛》雕像。

聖天使報喜廣場

Piazza della Santissima Annunziata

簡單文藝復興風格

從聖母百花大教堂步行前往約10分鐘

　　由布魯內雷斯基設計的廣場，簡單的文藝復興風格成為其他建築師模擬的典範，而同名的教堂則是在麥第奇家族的贊助下，由米格羅佐於1444

至1481年重建，不過較引人注目的是東翼的「孤兒院」(Spedale degli Innocenti)，由布魯內雷斯基所建的九道圓拱正面，帶有濃厚的古典風格，其上還飾有羅比亞(Andrea della Robbia)所做的圓形陶飾《裹著繃帶的嬰兒》(Bambini in fasce)，值得細細欣賞。

MAP ▶ P.122C1

MOOK
Choice

藝術學院美術館
Galleria dell'Accademia

米開朗基羅不朽之作

ⓘ 從聖母百花大教堂步行前往約10分鐘 ⌂ Via Ricasoli 60
☎ 294-883(預約專線) 🕐 週二到週日8:15~18:50 休 週一
💲 全票€8、半票€4，線上預約費€4 🌐 www.firenzemusei.it
❗ 若想避開擁擠的人潮，最好在8:00前到達排隊或先預購門票

　　這是成立於16世紀中葉，歐洲第一所教授設
計、繪畫及雕刻的藝術學院。美術館成立於1784
年，收購13到16世紀的佛羅倫斯畫作，原是做為
學生模擬之用，其中最重要者首推米開朗基羅於
29歲時雕出的巨作《大衛》，這塊當年無人敢動
刀的大理石，被大師的雕刀化為希伯來英雄，從
此奠定他在美術史上不朽的地位。

　　雖然在佛羅倫斯有三座形貌相同的大衛雕像，
分別位於米開朗基羅廣場、領主廣場及藝術學院
美術館，但是觀光客遠從世界各地而來，總是想
看到真品，因此藝術學院美術館前總是擠滿了排
隊人潮。

《御下聖體》
(Deposition From
the Cross)，
利比、貝魯吉諾

　　這幅《御下聖體》最有趣的
地方其實是因為這是由不同的
畫家所完成的的。修士畫家利比
(Filippino Lippi)從畫作上方十字
架的部份開始作畫，但是只完
成了四分之一就過世了，然後
是由貝魯吉諾(Pengino)接手完
成整幅作品、左下方聖母灰白
的臉是最精彩的部分。

《聖殤像》
(The Palestrina Pietà)，
米開朗基羅

　　米開朗基羅的另一座《聖
殤像》也在此展出，聖母扶
著死亡耶穌垂軟的身體，在
視覺上像是未完成的粗作，
而不是細膩的線條，悲痛之
感更深。

《奴隸》
(Quattro Prigioni)，
米開朗基羅

　　這四座米開朗基羅的《奴
隸》雕像展現出被扭曲無奈
的痛苦表情，從甦醒到掙
扎，反應出米開朗基羅當時
受困無出路的心境。

《大衛》，米開朗基羅

　　米開朗基羅並沒有依照傳統的形
式雕塑以小搏大以寡敵眾的聖經人
物大衛，也就是讓大衛腳踩著巨人
的頭手握利劍，反而雕出出擊前一刻的年
輕大衛，可能那時大衛正感受到他的子民
因懼怕而猶豫，而巨人們正在嘲笑和揶揄
他們；米開朗基羅給大衛一付最符合希臘
英雄的完美軀幹，大衛的左手垂在直立的
左腿旁，顯得鎮定而沈著，而右腳往前伸
出，右手則高舉到捲曲的髮際，形成開放
而有活力的結構，加上大衛的堅實肌肉及
緊繃的肌鍵，使這尊雕像本身傳達出堅
強意志的渲染力。《大衛》可説是米
開朗基羅早期創作生命的最高潮，它
展現了米開朗基羅純熟的技巧、深厚
的科學知識，《大衛》表達的美感
和強烈的情感，證明米開朗基羅不
但超越同時代的藝術家，也突破
了希臘羅馬古典雕塑的限制。

佛羅倫斯及托斯卡尼…
佛
羅倫斯 Firenze

133

MAP ▶ P.122D4

聖十字教堂
Basilica di Santa Croce
佛羅倫斯名人長眠之處

🚶 從聖母百花大教堂步行前往約20分鐘 🏠 Piazza di Santa Croce 16 ☎ 246-6105 🕐 週一至週六9:00~17:30、週日14:00~17:30 💲 €6 🌐 www.santacroceopera.it/it/Default.aspx

這座建於13世紀末的哥德式教堂，是不少佛羅倫斯顯赫人物的長眠處，包括米開朗基羅、但丁(衣冠塚)、佩托拉克、馬奇維里(Machiavelli)、伽利略、唐納泰羅、羅西尼等。早期的教堂內部是平面的，繪滿許多壁畫，後來瓦薩利改變了教堂風格，變成現代化的設計，並且蓋掉原本的壁畫，直到1966年一場洪水淹沒了教堂，褪去了後來加上的色彩，原始的壁畫才得以重見天日。

米開朗基羅的墓出自瓦薩利(百花大教堂大圓頂的畫家)之手，墓前的雕刻分別是建築家、雕刻家及畫家，用以代表米開朗基羅的身份，最上面的畫是米開朗基羅的代表作《聖殤》。

伽利略墓上的樓梯標誌代表他曾加入的絲綢行會，左右雕像代表著天文跟幾何學，他是麥第奇家族的老師，因為伽利略與教廷主張的地心學相違背，所幸在麥第奇家族的保護下，免於被火燒的命運。但丁是佛羅倫斯人，但葬在拉威納，空墓前站著的女神代表義大利，而拿花環的女孩代表詩人。

教堂的中庭有一間巴茲(Pazzi)家族的禮拜堂，這是布魯內雷斯基的設計，唐納泰羅製作細部，是文藝復興時期的傑作。

MAP ▶ P.122A5

MOOK Choice

碧提宮
Palazzo Pitti
左岸的博物館集合

🚶 從聖母百花大教堂步行前往約20分鐘 🏠 Piazza de' Pitti 1 ☎ 238-8709 🕐 帕拉汀那美術館、皇家住宅、現代藝術美術館：週二至週日8:15~18:50；波波利花園、銀器博物館、瓷器博物館、服飾博物館及巴蒂尼花園(Bardini Garden)：11~2月8:15~16:15、3月 8:15~17:15、4~5、9~10月8:15~18:15、6~8月8:15~18:30，每月第一及最後一個週一休館 💲 帕拉汀那美術館＋皇家住宅＋現代藝術美術館€8.5；參觀波波利花園、銀器博物館、瓷器博物館、服飾博物館及巴蒂尼花園等€7。線上預約費用€3

碧提宮原是15世紀中葉由布魯內雷斯基為佛羅倫斯的富商路卡‧碧提(Luca Pitti)所建，如此龐大的規模，為的是與麥第奇家族互別苗頭，大型方石砌成的外觀，是佛羅倫斯文藝復興建築的特色。不過碧提的破產一度使得工程陷入停頓狀態，一個世紀後，麥第奇成為此宮的主人，繼續修築並完成由特利渥羅(Tribolo)設計的波波利花園(Giardino Boboli)。

碧提宮內擁有多座博物館。帕拉汀那美術館(Galleria Palatina)以麥第奇家族17、18世紀所收購的文藝復興與巴洛克藝術作品為主，包括拉斐爾、波提且利、提香等藝術家的作品，拉斐爾在文藝復興鼎盛時期的作品《椅子上的聖母》和《帶面紗的女士》都收藏在這裡。

現代藝術美術館(Galleria d'Arte Moderna)收藏1784到1924年之畫作；銀器博物館(Museo degli Argenti)內是麥第奇家族的珍玩寶物；服飾博物館(Galleria del Costume)展覽著18到20世紀宮廷服裝的變化。

MAP ▶ P.122B4

老橋

Ponte Vecchia

佛羅倫斯最美日落

🚶 從聖母百花大教堂步行前往約12分鐘

　　這是佛羅倫斯最具特色、也最古老的一座橋，羅馬時代便已橫跨於阿諾河上，名副其實的「老」橋。

　　老橋因洪水多次破壞而於1345年重建，中世紀建築風格的橋身，原本是屠夫販肉聚集之處，直到16世紀末，麥第奇家族認為統治者經過的地方不應該是如此髒亂不堪，而下令只能開設貴重珠寶金飾的商店。

　　位於橋中央的半身雕像，是文藝復興的精工之父切里尼，在此欣賞「老橋落日」是佛羅倫斯最美的一景。在橋一旁是麥第奇家族秘密通道，內有珍貴的畫家自畫像，據說畫像曾遭竊，現在進入參觀則需預約。

MAP ▶ P.122D5

米開朗基羅廣場

Piazzale Michelangelo

俯瞰佛羅倫斯全景

🚌 搭12、13號公車前往

　　米開朗基羅廣場建於1865到1871年間，因為當時佛羅倫斯獲選為首都而建，建築師約瑟用米開朗基羅當作廣場的標誌，以一比一的比例複製《大衛》，旁邊還有米開朗基羅在麥第奇禮拜堂的著名作品——白晝、黑夜、黃昏及黎明雕刻複製品。

　　這裡是眺望佛羅倫斯市區的絕佳位置，老橋橫跨在阿諾河上，襯著一片紅瓦屋頂。廣場旁的一座宮殿式建築內是「La Loggia」咖啡館，在這裡能一邊品嚐正宗的義大利咖啡，一邊將佛羅倫斯最美麗的景致盡收眼底。

MAP ▶ P.122D5

聖米里亞特教堂

Basilica di San Miniato al Monte

左岸的名人墓穴

🚌 搭12、13號公車到聖米里亞特教堂下車　🕐 週一至週六9:30~13:00、15:00~19:00，週日及假日15:00~19:00

　　這座坐落於山上的教堂興建於1018年，據說是聖人聖米里亞特被敵人砍下頭後，用手夾著自己的頭走到了今日教堂的所在位置後才倒下，於是誕生了這間教堂。教堂前有許多名人墓穴，包括義大利歌劇作曲家浦契尼(Puccini)。

　　仿羅馬式教堂的最下面那層用來存放棺木。羅馬式拱柱位於教堂的最裡面，以鐵網加以保護，據說裡面存放著聖米里亞特的聖龕。

　　主祭壇上方是馬賽克鑲嵌畫，右邊是聖米里亞特，左邊是聖母，耶穌就位於中央。教堂內部可見用牛血書的濕壁畫草圖，有1200年歷史的大理石星座圖地板也值得一看。一旁有葡萄牙國旗標幟的就是葡萄牙紅衣主教禮拜堂，主教的大理石棺是羅塞利諾(Antonio Rossellino)的巨作。

佛羅倫斯及托斯卡尼…**佛**羅倫斯 Firenze

中央市場周邊

MAP ▶ P.122B1	Osteria Pepò

🏠Via Rosina 4/6r ☎283-259 🕐12:30~14:30、19:00~22:30 💲午餐簡餐€8~9，晚餐主餐€11~16 🌐www.pepo.it

　　這家位於中央市場附近的小酒館，一到用餐時刻便一位難求，如果沒有事先預定，可能得耗時等候。在這裡用餐，中午和晚上呈現不同的氛圍，由於午餐時間較匆忙，餐廳只在原木桌子鋪上餐墊，並盡量提供單點菜色；到了晚餐就不同了，鋪上桌巾、擺上蠟燭，氣氛顯得浪漫而精緻，由於標榜「家庭式廚房」，用餐環境就像在家裡用餐一樣輕鬆自在。所提供的餐點都是道地的托斯卡尼傳統菜餚。

中央市場周邊

MAP ▶ P.122B1	Cellini

🏠Piazza del Mercato Centrale 17r ☎291-541 🔽12:00~14:30、19:30~22:30

　　這家餐廳以16世紀佛羅倫斯最偉大的精工師傅且里尼(Benvenuto Cellini)為名，餐廳的標誌正是這位大師著名的銅雕「佩賽歐」(Perseo)。Cellin位於中央市場背後三角形小廣場上，它不只是餐廳，同時也是披薩屋，而且標榜是傳統的碳烤爐，所以烤出來的披薩還帶著濃濃的木枝香。Cellini的菜色五花八門，價位經濟，洋洋灑灑的菜單，滿足各種口味的要求。

中央市場周邊

MAP ▶ P.122B1	Da Nerbone

🏠Mercato Centrale 12-red ☎219-949 🔽7:00~14:00 🏠週一、日休息 💲€3.5

　　Da Nerbone是位於中央市場一樓的熟食店，沒有精緻華麗的店面，提供最道地的民生滋味，那便是熱騰騰的佛羅倫斯牛肚包（Panini con Lampredotto）。在與中央市場連成一氣的開放式空間用餐，被熱鬧的氣氛給包圍著，大啖佛羅倫斯的常民食物，真的是「大口吃肉，大口喝酒」的豪邁體驗！雖說這裡是以提供動物的腸肚熟食為主，但自1872年就已開店的Nerbone，仍是有自己的獨到配方，那就是把牛肚在前一天以酒醃漬，烹調後更增肉質的香醇。若不敢吃內臟，也可以選擇牛肉包（Panini con Bollito）。

聖母百花大教堂及領主廣場周邊

MAP ▶ P.122C3	Il Sasso di Dante

🏠Piazza delle Pallottole ☎282-113 🔽12:00~15:00、18:30~23:00 🏠週日 🌐www.sassodidante.it

　　位於昔日但丁經常前來沉思的廣場上，這間名稱原意為「但丁之石」的餐廳，散發出迷人的悠悠古意，外觀陪襯著拱門與斜屋頂，內部牆上鑲嵌著刻有神曲詩句的碑石。坐在室外用餐，最是賞心悅目，布魯內雷斯基的紅色大圓頂近在咫尺，精雕細琢的大教堂邊牆，在用餐的同時，也給予視覺上最大的享受。

聖母百花大教堂及領主廣場周邊

MAP ▶ P.122B3	Osteria del Porcellino

🏠Via Val di Lamona 7r ☎264-148 🔽11:30~24:00 💲比薩和義大利麵€8~10，主菜€15~20 🌐www.osteriadelporcellino.it

　　這家規模中等的餐廳，仍帶有濃濃的小酒館風情，木質餐桌椅搭配牆上的酒瓶與乾草裝飾，說明了「小豬酒館」提供的正是最道地的鄉野味。最家常的服務和不花俏的烹調是這間餐廳最大的特色，除了佛羅倫斯大牛排外，這裡也可以品嘗到該餐廳特製辣醬所作的招牌料理。

聖十字教堂周邊

MAP ▶ P.122D3 **Ristorante Pizzeria il Teatro**

 Via Ghibellina,128-130r 246-6954
12:00~15:00、19:00~24:00 www.ristoranteilteatro.net

　這家位於歌劇院對面的餐廳,是由三兄弟合開的,老闆的熱情加上燒得一手道地的義大利菜,非常受當地人歡迎。開胃菜「Bruschetta」是烤麵包加上蕃茄、義大利香料,口感不錯,不妨試試!

聖母百花大教堂及領主廣場周邊

MAP ▶ P.122C3 **Cantinetta dei Verrazzano**

 Via dei Tavolini, 18/20R
 268-590 8:00~21:00
 週日

　這家小酒窖也是具有雙重功能的食品店,入口處專門販售當日出爐的新鮮麵包與甜點、小餅乾,不少佛羅倫斯市民會站在這裡吃個點心,甚至喝杯咖啡。穿過前半部的麵包店,由左邊的小門進入,便是品酒、吃輕食的地方。

　Verrazzano把下酒的小菜提升到高級餐廳的水準,也是另一種品酒風情。雖是精緻的拼盤,採用的可都是道地的托斯卡納土產,因此那股簡單的樸實滋味,仍是齒頰間最雋永的回味。

聖母百花大教堂及領主廣場周邊

MAP ▶ P.122C3 **Osteria Vini e Vecchi Sapori**

 Via dei Magazzini
3r 293-045
12:00~15:00、
19:00~23:00 週三
€11~20

　從這間餐廳的名稱「酒與古老味」,就能看出它主打什麼餐飲。餐廳位在領主廣場旁,非常迷你,只有7、8張木桌,一派小酒館的模樣。這家小酒館是以冷盤為主,在小小的木製吧台上,擺著各式各樣的開胃菜,而且是依著個人的食用份量來收費。此外餐廳還提供一種名為Ribollita的食物,意思是「再煮熱」,舊時的佛羅倫斯會把當天沒有吃完的黑麵包、蔬菜之類的食物,全混在一起煮,以免浪費食物;而這道熱食,也是農夫們冬天的主食。

聖母百花大教堂及領主廣場周邊

MAP ▶ P.122B3 **Caffè Giubbe Rosse**

 Piazza della Repubblica,13-14R 212-280
10:00~凌晨1:00 www.giubberosse.it

　共和廣場四周的咖啡館,以這間Giubbe Rosse最有味道。二十世紀初,義大利掀起一片「未來派」的風潮,鼓吹撤除所有古老的東西,Giubbe Rosse剛好成為『未來派』支持者的大本營,而這種活潑的人文精神,一直延續至今,成為咖啡館極大的特色。

　Giubbe Rosse內部的裝潢仍帶著不羈的風格,牆上掛著醒目的未來派旗幟,及當時歌頌的主題;現代藝術家也經常在此辦展,底部有著哥德式天花板的大廳,定期都有座談會,因此這是一家「文學與歷史」的咖啡館。

聖十字教堂周邊

MAP ▶ P.122D3 **Osteria del Caffè Italiano**

 Via Isola delle Stinche,11/13R 289-080 12:30~15:00,1900~23:00 www.osteriacaffeitaliano.com

　這間「義大利咖啡酒館」把過去Osteria由填飽肚子的小小家常餐館,提升為極具品味的優雅空間。舒適愉悅的環境,粉白的牆壁不做過多的裝飾,挑高式的天花板又把壓迫感降低,侍者輕聲細語地來回穿梭於餐桌之間,提供最貼心的服務,配上悅耳輕鬆的音樂,最適合與情人、或三五好友來此品味那份佛羅倫斯式的典雅風情。這裡的食材都是來自托斯卡尼的各個角落,例如索拉那(Sorana)的白豆、科隆那塔(Colonnata)的豬油、奇樣利那的牛肉,經過嚴選之後,才能進入廚房。

聖十字教堂周邊

MAP ▶ P.122D3 **Cibrèo**

🏠 Via A. Del Verrocchio 118r ☎ 234-1100 🕐 12:00~14:00、19:00~22:00 ⊗週一 🌐 edizioniteatrodelsalecibreofirenze.it

主廚Fabio Picchi是這家餐廳的靈魂人物,這家老字號的餐廳,菜單並沒有改變多少,可是那份精緻與對品質的講究,令人回味無窮。餐廳所端出來的,都是精心製作的佛羅倫斯美食,食物天然的甘香,在舌頭之間慢慢化開,而且同一道菜色保持同樣的味道。而其Lounge式餐廳,是以1950年代的傳統廚房、中古世紀的佛羅倫斯織品裝潢為特色,這裡的食品櫥窗只出售精心挑選的食材:通心麵、精緻米、極純橄欖油、鹽、蕃茄醬、迷迭香花蜜,全都是托斯卡納最道地的老字號所製造。

阿諾河左岸

MAP ▶ P.122A5 **Enoteca Pitti Gola e Cantina**

🏠 Piazza de'Pitti 16 ☎ 212-704 🕐 週三至週日 12:00~24:00 ⊗週二 🌐 pittigolaecantina.com

這間位於碧提宮對面的餐廳,儘管內部並不寬敞,卻很有看頭。三面牆壁全被酒瓶給佔滿,托斯卡尼各個著名酒窖所釀造的葡萄酒,在這小小的空間中彼此爭奇鬥豔;除了酒以外,橄欖油、醋、醃漬蔬菜、果醬等特產,也是一應俱全。如同其他的輕食店一樣,這裡只提供專為下酒的配菜,黃昏時是來這品酒的最佳時刻,西斜的陽光把碧提宮的正面渲染成一片金黃。

阿諾河左岸

MAP ▶ P.122A4 **Il Cantinone**

🏠 Via di Santo Spirito 6r ☎ 218-898 🕐 11:30~15:00、19:00~23:30 ⊗週日 🌐 www.ilcantinonedifirenze.it

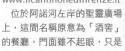

位於阿諾河左岸的聖靈廣場上,這間名稱原意為「酒窖」的餐廳,門面雖不起眼,只是個小小的活動招牌擺在入口處,然而那隻黑公雞卻點出了它的特色——傳統奇樣地的酒窖。一道道圓拱撐出最原始的托斯卡尼鄉野建築,不加粉飾的磚牆,極具地方色彩。餐廳提供最道地的托斯卡尼菜色,講求最簡單的烹調、不做過多的裝飾以及最家常的服務態度,在這裡可以吃得輕鬆又自在。

中央車站周邊

MAP ▶ P.122A2 **Officina Profumo-Farmaceutica di Santa Maria Novella**

🏠 Via della Scala 16 ☎ 216-276 🕐 每日9:00~20:00 🌐 www.smnovella.it

聖塔瑪莉亞諾維拉香水製藥廠已經傳承將近8個世紀,雖然其產品已販售至全球,但遊客來到佛羅倫斯多半會來到這間本店朝聖。13世紀時,修道士們在教堂內的庭園種植藥草,製成天然的保養、保健及香氛品,用來素洗淨身及祭祀,並提供給修道院內的小醫療所使用。後來成為教廷、皇宮貴族御用品,直到藥廠成立,對外販售,才漸漸發展為世界知名品牌。其產品項除了香水、皂類等經典商品,還有臉部及身體肌膚的保養、保健用品、草本藥品、保健食品與室內香氛等。就算不買任何產品,店裡古老的陳設,也彷彿參觀一座博物館。

聖母百花大教堂周邊

MAP ▶ P.122B2 **Bojola**

🏠 Via de' Rondinelli 25/r ☎ 211-1155 🕐 週一至週六 10:00~19:30 ⊗週日 🌐 www.bojola.it

面對佛羅倫斯滿街的包包、皮件,又怕買到假貨,建議你盡量到有信譽的商家選購,Bojola這家超過百年歷史、由第四代經營的皮革老店就是其中之一,價格也許比路邊、市集賣得昂貴,但也相對提供品質保證。從天然小牛皮、可洗式皮革,到混和棉、提花等織材的皮件,Bojola都堅持傳統手工製作。在這裡你可以找到齊全的皮帶、皮夾、文件包、手提包及旅行包等。

Tips：佛羅倫斯的美食、購物與住宿

吃在佛羅倫斯

● 佛羅倫斯的食物看來精緻美味，但大多採用非常簡單的食材，當地的特色番茄和牛肝菌，提供了獨特的鄉野味道；亞平寧山中部特產的白牛，是著名佛羅倫斯大牛排的來源；而令人垂涎欲滴的牛排，若缺少奇樣地紅酒(Chianti)的搭配，根本無法品嚐真正的美味。另外，當地的橄欖油和乳酪，更是增添餐桌美食的幕後推手。（詳見P.30）

● 牛肝菌(Funghi porcini)是托斯卡尼極為珍奇的食材，它帶有獨特的野地香味，經常作為寬扁手工雞蛋麵的配料；每年5到9月當令摘採者味道最佳，不過乾燥處理過的也不差。

● 佛羅倫斯的大街小巷，散發著濃濃的麵包香。以傳統的方式所烤出來的麵包，有著堅硬卻非常香脆的金黃色外殼，內部必須佈滿充分發酵之後的小孔，咬起來堅韌又有彈性，而非鬆軟的口感。道地的托斯卡尼麵包是不加鹽的，所以用來搭配重口味的肉汁，是最適當的選擇。不過佛羅倫斯人還會用把它切碎，做成沙拉、或煮成各式濃湯。

住在佛羅倫斯

● 佛羅倫斯市區不大，不論住在那個區域，交通都不太構成問題。如果不想拖著行李走太遠，中央車站附近是首選，經濟型的旅館也比較多，大多集中在Nazionale、Fiume、Faena、Guelfa等路。聖羅倫佐教堂和中央市場附近也有不少便宜飯店，不過周邊因為有市集，環境稍嫌髒亂。

● 最方便的就是聖母百花大教堂周邊，不論走到哪裡都方便，飯店等級和價差非常大，有些飯店屋頂看出去就是大教堂的圓頂，景觀極佳。不過這裡也是最吵鬧的區域，街頭藝人的表演經常通宵達旦，如果旅館隔音不佳，休想一夜安眠。

● 如果想要住在較幽靜的區域，學院美術館附近會是個好選擇。

● 入住佛羅倫斯的旅館除房價外，得另外課徵城市稅，依照飯店的星等，1至5星分別得額外付每人每晚€1至€5不等。

買在佛羅倫斯

● 雖然佛羅倫斯不如時尚之都米蘭那麼耀眼，然而Gucci和Salvatore Ferragamo這兩個精品名牌的總店都位於佛羅倫斯。而佛羅倫斯的精品名牌店都集中在Tornabuoni大道和Vigna Nuova路；聖母百花大教堂和共和廣場周邊的Calzaiuoli路、Roma路這些行人徒步區，更是悠閒逛街的必經之路。

● 佛羅倫斯最道地的特產有3種，分別是皮件、珠寶與文具。特有的雲石紙是非常美麗炫目的產品，像孔雀毛的花紋般鮮豔。

● 古老的舊橋上，最著名的就是金光閃閃、設計感十足的金飾店了，全佛羅倫斯的金飾店都是18K金的，其中最耀眼的就是三色金。

The Mall

📍 到新聖母瑪利亞車站旁的SITA公車站(Firenze Autostazione SIT)搭乘直達巴士，車程約一小時，8:50~18:00間每30分鐘一班次，單程票價€7，來回€13。詳細班次請至官網查詢。 🏠Via Europa 8, 50060 Leccio Reggello, Firenze ☎865-7775 🕐每日10:00~19:00（6~9月至20:00）🌐 www.themall.it

佛羅倫斯名牌精品的Outlet都位在郊區，有些還只能開車到達，不過由於價格便宜，當地人不遠千里開車血拼，而旅客就直接包計程車前往。The Mall是集結所有精品的購物中心，價格在3至7折之間，而且有著各自獨棟的專櫃，這裡進駐的品牌包括Gucci、Bottega Veneta、Burberry、Pucci、Fendi、Giorgio Armani、Hogan、TOD's、Salvatore Ferragamo、YSL……等，吸引人的價格，且搭公車即可到達，觀光客總是絡繹不絕。

●比薩

比薩
Pisa

文●墨刻編輯部　攝影●墨刻攝影組

比薩斜塔是義大利最具代表性的地標之一，其實因為地質因素，斜塔旁的教堂、洗禮堂，甚至整個市區的舊建築都是傾斜的。

偉大建築通常形成在盛世年代。比薩在羅馬帝國時代是重要海港，中世紀時期亦是自由城邦，並逐漸發展成地中海西部地區的海權強國，直到13世紀，可說是比薩共和國的全盛時期。

政治與經濟的穩定，加上伊斯蘭世界的數學與科學隨之傳入，幾何原理的應用使得藝術家能突破當時的限制，蓋出又高又大的教堂，還大量運用圓拱、長柱及迴廊等羅馬式建築元素，形成獨樹一格的「比薩風」，最明顯的例子就是神蹟廣場上的建築群。1284年比薩與熱內亞(Genova)發生戰爭後開始走向衰亡，而被佛羅倫斯納入版圖，盛極一時的比薩風就此沈默。

INFO

基本資訊
人口：89,940　**面積**：185平方公里　**區碼**：(0)50

如何前往
◎飛機
距離比薩約1公里的伽利略國際機場（Galileo Galilei International Airport）是托斯卡尼地區的主要對外機場，連接歐洲及義大利各主要城市，廉價航空也在此降落。從機場直接搭乘火車至比薩中央車站只需5~8分鐘，或是搭乘每10分鐘一班次的紅線市區巴士(LAM Rossa)。

伽利略國際機場 ⊕www.pisa-airport.com

◎火車
中央車站（Pisa Centrale）位於阿諾河以南1公里處。佛羅倫斯前往比薩的火車非常頻繁，幾乎每半個小時就有一班車，車程約1小時。時刻表及票價可上網或至火車站查詢，詳見P.37。

◎市區交通
比薩大部分的景點都位於神蹟廣場旁，步行的方式參觀即可。中央車站步行前往神蹟廣場大約25~30分鐘，也可搭乘CPT市區巴士的紅線(LAM Rossa)前往，乘車地點在火車站右邊出口，上車前請先於車站旁的售票機購票。

旅遊諮詢
◎神基廣場遊客服務中心
🔗位於主教堂 ⚲Piazza del Duomo ☎550-100 9:30~17:30 ⊕www.pisaunicaterra.it

佛羅倫斯及托斯卡尼…**比**薩 Pisa

MAP ▶ P.140B1

斜塔

Torre Pendente

義大利的代表性地標

🚶 位於神蹟廣場上　🏠 Piazza dei Miracoli　🕐 3月
9:00~18:00、4~9月：9:00~21:00、10月9:00~19:00、
12~1月：10:00~17:00、11月和2月9:45~17:15　💲€18
🔵 www.opapisa.it　❗ 每次限40人登塔，每梯次30分鐘，旺
季時建議事先上網訂票。

　相信大部分來到這個城市的遊客，都是為了神
蹟廣場上歪歪斜斜的這座鐘塔。由於持續傾斜，
最嚴重時每年傾斜超過一毫米，在1990年曾禁止
遊客登塔，進行大規模的拯救工程，這期間斜塔

被裝上預防傾斜的鐵條，從地層徹底解決造成傾
斜的因素，在2001年重新開放遊客登塔，斜塔現
在已經停止傾料，甚至還稍微扶正了一些，據估
計比薩斜塔可以再撐200年之久。

　鐘塔的外觀呈7層拱廊裝飾環繞的圓柱形，除底
層為密閉式假拱廊外，其餘皆為與主教堂正面相
同的立體形式。

　比薩斜塔建於1173年，不過建築師是誰仍不
明，經過考證可能是由Rainaldo、Guglielm及波
那諾所設計。1274年當蓋到第三層時就開始傾
斜了，不過工程仍然繼續進行，直到14世紀中葉
完成，最後加上去的鐘室，位於塔的最頂端，使
得鐘塔的高度達到54.5公尺。

MAP ▶ P.140A1

主教堂

Duomo

仿羅馬式比薩風

📍位於神蹟廣場 🏠Piazza dei Miracoli 🕐3、月：10:00~18:00，4~9月：10:00~20:00，10月10:00~19:00，11~2月：10:00~12:45、14:00~17:00。💲免費，需領取入場券。主教堂博物館整修中（2016年）

　　主教堂建於1064年，在11世紀時可說是世界上最大的教堂，由布斯格多(Buscheto)主導設計，這位比薩建築師的棺木就在教堂正面的左下方。修築工作由11世紀一直持續到13世紀，由於是以卡拉拉(Carrara)的明亮大理石為材質，因此整體偏向白色，不過建築師又在正面裝飾上其他色彩的石片，這種玩弄鑲嵌並以幾何圖案表現的遊戲，是比薩建築的一大特色。

　　分成四列的拱廊把教堂正面以立體方式呈現，這就是結合古羅馬元素的獨特比薩風，在整片神蹟廣場中，都可以看見這種模式的大量運用。

　　1595年的大火毀了教堂，由麥第奇家族重建。

他們用24公斤的純金裝飾教堂天花板，還放上了六個圓球圖案的麥第奇家徽。

　　講道台是喬凡尼比薩諾(Giovanni Pisano)以大理石雕刻而成，上面裝飾著聖經故事，其中有一尊14世紀的耶穌像，動作中的耶穌還帶有表情，在當時很少見到這類型的作品。

　　教堂的中央大門是16世紀修製的作品，因為原本由波那諾(Bonanno)所設計的大門毀於祝融之災；內部的長廊被同樣羅馬風格迴廊柱分隔成五道，地板依然不改大理石鑲嵌手法，並且在大圓頂下方還保留有11世紀的遺跡。

　　由於比薩鬆軟的地質，神蹟廣場周圍的建築、城牆、市區建築都在傾斜。主教堂也不例外，不妨站在教堂中間看祭壇上方耶穌鑲嵌壁畫及吊燈，可以發現吊燈不是從耶穌臉的正中央切下來，而是偏向一邊，由此可以證明教堂也呈傾斜模樣。

MAP ▶ P.140A1

墓園

Camposanto

墓園中的藝術

🌐 位於神蹟廣場上　🏠 Piazza dei Miracoli　🕐 3月
9:00~18:00，4~9月8:00~20:00，10月9:00~19:00，
11~2月10:00~17:00。　💲 €5。與神蹟廣場上其他景點的
套票(除比薩斜塔外)，包含洗禮堂、墓園和Sinopie博物館，
選2處€7、3處€8

　　神蹟廣場北側、由白色大理石圍成的長方形
墓園，是1277年由喬凡尼迪西蒙內(Giovanni
di Simone)於一塊比薩船隊從聖地帶回來的土
上所建，圍牆的外觀以連續淺浮雕假拱廊形式
表現，主要入口的上方則是喬凡尼‧比薩諾雕
刻學派的哥德式尖塔小神龕；內部是一片寧靜
且整理得宜的草坪中庭，四周被哥德式三葉鏤
空雕花的連續長窗式迴廊包圍。

　　迴廊內收集為數眾多的羅馬時代的石棺，這
些2~5世紀的棺墓，被中世紀的比薩拿來重覆
使用，注意看這些石棺上的雕刻，你會發現和
洗禮堂內的雕像十分相似。牆上殘缺的壁畫曾
毀於第二次世界大戰中，現已進行修復重畫工
程。目前還可以欣賞到部分14世紀的壁畫就保
存在室內，內容是關於死亡與審判的故事。

MAP ▶ P.140A1

洗禮堂

Battistero

表現比薩風藝術精神的講道台

🌐 位於神蹟廣場上　🏠 Piazza dei Miracoli　🕐 3月
9:00~18:00，4~9月8:00~20:00，10月9:00~19:00，
11~2月：10:00~17:00　💲 €5。與神蹟廣場上其他景點的
套票(除比薩斜塔外)，包含洗禮堂、墓園和Sinopie博物館，
選2處€7、3處€8

　　洗禮堂的奠基時間較主教堂來得晚，12世紀
中葉才由迪奧提莎維(Diotisalvi)設計，完成的
時間也差不多，由於接下來兩世紀的修築工程
是由比薩風的創建者－比薩諾家族的兩位大師
尼古拉(Nicola)與喬凡尼主導，因此風格與主教
堂一致。

　　洗禮堂的外觀分為三層，最下層是密閉式拱
廊，也就是所謂的「假拱廊」，只在主要方位
開四道門；中層的拱廊較小且與牆壁分離成立
體狀，這與主教堂正面的手法相同，不過每兩
座小圓拱的上方都有片鏤空雕刻三角楣飾，這
是典型的托斯卡尼哥德風格；最上層則開窗並
飾以三角拱。

　　內部除了一座13世紀的洗禮池外，當然就屬
一旁的講道台最能表現比薩風的藝術精神了，
這座比主教堂的講道台更負盛名，是由尼古
拉‧比薩諾於1260年完成，以大理石浮雕描繪
基督的生平。仔細看這裡的雕像，其實是複製
自墓園的羅馬棺木，看起來非常像羅馬藝術。

MAP ▶ P.145B2

扇形廣場
Piazza del Campo
最美麗的廣場

🚶 從市區巴士總站沿Vie dei Termini步行約5分鐘

　　扇形廣場是一座迷人的廣場，鋪滿紅磚，被分為九等分，用來紀念當時管轄西恩納的九人議會，幾乎所有西恩納歷史上的重大事件都發生在廣場上，廣場的四周圍繞著呈曲線的宮殿建築，年代從12到16世紀都有，彼此和諧地比鄰而立。廣場最重要的活動，就是每年7、8月舉行的賽馬會，至今仍在舉行。

　　位於扇形廣場最高處，有座長方形的快樂噴泉（Fonte Gaia），周圍飾以迷人的白色大理石雕，包括「亞當與夏娃」、「聖母與聖嬰」，以及「博愛」、「理性」、「科學」等女神，不過這些都是複製品，原件是西恩納雕刻家雅各布(Jacopo della Quercia)於1419年的創作，如今已收藏在史卡拉聖母教堂博物館(Complesso Museale Santa Maria della Scala)內。

　　廣場環繞著咖啡館、紀念品店，也是遊客群集之地。夜晚在燈光的照射下，別有一番中世紀古城景致。

MAP ▶ P.145B2

市政廳
Palazzo Pubblico
眺望托斯卡尼美景

🚶 位於扇形廣場上 Piazza del Campo 1 ⏰ 市立博物館：3月中~10月 10:00~19:00，11月~3月中：10:00~18:00。曼賈塔樓：3~10月中 10:00~19:00，其他時間 10:00~16:00 💲市立博物館€9，事先預訂€8；曼賈塔樓€10 🌐www.comune.siena.it

　　位在中心廣場旁的市政廳，大約在1310年完工，當時是九人會議的總部。內部有一座市政廳博物館(Museo Civico)，大部分收藏西恩納畫派作品。

　　其中的地圖廳(Sala del Mappamondo)有一面馬汀尼(Simone Martini)的壁畫《莊嚴聖母》(Maestà)，是偉大的哥德式作品之一，畫中的聖母是具人性化的母親，不再遵守拜占庭的肖像畫法，兩位天使獻花給坐在中央的聖母，這些都是新的創作方式。在和平廳(Sala della Pace)裡，則有有安布吉歐·羅倫奇(Ambrogio Lorenzetti)的《好政府寓意》(Effetti del Buon Governo)和《壞政府寓意》(Effetti del Mal Governo)兩幅寓意式壁畫。

　　至於高102公尺的曼賈塔樓(Torre del Mangia)，名稱是取自第一位敲鐘者，它是義大利中世紀塔樓中第二高的，爬過500多層階梯、登上塔樓，可以俯瞰整個以市中心廣場為圓心向外擴散的西恩納景致，一片紅瓦屋頂非常壯觀，廣場呈扇形放射狀的圖案更是清楚可見。由於塔頂容納人數有限，再加上塔內樓梯窄小，若要避開大排長龍的人潮，建議一早就先參觀塔樓。

MAP ▶ P.145A2

主教堂
Duomo

集結大師作品的華麗教堂

🚶從扇形廣場步行前往約8分鐘 🏠Piazza Duomo 8 ☎286–300 ⏰3~11月：10:30-19:00；11~2月：10:30-17:30；大理石地板展示期：9:30-18:00。週日僅三月開放13:30-17:30 💰€4，大理石地板時€7；聯票€13，大理石地板時€15（可參觀包括主教堂、主教堂美術館、小禮拜堂、藏書樓等共六項主教堂附屬建築）🌐www.operaduomo.siena.it

主教堂建於12世紀，令人印象深刻的外觀出自比薩諾父子(Giovanni Pisano & Nicola Pisano)之手，白、深綠與粉色大理石交錯，並融合了羅馬式及哥德式風格，華麗又不失雅緻。假如14世紀的擴建計畫成功，這座教堂就可能成為基督教國家中最大的教堂，可惜因1348年的瘟疫而讓工程停擺。

一進入教堂，目光首先被華麗的教堂地板所吸引，地板由56幅大理石鑲嵌畫組成，年代涵蓋了14世紀到19世紀之間，有些大理石畫看起來就像真的繪畫般，不過這些作品只在每年7月，以及8月底到10月底才會展出。

教堂的附屬美術館還有精彩的大師級作品，包括米開朗基羅、杜奇奧、唐納泰羅、貝尼尼等人在不同時期的作品。

八角形講道台
Ottagona Pulpito

講道台是由三位偉大的雕刻家共同完成，包括比薩諾父子及岡比歐(Arnolfo di Cambio)，雖然靈感是來自尼古拉比薩諾自己在比薩洗禮堂的作品，然而這座講道台卻更豐富且複雜，總計約有307個人像、頭像，以及70隻動物在上頭。

施洗者聖約翰
San Giovanni

這尊雕像是唐納泰羅的作品，憔悴的身形、削瘦的臉頰，生動的表現出雕像所欲傳達的訊息。

比可隆米尼祭壇
Piccolomini Altar

比可隆米尼主教(後來成為庇護二世)任命倫巴底藝術家Andrea Bregno設計這座祭壇。米開朗基羅的雕刻作品可能是Bregno死後才新增的，可能是這四尊雕刻請了助手幫忙的緣故，呈現出米開朗基羅不確定性的一面。

藏書樓
Libreria Piccolomini

這裡原本當作教宗庇護二世(Pius II)的藏書樓，牆上及天花板的壁畫由平圖里奇歐(Bernardino Pinturicchio)所繪，描述教宗的生平。別錯過15世紀的聖歌本和三美神雕刻。

宣誓禮拜堂
The Chapel of the Vow

華麗的宣誓禮拜堂是羅馬巴洛克式風格，從禮拜堂入口處就可以看到兩座嵌在壁龕內的大理石雕像，這是貝尼尼的作品。

聖吉米那諾

聖吉米那諾
San Gimignano

文●林志恆・墨刻編輯部　攝影●林志恆

聖吉米那諾被稱為「美麗塔樓之城」，從遠遠的山腳下，就可以看到一座座白色的高塔林立，聳立在綠色丘陵上。

中世紀時此城開始蓬勃發展，到了12世紀，聖吉米那諾自己成立市政府後，城市發展達到巔峰。城中各貴族為了炫耀財富和權力，紛紛在小山城中豎立起一座座高塔，最多的時候曾高達72座；然而後來內部分為教宗派及皇帝派而發生嚴重的內鬥，兩派人馬登上高塔互設石塊攻打，再加上1348年的一場大瘟疫，使得古城逐漸衰落，目前只剩14座高塔。

小山城以古老塔樓環繞的主教堂廣場為中心，悠閒地漫步山城，也別忘了來一杯冰涼的聖吉米那諾特產Vernaccia di Sangimignano，那是金黃色的無甜味白酒。

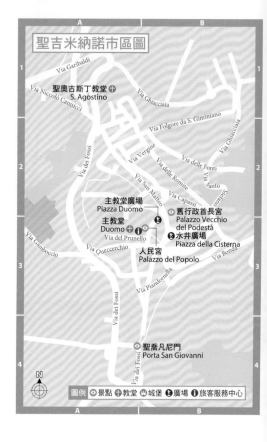

INFO

基本資訊
人口：7,768　**面積**：138平方公里　**區碼**：(0)577

如何前往
◎火車

義大利國鐵網路沒有觸及聖吉米那諾。從佛羅倫斯或比薩搭乘往西恩納方向的火車，到Poggibonsi下車，在火車站前轉乘Tiemme Spa巴士130號至聖吉米那諾，約20分鐘即可抵達。公車票可在火車站旁的餐飲店購得，單程€2.5。
Tiemme Spa ⑪www.tiemmespa.it
◎巴士

由佛羅倫斯可搭乘SITA快速巴士直達，但星期日班車較少，需時約50分鐘。
SITA ⑪www.sitabus.it

市區交通

聖吉米那諾只是一座小古城，古城內無法行駛車輛，閒適散步即可逛完全城。

旅遊諮詢
◎遊客服務中心

⌂Piazza del Duomo 1　☎940-008　◷3~10月：10:00~13:00、15:00~19:00；11~2月：10:00~13:00、14:00~18:00　⑪www.sangimignano.com

MOOK Choice

主教堂廣場及周邊
Piazza Duomo

塔樓競相逐高

主教堂及聖菲娜禮拜堂
◐ 4~10月：週一至週五10:00~19:30、週六：10:00~17:30、週日：12:30~19:30；11~3月：週一至週六10:00~17:00、週日：12:30~17:00 ⊗ 11/15~30、1/15~31、12/25、1/1、3/12 ⑤ €4 ⓦ www.duomosangimignano.it

市立博物館
◐ 3月：10:00~17:00；4~10月：9:30~18:30；11~2月：11:00~17:00 ⑤ 6間市立博物館聯票€6。（包含人民宮、大塔、現代藝術美術館等）

主教堂廣場共有七座高塔圍繞，形成相當罕見的古城風情。主教堂為仿羅馬式風格，於12世紀聖吉米那諾最盛時期建造。外表樸實，內部卻美侖美奐，更有許多傑出的藝術品。教堂內部兩旁及穹頂均由溼壁畫裝飾而成。右邊主要為聖經故事，如《猶大受賄》《最後的審判》，左邊為純潔聖母禮拜堂。最精彩的是聖菲娜禮拜堂(Cappella di Santa Fina)，連續的濕壁畫描繪聖女蒙主恩召的過程，為吉蘭達歐(Domenico Ghirlandio)的作品，他正是米開朗基羅的老師。

大教堂的右手邊是人民宮(Palazzo del Popolo)，14世紀時由佛羅倫斯大師康比歐(Arnolfo di Cambio)所設計，為當時的新政治中心，宮中包括一座優美的庭園，並由磚造階梯引領到二樓的但丁廳(Sala Dante)及三樓的市立博物館(Museo Civico)。但丁曾在但丁廳裡發表演說支持教宗，整個廳裡由深色古木為主，再配上金黃色調的《尊嚴聖母》壁畫。市立博物館過去是宮中的招待室，展示了12至15世紀西恩納畫派及佛羅倫斯畫家的豐富畫作，包括利比(Lippi)的《天使報喜》。

人民宮上的大塔(Torre Grossa)是一座54公尺高的白色高塔，於1331年建造完成，為城中最高權力表徵。

在大教堂正對面的是舊行政首長宮(Palazzo Vecchio del Podestà)，目前已改為歌劇院。聳立在舊行政首長宮上的羅諾薩塔(Torre Rognosa)，高51公尺，在人民宮建造了54公尺高的大塔後，羅諾薩塔的地位便被取代了。

水井廣場
Piazza della Cisterna

古老建築包圍的廣場

這座廣場因中間的水井而得其名，此八角形水井以石灰岩打造而成，首建於1237年，並於1346年重建。整個廣場略微傾斜，並由中世紀的古老建築圍繞起，其間有一條小窄巷名為黃金巷(Vicolo dell'Oro)，因其黃金工作坊得名，所打造的金箔，供給教堂內部神聖的宗教畫之用。

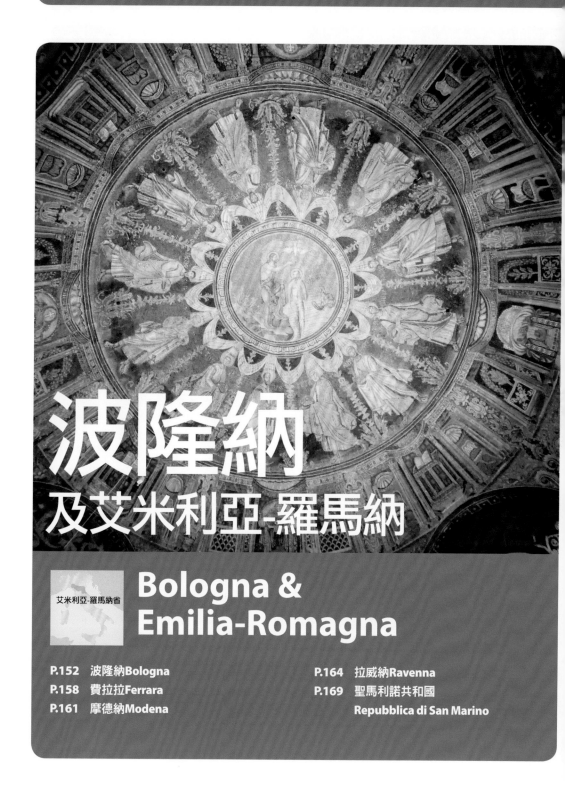

波隆納
及艾米利亞-羅馬納

艾米利亞-羅馬納省

Bologna &
Emilia-Romagna

150

艾米利亞-羅馬納是位於義大利中北部的一省，介於米蘭所在的倫巴底、威尼斯所在的維內多與佛羅倫斯所在的托斯卡尼三省之間，身為省會的波隆納便成為南北義大利往來的交通要道。雖然扼住溝通管道，然而決定性的歷史事件並沒有以它為背景，而從16世紀開始，艾米利亞省便逐漸成為教皇國，因此這地區城市景觀一直呈現出保守的氣息，至今未曾改變。

艾米利亞大道(Via Emilia)是從古羅馬時期就有的軍事大道，東從亞得里亞沿岸的里米尼，沿著波河平原西伸到阿爾卑斯山腳下，中世紀時，沿線的自由城邦，例如波隆納、摩德納、帕馬，各自獨立發展出屬於自己的特有文化，後歷經文藝復興、巴洛克等年代洗禮，從古至今，孕育出不少重要的藝術家，歌劇大師威爾第(Giuseppe Verdi)、指揮家托斯卡尼尼(Arturo Toscanini)、歌劇男高音帕華洛帝(Luciano Pavarotti)，都是出生於艾米利亞-羅馬納省的世界名人，而這條大道就是目前義大利的國道9號。

波隆納位居這個北義省分的核心，這裡有歐洲最古老的大學之一，不但是區域美食的精華集散地，周邊更有不少重量級的世界遺產。其西邊有以仿羅馬式大教堂著名的摩德納；東邊是以文藝復興建築著稱的詩人之城費拉拉；再往東部的海邊走，曾為西羅馬帝國首都的馬賽克之城拉威納，在哥德風充斥的北義顯得獨樹一幟；而小山國聖馬利諾共和國，至今仍保留中古世紀的原貌。

探索艾米利亞-羅馬納省，不妨以首府波隆納為基地，從這裡前往摩德納、帕馬、費拉拉、拉威納，火車車程都在半小時到1小時之間，班次多且相當方便。

波隆納及艾米利亞-羅馬納之最
The Highlight of Bologna & Emilia-Romagna

原鄉美食
艾米利亞-羅馬納省所在的波河(Po River)平原，是義大利首屈一指的糧倉，此區餐廳亦被公認為義大利水準最高。帕馬生火腿、帕馬森起司、陳年葡萄醋，都是這個省分最美味的風景。

費拉拉
以沈穩莊重又不失優雅細緻的大教堂為中心，市政廳、鐘塔及艾斯特城堡共同描繪艾斯特家族的文藝風采，整體都市規劃讓費拉拉博得「文藝復興之城」的美名。(P.158)

聖維塔雷教堂
當樸實的羅馬風格遇上色彩繽紛的拜占庭藝術，如同在波河平原上以馬賽克鑲嵌一顆璀璨的寶石，掩不住光芒的小城拉威納，又以聖維塔雷教堂為馬賽克藝術的代表。(P.165)

MAP ▶ P.153A3

安佐國王宮與行政首長宮
Palazzo di Re Enzo & Palazzo del Podestà

見證波隆納歷史事件

🏠Piazza del Nettuno 🕐只有舉辦展覽時開放參觀

　　安佐國王宮位於海神噴泉旁，有著堆垛式外觀的建築，曾是人民大法官與檔案室的所在，建於1244年。安佐國王宮是義大利歷史上一段政權之爭的舞台，神聖羅馬帝國皇帝腓特烈二世(Frederick Ⅱ)原是西西里島的統治者，由於他野心勃勃想一統義大利半島，而被教皇國視為一大威脅，因此效忠於教皇的波隆納市民便於1249年俘虜腓特烈二世的兒子安佐以為人質，直到1272年過世。安佐被軟禁的地方，正是安佐國王宮。

　　緊鄰安佐國王宮的相似建築便是行政首長宮，中世紀時統治義大利城邦的行政首長被稱為Podestà；西元1164年，波隆納市民驅逐了神聖羅馬帝國任命來的官員，成為自由之都，並選出自己的首長，這裡正是當時波隆納行政首長的官邸。建築物最古老的部分是建於1212年的堆垛式阿連高塔(Torre dell' Arengo)；至於面對大廣場的部分，於文藝復興時期又被重建，底層的拱廊就是最佳見證。

MAP ▶ P.153A4

聖佩托尼奧教堂
MOOK Choice

Basilica di San Petronio

未竟的強大企圖

🏠Piazza Maggiore ☎231-415 🕐7:45~13:30、15:00~18:00 🌐www.basilicadisanpetronio.it

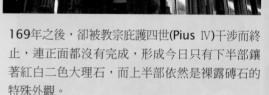

　　14世紀末，波隆納的民眾打算要為他們最愛戴的城市守護聖人聖佩托尼奧蓋一座比梵諦岡還要壯觀的教堂，因而設計出長、寬、高分別為132、66、47公尺的巨大體積，然而教堂蓋了169年之後，卻被教宗庇護四世(Pius Ⅳ)干涉而終止，連正面都沒有完成，形成今日只有下半部鑲著紅白二色大理石，而上半部依然是裸露磚石的特殊外觀。

　　大門的浮雕是文藝復興前期的大師雅各布(Jacopo della Quercia)的作品，描繪新約與舊約聖經故事，其上半月楣飾內的聖母與聖嬰，以及聖佩托尼奧雕像，也都是出自這位藝術家之手；若去過西恩納(Siena)，扇形廣場上的快樂噴泉正是他的作品。教堂內部的小祭壇則充滿具波隆納風格的哥德式壁畫。

海神噴泉

Fontana del Nettuno

大師打造波隆納地標

📍 Piazza del Nettuno

　波隆納的老市區位於火車站以南，若沿著獨立大道(Via dell' Indipendenza)直走到底，將會聽到潺潺水聲，那正是進入海神廣場的前奏曲。海神廣場因中央有座海神噴泉(Fontana del Nettuno)而得名，這個噴泉和佛羅倫斯領主廣場的同名噴泉有諸多神似之處，不過它是出自另一位大師強波隆納(Giambologna)之手，在渾身充滿肌肉的海神銅雕下，有4個小天使及4名體態豐腴的女妖，分別象徵在大洋洲還沒被發現之前的地球四大洲，反映當時人們的地理觀。

　強波隆納最著名的雕刻，就是陳列在佛羅倫斯傭兵敞廊的《掠奪沙賓婦女》，他在米開朗基羅死後，成為佛羅倫斯最著名的雕刻家，其多視點的雕刻型態，一刷過去雕刻家的技法及單一視覺安排，讓觀者可以從多面向感受雕刻的張力。

市政廳

Palazzo Comunale

集多種風格於一身的大型建築

📍 Piazza Maggiore　☎ 203-040　🕐 市政廳藝術收藏館：週二～週五 9:00~18:30，週六、週日 10:00~18:30。莫蘭迪博物館：週二、三和五12:00~18:00，週四、六和日12:00~20:00 　🚫 週一 　💲 市政廳：免費。藝術收藏館：€5。莫蘭迪博物館：€6 　🌐 www.museibologna.it(藝術收藏館)

　這座看起來風格不是很一致的建築，是由三座宮殿組合而成，包括建於13世紀的比阿德宮(Palazzo del Biade)、15世紀的元老宮(Palazzo del Senato)及面向大廣場的教皇特使樞機主教宮(Palazzo del Cardinale Legato)。

　為了對抗威尼斯共和國的勢力南侵，波隆納於1506年成為教皇國的屬地，市政廳的入口是由阿雷西(Alessi)於16世紀所設計，大門上方的銅雕則為出生於波隆納的教宗格雷戈里十三世(Gregory ⅩⅢ)。

　市政聽內部還有一個特殊設計，那就是馬可以拉著馬車從地面樓上到二樓；而過去主教的居所如今改為市政廳藝術收藏館(Collezioni Comunali d'Arte)，收藏了13到19世紀的畫作、雕刻及家具；另一座莫蘭迪博物館(Museo Morandi)則是波隆納當代畫家莫蘭迪(Gioegio Morandi)的博物館，自2012年以後暫時展出由波隆納現代藝術美術館（MAMbo）規劃的展覽。

　建築物外牆上，則嵌著數百人的照片，他們是德國佔領期間，參與反抗示威死亡的波隆納市民。

波隆納及艾米利亞-羅馬納…
波
隆納 Bologna

舊波隆納大學
Palazzo della Archiginnasio
全世界第一次人體解剖實驗

🏠Piazza Galvani 1　🕐週一~週五 10:00~18:00，週六 10:00~19:00，週日10:00~24:00　🌐www.archiginnasio.it

教宗庇護四世(Pius Ⅳ)下令禁止聖佩托尼奧教堂的興建繼續擴張，於是這個地方在1563年到1805年之間，就成為波隆納大學校園的一部分。創立於11世紀的波隆納大學，是歐洲歷史最古老的大學之一。

目前這棟建築分成兩個部分，其一是波隆納市立圖書館(Biblioteca Comunale)，藏書70萬冊，其二是解剖劇場(Teatro Anatomico)，波隆納大學於17世紀時不顧教會的反對，在這裡進行了全世界第一次人體解剖實驗，其自由的學風可見一斑。目前解剖劇場開放參觀，從椅子、牆壁、地板，到天花板，都是木頭打造，仿若一座劇場，只有中間的檯面為大理石，講台旁則有兩尊剝去皮膚的人體雕像。

詹波尼路
Via Zamboni
大學之路

🏠Via Zamboni

詹波尼路是為紀念於1794年起義反抗教宗統治的青年賈克賓諾而改名，今天則是波隆納大學的大本營，其中的瑪維濟坎佩吉宮(Palazzo Malvezzi Campeggi)是法律系的所在，由修道院改成的馬汀尼音樂院，義大利歌劇大師羅西尼(Gioacchino Rossini)曾在此就讀。

這條路兩旁有波隆納最典型的迴廊，據說全波隆納的迴廊總長達40公里。

雙塔
Le Due Tori
兩派傾軋的歷史遺產

🏠Piazza di Porta Ravegnana　🕐較高的阿西內里塔對外開放，4~9月：9:00~19:00，10月：9:00~18:00，11~3月：9:00~17:00　💲€3

自中世紀以來，雙塔便是波隆納的地標，都興建於12世紀。當時波隆納分成擁護教皇國及神聖羅馬帝國兩派，兩方勢力比誰蓋的塔樓高，這兩座塔都是擁護神聖羅馬帝國的貴族所建。

其中高達97.2公尺的阿西內里塔(Torre degli Asinelli)原是做為軍事用途，得爬上498層階梯才能到達塔頂，較矮的加里山達塔(Torre Garisenda)也有48公尺高，雙雙都因為地層塌陷而傾斜，前者已距離垂直線2.23公尺，後者更達3.2公尺。

波隆納美食

有此一説，波隆納的食物是全義大利最好的，而有「胖子城」(La Grassa)的稱號。也難怪，艾米利亞-羅馬納省是義大利的農業重鎮，著名的帕馬(Pama)生火腿、帕馬森起司(Parmigiano)、摩德納的巴薩米可黑醋(Balsamico)都是這個省的特產，位居首府的波隆納，自然就以美食著稱。

若問波隆納的居民該城的美食為何，他們會不假思索地回答：「第一道」(Primo piatto)。所謂的Primo piatto是以麵食為主，在波隆納的街道漫步時會發現不少的Pasticeria，櫥窗擺滿各種形狀的麵食。波隆納的麵食為何特別有名？這是因為它們全是由手工搓揉新鮮麵粉製成，彈性與鮮度都是有品質保證的。

Ristorante al Pappagallo

▲P.153B3 ⌂Piazza della Mercanzia 3 ☎232-807
◷週一~週六12:30~14:30、19:30~22:30 休週日 ⍟
www.alpappagallo.it

位於商品廣場旁，內部的哥德式屋頂就像大地窖般，寬廣舒適，可點Tortellini al ragù Bolognese為第一道，ragù是肉醬，因為波隆納的麵食有名，所以搭配的肉醬也因而並駕齊驅；而Tortellini則是有內餡的小餃子；再點Cottoletto alla Bolognese為第二道，牛肉以麵粉包炸，外加乳酪與火腿，旁菜則是Purè，也就是馬鈴薯泥，那也是該城的美味之一。

Trattoria Anna Maria

▲P.153B3 ⌂Via Belle Arti 17/a ☎266-894 ◷週二~週日 12:30~15:00、19:30~23:00 休週一 ⍟www.trattoriannamaria.com

Trattoria是比Ristorante較次一級的餐廳，但經常可嘗到更道地的美食。這家餐廳牆上掛滿相片及顧客留言，很有家常味道；推薦美食為第一道Taghiatelle al ragù，加了肉醬之手工雞蛋寬麵，第二道為Prosciutto al forno，烤過的火腿肉，旁菜仍是Purè為主。

MAP ▶ P.153A4

聖多明尼各教堂

San Domenico

大師的足跡

⌂Piazza San Domenico 13 ☎640-0411 ◷週一~週六：9:00~12:00、15:30~18:00（週六至17:00），週日15:30~17:00

聖多明尼各(San Domenico di Guzman)創立多明尼各會，並在1221年逝世於波隆納，這是為了存放他的遺骸，而於1228年所建的教堂，雖是複雜的建築群且經多次增修，但其正面仍是開著大扇玫瑰窗的13世紀哥德風格，教堂前廣場仍鋪著中古世紀時的鵝卵石，透著一股莊嚴之美。內部的聖多明尼各祭壇內停放著聖多明尼各石棺，上頭裝飾著米開朗基羅所雕的小天使與聖人的雕像，那是他僅僅19歲時的作品。另外，據說莫札特當年遊歷波隆納期間，曾彈奏了教堂內的管風琴。

費拉拉

費拉拉

Ferrara

文●李曉萍・林志恆
攝影●林志恆・墨刻攝影組

來自帕多瓦(Padova)的艾斯特家族所建立的
費拉拉宮廷，為了與佛羅倫斯的麥第奇家
族互別苗頭，積極獎勵藝術與文學，亞理奧斯
多(Ariosto)與塔索(Tasso)分別為此家族寫下
兩部不朽的騎士詩，而費拉拉也博得「詩人之
城」的美稱。

擅長外交手段的艾斯特家族透過與其他貴族
聯姻來鞏固他們的權力，但16世紀末繼位的阿
爾豐索二世卻無子嗣，因此死後便遭教皇追回
爵位，費拉拉從此一蹶不振。

大教堂廣場是市民生活的中心，由於這區建
築是文藝復興時期城市規劃的典範，在1995年
共同被列入世界文化遺產的保護，所以費拉拉
又有「文藝復興之城」的美名。

離開大教堂廣場，還有幾座建築及博物館
珍藏了費拉拉的輝煌歲月，像是由12,500
塊大理石打造門面的鑽石宮(Palazzo dei
Diamanti)，以及有精彩濕壁畫的斯齊法諾亞
宮(Palazzo Schifanoia)。

INFO

基本資訊
人口：133,485 **面積**：404.36平方公里 **區碼**：(0)532

如何前往
◎火車
　費拉拉接近維內多省邊界，所以從威尼斯搭乘火車
前往只需約1小時20分左右，和波隆納之間的車程更
只要20~30分鐘。時刻表及票價可上網或至火車站查
詢，詳見P.37。
◎巴士
　從波隆納或摩德納出發，搭巴士前往費拉拉也很方
便，act營運的區域巴士Line 356往來波隆納與費拉
拉，車程約70分鐘；Line 551、552往來摩德納，
車程約2小時。
act巴士 ⓤ www.atc.bo.it

市區交通
　火車站位於市區西側，從火車站步行至大教堂廣場
約20分鐘，也可搭乘11號公車前往。市區主要景點
大多集中在大教堂廣場周邊，步行即可。

旅遊諮詢
◎遊客服務中心
🏠艾斯特城堡一樓　　　　☎209-370
🕐每日9:30~17:30　　　ⓤwww.ferrarainfo.com

費拉拉市區圖

圖例：◎景點 ✚教堂 🏰城堡 🚉火車站
🏛政府機關 ❶遊客服務中心

鑽石宮 Palazzo dei Diamanti

艾斯特城堡 Castello Estense

市政廳 Palazzo Comunale

大教堂 Duomo

斯齊法諾亞宮 Palazzo Schifanoia

MAP ▶ P.158B3

大教堂

MOOK Choice

Cattedrale

詩人之城的具體展現

🌐出火車站沿Viale Cavour往市區步行至艾斯特城堡右轉 🏠Piazza Cattedrale ☎207-449 ⏰大教堂：平日07:30~12:00、15:00~18:30，週日及假日07:30~12:30、15:30~19:00。博物館：週二至週日9:30~13:00、15:00~18:00 ⊗博物館：週一 💲大教堂免費。教堂博物館：€6

大教堂始建於12世紀，城市開始朝波河左岸延伸擴張之時，同時兼具仿羅馬式及哥德式兩種建築特色，裡面供奉著費拉拉的守護神聖喬治。

從大教堂廣場望向教堂，其立面是由三面尖頭形式的粉紅與白色大理石所構成，羅馬式線條沈穩線條，搭配哥德式優雅雕花，造型十分特殊，位於中央的那片則有突出的神龕。神龕的三角楣飾描繪著《最後的審判》，下方的龕室內立著聖母與聖嬰雕像。正門基座前則有兩尊蹲踞的石獅，兩尊非宗教性人物騎在石獅上頭，使盡力氣扛起整座神龕的表情，十分引人矚目。這一整面石雕，都

是12世紀雕刻家威利蓋摩(Wiligemo)的學生尼可拉(Niccolò)的傑作，而威利蓋摩就是起造摩德納(Modena)大教堂的靈魂人物，所以費拉拉大教堂才會有些許摩德納大教堂羅馬風的影子。

內部主祭壇半圓壁龕上的《最後的審判》濕壁畫，看得出來其靈感明顯是來自米開朗基羅在梵諦岡西斯汀禮拜堂上的同名壁畫。

教堂外部右側的商人迴廊(Loggia dei Mercanti)，建於15世紀，為雙層式的店鋪設計，今天依然聚集著小商店。而後方的鐘樓則是阿貝帝(Alberti)所設計，卻未能由他完工的建築，紅色與白色大理石拼接的牆面，屬文藝復興風格。

在教堂外左側隔著Trento Trieste廣場，則是大教堂博物館(Museo del Cattedrale)，收藏了原本擺放在大教堂的藝術品，包括描繪一到十二月景象的《十二月大門》(Porta dei Mesi)淺浮雕、西恩納雕刻家雅各布(Jacopo della Quercia)的《聖母像》，以及圖拉(Cosmè Tura)在管風琴嵌板上所繪的《聖喬治》及《天使報喜》圖。

波隆納及艾米利亞-羅馬納…**費**拉拉 Ferrara

市政廳
Palazzo Comunale

曾為艾斯特家族府邸

🚶 出火車站沿Viale Cavour往市區步行至艾斯特城堡右轉 🏠 Piazza Municipale

興建於13世紀中葉的市政廳，一直使用到16世紀為止，這裡是昔日艾斯特家族的府邸，之後他們將宮廷遷往艾斯特城堡，不過仍有通道彼此相連，目前大多為政府辦公使用，但還是可以自由進出參觀中庭建築。

與主教堂相對的正面前方，有尊尼古拉三世(Nicolo Ⅲ)侯爵的騎馬雕像以及他27個小孩中最有名的波爾索‧艾斯特(Borso d'Este)，這兩尊雕像使得這座中世紀的宮殿生色不少，不過目前所看到的是複製品，原件為文藝復興建築師阿貝帝(Leo Battista Alberti)於15世紀所作；此外，背面的市政廳小廣場(Piazzetta Municipale)上，則有座造型非常優美的「榮耀大階梯」。

艾斯特城堡
Castello Estense

艾斯特家族的庇護所

🚶 出火車站沿Viale Cavour往市區步行約20分鐘 🏠 Largo Castello ☎ 299-233 ⏰ 6~8月：9:30~13:30、15:00~19:00；9~5月：9:30~17:30 🚫 10~2月及7、8月的週一 💰 全票€8、優惠票€6 🌐 www.castelloestense.it

這座外觀非常堅實的城堡，由艾斯特家族的尼古拉二世下令興建於1385年，原當成抵抗外力攻擊時的庇護所，同時還可以控制觸怒此家族的費拉拉市民；不過到了15世紀中葉後，他們便把府邸遷移至此，使得原本防禦性的城堡，成了這個統治家族的宮廷所在。從其建築四周圍了護城河壕溝，四個角落都設有塔樓，便知其原來的功能。

艾斯坦塞城堡的內部空間目前大多當成政府機關使用，不過在它少數對外開放的廳房裡，可以看見昔日艾斯特家族的生活面貌，像是遊戲室(Salone dei Giochi)，裝飾著文藝復興晚期藝術家菲利皮(Sebastiano Filippi)生氣蓬勃的繪畫，至於黎明廳則繪製了金碧輝煌的拱頂。

摩德納

摩德納
Modena

文●林志恆　攝影●林志恆

摩德納

圖例 ●景點 ✚教堂 🏛博物館 🚉火車站
　　 ℹ遊客服務中心 🏛政府機關

對義大利人來說，摩德納便意謂著「跑車」，法拉利(Ferrari)和瑪莎拉蒂(Maserati)兩款世界馳名的跑車，都在摩德納市郊的工業區設有生產基地。然而摩德納更是座歷史悠久的文化古城。

摩德納市最著名的建築，就是由蘭法蘭科(Lanfranco)與威利蓋摩(Wiligelmus)所設計建造的羅馬天主教教堂，是目前歐洲最重要的羅馬式建築典範之一。與摩德納大教堂共同名列世界遺產的建築，除了前方的大廣場，還包括大教堂的鐘樓「市民塔」。

從中世紀開始成為自治城邦的摩德納，與鄰近的波隆納有著相似的發展歷史，然而彼此關係卻是敵對而相互競爭的。直到13世紀下半葉與費拉拉合併，摩德納間接受到艾斯特家族的統治，16世紀末艾斯特家族被逐出費拉拉後，便全力建設摩德納，以此為家族的基地，直到18世紀為止。

值得一提的是，摩德納也是義大利當代最著名的歌劇男高音帕華洛帝(Luciano Pavarotti)的故鄉，他於1935年出生在摩德納郊區一個糕餅師的家庭。

INFO

基本資訊
人口：184,731
面積：183.23平方公里　　**區碼**：(0)59

如何前往
◎火車
　摩德納位於波隆納西邊，車程約20-35分鐘；摩德納也有直達米蘭的火車，車程約2小時。時刻表及票價可上網或至火車站查詢，詳見P.37。
◎巴士
　摩德納的巴士站位於市中心的西北邊，SETA巴士公司負責營運行駛摩德納與艾米利亞－羅馬納區域城市的巴士。
Seta Bus 🌐www.setaweb.it／Modena

市區交通
　火車站位於市中心北邊1公里，步行約10-15分鐘。摩德納市區小且景點集中，步行即可。市區巴士7號行駛於火車站和歷史中心區之間。

旅遊諮詢
◎遊客服務中心
📍Piazza Grande 14（大廣場旁）
📞203-2660
🕐週一 14:30~18:00，週二~週日 9:00~13:30、14:30~18:00（週日9:30開始）
🌐turismo.comune.modena.it

MAP ▶ P.161A2

大教堂

MOOK Choice

Duomo

仿羅馬式建築純粹之美

🏠 Corso Duomo　☎ 216-078　🕐 大教堂：7:00~12:30、15:30~19:00。博物館：週二至週日9:30~12:30、15:30~18:30　🚫 博物館週一休　💲 大教堂：免費。博物館：€4　🕸 www.duomodimodena.it

　大教堂幾乎就等同於摩德納的代言人，這座仿羅馬式教堂具有黑暗時期簡單樸拙的建築特色，在整個艾米利亞－羅馬納省的教會建築中，再也找不出第二座風格如此純粹的建築，因此在1997年被納入世界遺產保護之林。

　這座教堂是為摩德納的守護神聖吉米尼安諾(St Geminiano)而建，他在4世紀時曾是摩德納的主教，其遺體就埋在教堂的地窖。教堂於1099年蓋在原本的5世紀教堂之上，由建築師蘭法蘭科(Lanfranco)設計，並在1184年由教宗盧修斯三世(Pope Lucius III)主持祝聖大典。

　相較於義大利諸多巨大而雕琢的教堂，摩德納大教堂呈現的是反璞歸真之美。從正面看，其立面是一座巨型的玫瑰窗，山牆上有一尊基督像，左右各有一頭石獅護衛著，玫瑰窗下方則裝飾著一系列的《亞當夏娃》、《諾亞方舟》等聖經故事淺浮雕，那是12世紀雕刻家威利蓋摩(Wiligemo)的傑作。

　走進三殿式的教堂，黑暗的室內空間，光線全由立面那座玫瑰窗主宰，其實帶著哥德風格的玫瑰窗是13世紀才增添的。整個視覺中心，便是中殿祭壇那座高高懸吊的耶穌像十字架，陽光透過玫瑰窗照射進來，閃著金色光芒；而十字架下方一整條帶狀的《耶穌受難》、《最後的晚餐》等大理石淺浮雕，雕工細膩，則是另一位12世紀雕刻家坎皮奧尼(Anselmo da Campione)的力作。

　教堂入口的另一側，則有一座大教堂博物館(Musei del Duomo)，收藏更多威利蓋摩的原始石雕作品，以及教堂的聖器等。

　帕華洛帝(Luciano Pavarotti)於2007年過世時，喪禮便在大教堂內舉行。

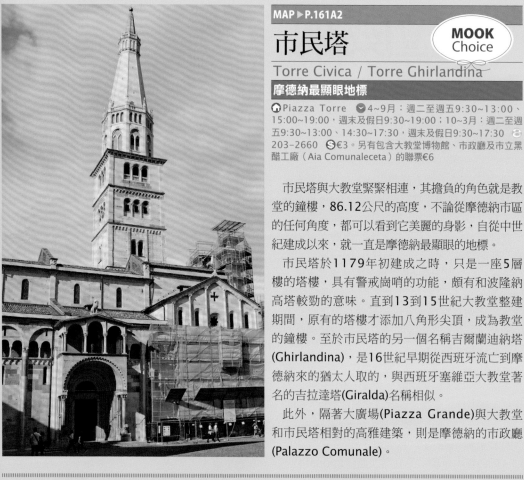

MAP ▶ P.161A2

市民塔

Torre Civica / Torre Ghirlandina

摩德納最顯眼地標

⏺Piazza Torre ⏱4~9月：週二至週五9:30~13:00、15:00~19:00，週末及假日9:30~19:00；10~3月：週二至週五9:30~13:00、14:30~17:30，週末及假日9:30~17:30 ☎203-2660 ⬧€3。另售包含大教堂博物館、市政廳及市立黑醋工廠（Aia Comunaleceta）的聯票€6

　　市民塔與大教堂緊緊相連，其擔負的角色就是教堂的鐘樓，86.12公尺的高度，不論從摩德納市區的任何角度，都可以看到它美麗的身影，自從中世紀建成以來，就一直是摩德納最顯眼的地標。

　　市民塔於1179年初建成之時，只是一座5層樓的塔樓，具有警戒崗哨的功能，頗有和波隆納高塔較勁的意味。直到13到15世紀大教堂整建期間，原有的塔樓才添加八角形尖頂，成為教堂的鐘樓。至於市民塔的另一個名稱吉爾蘭迪納塔（Ghirlandina），是16世紀早期從西班牙流亡到摩德納來的猶太人取的，與西班牙塞維亞大教堂著名的吉拉達塔（Giralda）名稱相似。

　　此外，隔著大廣場（Piazza Grande）與大教堂和市民塔相對的高雅建築，則是摩德納的市政廳（Palazzo Comunale）。

MAP ▶ P.161B1

總督宮

Palazzo Ducale

艾斯特家族繁華的過往

⏺Piazza Roma ☎203-2660（預約電話）⏱需在週六、日或假日，預約報名導覽，由導遊帶領參觀。週六早上10:40為英文導覽場次 ⬧€8

　　這棟巴洛克式的雄偉建築，曾經作為艾斯特（Este）家族的府邸長達兩個世紀，目前則是義大利頂尖的軍事學院所在地。

　　總督宮內金碧輝煌，其中榮耀梯廳、榮耀庭院（Cortire d'Onore）、榮耀大廳（Sala d'Onore）、

金色客廳（Salottino d'Oro)都是精華所在，精彩的濕壁畫以及懸掛的艾斯特家族肖像，勾連了艾斯特家族繁華的過往。由於平日為軍事學院使用，只在假日才開放參觀。

拉威納●

拉威納
Ravenna

文●林志恆‧墨刻編輯部
攝影●林志恆‧墨刻攝影組

拉威納是座非常寧靜的小城，在哥德風充斥的北義顯得非常特別，垂死的西羅馬帝國仍然在此寫下其文化上的驕傲，一顆顆小小的馬賽克雖然貼不出大氣勢，但卻鑲嵌出帝國榮光不死的精神，留予後世細品味。

拉威納位於艾米利亞-羅馬納的東邊靠海處，規模雖不及波隆納來得大，但因地理位置特殊，反而使它在羅馬帝國時期就被羅馬皇帝奧古斯都選為艦隊的基地之一，其城市景觀在該區可說獨樹一格。

西元4世紀時，軍隊的不聽使喚與北方蠻族的屢次入侵，加深西羅馬帝國的危機；402年蠻族在維洛納擊敗羅馬軍隊，同時為了對抗來自米蘭的威脅，同年，西羅馬帝國便把首都遷到拉威納。

由於東羅馬帝國的君士坦丁已開放信仰自由，而西羅馬帝國皇帝狄奧多西(Teodosio)把基督定為國教，成為新國都的拉威納，基督教早期建築因此蓬勃發展。

西元476年，軍隊統帥奧多阿克雷(Odoacre)罷黜了皇帝，西羅馬帝國落幕，不過東哥德的蠻族國王狄奧多里克(Teodorico)則在東羅馬帝國的支持下，戰勝奧多阿克雷並佔領拉威納，並在三年後建立了自己的王國。

因為拉威納曾是西羅馬帝國的首都，所以其城市風貌帶有濃濃的羅馬風格，但那已是帝國日落西山之時，因此如競技場之類的雄偉建築不復出現，取而代之的則是馬賽克的大量運用，而表現題材以宗教為主，特別是基督教主題。外表樸素的教堂內部竟然貼滿了色彩豐富的鑲嵌藝術，著實是一種矛盾的組合，卻也是拉威納迷人之處。

INFO

基本資訊
人口：158,784
面積：652.89平方公里　　**區碼**：(0)544

如何前往
◎火車
　　拉威納與鄰近幾個城鎮的火車行駛時間：波隆納1小時20分，平均1小時1班；費拉拉1小時20分，每天約14班；里米尼(Rimini)1小時，每小時1班。火車時刻表及票價可上網(www.trenitalia.com)或至火車站查詢，查詢方式見P.37。

市區交通
　　拉威納火車站位於城東的Farini廣場，沿著Farini街往西走約500公尺，便可抵達人民廣場，主要景點都在方圓500公尺以內，沿途也都有主要景點的指標。

旅遊諮詢
◎遊客服務中心
🏠via Luca Longhi, 9　☎354-04　🕐週一至週六8:30~18:00，週日及假日10:00~16:00　🌐www.turismo.ravenna.it

拉威納市區圖

圖例
🔹景點　✝️教堂　🏛博物館
ℹ️遊客服務中心　🔲廣場
🏛政府機關　🚉火車站

獅爪碉堡
Rocca di Brancaleone

加拉‧普拉契迪亞陵墓
Mausoleo di Galla Placidia

聖維塔雷教堂
Basilica di San Vitale

聖方濟教堂
S. Francesco

拉威納火車站

市政廳
Palazzo Comunale

新聖阿波里那雷教堂
Basilica di Sant
Apollinare Nuova

內歐尼安諾洗禮堂
Battistero Duomo &
Neoniano

大教堂與大主教博物館
Museo Arcivescovile

人民廣場
Piazza del Popolo

往狄奧多里克陵墓
Mausoleo di Teodorico

但丁之墓Sepolcro di Dante

Piazza Andrea Costa

MAP ▶ P.164A1

聖維塔雷教堂

MOOK Choice

Basilica di San Vitale

馬賽克鑲嵌畫的經典代表

⌂ Via Fiandrini，入口在Via San Vitale ☎ 215-193 ◷ 4~9月 9:00~19:00，11~2月 9:30~17:00，3、10月 9:00~17:30 ⑤ 聯票€9.5，優待票€8.5，可同時參觀聖維塔雷教堂、內歐尼安諾洗禮堂、新聖阿波里那雷教堂、大主教博物館、加拉·普拉契迪亞陵墓；3/1~6/15期間，若要參觀加拉·普拉契迪亞陵墓，再追加€2，票7天內有效。 ⊕ www.ravennamosaici.it

拉威納的市容充滿羅馬帝國式微之後的文化轉變，聖維塔雷教堂外表是樸素的羅馬味，內部卻隱藏著手法極純熟的馬賽克鑲嵌裝飾，由於君士坦丁大帝使基督教合法化，因此宗教成為馬賽克鑲嵌的唯一主題；聖維塔雷教堂正是基督教早期的經典建築，也記錄了該城曾是西羅馬帝國首都的光輝過往。而這座結合西方羅馬傳統文化及東方拜占庭風格基督像的建築，於1996年被列為世界文化遺產，同時被列入世界遺產的還包含加拉·普拉契迪亞陵墓、內歐尼安諾洗禮堂、狄奧多里克陵墓和主教堂等8座建築。

圓頂

教堂由雙層同心八角形建築組成，內層較小、挑高並開著八扇大窗，可使自然光透入照亮內殿；教堂雖以鑲嵌馬賽克著名，但其圓頂卻意外地飾以18世紀的壁畫。

《查士丁尼大帝與宮廷隨從》
Emperor Justinian and his retinue

《狄奧多拉皇后與臣子、侍女》
Empress Theodora and attendants

內部空間

教堂內部的樓廊與內殿之間隔著大型三葉窗，窗櫺四周有豐富的馬賽克裝飾。

上層的樓廊原是保留給婦女的，而三葉窗則由有著華麗柱頭裝飾的圓柱支撐。

主祭壇半圓壁龕鑲嵌畫

主祭壇半圓壁龕的馬賽克鑲嵌畫帶著濃濃的拜占庭風格，其中耶穌穿著帝王的衣服坐在象徵世界的圓球上，把手伸向拉威納的守護神聖維塔雷，並且由此教堂的創建者艾克雷西歐(Ecclesius)主教的手中接過教堂模型。

波隆納及艾米利亞羅馬納… **拉** 威納 Ravenna

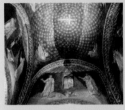

MAP ▶ P.164A2

內歐尼安諾洗禮堂

Battistero Neoniano

馬賽克鑲嵌的耶穌洗禮

🏠 Piazza Arcivescovado
☎ 215-201 ⏰ 4~9月
9:00~19:00,11~2月
10:00~17:00,3、10月
9:30~17:30 💲與聖維塔雷
教堂相同

　內歐尼安諾洗禮堂位
於18世紀的大教堂的
建築群範圍內,不過其
年代更為久遠,可追溯
到羅馬帝國晚期,大約
在4世紀末,原本是一座羅馬浴場,但建完不久
便被主教內歐尼(Neone)全部翻修,因而得名。
　外觀呈磚砌的八角形式,內部則貼滿馬賽
克,穹頂的正中央描繪施洗約翰在約旦河為耶
穌舉行洗禮,外圈則環繞著12使徒。位於洗禮
堂中央的洗禮池為16世紀時增建的,以古老碎
片拼湊而成。

MOOK Choice

MAP ▶ P.164A1

加拉‧普拉契迪亞陵墓

Mausoleo di Galla Placidia

拉威納最古老的馬賽克

⏰ 4~9月 9:00~19:00,11~2月 9:30~17:00,3、10月
9:00~17:30 💲與聖維塔雷教堂相同

　看完聖維塔雷教堂精彩的馬賽克鑲嵌畫,走
出教堂便可以看到這座由紅磚砌成的十字形陵
寢,內部的藍底馬賽克可稱得上是拉威納最古
老的了,大約在西元430年左右。其中《善良的
牧羊人》(Buon Pastore)以及《水池邊飲水的白
鴿》,被認為是基督教世界早期最美的作品。
　加拉‧普拉契迪亞是羅馬皇帝狄奧多西
(Teodosio)的女兒,她的兄長霍諾留(Honorius)
繼任羅馬皇帝後,宣布拉威納為羅馬帝國首都,
兄妹倆一起為拉威納奠定城市基礎。

主教堂與大主教博物館

Duomo & Museo Arcivescovile

羅馬與巴洛克的對比

🏠Piazza Arcivescovado ☎541-688 ◐4~9月
9:00~19:00，11~2月 10:00~17:00，3、10月 9:30~17:30
💲與聖維塔雷教堂相同

　　拉威納的主教堂造型奇特，這是由於教堂是18世紀時在原基督教早期的教堂舊址上重建的，但內部依然裝飾著馬賽克與大理石。圓柱形的鐘樓為磚砌的羅馬形式，建於10世紀，樸素的外表因此和教堂巴洛克式的大門形成對比。

　　緊鄰主教堂後的是大主教博物館，收藏原舊大教堂內的藝術品。其中最珍貴的是一座6世紀的象牙浮雕寶座，那是拜占庭工匠的上乘工藝品。而博物館內的聖安德利亞(San Andrea)禮拜堂藍色穹頂上的馬賽克鑲嵌畫，也是必看重點。

新聖阿波里那雷教堂

Basilica di Sant Apollinare Nuova

寫實手法的新約聖經故事

🏠Vie di Roma ◐4~9月 9:00~19:00，11~2月 10:00~17:00，3、10月 9:30~17:30 💲與聖維塔雷教堂相同

　　此教堂雖稱為「新」，但卻是狄奧多里克於西元5世紀下令興建，以做為亞利安人的教堂，並以拉威納首位主教阿波里那雷命名。它正面的拱廊於16世紀重建過，圓柱形的鐘樓則和大教堂非常神似，那是因為兩者的建築年代相近，都在9到10世紀之間。

　　教堂後來被轉用為天主教堂，內部的馬賽克美輪美奐，分為上下兩層，上層於狄奧多里克時期完成，以寫實手法描繪新約聖經的故事及使徒們，下層則是一些拜占庭風格的肖像。

人民廣場

Piazza del Popolo

拉威納的中心

🏠Piazza del Popolo

　　拉威納的市中心由大小廣場曲折連接，其中的人民廣場可說是心臟地帶，周圍滿佈咖啡座和餐廳。

　　有著堆垛式外觀及大圓拱廊的建築，正是市政廳(Palazzo Comunale)。市政廳建於15世紀，轉角處緊鄰著威尼斯小宮殿(Palazzetto Veneziano)，拱廊雖建於15世紀，但因取材自舊建築，因此有些柱頭還有蠻族國王狄奧多里克的押花字裝飾。廣場上立著兩根威尼斯式的圓柱，上頭立的是拉威納的兩位守護神，分別是聖維塔雷(San Vitale)與聖阿波里那雷(San Apollinare)。

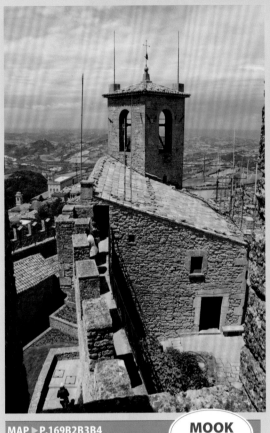

MAP ▶ P.169B2B3B4

MOOK Choice

三座堡壘塔樓

Castello della Guaita & Castello della
Cesta & Castello della Montale

聖馬利諾象徵地標

⊙ 9月底~6月中：9:00~17:00（3/8~6/13以及
9/20~10/17的週六日延長至18:00）；6月中~9月中：
8:00~20:00。閉館前30分鐘停止售票 ⑤古阿伊塔堡壘
€4.5，闕斯塔堡壘€4.5。可於10天內參觀5個博物館的聯票
€10.5，包含兩座堡壘、共和宮、聖法蘭西斯博物館和國家博
物館）ⓥ www.museidistato.sm

聖馬利諾國旗和國徽中有三座高塔，指的就是
古阿伊塔堡壘(Castello della Guaita)、闕斯塔堡
壘(Castello della Cesta)和蒙塔雷堡壘(Castello
della Montale)這三座防禦工事，分別由北而南

依序排列。至於國旗中的藍白雙色條紋，藍色代
表亞得里亞海，白色則象徵皚皚白雪。

古阿伊塔堡壘歷史最古老，約興建於11世紀，
海拔738公尺，曾經當作監獄使用。中間的闕斯
塔堡壘坐落在蒂塔諾山的最高處，海拔750公
尺，約建於13世紀，裡面有一座小型博物館，陳
列著中世紀的武器。最南邊的蒙塔雷堡壘海拔稍
低，因為位於最外圍，具有警戒塔樓的功能，不
對外開放。

三座堡壘都具有無敵的遼闊視野，天氣好時，
可以遠眺蔚藍迷人的亞得里亞海，腳底下，則是
縱橫阡陌的田園景致，而峭壁上的城堡，像是童
話故事中與世無爭的美好國度，完美停留在中世
紀的時光步調中。

纜車
Funivia
另一種視野

⊙1~2月7:50~18:30，3月7:50~19:00，4月7:50~19:30，5~6月7:50~20:00，7~8月7:50~凌晨1:00，9月7:50~20:00，10月7:50~19:00，11~12月7:50~18:30 ⑤單程€2.5，來回€4.5 ⓤwww.aass.sm

搭乘纜車，可以從另一個角度看這座小山國，纜車全長1.5公里，連接山頂、海拔750公尺的聖馬利諾古城以及該國第二大鎮、海拔650公尺的Borgo Maggiore。

纜車距離不長，只有兩節車廂往返運行，平均每15分鐘1班車。如果想體驗搭乘纜車的樂趣，從里米尼搭巴士過來，當車子開始往山上攀行時，不妨跟司機說要在Borgo Maggiore下車，從這裡換乘纜車上山，不僅可以一路欣賞遼闊的風景，而且可以直接進入馬利諾古城裡。

自由廣場
Piazza della Liberta
古城的交會中心

🏠Piazza della Liberta ☎883-152 ⊙9月底~6月中：9:00~17:00（3/8~6/13以及9/20~10/17的週六日延長至18:00）；6月中~9月中：8:00~20:00。閉館前30分鐘停止售票 ⑤€4.5。可於10天內參觀5個博物館的聯票€10.5，包含兩座堡壘、共和宮、聖法蘭西斯博物館和國家博物館 ⓤwww.museidistato.sm

自由廣場幾乎就位於整座古城的中心點，隨意在古城的石板路遊逛，最後還是會回到這座廣場，因此成為人潮交會點。

廣場上最雄偉的建築是共和宮(Palazzo Pubblico)，為市政廳所在，凡是政府重要慶典會議都在這裡舉行。建築本身為19世紀末重建，屬新哥德式風格，為羅馬建築師所設計。

在共和宮前，每年夏季時會有衛兵交接儀式，平均半小時至1小時舉行一次。而每年的4月1日、10月1日，及9月3日的國慶日當天，衛兵更會換上華麗的傳統制服進行交接儀式。

波隆納及艾米利亞-羅馬納… 聖 馬利諾共和國 Repubblica di San Marino

威尼斯
及維內多

維內多省

Venezia & Veneto

威尼斯的建立，因亞得里亞海沿岸居民受不了蠻族的入侵和騷擾，遂遷居內海的潟湖而誕生，它在西元7世紀時已然成為當時最強大的國家之一，到了13世紀時更在十字軍東征中扮演著主導海權的角色，之後更與東方往來，進口了許多珍貴的香料、絲綢、茶葉、動物……成為義大利、甚至歐洲最具異國風情的地方。

儘管15世紀時威尼斯逐漸喪失海權實力，卻在藝術上發光發熱，不但成為文藝復興第三大中心，也出現了所謂的威尼斯派。直到18世紀末，這個輝煌的共和國才在拿破崙的入侵下告終，昔日的帝國風采或許湮滅，然而威尼斯至今仍是世界上最受觀光客喜愛的義大利城市之一。

威尼斯是維內多省的省會，然而在水都輝煌之前，省內的維洛納、威欽查與帕多瓦在羅馬帝國的殖民下，早已過著文明的生活。中世紀由於不同政治勢力影響，各城開始產生不同的建築風貌，不過當建於潟湖上的威尼斯共和國成為亞得里亞海女王之後，水都的文化凌駕其上，反過頭來影響了這三個小城。

「大學之城」帕多瓦，留下了許多繪畫之父

喬托的真跡；出自建築大師帕拉底奧之手的「理想之都」威欽查，其混合視覺美學與實際功能的別墅宮殿，深受威尼斯富商的喜愛；因莎翁名劇《羅密歐與茱麗葉》聞名的維洛納，至今仍保有非常完整的古羅馬遺跡。

威尼斯及維內多之最The Highlight of Venezia & Veneto

聖馬可廣場
Piazza di San Marco
拜占庭式大教堂、哥德式總督宮、鐘塔和博物館包圍的聖馬可廣場是威尼斯最美的客廳。這裏是政治重心，也是嘉年華會沸騰的頂點。(P.182)

大運河之旅
Tour of Water Bus
大運河優雅的S線條貫穿本島，流經之處盡是威尼斯繁華的代表，一座座宮殿矗立在運河兩岸，展現昔日共和國時期的輝煌。(P.179)

維洛納Verona
維洛納是戀人的城市，莎士比亞筆下永恆的愛情《羅密歐與茱麗葉》以此為舞台譜寫浪漫。世界第三大的古羅馬競技場則在每個仲夏夜裡，用嘹亮歌聲高唱古羅馬的輝煌。(P.200)

領主廣場
Piazza dei Signori
威欽查的優雅及獨特風格來自帕拉底奧式建築。以古羅馬列柱的視覺美學為靈感，開創兼具實用功能的建築，其中以領主廣場代表。(P.198)

威尼斯

威尼斯
Venezia

文●李曉萍‧林志恆‧墨刻編輯部
攝影●林志恆‧墨刻攝影組

即使早已過了海上霸權的年代,威尼斯所展現出來的氣勢仍舊是獨樹一格,頹廢與華麗的美感並存,迷離的情調勾引來自全世界的遊客,而這一整片島群,就彷彿與世隔絕一般,獨自過著屬於威尼斯的慵懶歲月。依水而居是城市居民的生活方式,一年一度的嘉年華,更使得威尼斯名揚四海。

位於維內多省外海潟湖區的威尼斯,其實包括了一百多座大大小小的島嶼,在威尼斯本島上運河多達160條,標準地向海借地而繁榮的城市,所以又有「亞得里亞海上的女王」稱號。

6世紀時,威尼斯人為了逃避異族的迫害而逃入潟湖區;8世紀時,在麗都島(Lido)上開始有了大規模的定居居民,不久後才漸漸移往本島利雅德橋附近,當時雖在拜占庭的統治下,但威尼斯其實已經獲得自治的地位。

西元828年,威尼斯從埃及亞歷山卓港迎回守護神聖馬可的遺體後,建造了聖馬可大教堂,翼獅市徽也出現在此時,12世紀的威尼斯共和國時代,儼然海上霸主的氣勢。

文藝復興活動也在威尼斯發光發熱,繼佛羅倫斯、羅馬之後,提香、丁特列多、維若內塞等知名藝術家群集威尼斯,使得它成為當時文藝復興的第三大中心。在威尼斯可以看到拜占庭式、哥德式、文藝復興、巴洛克各種建築風格,也可以欣賞到文藝復興時期經典名作,可說是名副其實的藝術之城。

17、18世紀時的威尼斯呈現一種墜落的迷惘中,劇場、面具社交舞、慶典麻痺了威尼斯人的生活,現在威尼斯最大的觀光活動嘉年華就是當年的產物。

威尼斯是建築在潟湖上的城市,呈倒S型的大運河是貫穿本島的交通命脈,大運河出海口的聖馬可廣場是威尼斯的政治重心,廣場周圍也是最熱鬧的區域。金碧輝煌的宮殿、教堂建築,搖曳海上的浪漫生活,再加上面臨沉沒消失的危機,造訪威尼斯的遊客始終絡繹不絕。

INFO

基本資訊
人口:264,579　面積:414.57平方公里
區碼:(0)41

如何前往

◎飛機

威尼斯附近有兩座機場，馬可波羅機場(Aeroporto Marco Polo，代號VCE)是義大利東北地區的主要機場，位於威尼斯以北7公里處，一般的國際航班、歐洲及義大利航班都於此降落。另一座機場是特雷維索機場（Aeroporto di Treviso），多為包機和歐洲廉價航空使用，一般旅客較少前往。

馬可波羅機場：www.veniceairport.it
特雷維索機場：www.trevisoairport.it

◎火車

威尼斯有兩座國鐵火車站，一般來說從義大利主要城市或是歐洲內陸前往威尼斯的火車，會先後停靠大陸的麥斯特雷(Mestre)火車站和威尼斯本島的聖露西亞火車站(Stazione di Santa Lucia，簡稱VE S.L.)，從聖露西亞火車站前方可轉接水上巴士至威尼斯本島各區或其他離島。

麥斯特雷離威尼斯有一段距離(約6公里)，火車車程約10分鐘，也可於麥斯特雷火車站前搭2號公車往返威尼斯，由於威尼斯物價貴得驚人，因此很多人選擇在麥斯特雷住宿。從羅馬搭火車到威尼斯約3.5~6小時，從米蘭或佛羅倫斯搭火車各需2~3小時。正確班次、詳細時刻表及票價可於國鐵網站(www.trenitalia.com)或至火車站查詢，詳見P.37。

機場到市區交通

◎巴士

有兩家巴士公司提供往來馬可波羅機場和威尼斯羅馬廣場(Piazzale Roma)間的交通服務，都在入境大廳的B出口外搭乘。ATVO每30分鐘發一班直達車，車程約20分鐘，單程票價€8，來回€15；ACTV經營的AeroBus 5號也同樣班次頻繁，車程約30分鐘，單程€8，來回€14，並包含90分鐘內有效的ACTV水上巴士航程。此外，若要前往威尼斯的衛星城市麥斯特雷(Mestre)，可以搭乘ACTV 15號巴士、ATVO 25號巴士。車票可於售票窗口、提領行李處或巴士站旁的自動售票機購買。

特雷維索機場有配合班機起降的巴士，ATVO巴士連接麥斯特雷(Mestre)和威尼斯羅馬廣場，車程約60分鐘，單程€10，來回€18。或是搭乘6號公車前往特雷維索火車站，再轉搭火車或巴士前往威尼斯。

ATVO：www.atvo.it
ACTV：www.actv.it

◎水上巴士

從馬可波羅機場至威尼斯市區也可以搭乘Alilaguna水上巴士，有三條航線可搭乘，每30分鐘一班次。紅線前往聖馬可區約需70分鐘，僅於

4~10月運行；藍線經慕拉諾島（Murano）和麗都島（Lido）前往聖馬可區約需90分鐘；橘線前往大運河的利雅德橋約60分鐘。船票單程€15，來回€27，在機場和碼頭之間有免費接駁巴士穿梭。船票可於機場售票窗口或是碼頭購買。

Alilaguna水上巴士：www.alilaguna.it

◎計程車

從馬可波羅機場搭乘一般計程車前往威尼斯的羅馬廣場車程15分鐘，約需35歐元，如果搭乘水上計程車可直接抵達中心區，但要價可能高達100歐元以上。

從特雷維索機場搭乘計程車前往威尼斯得羅馬廣場大約70分鐘的時間，車資約在80歐元左右，前往特雷維索火車站則約20歐元。

市區交通

◎步行

威尼斯市區可以步行方式遊覽，穿梭在迷宮般的街道，地圖的作用不大，學會看路上的指標相對重要。記得把握一個原則：在重要小廣場或街弄的交叉口，都會貼著黃底黑字的指標，例如：PER RIALTO，意思是「往利雅德橋」。指標就以威尼斯四個最重要的地標來辨認方向，除了利雅德橋之外，還有ALLA FERROVIA(聖露西亞火車站)、PIAZZALE ROMA(羅馬廣場)、PIAZZA SAN MARCO(聖馬可廣場)。

威尼斯本島分為六大區，分別是Cannaregio、Castello、San Marco、San Polo、Dorsoduro、Santa Croce，當你跨過每一座步行橋，都會有白色的牌子提醒你身處哪一區，這也是辨認位置的好方法。

◎ACTV水上巴士

威尼斯市區的水上巴士由ACTV營運，水上巴士以vaporetti和motoscafi兩種船隻穿梭於大運河以及潟湖之間的各小島，是當地最方便的移動方式。遊客最常使用的1號和2號線，1號線於火車站右邊碼頭搭乘，穿行經大運河抵達麗都島，營運時間為5:00~00:30，大約每10分鐘一班；2號線於火車站左邊搭乘，穿越大運河後，再由本島南側繞回羅馬廣場；4.1號和5.1號在火車站右邊碼頭搭乘，不行駛於大運河，繞行於威尼斯本島的外側。

基本票價單程為€7.5，75分鐘之內有效，超過一件大行李需要加價。車票可在碼頭和火車站的自動售票機、旅遊服務中心或Venezia Unica售票處購得。除單程車票外，也可使用威尼斯卡（Venezia Unica City Pass）儲值優惠通行證，1日€20、2日€30、3日€40、7日€60等，這些通行證可同時使用於ACTV經營的陸上巴士。若你是29歲以下的青年，建議先持護照至遊客中心或Venezia Unica售票處購買一張€6

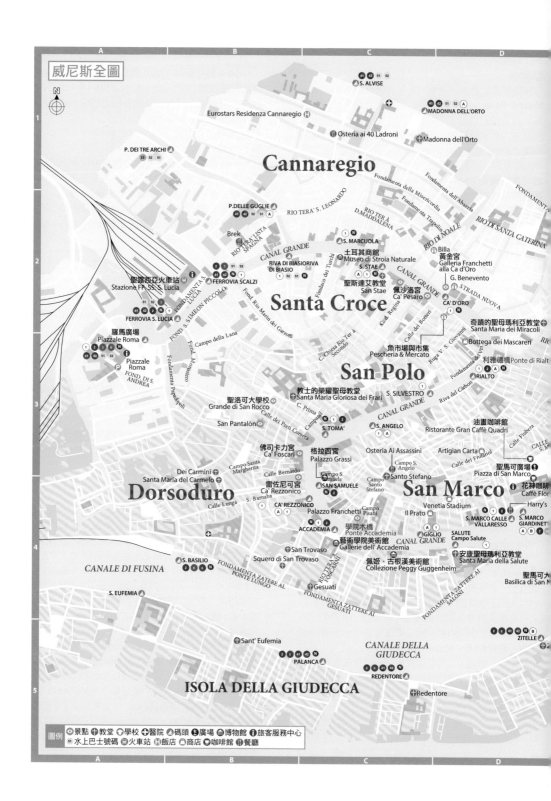

威尼斯全圖

Cannaregio

Santa Croce

San Polo

San Marco

Dorsoduro

ISOLA DELLA GIUDECCA

S. ALVISE
MADONNA DELL'ORTO
Madonna dell'Orto
Eurostars Residenza Cannaregio
Osteria ai 40 Ladroni
P. DEI TRE ARCHI
Fondamenta della Misericordia
Fondamenta dell'Abazia
FONDAMENT
RIO DI SANTA CATERINA
P.DELLE GUGLIE
RIO TERA S. LEONARDO
RIO TER À D.MADDALENA
Fondamenta Tapolini
RIO DI NOALE
Brek
S. MARCUOLA
Billa
黃金宮
Galleria Franchetti alla Ca d'Oro
G. Benevento
CANAL GRANDE
RIVA DI BIASIO
RIVA DI BIASIO
土耳其商館
Museo di Stroia Naturale
S. STAE
聖斯達艾教堂
San Stae
佩沙洛宮
Ca' Pesaro
STRADA NUOVA
CA' D'ORO
FERROVIA SCALZI
聖露西亞火車站
Stazione FF SS. S. Lucia
FOND. S. SIMEON PICCOLO
Fond. Rio Marin dei Garzotti
CANAL GRANDE
奇蹟的聖母瑪利亞教堂
Santa Maria dei Miracoli
Bottega dei Mascareri
FERROVIA S. LUCIA
羅馬廣場
Piazzale Roma
Campo della Lana
C. Chiesa Rio Terà S. Secondo
魚市場與市集
Pescheria & Mercato
Ruga V. S. Giovanni
利雅德橋 Ponte di Rialt
RIALTO
Piazzale Roma
FOND. DI S. ANDREA
Fondamenta Papadopoli
Fondamenta Minotto
聖洛可大學校
Grande di San Rocco
教士的榮耀聖母教堂
Santa Maria Gloriosa dei Frari
C. Prima
Calle dei Preti Corsera
Calle del Botteri
Riva del Carbon
San Pantalòn
C. Campanil
S. TOMA'
S. ANGELO
S. SILVESTRO
CANAL GRANDE
Riva del Carbon
油畫咖啡館
Ristorante Gran Caffè Quadri
佛司卡力宮
Ca' Foscari
格拉西宮
Palazzo Grassi
Osteria Ai Assassini
Artigian Carta
CALLE
CALLE
Campo Santa Margherita
Calle Bernardo
Campo S. Angelo
Calle del Fruttarol
聖馬可廣場
Piazza di San Marco
Dei Carmini
Santa Maria del Carmelo
雷佐尼可宮
Ca' Rezzonico
Campo S. Samuele
SAN SAMUELE
Santo Stefano
Campo Santo Stefano
花神咖啡
Caffè Flor
CA' REZZONICO
Palazzo Franchetti
Campo Pisani
Venetia Stadium
Il Prato
Harry's
Calle Lunga
S. Barnaba
ACCADEMIA
學院木橋
Ponte Accademia
CANAL GRANDE
GIGLIO
SALUTE
Campo Salute
S. MARCO CALLE VALLARESSO
S. MARCO GIARDINET
安康聖母瑪利亞教堂
Santa Maria della Salute
San Trovaso
Gallerie dell' Accademia
RIO TERA FOSCARINI
佩姬·古根漢美術館
Collezione Peggy Guggenheim
FONDAMENTA ZATTERE AI SALONI
聖馬可島
Basilica di San M
S. BASILIO
Squero di San Trovaso
CANALE DI FUSINA
FONDAMENTA ZATTERE AL PONTE LUNGO
Gesuati
FONDAMENTA ZATTERE AI GESUATI
S. EUFEMIA
Sant' Eufemia
ZITELLE
Redentore
PALANCA
REDENTORE
CANALE DELLA GIUDECCA

圖例 ●景點 ✚教堂 ▲學校 ✚醫院 ⚓碼頭 ⬥廣場 🏛博物館 🛈旅客服務中心
🚤水上巴士號碼 🚂火車站 🏨飯店 🏬商店 ☕咖啡館 🍴餐廳

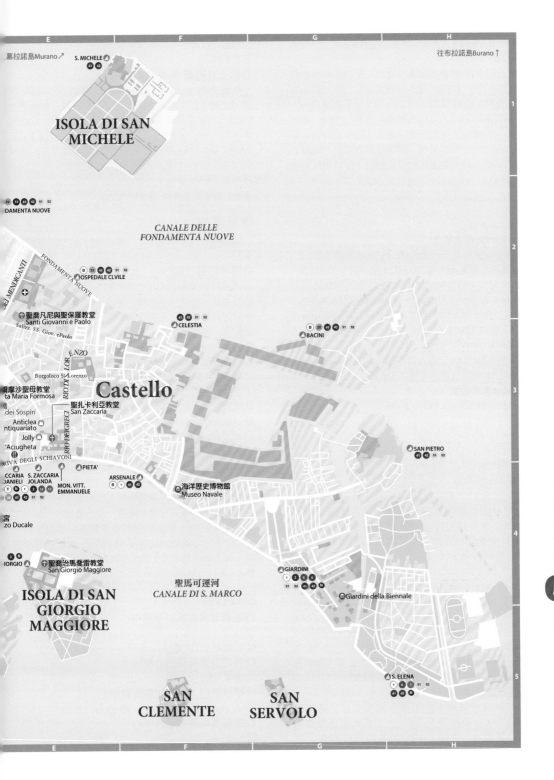

慕拉諾島Murano↗

往布拉諾島Burano↑

S. MICHELE

ISOLA DI SAN MICHELE

DAMENTA NUOVE

CANALE DELLE FONDAMENTA NUOVE

OSPEDALE CLVILE

CELESTIA

BACINI

聖喬凡尼與聖保羅教堂
Santi Giovanni e Paolo
Salizz. SS. Giov. e Paolo

Borgoloco S. Lorenzo

Castello

特摩沙聖母教堂
ta Maria Formosa

dei Sospiri

Anticlea
ntiquariato

Jolly

'Aciugheta

RIVA DEGLI SCHIAVONI

CCARIA S. ZACCARIA
ANIELI JOLANDA

MON. VITT.
EMMANUELE

聖扎卡利亞教堂
San Zaccaria

PIETA'

ARSENALE

SAN PIETRO

海洋歷史博物館
Museo Navale

宮
zo Ducale

IORGIO

聖喬治馬喬雷教堂
San Giorgio Maggiore

ISOLA DI SAN GIORGIO MAGGIORE

聖馬可運河
CANALE DI S. MARCO

GIARDINI

Giardini della Biennale

S. ELENA

SAN CLEMENTE

SAN SERVOLO

的Rolling Venice Card，憑此卡加購3日水上巴士券只要€22。

　　水上巴士的船票若不是馬上使用，記得告知售票員不要打上日期，使用前再自行到碼頭旁的黃色戳印機打票，使用Venezia Unica則記得上船要感應過卡。欲知詳細船行方向，可在售票處索取船行地圖。每一站的碼頭前會有最近的船班表時刻表，船上也會有人喊出船行目的地，相當便利，售票員會頻繁且不定時在碼頭前驗票，甚至船上也會有人驗票，要特別注意船票有效時間。

ACTV
🏠Piazzale Roma
🌐www.actv.it

◎Alilaguna水上巴士
　　Alilaguna水上巴士是與ACTV共用碼頭的私人巴士，總共五條航線，約每30分鐘一班。紅線僅於4~10月運行，前往Murano、Lido、San Marco以及Záttere；藍線前往Murano、Fondamente Nove、Lido以及San Marco；橘線前往Murano、Guglie、the Grand Canal和San Angelo；金線從本島直接前往Murano和Punta Sabbioni；綠線則是往來Murano和Burano之間。費用方面，前往Murano約€8，其他各線前往各其他停靠點€15。

Alilaguna水上巴士
📍Isola Nuova Tronchetto 24/a
📞240-1701
🌐www.alilaguna.it
🕐週一至週五8:30~13:00、14:00~17:30，週六8:30~13:00

◎渡輪Traghetto
　　大運河上只有4座橋分別位於羅馬廣場、火車站、Rialto和藝術學院，所以如果在這四個地方之外想要過河到對岸，最方便省時的方式就是搭乘渡輪(gondola ferries)，票價€2。渡輪路線包括：聖馬可和Salute、Santa Maria del Giglio和Salute、San Barnaba和San Samuele、San Tomà和Santo Stefano、Riva del Carbon和Riva del Vin、Santa Sofia和Pescerìa、San Marcuola和Fondaco dei Turchi，以及火車站和San Simeone之間。各路線運行時間不定，比較多人使用的路線每天7:00~20:00，其他可能只行駛到中午，你只需要循著「Traghetto」指示牌就能找到乘船處，無須買票，直接在下船時將船資支付於船夫即可。

◎貢多拉Gondola
　　坐一趟浪漫的貢多拉需事先詢問並談定價格及船行時間，一艘船最多坐6人，可以和其他旅客共乘來分攤費用，費用上40分鐘每艘船約80歐元，

20:00~8:00之間每艘船約100歐元，每超過25分鐘另加50歐元。

◎水上計程車 Water Taxi
　　威尼斯的水上計程車幾乎可以穿行於威尼斯所有運河之間，但它們的收費同時也非常昂貴，起跳價€8.9，之後每分鐘多加€1.8。計程車以4人為收費標準，每多一人多收€5，多一件大型行李多收€3，此外夜間還加收€10的費用。你可以在各碼頭邊的招呼站叫車，或是打電話叫車，但值得注意的是，電話叫車得另收€5的費用。
水上計程車叫車專線：274-7070

優惠票券
　　威尼斯有幾種優惠票券，讓你通行博物館、教堂等景點：

◎博物館通行證Museum Pass
　　適用於11座威尼斯市立博物館（包含聖馬可廣場博物館通票、自然史博物館、佩沙洛宮、玻璃博物館、蕾絲博物館、現代藝術美術館等），全票€24，優待票€18，半年內有效。
🌐www.museicivicveneziani.it

◎教堂卡Chorus Pass
　　可進入18座威尼斯的教堂，1年內有效，全票€12（這些教堂的單一門票皆為€3）。卡片可在任何一座參與教堂或官網上購買。
🌐www.chorusvenezia.org

◎威尼斯卡Venezia Unica City Pass
　　威尼斯卡是一種共通票券儲值卡的概念，你可以根據個人需求，購買聖馬可廣場博物館通票、教堂卡、博物館通行證、水上巴士通行證等各種組合，甚至旅遊行程及商店折扣優惠也能加入你的選購組合中，每一種組合都有不同程度的優惠。是一種彈性相當高的客製化優惠卡，使用期限則視購買品項而定。可直接於遊客中心或Venezia Unica購卡，也可於官網選購，以密碼至碼頭或火車站旁的自動售票機取卡。
🌐www.veneziaunica.it

旅遊諮詢
◎聖馬可廣場旅遊服務中心
📍71/f, San Marco 📞529-8711
🕐9:00~15:30 🌐www.veneziaunica.it
◎馬可波羅機場旅客服務中心
📍機場入境大廳 🕐9:00~20:00
◎聖露西亞火車站旅客服務中心
📍Stazione di Santa Lucia 🕐8:00~18:30
◎羅馬廣場旅客服務中心
📍Piazzale Roma Garage ASM 🕐9:30~15:30

MAP ▶ P.176

大運河
與水上巴士之旅

MOOK Choice

Tour of Water Bus

威尼斯之美盡收眼底

🚤 搭水上巴士1號線 ▶ 大約每10分鐘一班 💲 單程€7起 🌐
www.actv.it

威尼斯其實是由118個小島所組成，大約多達四百座各式各樣的橋樑串起這個水道城市，彎曲的大運河以優美的倒S線條貫穿威尼斯本島。大運河流經之處盡是威尼斯繁華的代表，一座座宮殿矗立在運河兩岸，將遊客拉回到鼎盛時期的威尼斯。

大運河是水都威尼斯主要的交通幹線，長度約有4公里，卻只有三座橋橫跨兩岸，所以船隻是最重要的代步工具。大運河也是最主要的觀光路線，沿著這條運河的兩岸有將近兩百棟的宮殿和七座教堂，更是昔日輝煌共和國時期的門面，搭船遊趙大運河，可將威尼斯各時代最美麗的建築盡收眼底。

遊覽大運河可以選擇傳統的貢多拉(Gondola)或水上巴士，搭乘貢多拉悠悠晃晃的穿梭水都相當浪漫，然而以便利性和價格親民而言，水上巴士船就是最方便的交通工具了。

在眾多不同路線中，以1號巴士船最受到觀光客的歡迎，它的行駛路線從羅馬廣場、聖露西亞車站，沿途經過利雅德橋抵達聖馬可廣場，再繼續前往麗都島，幾乎每十到二十分鐘就有一班船，你可以選擇在任何一站上下船，十分方便。行使相同路線的2號巴士則是快速船，停靠站點較少。

1. 羅馬廣場與聖露西亞車站
P.le Roma & Ferrovia

羅馬廣場是1號水上巴士的起點，也是對外長途或區域巴士的總站，廣場上有一座大型停車場，如果開車來威尼斯，車子就停在此地。

Ferrovia是1號水上巴士的的第二站，也就是聖露西亞火車站所在位置，火車站對面的淺綠圓頂教堂為聖小西門教堂(Chiesa de S. Simeon Piccolo)，建於18世紀，仿自羅馬的萬神殿。火車站旁的第一座橋為赤足橋(Ponte degli Scalzi)。

2. 土耳其商館 Fontego dei Turchi

🚤 搭水上巴士1號線在 S. Stae 站下 🏠 Santa Croce 1730 ☎ 275-0206 ◷ 11月～5月：週二至週五9:00~17:00，週六和週日10:00~18:00；6月~10月10:00~18:00 ⊗ 週一 💲 全票€8、優待票€5.5 🌐 msn.visitmuve.it

建於13世紀的土耳其商館，1381年由費拉拉公爵買下，作為土耳其商人的倉庫，隨著貿易衰退，土耳其商館也逐漸荒廢，後來才由詩人及藝術評論家魯斯金(John Ruskin)重建，回復昔日的光輝。這棟建築的二樓目前是自然歷史博物館(Museo di Storia Naturale)。

3. 佩沙洛宮 Ca'Pesaro

🚤搭水上巴士1號線在S. Stae
站下 🏠Santa Croce 2076
☎721-127 🕐11~3月：
10:00~17:00；4~10月：
10:00~18:00 💲全票€10、優待
票€7.5 🌐capesaro.visitmuve.
it

這座建於17世紀的雄偉巴洛
克式宮殿是由隆格納(Longhena)
設計，前後費時58年建造，並
由兩位建築師完成。這是聖馬
可大法官佩沙洛的宅邸，正立
面的長柱採脫離牆面的方式，
底層的大方石切割成鑽石狀，使整幢建築看起來氣派立體。

此宮內部為現代藝術博物館及東方博物館，前者收藏20世紀
歐洲畫家的作品，包括克林姆(Klimt)、夏卡爾(Chagall)、康丁斯
基(Kandinsky)等人；東方博物館則展示日本和中國來的服裝、
象牙雕刻、武器及字畫等。

San Polo

San Marco

大運河

圖例 ●景點 ✚教堂

❶❷❸❹❺❻❼❽❾❿⓫

N

4. 聖斯達艾教堂 Chiesa di San Stae

🚤搭水上巴士1號線在S. Stae站
下 🏠Santa Croce 1730 🕐
週一至週六10:00~17:00 💲
全票€3 優待票€1.5 🌐www.
chorusvenezia.org

這座巴洛克式教堂外觀裝飾
著珍貴及豐富的大理石雕刻，
17世紀完成的內部裝飾則可看
出受到帕拉底奧的影響。如今
是舉行音樂會的場所，教堂內
部陳列許多18世紀早期的威尼
斯畫作。

5. 黃金宮 Galleria Franchetti alla Ca d'Oro

🚤搭水上巴士1號線在Ca 'd'Oro
站下 🏠Cannaregio 3932
(Strada Nuova) ☎520-0345
🕐週一8:15~14:00，週二至週日
8:15~19:15 💲全票€6、優待票
€3，每月第一個週日免費，展覽期
間門票價格依展覽異動 🌐www.
cadoro.org

黃金宮的外牆原本貼著金
箔，儘管如今被大水不斷侵蝕
而失色，然而它精雕細琢的窗
台仍然十分驚豔，典型的威尼
斯哥德式建築，是大運河上最
美的宮殿之一。

1420年威尼斯的貴族孔塔里尼(Marion Contarini)興建這棟豪
宅時，用了當時最昂貴的塗料，還加入了金箔，使得外牆有如
同黃金般耀眼奪目，但是多年來經過屢次的修改和整建，再加
上大水的不斷侵蝕，黃金屋已經褪色不少。尤其是1864年，一
個俄國芭蕾舞伶成為它的屋主時，像發瘋似的大肆破壞這間屋
子，後來在1915年由法蘭克提男爵將它捐給威尼斯政府之後才
得以保存，而成為今日的美術館。黃金宮內部所收藏的多半是
15世紀的雕塑及繪畫，其中以提香的畫最為傳神。

6. 利雅德橋 Ponte di Rialto

🚤搭水上巴士1號線在Rialto站下

原本建於13世紀的木橋是威
尼斯本島第一座橋樑，15世紀
中因為一次大型活動，橋上民
眾太多而踩壞了木橋，才開始擴建。水都經過了70多年的比稿
與爭論之後，終於在1591年完成這座石橋，當年建橋過程中所
耗掉的經費，換算成今天的歐元，相當於2,000萬。

屬於文藝復興風格的利雅德橋，白色的身影高雅地橫跨於大
運河上，不只橋上店家林立，兩旁活潑的市場及餐廳更是經常
聚集大批人潮，是最能看到水都生命力的地方。這裡也是威尼
斯重要的商業中心，許多公司行號及金融機構都設立在周邊。

7. 佛司卡力宮 Ca'Foscari

🚤搭水上巴士1號線在S. Toma站下

此宮是西元1437年時，為當時的總督佛司卡力而建，而且和隔壁的裴斯提安宮(Palazzo Giustinian)緊緊相連而成雙子宮殿。其蛋型尖拱窗和鏤空十字葉裝飾說明了它的哥德風格，最上層的尖拱則呈三葉狀，是威尼斯當地發展出的特殊形式，屬於後期威尼斯哥德建築風的成熟表現。這座建築目前為威尼斯大學所使用。

8. 雷佐尼可宮 Ca'Rezzonico

🚤搭水上巴士1號線在Ca'Rezzonico站下 🏠Dorsoduro 3136 ☎241-0100 🕙11~3月：10:00~17:00；4~10月：10:00~18:00 休週二 💲全票€10、優待票€7.5 🌐carezzonico.visitmuve.it

這座看起來和佩沙洛宮非常神似的宮殿，也是屬於17世紀的巴洛克式建築，兩者的宿命也很相像，原本都是由水都的巴洛克建築大師隆格納所設計，卻在蓋完第一層時他就與世長辭，因此由別人來續建。此宮搜集了18世紀威尼斯的傢俱和畫作，以及提波羅(Tiepolo)的溼壁畫。

9. 學院木橋 Ponte Accademia

🚤搭水上巴士1號線在Accademia站下

當船行到了學院木橋就是快到達大運河尾端，續往前行就是最熱鬧的聖馬可廣場，而且也會看到威尼斯的離島。位於學院木橋旁的白色新古典風格建築，就是藝術學院美術館。

10. 佩姬古根漢美術館 Collezione Peggy Guggenheim

🚤搭水上巴士1號線在Salute站下 🏠704 Dorsoduro ☎240-5411 🕙週三至週一10:00~18:00 休週二 💲全票€15、優待票€9 🌐www.guggenheim-venice.it

這棟一層樓的18世紀花園別墅是威尼斯少有的單層建築，1949年被美國的富家女佩姬古根漢買下來，館內共有200多件現代繪畫和雕塑名作，包括畢卡索、達利、夏卡爾等人的作品，這裡的現代藝術和威尼斯畫派截然不同。美術館的花園裡有排列整齊的雕塑，佩姬古根漢過世後也葬在此地。

水上搖曳的浪漫詩歌──貢多拉Gondola

貢多拉是威尼斯最具代表性的傳統木船，長約12公尺，由280塊木板組成，最特別的是船隻的左右兩邊不對稱，船身向右傾斜，船夫則站在左側船尾划船，因此船總是側一邊向前行進。船頭以六齒梳裝飾，據說最上面代表威尼斯總督的帽子，下面六齒則代表威尼斯的六個行政區。

從前船上有各式各樣奢華的裝飾，直到16世紀當地律法限定貢多拉的華麗程度，並且規定船隻一律是黑色的，而成了現今的模樣，不過為了吸引如織的遊客，現在貢多拉船頭和座椅裝飾也越來越豪華。昔日船夫的行業是父子傳承，現在則需要經過考試取得牌照，標準裝扮是一件紅白或藍白條紋襯衫搭配草帽。

在威尼斯搭乘貢多拉是必體驗的活動，一艘船最多乘坐6人，可以和其他旅客共乘來分攤費用，基本上每艘船40分鐘航程的官方報價為€80，20:00~8:00之間每艘船約€100。為了避免糾紛，上船前一定要和船夫再次確認價格。

11. 安康聖母瑪利亞教堂 Basilica di Santa Maria della Salute

🚤搭水上巴士1號線在Salute站下 🏠Fondamenta Salute ☎241-1018 🕙9:00~12:00、15:00~18:00 🌐basilicasalutevenezia.it

1630年時黑死病第二次侵害威尼斯，奪走約45000人的生命（約1/3人口），當時的元老院立下誓言，若聖母能解救他們逃離此劫，就蓋一座教堂奉獻。黑死病過後，這座華麗的圓頂教堂，由隆格納大師操刀設計，展現水都巴洛克風格的極致。

可惜的是隆格納去世之後5年，這座擁有八角形外觀的紀念性教堂才終於落成，前後共費時長達半個世紀。不過大師的心血並沒有白費，如今它已成為水都大運河畔最具代表性的地標之一，在聖馬可廣場遠眺夕陽西下的威尼斯黃昏時，就可看到教堂最美麗的剪影。教堂內部同樣有著價值連城的畫作，在聖器收藏室內有數幅提香的畫作及丁特列多的《迦納的婚禮》(The Marriage of Cana)，都是不容錯過的藝術品。

聖馬可廣場

Piazza di San Marco

海上女王的皇冠

🚤搭水上巴士1號停靠Vallaresso或San Zaccaria站、2號停靠Giardinetti站、5.1或4.1停靠San Zaccaria站

MOOK Choice

隨著水都歷史的發展，聖馬可廣場成為威尼斯的政治重心，重要的建築如拜占庭式的大教堂與哥德式的總督宮皆在此，拿破崙曾讚譽這裏是「歐洲最美的客廳」。入夜之後的聖馬可廣場更是迷人，樂聲與翩翩起舞的人們，為水都增添濃濃的浪漫氣息。

聖馬可廣場由一整片建築群包圍而成，包括教堂、鐘樓、總督宮、新舊法官官邸、市立科雷博物館等。廣場邊的咖啡館是威尼斯的社交中心，自古以來，文人墨客流連於此，拜倫、海明威等都對這裡的風情讚頌不已，聖馬可廣場像海上女王威尼斯的王冠，散發璀璨光芒。

廣場最熱鬧的時刻莫過於每年二月的威尼斯嘉年華，盛裝奇扮的人物將場景拉回17世紀，那種世紀末墮落的奢靡，恣意享樂的徹夜狂歡，至今仍充滿了致命的吸引力。

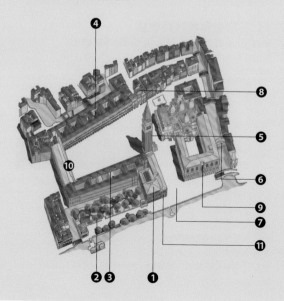

1. 鑄幣所 Zeccbino

由建築大師山索維諾(Sansovvino)於1537年所設計，直到1870年為止都是威尼斯的鑄幣所。

2. 皇家小花園 Giardini ex Reali

19世紀初期所建的皇家小花園，充滿綠蔭，是休憩的好去處。

3. 新大法官邸 Procuratie Nuove

這裏曾是威尼斯共和國行政長官辦公之處，隨著城市擴張與發展，舊官邸不敷使用，所以在16~17世紀左右建立新辦公室。現在是整排的禮品店和咖啡館，其中最著名的店家，當屬19世紀時期藝術家及文學家最常流連的花神咖啡館(Caffè Florian)。

4. 舊大法官邸 Procuratie Vecchie

舊大法官邸前擺滿了露天咖啡座，還有現場音樂演奏，其中一家咖啡館是奧國佔領期間，頗受歡迎的油畫咖啡館(Caffè Quadri)。

5. 鐘樓 Campanile

高98.5公尺的鐘樓是廣場上最顯著的目標。建於1173年的原始鐘樓因過高過重，而於1902年坍塌，不過在加強地基之後，與原塔一模一樣的鐘樓又於1912年時再度立起，鐘樓最上方放置的是大天使伽百利的風向標。

7. 雄獅小廣場 Piazzetta

雄獅小廣場就位於大教堂旁，臨着運河邊豎立了兩根由君士坦丁堡運來的石柱，一根柱頭上是聖特歐多羅(San Teodoro)，在東正教堂經常出現的武聖人)，另一根

則是聖馬可的石獅子。這尊石獅子曾被拿破崙掠奪到巴黎，歷經18年才重回威尼斯，現在這頭有雙翼的獅子，已經成為威尼斯的象徵，廣場也因此得名。

8. 鐘塔 Torre dell'Orologio

🏠Piazza San Marco ☎848-082-000（預約電話）🕐英文導覽週一至週三10:00、11:00，週四至週日14:00、15:00 💲全票€12、優待票€7。持鐘塔門票可免費參觀科雷博物館、國家考古學博物館以及聖馬可圖書館紀念廳 🆙torreorologio.visitmuve.it

鐘塔是進入廣場的入口之一，這是15世紀由柯度奇(Mario Coducci)所建造，上面的時雷原是為航海用途而設計。塔上的神龕供奉著聖母與聖嬰，每年聖母升天日的那個禮拜，會有東方三聖人由側門出來向聖母膜拜；頂端則是兩尊摩爾人銅雕，專司敲鐘報時。進入鐘塔參觀一定要事先電話或至官網預約，並提前5分鐘於柯雷博物館售票處集合。

6. 嘆息橋 Ponte dei Sospiri

連結著總督宮和旁邊的地牢有一座非常有名的嘆息橋，聽說戀人們在橋下接吻就可以天長地久，而這裡也是電影《情定日落橋》的取景地。事實上，當犯人在總督宮接受審判之後，重罪犯被帶到地牢中，可能就此永別俗世了，所以在經過這座密不透風的橋時，不自主的發出嘆息之聲，正是這座橋的名稱由來。

嘆息橋興建於1600年，也是威尼斯的必訪景點之一，參觀地牢可由總督宮進入。

9. 總督宮 Palazzo Ducale

🏠San Marco 1 ☎271-5911 🕐11~3月：8:30~17:30；4~10月：8:30~19:00 💲聖馬可廣場博物館通票(i Musei di Piazza San Marco)，包含總督宮、科雷博物館、國家考古學博物館以及聖馬可圖書館紀念廳四處門票。全票€19、優待票€12。通票3個月內有效。🆙palazzoducale.visitmuve.it

總督宮是歷任威尼斯總督的官邸所在，這座雕鑿細緻的哥德式建築，最早的建築體完成於9世紀，但是在10和12世紀兩度遭到大火燒毀破壞，外觀在14和15世紀時重新整建。

從聖馬可教堂旁邊的的信紙大門(Porta della Carta)可進入總督宮的一樓中庭，然後由東側的黃金階梯可上到二、三樓，有不同的廳室開放遊客參觀，在每一間廳室裡都有非常漂亮的濕壁畫。

最值得一看的是三樓的會議大廳，可同時容納2000人，在總督寶座的後面是一幅非常巨大的壁畫，是由威尼斯知名畫家丁特列多(Jacopo Robusti Tintoretto)在1590年所繪製的《天國Paradiso》，占滿了整面牆，高7.45公尺寬21.6公尺，是當時世界上最大的一幅油畫，即使在今天也算是非常少有的巨幅畫作，而那也是威尼斯藝術顛峰時期的代表作，是嬌飾主義風格的極致表現。除此而外，牆上還有76位歷任的威尼斯總督畫像。

10. 科雷博物館 Museo Correr

🏠San Marco 52 ☎240-5211 🕐4~10月：10:00~19:00；11~3月：10:00~17:00 💲同總督宮 🆙www.museicivicivenezian.it

富有的神父特歐多羅，科雷於1830年將其私人收藏捐贈給水都，因而成立這座值得參觀的科雷博物館。裡頭有著大量與繪畫、印刷品、錢幣以及總督肖像畫有關的收藏，以及相當精采的威尼斯藝術展覽。

11. 山索維諾圖書館 Libreria Sansoviniana

這座圖書館被帕拉底奧(Palladio)讚美為：「可能是古羅馬希臘時代以來裝飾得最為富麗堂皇的建築」，裡頭除了丁特列托和提香等大師的繪畫之外，還收藏了不少珍貴的著作。

183

MAP ▶ P.176D4

聖馬可大教堂

MOOK Choice

Basilica di San Marco

拜占庭建築的極致之作

🚤搭水上巴士1號停靠Vallaresso或San Zaccaria站、2號停靠Giardinetti站、5.1或4.1停靠San Zaccaria站 🏠 Piazza di San Marco ☎270-8311 ⏰教堂：週一至週六09:45~17:00、週日和假日14:00~17:00，11~3月週日至16:00；聖馬可博物館09:45~16:45；黃金祭壇和寶物室；週一至週六09:45~17:00、週日和假日14:00~17:00，11~3月週日至16:00；鐘塔：4~6月、10月9:00~19:00，7~9月9:00~21:00，11~3月9:00~15:45 💰教堂免費；聖馬可博物館€5；黃金祭壇€2；寶物室€3；鐘塔€8 ⓦwww.basilicasanmarco.it ❶1. 排隊進入教堂的遊客非常多，常需要等40分鐘以上，建議先上網預約時段。2. 教堂內部禁止拍照，禁止帶大包包入場，可免費寄物，寄物處在一旁巷子內。

擁有五座大圓頂的聖馬可教堂，是水都的主教堂。聖馬可教堂不僅只是一座教堂而已，它是一座非常優秀的建築，同時也是一座收藏豐富藝術品的寶庫。

西元828年威尼斯商人成功地從埃及的亞歷山卓偷回聖馬可的屍骸，水都的居民便決定建一座偉大的教堂來存放這位城市守護神的遺體。威尼斯因為海上貿易的關係和拜占庭王國往來密切，

這段時期的建築物便帶有濃濃的拜占庭風，聖馬可大教堂就是最經典的代表。

教堂的前身建於9世紀，用來供奉聖馬可的小教堂，在一場火災後重建，於1073年完成主結構，至於教堂的正面五個入口及其華麗的羅馬拱門，則陸續完成於17世紀。

聖馬可教堂融合了東、西方的建築特色，從外觀上來欣賞，它的五座圓頂構想據說是來自土耳其伊斯坦堡的聖索菲亞教堂；正面的華麗裝飾是源自拜占庭的風格；而整座教堂的結構又呈現出希臘式的十字形設計。

走進教堂內部，從地板、牆壁到天花板上，都是細緻的鑲嵌畫作，其主題涵蓋了十二使徒的佈道、基督受難、基督與先知以及聖人的肖像等，這些畫作都覆蓋著一層閃閃發亮的金箔，使得整座教堂都籠罩在金色的光芒裡，難怪教堂又被稱為黃金教堂。

你還可以見識到豐富的藝術收藏品，這些收藏都是來自世界各地的，因為從1075年起，所有從海外返回威尼斯的船隻都必須繳交一件珍貴的禮物，用來裝飾教堂。

3. 聖馬可祭壇

教堂最裡面可見14世紀哥德式的屏幕，屏幕內是安放聖馬可遺體的祭壇，據說聖馬可的遺體曾在976年的祝融中消失，新教堂建好後，才又重現於教堂內。就在聖馬可石棺上方，有一座黃金祭壇(Pala d'Oro)，高1.4公尺、寬3.48公尺，上面共有2000多顆的各式寶石如珍珠、祖母綠和紫水晶等。

1. 正門及立面的馬賽克鑲嵌畫

教堂中央大拱門雕飾著羅馬式的繁複浮雕，描繪一年之中不同月份的各種行業。

教堂的正面半月楣皆飾有美麗的馬賽克鑲嵌畫，描述聖馬可從亞歷山卓運回威尼斯的過程。傳說當時聖馬可遺體就是藏在豬肉堆內，以躲過伊斯蘭守衛的監視而運回威尼斯。這五幅畫分別為《運回聖馬可遺體》、《遺體到達威尼斯」》、《最後的審判》、《聖馬可的禮讚》、《聖馬可運入聖馬可教堂》等五個主題。

2. 銅馬

正門上方四匹銅馬是第四次十字軍東征時，從君士坦丁堡帶回來的戰利品，1797年時又被拿破崙搶到法國，直到19世紀才又送回威尼斯，不過目前教堂上方的是複製品，真品目前存放於教堂內部。

4. 圓頂

主長廊的第一座圓頂主題為《聖靈降臨》，以馬賽克裝飾化身為白鴿降臨人世的聖靈。而稱為《聖母升天》的主圓頂也是用馬賽克裝飾出天使、十二使徒，以及被他們包圍住的耶穌及聖母，是由一群威尼斯優秀的工匠在13世紀所完成的。

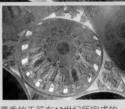

5. 聖馬可與天使

三角楣內的展翅雄獅正是聖馬可的象徵，也成為威尼斯的象徵。獅子手持《馬可福音》，頂上的聖馬可與天使雕像則是15世紀加上去的。

MAP ▶ P.177E4

聖喬治馬喬雷教堂
Chiesa di San Giorgio Maggiore
帕拉底奧的古典傑作

🚤搭水上巴士2、N號線在S. Giorgio站下 🏠Isola di S.Giorgio Maggiore ⏰5~9月：週一至週六9:30~18:30、週日8:30~11:00 14:30~18:30；10~4月：週一至週六9:30~黃昏，週日8:30~11:00、14:30~黃昏。💲教堂免費，鐘塔全票€5，優待票€3

這座漂亮的教堂出自大師帕拉底奧(Andrea Palladio)之手，是典型的帕拉底奧式建築，可惜大師未能看到完工後的模樣。中世紀的威尼斯開始與東方通商，發展出屬於自己獨特的建築風格，例如威尼斯的哥德式風，就是一種混合了拜占庭圓頂、伊斯蘭尖塔及哥德式拱門、四葉飾雕刻的建築。

帕拉底奧在威尼斯重現一系列古典風格的建築，是建築界一個重要的里程碑。這座教堂打破當時以哥德式為主流建築的風潮，在威尼斯呈現古典建築簡約和諧的特徵，並運用類似古羅馬浴場的設計來打造這座教堂。除了建築，教堂內也有大師丁特列多的藝術品，分別是《最後的晚餐》(Ultima Cena)、《天上的馬納》(Caduta della Manna)，以及其晚年的傑作《卸下聖體》(Deposizione)。

鐘樓上可以遠眺威尼斯及潟湖全景。位在離島的聖喬治馬喬雷教堂，遠離了主要觀光區，觀光客相對較少，一旁碼頭靜靜地停滿船隻，更顯出此處的僻靜。

MAP ▶ P.176C4

藝術學院美術館

MOOK Choice

Gallerie dell'Accademia
威尼斯畫派寶庫

🚤搭水上巴士1號線在Accademia站下 🏠Dorsoduro n. 1050 ☎520-0345 ⏰週一8:15~14:00，週二至週日8:15~19:15 休週一下午 💲全票€9、優待票€6 🌐www.gallerieaccademia.org

藝術學院美術館屬於18世紀水都的新古典風格，這個時期強調簡化建築元素，不過它的內涵遠比外觀重要，因為這裡是威尼斯藝術最大的收藏中心，威尼斯畫派的最大特色便是色彩豐富飽滿、質感細緻及光影的技巧性應用。

從中世紀的拜占庭風格到文藝復興及巴洛克時期的傑出名畫，全都收藏在館內，可說是威尼斯美術史的縮影。這些收藏有不少是來自於修道院和教堂。

這些威尼斯畫派的大師包括：15世紀威尼斯畫派開山始祖貝里尼(Bellini)兄弟、早夭的天才喬久內(Di Castelfranco Giorgione)，16世紀代表當然是擅用金色的提香(Titian)、銀色的維若內塞(Paolo Veronese)及丁特列多（Jacopo Robusti Tintoretto）。此外，還有為巴洛克開啟決定性一扇窗的卡拉瓦喬(Caravaggio)，以及18世紀以風景畫出威尼斯面貌的卡納雷多(Canaletto)。

威尼斯畫派

喬凡尼·貝里尼(Giovanni Bellini，1430-1516)

貝里尼一家(父、兄弟、妹婿)幾乎壟斷了15、16世紀的威尼斯畫壇，尤其是弟弟喬凡尼·貝里尼，他可說是文藝復興威尼斯畫派之父。貝里尼擅長將人物以靜物畫的方式處理，將樸素、死板的宗教畫加入人性情感，加上受到法蘭德斯畫派的影響，使用色彩繽紛的油彩作畫，畫面柔和且色彩豐富，運用光和陰影的交替取代原本以線條表現輪廓的方式。

喬久內(Di Castelfranco Giorgione，1477-1510)

貝里尼教出兩位成就更高的弟子：師兄喬久內與師弟提香。提香認為師兄比師父有才氣，於是以兄為師，氣惱了貝里尼，而把兩人趕出師門。由此事也可知喬久內的天縱英才，有人說，若非他早夭，他將是美術史上的巨人。

喬久內的畫風受達文西的影響，線條柔美、描繪深刻，而且風景在畫面中占有很大的比例，這是過去繪畫中少有的結構和型式。喬久內的《暴風雨》(The Tempest)雖是美術館中極知名的大師作品，畫中的含意、人物卻無從得知，充滿了神秘感，不過喬久內的用色，以及運用簡單背景來創造主題，讓畫作充滿想像力，也是史無前例的作法。

提香(Titian，1488-1576)

古典型式和詩意的畫面，是提香成為威尼斯畫派最偉大畫家的原因，他自認是一位詩人畫家；提香充分把威尼斯黃金波光、明暗調的變化帶進畫作中，讓畫面有種溫暖和鮮豐的彩度，「提香金」因此成為一個專門的色彩名詞。

提香也愛用紅色，他曾為西班牙皇室服務，西班牙最偉大的畫家委拉斯奎茲(Velazquez)就大量採用提香紅及提香的構圖，而在巴洛克藝術史上占有一席之地。《聖殤》(Pietà)是提香晚期的作品，在他去世後由小巴馬完成(Palma the Younger)，基督瘦弱的身體彷彿在發光似的，基督右邊披著紅袍的人物可能是提香最後的自畫像。

丁特列多(Jacopo Robusti Tintoretto，1518-1594)

丁特列多追求的是向米開朗基羅學習線條，向提香學習色彩運用，以此開創自己獨特的風格。丁特列多在學習作畫時以臘像模型研究人體在不同光線下的線條變化，所以他的畫中對光線明暗的掌握度相當高，富動態的構圖，在空間中安排特別的視點，有時甚至會讓人產生頭暈目眩的戲劇張力。美術館典藏的《聖馬可的奇蹟》（The Miracle of St. Mark Freeing the Slave）畫中，聖徒降臨帶來的光，和地上的奴隸身上的光源就產生巧妙連結，而群眾的肢體、位置和視線也讓觀賞者一齊聚焦在主角奴隸身上。

維若內塞 (Paolo Veronese，1528-1588)

擅長畫聖經及寓言故事的維若內塞，由於喜歡用華麗的色調、動物及貴婦，使人常摸不清他作畫的原始動機，而惱怒委託人，維若內塞一度還惹上蔑視宗教的罪名，例如維若內塞的《利維的家宴》(Feast in the House of Levi)，這幅畫原本主題是《最後的晚餐》，可是畫家不夠莊嚴的描繪，而被改名為《利維的家宴》。

不過維若內塞的畫作很能代表16世紀威尼斯富裕昇平的景象。

聖扎卡利亞教堂

Chiesa di San Zaccaria

融合哥德與文藝復興風格

🚤搭水上巴士1、2、4.1/4.2、5.1/5.2、N、B號於S. Zaccaria站下 🏠Campo S. Zaccaria ☎522-1257 🕐週一至週六10:00~12:00、16:00~18:00，週日16:00~18:00

教堂最原始的建築奠基於9世紀，而且長久以來一直受到歷任總督的特別保護。

1444年整座教堂被重新改建，首位建築師岡貝婁(Gambello)以哥德式打造了教堂的正面，不過他去世後接任的柯度奇(Coducci)，卻以文藝復興的手法完成教堂的上部，因此成為今天我們所看到的混合風格外觀。

內部是最引人注目的祭壇畫《聖母與四聖人》(Madonna in trono e santi)，乃出自喬凡尼‧貝里尼之手；右邊的禮拜堂裡，有丁特列多早期的畫作《施洗者約翰的誕生》(Nascita del Battista)。

聖喬凡尼與聖保羅教堂

Chiesa dei Santi Giovanni e Paolo

威尼斯的萬神殿

🚤搭水上巴士22、4.1/4.2、5.1/5.2、B號於Ospedale Civile站下 🏠Dzielnica Castello ☎523-5913 🕐週一至週五9:00~18:00，週六、日12:00~18:00 💲€3.5 🌐www.basilicasantigiovanniepaolo.it

威尼斯兩座最大的哥德式教堂之一，由多明尼各教士從13世紀起一直興建到15世紀。

教堂亦被稱為威尼斯共和國時期的萬神殿，裡面葬了25位總督，有些墓碑雕刻得美輪美奐。教堂中的壁畫也有不少出自名家之手，像是喬凡尼‧貝里尼的祭壇畫《聖文森費爾》(St Vincent Ferrer)、韋瓦里(Alvise Vivari)的《揹十字架的基督》(Christ Carrying the Cross)，以及勒托(Lorenzo Lotto)的《聖安東尼》(St Antonine)等。

此外，位於南翼的禮拜堂中有一尊拜占庭式雕像《和平聖母》(Madonna della Pace)，其中保存的聖骨則是「西恩納的聖凱瑟琳」(St Catherine of Siena)的一隻腳。

教士的榮耀聖母教堂

Basilica di Santa Maria Gloriosa dei Frari

威尼斯畫派大師妝點祭壇

🚤搭水上巴士1、2、N號線在S. Toma站下 🏠Campo dei Frari 🕐週一至週六9:00~18:00、週日13:00~18:00 💲€3 🌐www.chorusvenezia.org

這座哥德式教堂建於13世紀，內部的藝術價值不可小覷。中央祭壇擺放的是光影大師提香非常有名的《聖母升天》(Assunta)以及《佩沙洛宮的聖母》(The Madonna di Ca'Pesaro)，此外還有喬凡尼‧貝里尼(Giovanni Bellini)的作品。

教堂內還有雕刻大師卡諾瓦(Canova)的墓，這座墓原是卡諾瓦為提香設計的，可惜未動工前他就去逝了，由他的學生指導施工建造，獻給他們的老師，墓中安放著卡諾瓦的心臟。

威尼斯嘉年華

2月份的歐洲，沒有一個城市可以與威尼斯爭峰。威尼斯嘉年華是不分階級的、恣意享樂的、異國氛圍的、神秘艷情的，400多年來，嘉年華依然在威尼斯的水巷間散發著誘人的色彩。

據說，威尼斯嘉年華的起源於西元1162年，為慶祝威尼斯國對抗烏里可(Ulrico)的戰役勝利，該年，威尼斯籠罩在歡樂無比的勝戰氛圍裡，大型的聯合舞會在聖馬可廣場接連舉辦，17世紀時，縱情狂歡的慶祝方式更發展到極致，空前的盛況成為歐洲人百年來的深刻印象。

聖馬可廣場是嘉年華的重點區域，所有的表演都在這裡舉行。參加活動的貴族穿上天鵝絨長褲，披上斑斕的披肩，戴上插著三根羽毛的大禮帽，也有人會帶上面具，或化妝成特殊的造型。奇裝異服表演者們在廣場上顧盼生姿地走著，供民眾拍照，接受大家讚賞的眼光，晚上廣場中搭起大型的露天晚會舞台，邀集各國的音樂舞蹈團體演出。而觀光客也在「繪臉師」的巧手下，在臉上描繪圖案，灑上金粉，忘情投入狂歡的節奏。

MAP ▶ P.176D2

奇蹟聖母瑪利亞教堂
Santa Maria dei Miracoli
威尼斯文藝復興的寶石

🚤搭水上巴士1、2、N號線在Rialto站下　⏰週一至週六10:00~17:00　休週日　$€3　ⓦwww.chorusvenezia.org

這座小巧的教堂躲在不起眼的小巷弄裡，傍河而立。

建於15世紀下半葉，屬於文藝復興前期的風格，半圓筒狀的屋頂覆蓋在長方形的主體上，形成半月眉狀的特殊正面；外部全被飾以仔細切割的彩色大理石，像一個精緻的珠寶盒，也因此這座深受水都居民所喜愛的教堂，又被暱稱為「威尼斯文藝復興的寶石」。

MAP ▶ P.176B3

聖洛可大學校
Scuola Grande di San Rocco
丁特列多壁畫大作

🚤搭水上巴士1、2、N號線在S. Toma站下　🏠San Paolo 3052　☎523-4864　⏰9:30~17:30　$全票€10、優待票€8（含語音導覽）　ⓦwww.scuolagrandesanrocco.it

聖洛可為保護水都不受瘟疫侵襲的守護神。而這種教會所創立的「學校」(Scuolo)是威尼斯特有的組織，是兄弟會為貧病階級提供援助之慈善機關。

學校於1564年舉行室內裝飾的競賽，丁特列多直接以完稿圖取代草稿，並將他的作品《聖洛可的榮耀》(San Rocco in Gloria)獻給聖洛可，所以校方不得不採用，並因此獲得在內牆及天花板上作畫的機會。

MAP ▶ P.176D4 花神咖啡館 Il Caffè Florian

🚤搭水上巴士1號停靠Vallaresso或San Zaccaria站 🏠Piazza San Marco, 56 📞520-5641 🕐一至週四10:00~21:00，週五、六9:00~23:00，週日9:00~21:00 ⓦwww.caffeflorian.com

這間1720年時創立於聖馬可廣場上的咖啡館，是威尼斯、甚至義大利最古老的咖啡館之一，由於坐擁聖馬可廣場的美景和歡樂的氣氛，使得它不但廣受文人和藝術家的喜愛，更是觀光客前往當地朝聖的地點之一。咖啡館內裝飾著華麗的壁畫，戶外的露天座位則洋溢著現場演奏的音樂，良好的服務和高品質的產品，讓花神咖啡館成為優雅的代名詞，從它附屬商店出售咖啡、巧克力、茶、甚至桌巾、餐具等琳瑯滿目的商品，便不難看出這間咖啡館有多成功。

MAP ▶ P.176C3 Osteria Ai Assassini

🚤搭水上巴士1號於San Angelo站下 🏠San Marco 3695 📞528-7986 🕐一至週六12:00~15:00、18:45~22:00 🌙週日 ⓦwww.osteriaaiassassini.it

離開威尼斯聖馬可廣場擁擠的人潮吧！基本上，那裡許多的餐廳都是專為觀光客而設立。Ai Assassini需要一點點動力氣才找的到，坐落在一條寂靜的巷子裡，店名是義大利文「殺手」的意思，藉以諷刺喝酒過量。餐廳內燈火昏黃，光是吧台的瓶瓶罐罐就已經很嚇人了，幾乎每桌客人都有一壺葡萄酒，或是一大瓶啤酒，難怪會喝酒過量。這裡供應一些下酒的小菜，你不妨試試玉米糕、或是加上乳酪的烤蕃茄。

MAP ▶ P.176B2 Brek

🚤從聖露西亞火車站步行約3分鐘 🏠124 Lista di Spagna 📞244-0158 🕐11:30~22:00 ⓦwww.brek.com

Brek這個招牌在義大利各大城市都看得到，在威尼斯就有三間。看到它，便意味著方便、價廉，特別是在威尼斯這種物價高昂的城市，Brek提供另一種選擇。如果不想為吃耗費太多時間，或為三餐傷腦筋，不妨在吧台點個東西帶著走，或者點份簡餐也很方便。

MAP ▶ P.176D4 油畫咖啡館 Ristorante Gran Caffè Quadri

🚤搭水上巴士1號停靠Vallaresso或San Zaccaria站 🏠Piazza San Marco 121 📞522-2105 🕐12:30~14:30、19:30~22:30 🌙週一 ⓦwww.quadrivenice.com

油畫咖啡館同樣位於聖馬可廣場上，是現存威尼斯最古老的咖啡館之一！聖馬可廣場成為咖啡館的大本營其來有自，1683年廣場上出現了威尼斯的第一家咖啡館，到了Giorgio Quadri時期，廣場上更是多達24間咖啡館，而油畫咖啡館的歷史也是出現在這個時候。創立於1775年，一位從他鄉來的年輕人帶著他所有的財產和希臘妻子一同到威尼斯謀生，賣起了所謂「煮熟的黑水」，他或許怎麼也沒想到，油畫咖啡館居然能見證威尼斯共和國的存亡，並成為世界上少數歷經時代變遷卻依舊無損其時尚魅力的餐廳。咖啡館在1830年開始增設餐廳，來拜訪過的名人無數，包括法國小說家斯湯達、普魯斯特，以及法國總統密特朗和美國導演伍迪艾倫等。

MAP ▶ P.176C1 Osteria ai 40 Ladroni

🚤搭乘水上巴士4.1/4.2、5.1/5.2於S.Alvise下船 🏠Centro Storico fondamenta de la Sensa No. 3253 📞715-736 🕐12:00~14:30、19:00~22:15 🌙週一 💶€9~15

這間餐廳離威尼斯主要景點有點遠，位於Cannaregio區，如果你選擇下榻附近，不妨來品嚐這間餐廳的美味，連當地人都推薦。它是此區著名的海鮮餐廳，重點是，在物價昂貴的威尼斯，這間餐廳相對來說味美價廉。服務人員相當親切，不妨接受他們推薦的菜色；天氣好的時候，坐在運河邊用餐是一大享受。

MAP ▶ P.176D4 Harry's Bar

🚤搭水上巴士1號於S. Marco站下 🏠Calle Vallaresso 1323 📞528-5777 🕐10:30~23:00 ⓦwww.cipriani.com

從一位糕點師傅、到飯店服務生，而後成為酒館擁有者，Giuseppe Cipriani因為熱愛服務人群以及與人們接觸，進而從求職的途中一路找到人生的目標，在1931年時創立了Harry's Bar。當時的威尼斯已然是歐洲人熱愛前往的旅遊城市，位於聖馬可廣場旁的昔日纜繩倉庫的Harry's Bar，打從第一天營業開始就生意絡繹不絕，翻閱它的Guest Book，造訪的名人包括卓別林以及古根漢基金會的佩姬古根漢。

MAP ▶ P.176D2
魚市場與市集
Pescheria & Mercato

🚤搭水上巴士1、2、N、A號到Rialto站下 🏠位於利雅德橋(Ponte di Rialto)北側的運河邊

撇下威尼斯什麼都貴的印象，不論吃或買，到傳統市場都可以找到最常民的食物和伴手禮。這個傳統市場已經有600年歷史，位於威尼斯交通中樞利雅德橋的北面，與黃金宮對望。市場以魚市的敞廊為核心，擺滿了亞得里亞海捕撈上來的新鮮魚獲，周邊則是一攤攤的蔬菜、水果，以及土產店。既然是水都的市集，你看不到任何車輛，上貨卸貨全靠船運，也是別緻一景。由於魚市到中午便結束營業，愈是早起，愈能看到市場繁忙的景象。

MAP ▶ P.176D3
Bottega dei Mascareri

🚤搭水上巴士1號線在Rialto站下 🏠San Polo 80 ☎522-3857 ⏰9:00~18:00 🌐www.mascarer.com

這間專門販售威尼斯手工面具的商店，由Sergio和Massimo Boldrin兩兄弟創立於1984年，坐落於利雅德橋附近。在它不算大的店面裡，擺滿了各式各樣的面具，櫥窗中琳瑯滿目的展示著一件件充滿藝術風格的作品。走進店裡，老闆就在工作坊裡一釘一鎚地打造精心製作的面具；你會發現這家店中有著許多非常獨特的面具，像是仿製提耶波羅(Tiepolo)畫作中的圖案，或是費里尼(Fellini)電影《Casanova》中Donald Sutherland戴的面具。

MAP ▶ P.176D4
Il Prato

🚤搭水上巴士1號於S. Maria del Giglio站下 🏠Calle delle Ostreghe 2456/8 ☎523-1148 ⏰10:00~19:30 🌐www.ilpratovenezia.com

這家位於S. Maria del Giglio教堂附近的商店，販售所有威尼斯最精緻的手工藝品，包括各種以傳統技術製成的產品。秉持原創、獨特和高品質三項要素，Il Prato店內所有的藝品全都以手工完成，其中包括文具、面具、木偶、皮質辦公室文具、男士旅行用的手提包等等，也提供產自歷史最悠久的慕拉諾玻璃工廠Barbini以及Vivarini的玻璃製品。產品包羅萬象，品質較佳，價格也偏高。

MAP ▶ P.176D2
G. Benevento

🚤搭水上巴士1號於S. Maria del Giglio站下 🏠Via Strada Nova 3991/3945 ☎522-0901 ⏰9:00~19:30 🌙週日 🌐www.gbenevento.it

這間從1883年就開幕的百年紡織老店，已經傳承了四代，名列維內多省15間最長壽的公司之一。櫥窗擺滿了極具威尼斯風情的家飾，只要跟紡織相關的絲、棉綢、緞、麻、紗、毛等各類織品，你都能在店裡找到。而各類織品製成的被單、床罩、毛巾、浴巾、抱枕套、廚房用品，不論是傳統古典花紋，還是現代風格，這裡一應俱全，若想以威尼斯風情來妝點你的家，不妨來此挑選。

MAP ▶ P.177E3
Artigian Carta

🚤搭水上巴士1、N號於S.Macro(Vallaresso)站下 🏠Sestiere Di San Marco, 1797 ☎522-5606 ⏰週一至週六10:00~19:00 🌙週日

相當高級而優雅的文具店，有皮革製的筆記本與義大利著名的雲石紙，產品造型雖然簡單，不過卻透著貴族般的氣質，連裡面的售貨員都西裝筆挺，一副溫文儒雅的模樣，附近還有專屬的工作坊可以參觀。

MAP ▶ P.176C1
Eurostars Residenza Cannaregio

🚤搭乘水上巴士4.1/4.2、5.1/5.2於S.Alvise下船 🏠da Cannaregio 3210/A con Calle dei Riformati 3210/A ☎524-4332 🌐www.eurostarsresidenzacannaregio.com 星等：★★★★

這棟從威尼斯傳統建築全新翻修的旅館，可以說充分結合了傳統與現代，旅館就依偎著河道邊，船隻從旅館邊悠悠蕩過，在此入住，可以充分體驗威尼斯式的浪漫。

建築的前身是一座修道院，過去的迴廊仍被保留著，在威尼斯水道邊眾多古老建築改裝的旅館中，你很難找到像Eurostars Residenza Cannaregio這般，把傳統與現代結合得如此完美，既保留了傳統木樑的古樸，又兼具現代化衛浴、床鋪的舒適。最特別的是，旅館還保留了傳統的水門(porta d'acqua)，客人除了從陸路走進旅館大門，還可以搭乘水上計程車或貢多拉，從水門進入旅館。

Tip：威尼斯的餐廳、購物和住宿

餐廳

●當年縱橫四海的威尼斯商人引進大量的東方物資，同時，也將口味特別的東方烹調技術帶入了威尼斯，因此，你可以感覺威尼斯的料理非但多元，而且口味又甜又酸。因為靠近亞得里亞海，使得海鮮成為威尼斯當地料理中的主角，如蝦子、鯷魚(Acciughe)、鱈魚(Baccalà)、淡菜…等，造就異於義大利其他地區的特色。

●遺憾的是，威尼斯的觀光商業氣息太過濃厚，你很難找到平價又美味的餐廳，多數的餐廳都是因應觀光客而設，服務態度和菜色供應與價格不成比例。可以這麼說，沒有觀光客菜單的餐廳，幾乎都是高級餐廳。

●不妨找間小酒館(Bacari)，品嚐威尼斯幾種傳統風味。非常傳統的豌豆濃湯(risi a bisi)、加入鯷魚醬的當地自製扁平細麵(Bigoli)、玉米糕加鹹鱈乾(Polenta& Baccala)並搭配威尼斯出產的上等白酒(Soave)，餐後別忘了提拉米蘇(Tiramisu)，來到發源地，怎麼能不嚐嚐這種苦甜交雜的滋味。

●聖馬可廣場上的咖啡館不便宜，如果有現場演奏，每人還要加收€3-6元的座位費。

購物

●因為威尼斯嘉年華，而讓面具成為威尼斯最熱門的伴手禮。除此之外，慕拉諾島(Murano)的彩色玻璃、布拉諾島(Burano)的蕾絲以及絲絹織品，都是採購名單上不可錯過的特色紀念品。

●平價商店多聚集在利雅德橋南側及聖露西亞東側一帶，至於聖馬可廣場附近的商店多半是威尼斯玻璃等高級藝術

品。至於LV、Chanel等名牌精品店，則聚集在聖馬可廣場外側。

●在聖馬可廣場的附近是威尼斯逛街的精華地段，每一條曲折的小巷道裡都有令人驚喜的發現。Calle dei Fabbri是一條充滿了驚奇的小街，雖然沒有名牌精品店，但街上有不少的面具專賣店、精緻的手工藝品和玻璃藝品店等。與之平行的Merceria街面比較寬，比較多精品和名牌專賣店。

住宿

●寸土寸金的威尼斯，加上終年遊人如織，可以說沒有一間旅館是便宜的。如果選擇住在本島，雖然依偎著水邊，增添不少浪漫，距離主要景點也近，但這些房子多半老舊，相對於昂貴的物價，要有CP值不高的心理準備。住在交通船方便的離島，是比較好的選擇。

●春、秋觀光旺季和冬天的嘉年華前後，旅館費會上漲3-4成，甚至翻倍，如果你厭惡威尼斯的高價與擁擠的人群，可以住到衛星城市麥斯特雷(Mestre)，甚至更遠的帕多瓦(Pardova)。麥斯特雷距離威尼斯約10分鐘的火車車程，帕多瓦約30分鐘。

●位於聖露西亞車站東邊的Cannaregio區，是旅館主要聚集地，從平價旅館到4星飯店都有，這一區的好處是不必拉著行李爬上爬下。此外聖馬可廣場的北側通往利雅德橋的路上及東邊的Castello，也是可以選擇的區域。

●距離聖露西亞火車站的遠近，以及附近是否有水上巴士停靠，這兩個條件必須有一個符合，否則初來乍到，拖著大行李，每過一條橋都是痛苦折磨，在訂旅館前，建議確定旅館所在方位。

帕多瓦

Padova

文●林志恆‧墨刻編輯部
攝影●林志恆‧墨刻攝影組

　帕多瓦被稱為美麗的大學城,市內洋溢著一股濃厚的學術氣息。伽利略曾於西元1592至1610年間在此任教,帕多瓦大學的醫學系在歐洲具有崇高的名聲,該大學不但是義大利歷史第二悠久的大學學府,1678年時,第一位義大利女性大學生也是在此畢業,而當時全歐洲的大學仍尚未允許女子就讀。

　帕多瓦的動人之處不只如此,文藝復興的繪畫之父喬托曾於1303至1305年為此城妝點,因此在知性的氛圍中,帕多瓦同時還帶著感性之美。此外,帕多瓦市區內有一座歐洲最古老的植物園被列為世界遺產。

INFO

基本資訊

人口:210,488　**面積**:92.85平方公里
區碼:(0)49

如何前往

◎火車

　帕多瓦位於米蘭連接威尼斯的鐵路線上,從米蘭前往,車程需2~2.5小時,威尼斯出發約30分鐘,維洛納出發約需1小時,從威欽只需20分鐘,班次均相當頻繁。詳細時刻及票價可於國鐵官網或至車站查詢,詳見P.37。

◎市區交通

　從火車站步行至市中心約15分鐘,可以步行遊覽大部分景點。火車站前的輕軌電車行經市區所有景點,

單程€1.2,車票可於書報攤或Tabacchi購買。

◎優惠票券－帕多瓦卡Padova Card

　帕多瓦卡免費參觀8個博物館和景點,免費搭乘公車和輕軌電車。48小時卡€16,72小時卡€21,可於市立博物館或電車巴士售票處購買,若要同時預約史格羅維尼禮拜堂,請至禮拜堂網站購買。

旅遊諮詢

◎火車站遊客服務中心

🏠Piazzale Stazione Ferroviaria 13/A　☎201-0080
🕐週一至週六9:00~19:00,週日10:00~16:00
🌐www.turismopadova.it

◎Pedrocchi遊客服務中心

🏠Vicolo Pedrocchi(靠近水果廣場)
🕐週一至週六9:00~19:00　🚫週日

MAP ▶ P.193B2

史格羅維尼禮拜堂

MOOK Choice

Cappella degli Scrovegni

文藝復興大師喬托顛峰之作

🚶從火車站步行前往約7分鐘 🏠Giardini dell'Arena ☎201-0020 🕐9:00~19:00 💲與市立博物館共通€13（已包含預約費用€1）。可使用帕多瓦卡，須另付預約費€1 🌐www.cappelladegliscrovegni.it ❗參觀史格羅維尼禮拜堂需預約，可於官網預約

這座教堂外表看起來可能稍嫌平凡，卻吸引了大量的觀光客，主要的原因是教堂內的壁畫，出自文藝復興之父－喬托(Giotto)所繪，現在已經呈現嚴重斑駁脫色的現象，不過大師的筆跡依然清晰可見，整座小小的教堂內，因為喬托艷麗的壁畫而顯得氣派非凡。

教堂建於1303年，是艾瑞可史格羅維尼(Enrico Scrovegni)專為他父親的墓園所建，因為他父親拒絕以基督徒的方式埋葬，於是他延聘當時佛羅

倫斯畫派的首席畫家喬托替教堂內部作裝飾，當時正值喬托創作的顛峰時期。喬托完成壁畫於1304~1306年之間，教堂內以三段敘述聖母瑪莉亞與耶穌的故事，其中最著名的是《猶大之吻與聖殤》，最靠近入口的是《最後的審判》。

MAP ▶ P.193B2

市立博物館

Museo Civico

收藏聖壇畫與威尼斯畫派

🏠Piazza Eremitani 8 ☎820-4551 🕐週二~週日9:00~19:00 休週一 💲與史格羅維尼禮拜堂相同 🌐padovacultura.padovanet.it/en/musei/city-museums

這座博物館是隱士教堂的附屬修道院，洋溢著獨特的閒逸氣息，共有兩層樓，一樓主要是古羅馬建築物的斷壁殘垣，二樓是威

尼斯畫派的繪畫作品。一樓的展示廳地面上鋪有羅馬時期的馬賽克磁磚，這裡可以欣賞到許多羅馬時期，甚至更早之前的塑像、石柱、錢幣。

二樓主要展出14~18世紀的繪畫作品，多是中世紀的聖壇畫，以聖經故事為刻畫重點，色彩都極為濃艷。最著名的館藏為喬托的《耶穌受難》(Crocifisso)。

博物館的中庭有座迴廊，極為恬靜，擺放一些大型石柱與拱門遺跡，平添幾許悠遠的歷史感。

MAP ▶ P.193B2

隱士教堂

Chiesa degli Eremitani

躲過戰火的名畫

🏠 Piazza Eremitani 📞 857-6410 🕐 夏季：8:15~18:45，冬季：7:30~12:30、15:30~19:00

在隱士廣場一片橫跨數千年歷史的建築群，隱士教堂是其中較明顯的目標。

這座教堂原來建於13世紀，是早期基督教風格的教堂，但是原來的教堂在二次大戰中遭到嚴重的破壞，現在看到的是戰後重建的部分，唯一幸運的是這座教堂最大的寶藏——蒙帖那(Mantegna)的壁畫依然部分被保留下來，這是蒙帖那20歲左右時的作品，其中有一幅《聖克里斯多福殉道》的壁畫，它能夠倖免於難，是因為戰爭前被移開。教堂旁邊傍著一片綠蔭的公園，則有古羅馬圓形劇場的遺跡。

MAP ▶ P.193A4

理性宮

Palazzo della Ragione

帕多瓦集會中心

📍 從火車站步行前往約15分鐘 🏠 Piazza delle Erbe 📞 820-5006 🕐 夏季：9:00~19:00，冬季：9:00~18:00 💤 週一 💲 €4，有展覽時票價根據展覽而異

理性宮也被稱為「大廳堂」，建於1218年，主要作為為帕多瓦的法院及議會。

最初由喬托和學生繪製的壁畫，因1420年的一場大火而摧毀，只留下一部分出自早期文藝復興畫家Giusto de'Menabuoi之手的作品，現存與占星曆法相關的壁畫則是米雷托(Nicola Miretto)的創作。

香草廣場(Piazza dell'Erbe)和水果廣場(Piazza della Frutta)分據兩側，這裡是民生攤販的聚集地。西側則是領主廣場(Piazza del Signori)，廣場上坐落著威尼斯共和國的總督府及象徵威尼斯的雙翼石獅柱塔。

MAP ▶ P.193B4

玻之宮

Palazzo del Bo

伽利略任教的古老大學

📍 從火車站步行前往約15分鐘 🏠 Via VIII Febbraio 📞 827-3047 🕐 只開放預約導覽行程，導覽時間45分鐘。3~10月：週一、週三和週五15:15、16:15、17:15，週二、週四和週六9:15、10:15、11:15；11~2月沒有9:15和17:15 兩個梯次。 💲 €5 🌐 www.unipd.it/en/university/cultural-heritage/visiting-university

這幢建於1542至1601年的建築，如今已成為帕多瓦大學的所在地。

帕多瓦大學成立於1222年，是義大利繼波隆那大學之後最古老的大學，1592至1610年間伽利略曾在此任教，因此其中的「四十大廳」(Sala dei Quaranta) 被稱為伽利略教室，「大教室」(Aula Magna)則飾滿各種徽章，而興建於1594年的解剖教室，其劇場式的座位設計非常特別。1678年時，全世界第一位獲得大學文憑的女性Elena Lucrezia Corner Piscopia在此畢業，在大學中庭可以看見她的雕像。

聖安東尼奧教堂

MOOK Choice

Basilica di Sant'Antonio

唐納泰羅雕塑名作

🚶 從火車站步行前往約25分鐘，或搭電車往Guizza方向，於SANTO下車 🏠Piazza del Santo 11 ☎822-5652 🕐6:20~19:45（11~3月的週一至週五至18:45）ⓦwww.santantonio.org/it/basilica

　　具有類似清真寺尖塔及拜占庭圓頂的聖安東尼奧教堂，帶有非常特殊的異國風情。

　　此教堂是為存放聖安東尼奧的遺體而於1231年始建的。聖安東尼奧1195生於葡萄牙里斯本，後來到義大利的阿西西追隨聖方濟，於1231年過世，生命中的最後兩年就是在帕多瓦度過的，他當時曾經治癒許多病人，因而被封為聖人。

　　聖安東尼奧雖然效法阿西西(Assisi)聖方濟的儉樸精神，只是帕多瓦的居民仍決定為他蓋一座基督教世界最華麗的教堂，因此在聖人去世後一個世紀，這座有著哥德羅馬混合式正面、八座或圓或錐的屋頂，以及東方風格鐘塔的龐大建築，終於落成。

　　內部主祭壇有文藝復興大師唐納泰羅 (Donatello)所做關於聖人事蹟的浮雕，不少信徒撫著聖安東尼奧的石棺祈禱。

　　教堂外的廣場上有一尊威風凜凜的青銅雕像，這是一名神勇的軍人納爾尼(Erasmos da Narni)，他曾經是威尼斯共和國的傭兵隊長，據說他的身手極為靈敏矯捷，被暱稱為「沾上蜂蜜的貓」(Gattamelata)，這座塑像也是唐納泰羅的大作。

沼澤綠地

MOOK Choice

Prato della Valle

緊鄰世界遺產的石橋運河

🚶 從火車站步行前往約25分鐘

　　由其橢圓形狀便可得知，此綠地由古羅馬劇場改建而成，聖安東尼奧曾在這裡向人民講道。由於疏於照顧，這片綠地廣場一度成為滋生疾病溫床的沼澤地，1767年市政府修建運河放乾淤積的污水，後在威尼斯大法官的建議下，改建成今天的模樣。

　　原本的運河圍繞於橢圓草坪的周遭，有四座石橋橫跨其上，還有78尊帕多瓦的名人雕像林立於河道兩旁。

　　不遠處的聖裘斯汀娜教堂(Basilica di S. Giustina)建於16世紀，具有和聖安東尼奧教堂神似的外觀，也有8座大圓頂，內部有維若內塞(Paolo Veronese)的畫作。

　　沼澤綠地附近還有一座價值不斐的植物園(Orto Botanico)，這是帕多瓦大學醫藥學院為了研究罕見藥草植物，而在1545年所設立的植物園，是歐洲最古老的植物園，1997年這座植物園被登錄為世界遺產。

威�g查

威欽查

Vicenza

文●林志恆‧墨刻編輯部　攝影●林志恆

威欽查以帕拉底奧式建築聞名。1786年，詩人歌德以「擁有偉大城市所有的優點」來形容威欽查。

　　誕生於1508年的名建築師帕拉底奧(Andrea Palladio)，受到詩人維吉利歐(Virgilio)的啟發，採用古羅馬典範為建築設計的要素，在威欽查興建了一批重要的建築，特別是混合著視覺美學與實際功能的別墅宮殿，非常受到威尼斯富商的喜愛。而這些帕拉底奧式建築，在1994年被納入世界遺產保護範圍。

威欽查市區圖

圖例　● 景點　⑩ 博物館　◎ 火車站　● 廣場　◎ 歌劇院　❶ 旅客服務中心

奧林匹克劇院 Teatro Olimpico ❶
市立繪畫博物館 ⑩ Museo Civico Pinacoteca ❶
馬特歐提廣場 Piazza Matteotti
領主廣場 Piazza dei Signori ❶
帕拉底奧大會堂 ❶ Basilica Palladiana
莎維公園 ● Giardino Salvi
首長迴廊 Loggia del Capitaniato
城堡廣場 Piazza del Castello
威欽查火車站

INFO

基本資訊
人口：113,599　　面積：80.5平方公里
區碼：(0)444

如何前往
◎火車
　　位於威尼斯和維洛納之間的威欽查，幾乎每30分鐘就有一班火車來往這兩座城市，車程各約30分鐘和1小時；帕多瓦前往每20分鐘就有一班，車程約20分鐘。如果從米蘭前往，車程約1小時40分。詳細時刻表及票價可上網(www.trenitalia.com)或至火車站查詢，詳見P.37。

市區交通
　　從火車站步行至舊市中心的領主廣場(Piazza dei Signori)約15分鐘，可以步行遊覽大部分景點。

優惠票券──博物館卡Biglietto Unico-Museum Card
　　效期3天的博物館卡，可參觀包含市立博物館等8家博物館。全票€15，優待票€12，可於參觀任一博物館時同時購票啟用。

旅遊諮詢
◎馬特歐提廣場遊客服務中心
⌂Piazza Matteotti 12　☎320-854　🌐9:00~13:30、14:00~17:30　🌐www.vicenzae.org
◎領主廣場遊客服務中心
⌂Piazza dei Signori 16　🕐10:00~14:00、14:30~18:30　❶僅旺季及大型活動時營運

威 欽查 Vicenza

MAP ▶ P.197B2

領主廣場
與帕拉底奧大會堂

MOOK Choice

Piazza dei Signori & Basilica Palladiana

帕拉底奧建築代表

🚶 從火車站步行前往約15分鐘　🌐 帕拉底奧大會堂www.museicivicivicenza.it

巨大的帕拉底奧大會堂雄據在廣場上，青銅的船底狀屋頂及四周羅列的希臘羅馬諸神石雕，是它最大的特色。

帕拉底奧大會堂是帕拉底奧於1549年接受委託的第一件公共建築設計，愛奧尼亞和多利克式白色列柱交織的迴廊，展現了極其端正宏偉的氣勢，被視為帕拉底奧的代表作之一，前後歷經70年的時間才落成。大會堂當年主要做為貴族以及商人集會的場地，現在則是作為重要的國際建築及藝術展覽會場，僅在有展覽時開放。

大會堂前方聳立著一尊大師的雕像，另一端則有一座出現於12世紀、高達82公尺的鐘塔(Torre di Piazza)，當年作為瞭望台之用。至於具有華麗裝飾外觀的首長迴廊(Loggia del

Capitaniato)，也是帕拉底奧的作品，興建於1571年，用來紀念威尼斯人代表的神聖聯盟(Holy League)與鄂圖曼土耳其人在勒班托(Lepanto)戰役中的大獲全勝。

與大會堂相隔的廣場是香草廣場(Piazza dell'Erbe)，上午有果菜市集。

MAP ▶ P.197A2

城堡廣場與莎維公園

Piazza del Castello & Giardino Salvi

廣場與公園迎接初到訪客

🚶 從火車站步行前往約5分鐘

若是由火車站的方向走來，這便是進入威欽查老市區的第一個廣場，也是帕拉底奧大道的起點。廣場上有公車站及計程車招呼站，並有美麗的波尼隆加雷宮(Palazzo Bonin-Longare)與波多布雷甘哲宮(Palazzo Porto-Breganze)分據北、南兩端。

隔著羅馬路(Via Roma)的另一邊則有一片綠蔭盎然的公園，很有羅馬庭園的意境，到處散放著希臘羅馬式石雕，還有一條小河潺潺流過，威欽查的居民經常在此悠閒散步、運動。

MAP ▶ P.197B1

奧林匹克劇院
Teatro Olimpico
室內劇場的典範

🚶從領主廣場步行前往約5分鐘　🏠Piazza Matteotti 11　☎222-800　🕐週二至週日，7~8月10:00~18:00、9~6月9:00~17:00　休週一　💰全票€11、優待票€8。若要參觀市區兩個以上博物館，建議購買博物館卡　🌐www.olimpico.vicenza.it

　　這間劇院由奧林匹克藝術學院於1579年委託帕拉底奧設計，然而大師卻於隔年去世，因此由他的門生史卡莫濟(Scamozzi)繼續完成。

　　這座劇院是歐洲現存最古老的室內劇場，入口

在馬特歐提廣場(Piazza Matteotti)上，由石塊砌成軍械庫大門外觀，中庭擺放著由藝術學院所捐贈的石雕，頗有希臘羅馬古風。劇場內固定的舞台布景是以希臘城邦特貝城為背景的完美透視表現，建材大量使用木材和石膏，但上漆後看起來像大理石。

如今這裡仍然時常舉辦音樂會及各種藝術表演，音響效果絕佳。

MAP ▶ P.197B1

市立博物館
Museo Civico
威尼斯畫派另一寶庫

🚶從領主廣場步行前往約5分鐘　🏠Piazza Giacomo Matteotti 37/39　☎222-811　🕐週二至週日，7~8月10:00~18:00、9~6月9:00~17:00　休週一　💰全票€5、優待票€3.5。若要參觀市區兩個以上博物館，建議購買博物館卡　🌐www.museicivicivicenza.it　❗於奧林匹克劇院售票口購票

　　這棟顯眼的建築原本屬於帕拉底奧的傑作——奇耶里卡蒂宮(Palazzo Chiericati)。1855

年，成為威欽查市立博物館，當地人又稱為藝術畫廊(Pinacoteca)。

　　館內的主要繪畫收藏，以維內多地區威尼斯畫派的畫家為主，包括貝里尼(Giovanni Bellini)、維若內塞(Veronese)、提耶波羅(Tiepolo)和丁特列多(Tintoretto)等人的作品。主要作品有喬凡尼·貝里尼的《基督受洗》(Battesimo di Cristo)及維若內塞的《朝拜的東方三賢士》(Adorazione dei Magi)。

MAP ▶ P.197A2

帕拉底奧大道
Corso A. Palladio
建築大師打造的道路

🚶從領主廣場步行前往約5~10分鐘

　　帕拉底奧大道是威欽查市中心的主要道路，兩旁林立著雄偉的大型建築，有不少皆是出於帕拉底奧之手，這座城市因大師設計的建築而舉世聞名。

　　與大道垂直交叉的波第街(Contra Porti)更是精彩，短短的距離林立著帕拉底奧的傑作群，例如12號的提也內宮(Palazzo Thiene，建於1545到1550年)、21號的伊賽波達波多宮(Palazzo Iseppo da Porto，建於1552年)、11號的波多巴巴蘭諾宮(Palazzo Porto Barbarano，建於1570年)，從這些建築中可以看出大師是如何靈活運用古典建築元素；位於19號的波多科雷歐尼宮(Palazzo Porto-Colleoni)則帶著哥德風格，反映出建造當時，威欽查已是威尼斯共和國的一部分了。

威尼斯及維內多……
威 欽查 Vicenza

MAP ▶ P.201B2

圓形劇場

MOOK Choice

Arena

重返古羅馬榮耀

◎從新門火車站搭巴士11、12、13號於布拉廣場下車 ⌂ Piazza Bra ☎800-3204 ◎週一13:30~19:30,週二至週日8:30~19:30,7~9月的週一早上開放參觀,有演出時會縮短參觀時間 ⓢ€10,1~5月及10~12月的每月第一個週日€1 ⓣwww.arena.it

維洛納的圓形劇場為城市帶來濃濃的羅馬味,在兩千年以後,仍能親身感受帝國的輝煌。

於西元30年建造完成的圓形劇場,是維洛納的地標,也是最顯著的羅馬遺跡。這座橢圓形大競技場,最長的距離為152公尺,寬則有128公尺,高30公尺,從底部到最高層共有44層階梯,當時可容納2萬2千名觀眾欣賞血腥的人獸競技。爬到最高頂往下看,會讓你剎那間對巨大空間產生昏眩,羅馬人在公共建設上的氣魄從競技場表露無遺,比起羅馬的圓形競技場,此處雖然較為樸實無華,但保存的程度有過之而無不及。

圓形劇場的夏天非常熱鬧,每年6月底至8月底舉辦的維洛納歌劇季,是音樂界最引領期盼的盛會。其中最受好評的是威爾第的作品《阿伊達》,為了提昇戲劇效果,會將部分的觀眾席與地板融入佈景中,場面相當浩大,如果有機會,不要錯過在圓形競技場聆聽義大利歌劇的經驗。

MAP ▶ P.201A2

舊城堡與市立美術館

Castelvecchio & Museo Civico

史卡立傑利家族的權力象徵

◎由布拉廣場步行前往約5分鐘 ⌂Corso Castelvecchio 2 ☎806-2611 ◎週二~週日 8:30~19:30,週一13:30~19:30 ⓢ€6,優待票€4.5。1~5月及10~12月的每月第一個週日€1 ⓣmuseicivici.comune.verona.it

舊城堡是維洛納的另一個地標建築,橫跨在阿迪捷河(Fiume Adige)上的磚紅石橋頗有思古之幽情,堆垛式的橋身是欣賞夕陽的最佳去處。

這座城堡是史卡立傑利家族的權力象徵,由康格蘭德二世(Cangrande II)於1354年下令建造,建造城堡的目的其實是為了防禦,不過城堡的完成似乎也預告了權傾一時的史卡立傑利家族沒落的開始,仔細看史卡立傑利橋的橋身,其實略微向河的對岸傾斜,這也是為了方便撤退的設計。城堡建築體曾遭拿破崙軍隊以及二次世界大戰戰火波及而嚴重損毀,直到1960年代才重新整修過。

如今城堡內是維洛納市立美術館,收藏14至18世紀維洛納及維內多地區的繪畫、雕刻等藝術品,包括蒙帖那(Mantegna)、維若內塞(Veronese)、提耶波羅(Tiepolo)、喬凡尼·貝里尼等人的作品。

領主廣場
Piazza dei Signori

維洛納政治中心

🚶 布拉廣場步行前往約5分鐘
蘭貝爾提塔
🏠Cortile Mercato Vecchio 📞803-2726 🕐10:00~19:00
💰€6
理性宮
📞800-1903 🕐週二至週五10:00~18:00、週六日
11:00~19:00，10~5月至18:00止 休週一 💰€4，與蘭貝爾
提塔聯票€8 🌐www.palazzodellaragioneverona.it/en/

領主廣場是維洛納的政治中心，中央立著曾為史卡立傑利家族服務過的但丁雕像，雕像背後是建於15世紀的議會迴廊(Loggia del Consiglio)，美麗的拱廊式建築，洋溢濃濃的文藝復興風格，屋頂上裝飾多座小石像，理性宮(Palazzo della Ragione)的中庭入口就在此。

理性宮建於中世紀，以前是市政廳的所在，內部於1446年增建的「理性階梯」，哥德式的華麗值得欣賞，目前是現代美術館。廣場旁高84公尺的蘭貝爾提塔(Torre dei Lamberti)也是理性宮的一部分，興建目的是作為瞭望塔，起建於12世紀，直到1463年才完工，顯然來不及防範威尼斯人的入侵；目前高塔開放給遊客攀登，從塔頂可以俯瞰維洛納全城。

香草廣場
Piazza delle Erbe

MOOK Choice

維洛納商業中心

🚶 布拉廣場步行前往約5分鐘

從羅馬帝國時代起，這裡就是維洛納的商業活動中心，滿滿的蔬果攤販和人潮，洋溢市井小民的活力。

廣場中央有一座「維洛納聖母」(Madonna di Verona)噴泉，雖建於14世紀，然而頂上的雕像其實是古羅馬的商業女神。廣場最北端的聖馬可雄獅雕像，則象徵著維洛納於1405年臣服於威尼斯共和國。

史卡立傑利墓園
Arche Scaligere

權貴家族永眠之地

🚶 位於領主廣場東北側

走出領主廣場的拱門，往東北側的巷弄走，會看到一座開放式的墓園，這是史卡立傑利家族的石棺群，一根根極具哥德風味的尖塔罩在石棺外圍，象徵這個中古世紀維洛納最善戰的家族，留給後世的不朽騎士精神。

環繞在墓園周圍的鍛鐵欄杆花紋，就是史卡立傑利家族的徽章圖案；其中最高的一座為康格蘭德一世(Cangrande Ⅰ)的石棺。

MAP ▶ P.201B2

茱麗葉之家

MOOK Choice

Casa di Giullietta

莎翁故事朝聖地

🚶 布拉廣場步行前往約5分鐘　🏠 Via Cappello 23　📞 803-4303　🕐 週一13:30~19:30、週二至週日08:30~19:30　💲 €6

受到《羅蜜歐與茱麗葉》的影響，這幢樸素民宅的陽台已成為膜拜愛情的聖地。

其實羅蜜歐與茱麗葉的故事是由威欽查人波爾多(Luigi da Porto)於16世紀時寫成的悲劇，給予後世作家不少的靈感，當然也包括莎士比亞在內。據說卡普雷特(Capulets)和蒙塔古(Montagues)兩個家族確實存在，然而男女主角卻是完全杜撰，至於這棟房子則興建於14世紀。

小庭院的牆壁上攀爬了幽深碧綠的長春藤，在劇本中，羅密歐偷偷躲在陽台下，不小心聽到茱麗葉在陽台上喃喃敘述綿綿情意，正式展開這一段傳頌千古的戀愛。陽台下方掛著這一段經典台詞，而且是多國語言版本並列。

不同於茱麗葉之家的熱鬧，領主廣場旁的羅密歐之家氣氛寧靜了許多，但並不對外開放。

MAP ▶ P.201A3

曼菲阿諾碑文博物館

Museo Lapidario Maffeiano

維洛納的古羅馬痕跡

🚌 從新門火車站搭巴士11、12、13號於布拉廣場下車　🏠 Piazza Bra 28　📞 590-087　🕐 週二至週日08:30~14:00　🈺 週一　💲 €4.5，1~5月及10~12月的每月第一個週日€1　🌐 museomaffeiano.comune.verona.it

這座不起眼的博物館位於布拉廣場(Piazza Bra)的布拉大門(Portoni della Bra)旁，建於18世紀，正面採希臘式圓柱建築，中庭陳列著無數刻著碑文的墓石，內部則展示了古希臘、羅馬及伊特拉斯坎人的石壁雕刻，這些都是維洛納曾經擁有古羅馬帝國光輝過往的沉默見證。

旁邊的布拉大門有著碉垛式外觀，呈雙拱門，建於14世紀。

MAP ▶ P.201B2

馬契尼大道

Via Mazzini

古老的名牌街

🚶 布拉廣場東北方往香草廣場方向

從競技場北側到香草廣場之間，有一條寬闊筆直的道路，當地人稱之為Liston，意思是用紅色大理石舖成的道路，這種建材可以在義大利許多古城裡發現。

馬契尼大道雖然是最古老傳統的道路，但這條行人徒步道路卻顯得光鮮亮麗，因為這裡是維洛納的精品街，兩旁都是名牌店、服裝店與紀念品店，轉進馬契尼路的兩旁的巷弄裡，可以找到古意盎然的餐廳與咖啡館。

MAP ▶ P.201B1

大教堂
Duomo
多元建築風格的混合體

🚶 布拉廣場步行前往約15分鐘 🏠Piazza del Duomo ⏰
3~10月：週一~週六 10:00~17:30，週日 13:00~17:30；
11~2月：週六~週六 10:00~13:00、13:30~17:00，
週日13:30~17:00 💲€2.5，另有教堂聯票€6（可參觀
Duomo、S. Anastasia、S.Zeno、S. Fermo等4座教堂）
🌐 www.chieseverona.it

大教堂是12世紀時由多明尼各教士在原本的古老教堂上重建。教堂像個宗教集合體，包含了兩個古教堂和一個修道院，建築上充分混合了羅馬式的圓頂、拱門，以及哥德式的尖塔、飛扶壁兩種不同的建築風格。

內部左側第一座小祭壇，有威尼斯派光影大師提香於1535年所完成的濕壁畫《聖母升天圖》(Assunta)。

MAP ▶ P.201B1

聖安娜斯塔西雅教堂
Chiesa di Sant'Anastasia
維洛納最大教堂

🚶 布拉廣場步行前往約15分鐘 ☎592-813 ⏰3~10月：
週一至週六9:00~18:00、週日13:00~18:00；11~2月：
11~2月：週一~週六 10:00~13:00、13:30~17:00，
週日13:30~17:00 💲€2.5，另有教堂聯票€6（可參觀
Duomo、S. Anastasia、S.Zeno、S. Fermo等4座教堂）
🌐 www.chieseverona.it

這座又高又大的教堂，是西元13世紀末為了多明尼各教會的紅衣主教們的聚會所建，屬於相當經典的哥德式風格，落成於1481年，但直到16世紀才算完工，也是維洛納最大的教堂。

大門的雕刻以新約聖經為主題，內部則以皮薩內羅(Pisanello)的繽紛壁畫吸引訪客目光。至於聖水皿由寫實風格雕成的乞丐像馱負著，被稱為「駝背人」，是該教堂的藝術極品。

MAP ▶ P.201B3

茱麗葉之墓
Tomba di Giulietta
憑弔愛情的偉大與哀傷

🚶 從火車站步行前往約10分鐘 🏠Via del Pontiere 35 ☎
800-0361 ⏰週一13:45~19:30、週二至週日08:30~19:30
💲€6

從布拉廣場沿著Via del Pontiere走，你會看到傳說中的茱麗葉墳墓，其實這只一個位於地下密室內的空石棺，雖然茱麗葉是個虛擬的人物，然而有時還有人前來獻花，並且還有各地粉絲寄花過來給她，可見莎翁創造角色之成功，如何撼動人心。

旁邊是一座濕壁畫藝術館(Museo degli Affreschi)，過去是方濟會的修道院，陳列16世紀左右維洛納的美麗濕壁畫的作品，地下一樓還有羅馬時代的器皿展示。

威尼斯及維內多… 維 洛納 Verona

米蘭
及倫巴底

倫巴底省

Milano & Lombardia

世界的時尚之都米蘭是一座輕易就拋掉沈重歷史包袱的城市。走在米蘭的街道上，觸目所及皆是簡潔的流行線條，前衛的歐洲在此隨時乍現，它的時髦品味令愛好時尚的族群亦步亦趨。然而它的優雅卻是根植於深厚的過去，一種令人望塵莫及的古典。

米蘭這個義大利第二大城、倫巴底省首府，除了執世界流行之牛耳，是座超級購物天堂之外，這裡還有歐洲最豪華的哥德式大教堂、首屈一指的歌劇院、義大利北部最出色的美術館，以及達文西的曠世巨作《最後的晚餐》。

位於米蘭以東、倫巴底省南部平原的曼陀瓦，雖是個以農立城的小鎮，然而卻在文藝復興時期，因為熱愛文化與藝術的鞏札加(Gonzaga)家族的熱情參與和推動，而誕生了特殊的鞏札加文化，該文化風格不但保存完整且影響遍及整個倫巴底地區。

在米蘭北部的湖區，像是掛在阿爾卑斯山腳下的一串串藍色寶石，除了是義大利最重要的魚米之鄉之外，這片美麗的湖光山色，長久為詩人、藝術家所頌揚，而王宮、貴族、名流為了度假所興建的別墅、花園，更增添浪漫。

米蘭及倫巴底之最The Highlight of Milano & Lombardia

米蘭大教堂Duomo
六百多年的精雕細琢，以135根直指天際的高塔，展現哥德式建築的輕巧，它是義大利境內最大的教堂，是米蘭最驕傲的地標，那尖細的風格深深嵌入米蘭的摩登中。(P.212)

米蘭精品街
以聖芭比拉地鐵車站為核心，向四方連結蒙特拿破崙大道、艾曼紐二世大道和史皮卡街，形成所謂的「黃金四角」購物區，這裡是時尚名牌的一級戰場。(P.221)

科摩湖Lago di Como
水色深藍的冰河湖映襯阿爾卑斯群山白雪，寧靜美麗的山水小鎮，自古即是羅馬皇帝度假，藝術家和文人前來尋找靈感的地方，隨意漫步就能心曠神怡。(P.229)

MAP ▶ P.209C5

米蘭大教堂

MOOK Choice

Duomo

義大利哥德式建築的代表

🚇搭地鐵1、3號於Duomo站下車　🏠Via Arcivescovado 1　☎7202-3375　🕐大教堂和遺址區：8:00~19:00（最後入場18:10）；屋頂：9:00~19:00；聖查理斯禮拜堂：週一至週六11:00~17:00、週日13:30~15:30；博物館：週四至週二10:00~18:00　🚫博物館週三休　💲Pass A：包含搭電梯登頂、大教堂、博物館、考古區門票€15，Pass B為徒步登頂€11。若不登上屋頂，大教堂＋博物館：€2，大教堂＋博物館＋考古區：€6。屋頂：搭電梯€13，徒步165級階梯€8　🌐www.duomomilano.it

以教堂體積來計算，米蘭大教堂是世界第五大教堂，義大利境內最大的教堂，也是哥德建築的極至表現，屋頂的135根大理石尖塔叢林，讓人震撼於其工程之浩大與雕工之精細，馬克吐溫曾讚美它是「大理石的詩歌」，表現出人們對宗教的虔誠與對藝術的執著。

教堂奠基於1386年，直到20世紀才算整體完成。最初在主教莎路佐(Antonio da Saluzzo)的贊助下，依倫巴底地區的風格來設計，不過因維斯康提家族的佳雷阿佐(Gian Galeazzo)的堅持，聘請了日耳曼及法蘭西等地的建築師，並使用粉紅色的康多利亞(Candoglia)大理石，以國際哥德風格續建教堂。1418年馬汀諾五世為主祭壇舉行啟用聖儀，1617年開始教堂正立面的工程，1813年正面與尖塔才全部完成；至於正面的五扇銅門則是20世紀新增的。

1. 教堂大門

教堂立面共有五片銅門，每扇都描繪著不同的故事，主要大門描述《聖母的一生》，其中《鞭笞耶穌》浮雕被民眾摸得雪亮，是大師波以亞奇(Ludovico Pogliaghi)的作品。其餘四片銅門由左至右分別是《米蘭敕令》、《米蘭的守護聖人》、《聖安布吉羅的生平》、《米蘭中世紀歷史》、《大教堂歷史》。

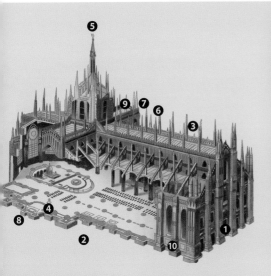

8. 聖巴托羅謬雕像
Saint Bartholomew

聖巴托羅謬是一位被活生生剝皮而殉教的聖人，雕像中可以清楚看到他身上的肌肉及筋骨，他一手拿著書，肩上披著他自己的皮膚。

6. 麥第奇紀念碑
Funeral Monument of Gian Giacomo Medici

這座豪華的紀念碑是教皇庇護四世(Pius IV)為紀念他兄弟麥第奇而建，原本想請米開朗基羅捉刀，但被拒後，改由其學生雷歐尼(Leone Leoni)建造。

2. 聖查理斯禮拜堂
Chapel of Saint Charles Borromeo

這個地窖興建於1606年，聖查理斯頭戴金王冠，躺在水晶及銀製棺材內。

4. 聖安布吉羅祭壇
The Altar of St. Ambrose

祭壇中央的畫描繪米蘭守護神聖安布吉羅接見皇帝的景象。

7.聖喬凡尼‧波諾祭壇
The altar of Saint Giovanni Bono

聖喬凡尼‧波諾曾經是米蘭的主教，有關他的功蹟就刻在六個大理石淺浮雕中。

9. 彩繪玻璃

以聖經故事為主題的彩繪玻璃，是哥德式建築的主要元素之一，最古老的一片位於左翼，完成於1470年到1475年間。

3. 屋頂

屋頂平台不大，是教堂不可錯過的景點，除了提供由高處欣賞米蘭景色外，最令人驚嘆的是身處在為數眾多的尖塔群中的感動。光是立在塔頂上的雕像就多達2,245尊，若再加上教堂外牆的雕像，更多達3,500尊，聖人、動物及各種魔獸……幾乎囊括了中世紀哥德風格的典型雕刻手法。

5. 聖母雕像

高達108.5公尺的尖塔頂端，由裘瑟伯畢尼(Giuseppe Bini)於1774年立的鍍銅聖母像，高4.15公尺，在陽光照射下閃爍著金光，非常顯眼。

10. 冬季聖壇
The Hyemal Chancel

此聖壇被巴洛克風格的雕刻包圍，拱頂由八根大理石柱支撐，漂亮的地板及木製聖壇都讓這裡顯得美侖美奐。

MAP ▶ P.209B4

史卡拉劇院
Teatro alla Scala
首屈一指的歌劇殿堂

搭地鐵1、3號於Duomo站下車，後步行約5分鐘可達 Via Filodrammatici 2 8879-2473 劇院博物館09:00~12:30、13:30~17:30 劇院博物館12/7、12/24下午、12/25~26、12/31、1/1、復活節、5/1和8/15 劇院博物館全票€7 www.teatroallascala.org

歌劇院的原址是「史卡拉的聖母」教堂，是14世紀時由維斯康提(Bernabo Visconti)之妻－史卡拉王后下令興建，這也是劇院名稱的由來。

1776年奧國建築師皮耶馬利尼(Giuseppe Piermarini)進行改建，呈現新古典風格；兩年後以義大利古典作曲家薩里耶里(Antonio Salieri)的歌劇作為開幕首演。二次世界大戰時歌劇院遭炸毀，不過馬上依原型重建。

內部舞台面積達1200平方公尺，可容納2015名觀眾，以金漆木材搭配紅絨布幕，金碧輝煌。一旁的史卡拉劇院博物館(Museo Teatrale Alla Scala)可欣賞到劇院內部，包括舞台及座位區，舞台面對著弧形的六層座位區，遊客可以在座位區內參觀劇院，即使是坐在面對舞台的紅色絲綢座椅上，都彷彿可以聽見天籟般的歌劇開始上演，幸運的話還可以看到歌劇演員在現場排練。博物館內有很大部分介紹瑪麗亞・卡拉絲(Maria Callas)，她是最受歡迎、也最具爭議的歌劇女伶。館內陳列著演員的劇服、劇照以及服裝設計草稿，並有影片重現當時表演的音樂及介紹。

MAP ▶ P.209C4

艾曼紐二世拱廊

MOOK Choice

Galleria Vittorio Emanuele II
時尚新藝術購物迴廊

搭地鐵1、3號於Duomo站下車，後步行約1分鐘可達

拱廊是建築師蒙哥尼(Giuseppe Mengoni)於1865年設計，兩年後由當時的義大利國王艾曼紐二世主持落成典禮，19世紀後半到20世紀初期，由於受到法國新藝術(Art Nouveau)浪潮的影響，義大利也產生類似的「自由藝術」(Il Liberty)革命，它最大的特色便是大量運用各種線條形狀的鐵，艾曼紐二世迴廊便充斥著這類的美麗裝飾。

十字拱廊交叉處的八角形廣場屋頂上，有以馬賽克拼貼的半月楣飾，象徵亞洲、非洲、歐洲及美洲四大洲。拱廊內有不少高級名品店進駐，再加上位在大教堂旁邊，這個挑高的商場總是擠滿人潮。

MAP ▶ P.209C5

王宮
Palazzo Reale
歷代領主家族的足跡

🚇搭地鐵1、3號於Duomo站下車,後步行約2分鐘可達 🏠Piazza del Duomo 12 ☎0202 ⏰週一14:30~19:30,週二~週日9:30~19:30,週四、週日延長至20:30 💲€12,包含語音導覽。票價根據當時展覽而異 🌐www.palazzorealemilano.it

王宮在11世紀時還只是不起眼的公家機關,14世紀時被維斯康提家族(Visconti)的阿佐內(Azzone)改建得美輪美奐,但到了史豐哲家族手中時卻又褪去光華,16世紀時曾改為米蘭經常性的劇院,年幼的莫札特還曾在此演出,不過1776年毀於祝融之災。

目前的新古典式建築是1778年時奧地利大公斐迪南委託皮耶馬利尼(Giuseppe Piermarini)整修改建,與史卡拉劇院呈現相同風格,內部的裝潢與擺飾都是當時米蘭貴族家庭的典範。1920年義大利國王艾曼紐三世讓出此宮成為米蘭市政府所在,現在為米蘭市區最重要的藝術展演中心,大多展出當代和現代藝術作品,以及作為設計和時尚方面的秀場。

MAP ▶ P.209B5

安布吉羅美術館 🎀MOOK Choice
Pinacoteca Ambrosiana
圖書、手稿及畫作珍藏

🚇搭地鐵1號線於Cordusio站或3號線在Duomo站下車,後步行約5分鐘可達 🏠Piazza Pio XI 2 ☎806-921 ⏰美術館週二至週日10:00~18:00,圖書館週一至週五9:00~17:00 💲美術館€15,圖書館需辦理臨時會員卡才能入內 🌐www.ambrosiana.it

這座外觀樸實的建築,是米蘭最古老及傑出的文化機構。在16世紀時,樞機主教波洛米歐(Federico Borromeo)欲捐給米蘭一個開放給大眾學習文學及宗教的中心,於是他收集了大量的手稿及書本,終於圖書館在1609年開幕,並且人人都可以進入參觀,1618年,主教更將他自己的藝術收藏開放給大眾參觀;即便在主教去逝後,這裡的教育及文化活動仍然持續進行著。

安布吉羅圖書館館藏了超過35,000冊手稿及2,500百本於西元1500年印製的書籍,其中最珍貴的收藏是達文西的《大西洋手抄本》作品集,裡面有約2000幅達文西手繪的設計圖、筆記和他對不同領域科學的研究。

美術館的部分共分為24間展廳,最珍貴的收藏有達文西的素描,還有倫巴底畫派及威尼斯畫派的藝術作品。重要藝術品包括達文西的《音樂家的肖像》(Ritratto di Musico)、卡拉瓦喬(Caravaggio)的《水果籃》(Canestra di Frutta)、布拉曼提諾(Bramantino)的《耶穌的誕生》(Adorazione del Bambino),以及拉斐爾《雅典學院》(La Scuola di Atene)的草稿。

MAP ▶ P.209B5

長柱之聖羅倫佐教堂
Basilica di San Lorenzo Maggiore alle colonne

米蘭的羅馬味

🚇搭地鐵3號線於Missori站下車，後步行約15分鐘可達 📍Corso di Porta Ticinese 35 ☎8940-4129 ⏰週一至週六8:00~18:30、周日9:00~19:00 🌐www.sanlorenzomaggiore.com

這座奠基於4世紀末的教堂外觀很特殊，廣場上共有16根石柱和君士坦丁大帝雕像，由此可知此地原是由希臘羅馬式的神廟遺址改建而成的教堂。

教堂曾在7~8世紀時多次發生火災，但重建時還是依循原來的羅馬形式並繼續擴建。由背面的維特拉廣場（Piazza Vetra）望去，更能清楚地瞧見教堂外觀交融著不同的建築風格。教堂內有古老的壁畫遺跡，其中還有一幅《最後的晚餐》，位於主祭壇右側的聖阿奎利諾禮拜堂（Cappella di San Aquilino），保存著西元4世紀的馬賽克鑲嵌畫。

入夜後，昏黃的燈光打在迷離的石柱及一旁的城門上，在米蘭很少有如此濃厚的羅馬味。

MAP ▶ P.209B3

布雷拉美術館

MOOK Choice

Pinacoteca di Brera

集結歐洲各大畫派名作

🚇搭地鐵3號線於Monte Napoleone站下車，後步行約5~10分鐘可達 📍Via Brera 28 ☎7226-3264 ⏰週二到週日8:30~19:15 💲全票€10、優待票€7 🌐www.brera.beniculturali.it

布雷拉美術館同時也是米蘭藝術學院的所在地，它的內涵重於外觀，收藏13到20世紀義大利的主要藝術家的作品。

建築物坐落於布雷拉的聖母瑪利亞修院舊址上，為16世紀末時耶穌會教士所建，這些教士們把這裡改造成頗具威望的學校，對藝術後進的培養極有貢獻，影響直至今日。

館藏品有15到16世紀的威尼斯畫派與倫巴底畫派作品，以及同時期的義大利中部畫派、16到17世紀的法蘭德斯及荷蘭畫作，最精彩的則是18到19世紀的義大利近代大師作品。

其中6號展覽室的《死亡的耶穌》（Cristo morto），是蒙帖那（Mantegna）代表作之一，他藉由微妙的光線及透視法來呈現耶穌死亡的哀悼氣氛，和同一展廳貝里尼（Bellini）的《聖殤》（Pietà）作品一樣，都是展現令人悲傷的作品。

24號展覽室的拉斐爾《聖母的婚禮》（Sposalizio della Vergine）是繪於1504年的祭壇畫作，29號展覽室的卡拉瓦喬（Caravaggio）《以馬斯的晚餐》（Cena in Emmaus），以及37號展覽室Hayez的《吻》（Il Bacio）等，都是不可錯過的大師作品。

MAP ▶ P.209A4

史豐哲斯可城堡

MOOK Choice

Castello Sforzesco

米蘭領主的權力象徵

🚇搭地鐵1號線於Cairoli站下車 🏠Piazza Castello 8846-3700 ⏰城堡：7:00~19:00；博物館週二至週日9:00~17:30 ㊡博物館週一休 💲城堡免費；博物館均一票價€5、優待票€3，若對3間以上博物館有興趣，建議購買三天內可參觀所有市立博物館的遊客卡（Tourist Card）€12 www.milanocastello.it

被摩登大都會包圍的史豐哲斯可城堡，可說是米蘭領主的權力象徵，為車水馬龍的米蘭保留些許懷舊的中世紀氛圍。

城堡原是1368年由維斯康提(Visconti)家族的佳雷阿佐二世(Galeazzo II)所建的防禦工事，之後被改為金碧輝煌的公爵居所；因聯姻關係而竄起的法蘭且斯科・史豐哲成為米蘭公爵，則成為城堡最重要的主人。

若說維斯康提家族以武力東征西討，那麼史豐哲家族則是以文化叱吒風雲，尤其是路多維柯摩羅(Ludovico il Moro)召來達文西和布拉曼特(Bramante)裝飾城堡，布拉曼特是羅馬聖彼得大教堂的建築師，同時也是拉斐爾的老師，這位貴族企圖把這裡變成文藝復興時期義大利最豪華的社交中心，因此城堡呈現後哥德及文藝復興的混

合形式。

不過路多維柯摩羅未竟全功，他的外交策略失敗，使得米蘭失去獨立自由的地位，1499年後，城堡相繼被西班牙、奧地利及拿破崙占領，軍事用途取代了文化中心的地位。

1893年經整修後，成立了不少主題的市立博物館，包括自然歷史博物館、考古學博物館、傢俱博物館等，藏品豐富，最重要的作品是米開朗基羅未完成之作《隆達尼尼的聖殤Pietà Rondanini》。

史豐哲斯可城堡裡面是一座占地遼闊的森皮奧內公園(Parco Sempione)，其盡頭有一座和平之門(Arco della pace)，新古典主義的華麗風格，狀似巴黎的凱旋門，當年也是為了獻給拿破崙而動工，不過拿破崙垮台後，奧地利皇帝於1859年送給獨立的義大利，所以門上刻著慶祝義大利獨立的碑文。

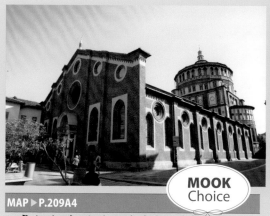

MAP ▶ P.209A4

感恩聖母瑪利亞教堂的《最後的晚餐》

《Cenacolo Vinciano》 in Basilica di Santa Maria delle Grazie

達文西曠世巨作

🚇搭地鐵1線於Cadorna站下車，後步行約10分鐘可達 🏠 Piazza Santa Maria delle Grazie 2 ☎預約電話9280-0360，週一至週六08:00~18:30 ⏰最後的晚餐：週二至週日8:15~18:45，9:30~15:30有英文導覽 💲€6.5，另外加€1.5預約費用 🌐www.vivaticket.it ❗需預約進場，建議愈早預約愈好，每次開放4個月的預約日期，可於官方網站上預約。參觀每梯次限30人進入，每15分鐘一個梯次。

《最後的晚餐》繪於感恩的聖母瑪利亞教堂，這座多明尼各教堂建於15世紀末，完成後兩年，被米蘭公爵路多維柯摩羅改為史豐哲家族的家廟，帶來文藝復興的建築元素，他更請達文西於1494到1497年為修道院餐室畫《最後的晚餐》，這幅壁畫成了繪畫史上最重要的一幅，兼具科學性和美感，至今猶教人讚嘆不已。

文藝復興三傑之一的達文西可以說是義大利文藝復興諸位大師中，最有原創力和科學精神，集藝術家、思想家、建築師、工程師、科學家、發明家於一身。在他的畫作中，可以看到科學的痕跡，遠近、透視、新顏料等，甚至人的心理狀態，也在他的作畫思考中；而在他的建築工程，如米蘭的史豐哲斯可城堡或達文西科學技術博物館(Museo delle Scienza e Tecnica)中，又可以感受大師的實用美學，縱觀西洋美術史，並無幾

人能超越達文西的成就。

達文西留下的畫作其實不多，最著名的《蒙娜麗莎的微笑》是大師遠赴法國擔任法皇藝術顧問時，唯一隨身帶著走的作品，但若《最後的晚餐》不是畫在壁上的話，說不定達文西會選擇這幅遠近技法、明暗彩度、人物心理狀態更複雜的作品。

《最後的晚餐》完成於1497年左右，畫作的背景是耶穌知道自己將被門徒猶大出賣而被捕、受審、釘十字架，所以在前一晚和門徒們晚餐時，公布了這震驚的消息，剎那間，門徒們驚愕、憤怒、害怕。達文西的《最後的晚餐》，門徒竊竊私語或高昂的情緒溢滿整個畫作，唯一看不清的是猶大的表情，因為他幾乎正臉轉向耶穌，是不是驚嚇得心臟快跳出來了呢？我們不得而知，達文西就這樣創作了等同於舞台劇的戲劇效果。

除了深刻描繪出門徒們的心理狀態外，《最後的晚餐》的成就在於它完美的遠近透視。達文西以坐於正中的耶穌為視覺焦點，讓畫作得到視覺的凝結，且更接近人的自然經驗，開啟了繪畫的新視野。

可惜《最後的晚餐》完成後才50年的光景就已毀損得頗為嚴重，據說可能是所使用的顏料成分有問題，加上後來粗糙的修補，以致無法全然修復；所幸1999年在科學界和藝術界的合作下，擦去髒物和非達文西的真跡，而重現色彩，更加彌足珍貴。

Where to Eat in Milano
吃在米蘭

MAP ▶ P.209C4 **La Rinascente Food & Restaurants**

🚇搭地鐵1、3號線於線在Duomo站下車 ⛩Piazza Duomo, La Rinascente 7F ☎885-2471 ⏰ 10:00~24:00

這是文藝復興百貨公司的美食街，就位於它的頂樓，其中 Il Bar這間酒吧就面對大教堂，半露天的天台景觀極佳，如果你不想花錢爬到大教堂屋頂，不妨來到這裡喝個咖啡或飲料，不僅能坐下來享受美食，

也可欣賞到哥德式大教堂之美。不過總是座無虛席，擠了滿滿的遊客。

除了酒吧之外，同層樓還有日式壽司吧、馬其頓水果吧、義式披薩吧等輕食，以及牛排餐廳等多種選擇。百貨公司打烊後，建築物旁的專用電梯可直達7樓，營業到午夜。

MAP ▶ P.209C4 **Luini**

🚇搭地鐵1、3號於Duomo站下車，後步行約2分鐘可達 ⛩Via S. Radegonda 16 ☎8646-1917 ⏰週一10:00~15:00、週二至週六10:00~20:00 🌐www.luini.it

這是一家創立於1888年的手工傳統特產店，位於主教堂旁的巷弄內，此家店最有名的是 Panzerotti，這種三明治已經成為一種米蘭人的特產，米蘭人可已經連吃三代了。這種三明治有點類似基隆廟口的三明

治，外皮得金黃黃，裡面包著香濃的起司！那特別香濃的起司，就是這三明治的魅力所在，可別看它小小的店面，中午或傍晚時有很多的上班族或放學的學生大排長龍。

MAP ▶ P.209B5 **Princi**

🚇搭地鐵3號線在Duomo站下車，後步行約1分鐘可達 ⛩ Via Speronari 6 ☎874-797 ⏰7:00~20:00 💲甜點：€3.5~4.5，輕食：€8~10 🌐www.princi.com

只要一走過這家店就會被它櫥窗內陳設的糕點所吸引，先是駐足在櫥窗前無法移動，然後就會抵抗不了它的誘惑衝進去享受。這裡最棒的莫過於草莓蛋糕(Fragolata)，鮮美的草

莓加上不油不膩、恰到好處的奶油，義大利最著名的提拉米蘇也很不錯。除了各式各樣的義大利傳統糕點外，這裡還提供披薩和簡餐，當然也別忘了嘗嘗它的卡布奇諾。

MAP ▶ P.209D4 **Brek**

🚇搭地鐵1號線於S. Babila站下車，後步行約2分鐘可達 Piazzetta Umberto Giordano ☎7602-3379 🌐www.brek.com ⏰12:00~15:00、18:30~22:30

就位於聖芭比拉(San Babila)廣場旁，Brek可以說是旅行者的一大福音，兼顧了方便、堪稱可口、便宜等多項優點，其實這是一家自助式餐廳，提供義大利通心粉、披薩、生菜沙拉、甜點、飲料、麵包等，每

種都份量十足，你可以自由點選喜歡的菜色，結帳之後再自行找位置，食物的美味等級不能跟一般餐廳媲美，但是，就便利性而言，絕對可以省下許多時間。Brek生意興隆，儘量早一點或晚一點用餐，避免大排長龍。

MAP ▶ P.209B4 **Cracco Peck**

🚇搭地鐵1號線於Cordusio站或3號線在Duomo站下車，後步行約3分鐘可達 ⛩Via Victor Hugo 4 ☎876-774 ⏰午餐：週二至週五12:30~14:00，晚餐：週一至週六19:30~23:00 🌐www.ristorantecracco.it

Cracco Peck是一家老字號的餐廳了，靠販賣高級熟食店起家，如果你不去餐廳吃飯，最起碼你必須瞻仰一下它相隔不過一個街區的熟食店Peck，那真是義大利料理的博物館，有水果、蔬菜、義大利麵條、各

式各樣的熟食，光是義大利的麵條就有20~30種，螺旋狀的、餃子狀、細長條、四角形、貝殼狀⋯⋯讓你嘆為觀止，每到了下班時刻，你就會看到一大群義大利人湧入，嘰嘰喳喳地選購食物，從他們挑選食物的專注神情，和站在櫃台後服務員得意的表情，你就可以理解為何義大利料理征服全球的理由了，有這麼講究的饕客，就會有如此美味的佳餚。

MAP ▶ P.209C4 **Gelateria Arcade**

🚇搭地鐵1、3號於Duomo站下車，後步行約3分鐘可達 ⛩ Via San Raffaele 6(米蘭大教堂附近) ☎8909-3820 ⏰週一至週三07:00~23:00、週四至週日07:30~00:00（週六日08:30起）

在冰淇淋店林立的義大利，這間於2009年才成立的全新概念店，可說異軍突起，結合了冰淇淋、巧克力、甜點、咖啡店於一身，在米蘭大教堂旁的巷弄開幕後，便立刻擄獲遊客的心，

由於人潮不斷湧進，得抽取號碼排靜候，才能嘗到這結合了爆漿巧克力和各種口味冰淇淋的獨特味道。

Esselunga超市

🚇地鐵1號線Porta Venezia步行5分鐘 🏠Viale Piave 38/40 ☎204-7871 ⏰週一至週六8:00~21:00，週日 9:00~20:00 🌐www.esselunga.it

　　這間大型超市在市中心有許
多連鎖店，和你印象中的義大
利超市不太一樣，除了一般民
生用品之外，你還可以在這裡
找到許許多多來自義大利各地
的新鮮食材，以及各種香料和
調味品。

　　生鮮區賣的火腿、起司都是秤重計價，如果想帶回國，可
以請店員真空包裝。此外還有熟食區，如果不想花腦筋在街
上覓食，熱騰騰的烤雞、肋排等都可外帶。

週末市集

🚇搭地鐵2號線在S. Agostino站下 🏠Viale Gabriele d'Annunzio

　　米蘭在平日或週末都有一些
固定市集，而這個大市集只在
週六才有。市集分兩大區，一
區是販售飾品及日用品，另外
一區則是專賣食品、花卉、水
果、香料等。想要買平價的義
大利真皮製品，例如皮鞋、皮
包、皮夾在這裡都找得到，一雙皮鞋從€10~€45都有。

　　即使是市集也可以買到很有設計感的皮包、皮鞋，不過價
格當然也貴一些。此外這裡偶爾還可以挖到名牌的包包或鞋
子，價格十分便宜；另一區的食品區，是買義大利香料食材
的好去處，而這裡的麵包、烤雞、水果價格都很平實，逛多
了米蘭精品，不妨到這裡來感受當地人的生活面。

L'Emporio Isola

🚇搭地鐵1號線在Cadorna站下車，再搭路面電車1號至
Corso Sempione站 🏠Via Prina 11 ☎349-1040 ⏰
週一15:00~19:30、週二至週六10:00~19:30、週日
11:00~19:00 🌐www.emporioisola.it

　　這間Outlet有兩層樓，一樓是男裝及女裝用品區，二樓
有一區專賣皮鞋、馬靴等。有秩序的陳列，看起來像是一
般服飾專櫃。店內品牌包括Moschino、Burberry、DOLCE &
GABBANA、BOSS、Hogan、Max Mara、Camper等，約在四折
左右，有些品牌還打到二折以下。

Il Salvagente

🚇搭乘60、62號公車在Bronzetti Archimende站下
車 🏠Via Fratelli Bronzetti 16 ☎7611-0328 ⏰
週一15:00~19:00、週二至週六10:00~19:00、週日
11:00~19:00 🌐www.salvagentemilano.it

　　這間Outlet從馬路上看進去像是在地下室，並不醒目，只要
從巷子進去就可以看到。這間店面較小，但是品牌不少，像
是Roccobarocco、Moschino、Burberry、DOLCE & GABBANA、
D&G、Emporio Armani、Gucci、KENZO、Miu Miu、Versace、
Max Mara、Prada等等，服飾、飾品一應俱全，折扣從6至3折
都有，有時不到70歐元就可以買到一件名牌褲子，且可以試
穿，讓店內總是人滿為患。

Tips：米蘭的購物

●所謂的「黃金四角」(Quadrilatero d'Oro)是以聖芭
比拉地鐵車站(S. Babila)為核心，向四方連結蒙特拿
破崙大道(Via Monte Napoleone)、艾曼紐二世大道
(Via Emanuele II)、史皮卡街(Via della Spiga)，形成
一個幅員遼闊的超大購物商場，這裡同時也是米蘭
傳統的購物中心，每天都有成千上萬的觀光客在這
裡貢獻，促進義大利的經濟更為繁榮。

●布雷拉區(Brera District)是米蘭最富有藝文氣息的
地區，你只要漫步這裡，可以體會到與義大利獨一無
二的魅力，特別是跟你擦肩而過的藝術學院學生、
前衛的設計師，帶著義大利人天生的美麗與自信，
與布雷拉美術館內的文藝復興大師們輝映著布雷拉
的獨特氛圍，連巷子裡的精品店都沾光，迥異於黃
金四角的耀眼逼人，布雷拉的店鋪稍微迷你與平
價，卻是令你驚喜的個性商店。

●大教堂旁的文藝復興百貨公司(La Rinascente)是義
大利最有名的百貨公司，在羅馬、佛羅倫斯都有它
強勢的身影，就像一般人熟悉的百貨公司，衣服、
化妝品、香水、雜貨……都可以在一棟大樓內一次
購齊。

●從Porta Venezia地鐵站出來，在威尼斯大道(Corso
Venezia)和布宜諾斯艾利斯大道(Corso Buenos Aires)
交叉的這個區域，沒有黃金四角那般高不可攀，都
是較平民化的商店，不妨到這裡尋寶。

Where to Stay in Milano
住在米蘭

Château Monfort

🚇搭乘地鐵1號線於San Babila下車，步行約5分鐘。或電車9號線就在旅館門口，可直達中央車站 🏠Corso Concordia, 1 ☎776-761 📠7767-6832 💻www.hotelchateaumonfort.com 星等：★★★★★

　　這家奢華的五星級城堡旅館，就位於米蘭的心臟地帶，交通十分便利，步行至米蘭大教堂僅約15分鐘距離。

　　Château Monfort屬於Relais & Châteaux飯店聯盟的一員，特色就是一座城市城堡(Urban Château)，共有77個房間，每個房間的格局與擺設都不同，並以新浪漫主義風格來營造，彷彿走進童話故事，《睡美人》、《仙履奇緣》、《胡桃鉗》……而每組客人就是這些童話故事中的主角，而特殊的隔音設計，住在裡面完全不受隔壁或外面噪音干擾。

Best Western Hotel St. George

🚇地鐵1號線Porta Venezia出站即達 🏠Viale Tunisia, 9 ☎2951-6375 📠204-3852 💻www.hotelstgeorge.it 星等：★★★★

　　位置和交通是這間旅館最大的競爭力，鄰近地鐵站，旅館前電車更是川流不息。威尼斯大道(Corso Venezia)和布宜諾斯艾利斯大道(Corso Buenos Aires)近在咫尺，這裡也是米蘭著名的購物大道之一。

　　這間旅館成立於1967年，如今納入全球連鎖飯店集團BEST WESTERN旗下，選擇它，便意味選擇了品質與舒適。飯店毫不刻意地營造出溫暖的氛圍，無非是希望客人把這裡當作落腳於米蘭的家，以此為探索米蘭的基地，讓自己成為真正的米蘭人。

Tips：米蘭的住宿

●時尚之都米蘭一整年都有大型商展，特別是春天(3-5月)和秋天(9-11月)，例如米蘭時裝週、米蘭家具展……如果此時來到米蘭，務必及早規劃，否則一房難求，而且價錢也會較淡季貴2-3倍以上。

●既然是一座商業大城，旅遊人口也不少，從平價的民宿到商務旅館，再到高檔飯店，米蘭住宿的選擇性十分多樣。一般而言，市中心區的米蘭大教堂周邊和共和廣場(Piazza della Repubblica)附近，都是高檔飯店聚集的區域，一般人較難以接受其價位。中價位的商務旅館多半集中在中央火車站前的Napo Torriani路，以及布宜諾斯艾利斯大道(Corso Buenos Aires)，或者商展會場附近。至於平價的民宿則在中央車站的東南方區域。

●和其他大城市一樣，米蘭的旅館在房價之外，也要額外收取城市稅，原則上依照旅館的星等收取費用，費用為每人每晚€2～5不等。

Town House Galleria Hotel

🚇搭地鐵1、3號於Duomo站下車，後步行約1分鐘可達 🏠Via Goldoni 31 ☎70156 📠713-167 💻www.townhouse.it

　　坐落於艾曼紐二世拱廊內一間間名店樓上的，就是這間由瑞士等級鑑定公司(SGS)評定為七星級的湯豪斯佳樂利飯店，這間飯店因為是第一家被評為七星級飯店而備受矚目。飯店內每間房都擁有專屬管家，房內細心又頂級的設備，讓房客有在家般的自在感，又能滿足每位房客的需求。從房客入住起，飯店內立即能得知每位客人的基本資料，包括從枕頭到菜餚的喜好，而給予無微不至的服務。

曼陀瓦
Mantova

文●墨刻編輯部　攝影●墨刻攝影組

發源於曼陀瓦山區的鞏札加家族，自1328年成為曼陀瓦的首長後，便致力於將其宮廷範圍往外擴充，由曼陀瓦發展出來的倫巴底式文藝復興品味——鞏札加文化(Gonzaga)，其影響力便遍及倫巴底地區。

在14到18世紀的家族黃金歲月裡，鞏札加家族把曼陀瓦雕琢成倫巴底地區最精緻的文藝復興殿堂，足跡之深今日依然歷歷在目，誰也無法否定「曼陀瓦是鞏札加的城市」這句話。

鞏札加家族當初那種「城市即宮廷」的作法，使得北義倫巴底最優雅文藝復興精緻文化，得以在曼陀瓦得到最佳的詮釋。

曼陀瓦

聖喬治城堡 Castello di San Giorgio
大教堂 Duomo
索德婁廣場 Piazza Sordello
總督宮 Palazzo Ducale
聖安德烈教堂 Basilica di Sant'Andrea
火車站
瑪特拿廣場 Piazza Mantegna
比比安那劇院 Teatro Bibiena
香草廣場 Piazza delle Erbe
布洛雷多廣場 Piazza Broletto
明秋河 Rio Mincio
理性宮 Palazzo della Ragione
聖羅倫佐圓形教堂 Rotonda di San Lorenzo

圖例 ◎景點 ✚教堂 🚉火車站 🎭劇院　🅿廣場 🏰城堡 🛈旅客服務中心

特皇宮 Palazzo Te

INFO

基本資訊
人口：48,690　**面積**：63.8平方公里
區碼：(0)376

如何前往
◎火車
　　從米蘭前往曼陀瓦，直達車程約2小時，每隔2小時有1班車。另外行經維洛納(Verona)至摩德納(Modena)之間的火車也停靠曼陀瓦，距離維洛納車程約50分鐘，距離摩德納70分鐘，每小時1班次。正確班次、詳細時刻表及票價可上網(www.trenitalia.com)或至火車站查詢，詳見P.37。

市區交通
　　從火車站和巴士站步行至市區約10分鐘，可以步行遊覽大部分景點。

優惠票券——曼陀瓦博物館卡Mantova Musei Card
若是計畫參觀比較多間博物館，使用曼陀瓦博物館卡可節省下一半的費用。持卡可於60天內參觀包含總督宮、特皇宮等8間博物館。卡片每張€16。

旅遊諮詢
◎遊客服務中心IAT Mantova
🏠Piazza Mantegna 6　☎432-432　⏰週一9:00~13:00、14:30~16:00，週二至週五9:00~13:30、14:30~18:00，週六日9:00~18:00
🌐www.turismo.mantova.it

Where to Explore in Mantova
賞遊曼陀瓦

MAP ▶ P.224B1

總督宮
Palazzo Ducale
羣札加家族的藝術生活

🚶 從市中心香草廣場步行前往約5分鐘　📍Piazza Sordello 40　📞224-832　🕐博物館週二至週日08:15~19:15　🚫週一　💰全票€12、半票€6.5，包含舊宮（Corte Vecchia）、聖喬治城堡及伊莎貝拉埃斯特宮殿（Isabella d'Este's apartment）。若只參觀舊宮和伊莎貝拉埃斯特宮殿，全票€6.5、半票€3.25。結婚禮堂預約費用€1。使用博物館卡參觀需另付€5.5　🌐www.mantovaducale.beniculturali.it；預約及購票網站 www.ducalemantova.org

　這座位於索德婁廣場上、由史豐哲家族所擁有的龐大建築群，14世紀時成為這個愛好繪畫、建築及藝術家族的府邸，曾經一度是歐洲最大的宮殿，占地廣達34,000平方公尺。

　在羣札加家族的設計下，與其說這片建築群是宮殿，不如稱之為小型城市，廳房多達500間，光住在裡頭的人就多達千人，17世紀時奧匈帝國哈布斯堡家族為了將其中收藏的上千件藝術品運走，就足足用了80輛馬車，足見其昔日富麗堂皇的程度。

　目前開放參觀的空間裡，以結婚禮堂（Camera degli Sposi）與比薩內羅廳（Sala del Pisanello）最值得一看，結婚禮堂每天只開放1500人參觀，因此在3~6月以及9~10月旺季前往的遊客一定

要預約。該禮堂位於宮中的一座14世紀城堡聖喬治城堡（Castello di San Giorgio）中，它最吸引人的地方在於蒙帖那（Andrea Mantegna）繪製於15世紀的壁畫，栩栩如生的技巧，令觀賞者得以追憶羅德維科(Lodovico)侯爵和他家族的生活樣貌。

　比薩內羅廳中保存了這位畫家的半成品，這些壁畫在1969年時被發現，隱藏於兩層灰泥下方。想要觀賞城堡的整體外觀，需繞到外側，站在包圍曼陀瓦的明秋河(Rio Mincio)岸突出點上，有不錯的觀賞角度。

MAP ▶ P.224B1

索德婁廣場與大教堂
Piazza Sordello & Duomo
曼陀瓦政治經濟中心

🚶 從市中心香草廣場步行前往約3分鐘

　這片長方形大廣場是曼陀瓦在羣札加時代重要的政治及經濟中心，四周環繞著羣札加家族祖先興建的許多宮殿，以及許多因應觀光而生的咖啡館。

　廣場上的大教堂(Duomo)於13世紀時興建在古代小神殿的遺址上，16世紀中葉一場大火將它燒得面目全非。如今教堂整體表現出3種建築形式：正面是1545年時由大建築師羅馬諾(Giulio Romano)以古典風格重建，左面有哥德式雕花裝飾，鐘樓則洋溢著濃厚的羅馬味。

 MAP ▶ P.224B1

香草廣場

Piazza delle Erbe

曼陀瓦中心點

🚶 火車站步行前往約10分鐘

聖羅倫佐圓形教堂

🏠 Piazza delle Erbe　🕐 週一至週五: 10:00~13:00、14:00~18:00，週六、日10:00~18:00

　　香草廣場是曼陀瓦的中心點，廣場上有堆垛式外觀及哥德式窗戶的建築，是建於1250年的法庭——理性宮(Palazzo della Ragione)，旁邊的時鐘塔(Torre dell'Orologio)則是由完成聖安德烈教堂的凡切利(Luca Fancelli)設計於15世紀，美麗的天文鐘面，裝飾的效果大過報時的作用。

　　聖羅倫佐圓形教堂(Rotonda di San Lorenzo)是廣場上非常特殊的11世紀古建築，由一道小小的斜坡延伸到圓圓的教堂入口，該教堂曾在16世紀時遭到部分損毀，並於20世紀初重建，教堂屋頂的12~13世紀壁畫遺跡，是相當罕見的倫巴底風格。

MAP ▶ P.224B1

聖安德烈教堂

Basilica di Sant'Andrea

曼陀瓦信仰中心

🚶 從市中心香草廣場步行前往約3分鐘　🏠 Piazza Andrea Mantegna　☎ 328-504　🕐 週一至之週五8:00~12:00、15:00~19:00，週六10:30~12:00、15:00~18:00，週日11:45~12:15、15:00~18:00

　　聖安德烈教堂是曼陀瓦的宗教信仰中心，14世紀時由賈札加家族的路多維科二世委託阿貝蒂(Leon Battista Alberti)設計，佛羅倫斯新聖母瑪莉亞教堂正面的設計正是出於這位建築師之手；但阿貝蒂旋即去世，因而由同樣來自佛羅倫斯麥第奇宮廷的凡切利(Luca Fancelli)完成。

　　教堂內部只有一條中央迴廊，聖器室保存兩只細頸聖油瓶，據說裡面藏沾有耶穌鮮血的泥土；教堂的鐘樓則是屬於舊建築的遺跡，因此帶著不同的哥德風。畫家蒙帖那(Mantegna)長眠於教堂左側第一個禮拜堂，墳墓上方有著這位畫家的半身塑像，禮拜堂內的壁畫出自蒙帖那的設計，但是由他的學生完成。

布洛雷多廣場
Piazza Broletto
拉丁詩人廣場

從市中心香草廣場步行前往約1分鐘

　與香草廣場僅隔一道騎樓式建築「通道」(Sottoportico)，廣場雖小但有兩座重要建築：行政首長宮(Palazzo del Podestà)和市民大會拱廊(Arengario)。

　廣場上的大理石雕是拉丁詩人維吉利歐(Virgilio)的雕像，維吉利歐就誕生於曼陀瓦，他16歲時到羅馬發展，以他最動人的歌喉唱出《牧歌》，表達童年在曼陀瓦這片土地上最甜美記憶，因而永垂不朽。

特皇宮

MOOK Choice

Palazzo Te
鞏札加文化的結晶

從市中心香草廣場步行前往約25~30分鐘，或是從火車站搭46號公車至Mantova Risorg下車後步行5分鐘　Viale Te 13
323-266　週一13:00~18:00、週二至週日9:00~18:00
全票€9、優待票€6　www.palazzote.it

　特皇宮位於曼陀瓦的南部郊區，可說是鞏札加文化的結晶。

　1525年由鞏札加家族鍾愛的建築師羅馬諾（Giulio Romano），依照鞏札加品味設計而成，據說是花花公子Federico Gonzaga為他的情婦Isabella Boschetta所建，當作躲避總督宮嚴謹生活的度假離宮使用，或許正因為如此，特皇宮裡的設計充滿了創意與趣味。

　皇宮歷時10年才完成，充滿矯飾主義味道，可謂羅馬諾的代表之作。廳房內裝飾著大量誇張的濕壁畫，其中最令人嘆為觀止的是如洞穴般的巨人廳(Sala dei Giganti)，一整片描述奧林匹亞山諸神大戰巨人的壁畫，由屋頂一直延伸到牆角，非常宏偉。馬廳(Sala dei Cavalli)的牆上畫的是史豐哲家族豢養的六匹頂級種馬，牠們以仿大理石、假廊柱、仿淺浮雕為背景，構成一整幅虛擬的畫面。

　丘比特和普賽克廳(Sala di Amore e Psiche)生動地繪製了一幅幅情色壁畫，屋頂的繪畫以愛神和普賽克女神(Psyche)為主題，出自羅馬諾之手，四周的牆壁上則畫滿狂歡的婚宴場景，喝醉的神祇各個衣衫不整、醉態各異，其中一個牆壁上還畫了戰神與維納斯一同出浴的畫面。

●科摩

科摩
Como

文●林志恆　攝影●林志恆・墨刻攝影組

米蘭北方就是義大利著名的湖區,分布在阿爾卑斯山的南麓,都是冰河侵蝕、高山雪水融化形成的美麗湖泊。自左而右分別是奧塔湖(Lago d'Orta)、馬喬雷湖(Lago Maggiore)、盧加諾湖(Lago di Lugano)、科摩湖(Lago di Como)、伊塞奧湖(Lago d'Iseo)及加達湖(Lago di Garda)。其中以科摩湖位居中央,位於米蘭北方50公里,距離最近。

科摩湖呈現一個「人」字形,左腳尖處是與湖同名的科摩(Como)小鎮,右腳尖則為萊科(Lecco)。

科摩是座迷人的歷史小鎮,12世紀的城牆、高貴的氣質,呈現一副富庶繁榮的景象。除了豐富的漁產之外,它的富裕來自絲織工業,至今仍是歐洲最重要的絲織品生產基地,隨意走逛城區,商店櫥窗五顏六色的絲巾和領帶,就是最佳伴手禮。

INFO

基本資訊

人口:84,394　**面積**:37.34平方公里
區碼:(0)31

如何前往

◎火車

從米蘭中央車站搭乘國鐵火車前往科摩,會停在市區西方的S. Giovanni車站,車程約30分鐘,火車為前往瑞士Zurich、Basel的方向的EC,因此火車車種有時是瑞士國鐵車廂。

此外,也可以從米蘭地鐵站Cadorna,搭乘米蘭北站的私鐵Trenord抵達科摩的Como Nord Lago車站,車程約1小時,車站就位於市中心的湖畔。正確班次、詳細時刻表及票價可上網或至火車站查詢,詳見P.37。

義大利國鐵ⓦwww.trenitalia.com
Trenordn私鐵ⓦwww.trenord.it

市區交通

火車站位於市區西南方,步行約20分鐘可到湖畔。出了火車站穿過車站前的公園直行,沿著Via T Gallio、Via Giuseppe garibaldi前行,會先來到Volta廣場,再沿著Via Fontana路前行,就是Cavour廣場,遊客服務中心就位於此,左手邊是科摩湖,右手邊則為科摩大教堂。除了遊湖之外,科摩市區適合閒適散步。

旅遊諮詢

◎遊客服務中心

🔺P.228A1　📍Piazza Cavour 17　☎269-712　⊙
週一~週六 9:00~13:00、14:00~17:00 ⓗ週日
www.lakecomo.org

Where to Explore in Como
賞遊科摩

MAP ▶ P.228A1

科摩湖
Lago di Como
貴族名流度假勝地

MOOK Choice

遊湖觀光船

📞800-551801 ⏰約9:00~19:00（依季節調整）💲單程從€2.5~10，環湖路線€7.6起 🌐www.navigazionelaghi.it ❶科摩湖的觀光船從Cavour廣場旁的碼頭出發，行至最北端的科里可(Cólico)，水翼船、觀光船每日7班；行至湖中途的貝拉吉歐(Bellagio)每日有9~15班。

西元1818年，詩人雪萊(Percy Bysshe Shelley)在寫給朋友皮考克(Thomas Love Peacock)的一封信中提到：「這座湖超過我所見過最美麗的事物……它長而窄，像是一條大河蜿蜒在群山和森林之間。」

科摩湖是座冰河湖，長50公里、寬4.4公里，呈「人」字形，面積146平方公里，為義大利第三大湖泊，僅次於加達湖(Lago di Garda)和馬喬雷湖(Lago Maggiore)，最深處超過400公尺，是歐洲最深的湖泊之一。

從羅馬帝國時代，這裡就是皇室前來度假的地方；它的美，更吸引歷史上不少藝術家和文人前來尋找靈感；18、19世紀期間，歐洲各國的皇室、富豪紛紛前來打造豪華的度假別墅，位於科摩的奧爾莫別墅(Villa Olmo)，以及位於「人」字交叉點上、貝拉吉歐的雪貝隆尼別墅(Villa Serbelloni)，是科摩湖的知名地標。

當代也有不少影星、名流都曾在湖岸邊擁有他們的豪宅，像是瑪當娜(Madonna)、喬治克隆尼(George Clooney)、強尼凡賽斯(Gianni Versace)、席維斯史特龍(Sylvester Stallone)等。

MAP ▶ P.228B1

大教堂
Duomo
湖濱小鎮核心

🏠Piazza del Duomo ⏰7:30~19:30

體積龐大的科摩大教堂占據著市中心的位置，建於14到18世紀之間，大體呈現哥德式樣貌，然而仔細看，又可以看到文藝復興式的耳堂和祭壇、巴洛克風的拱頂，融合在不同的建築部位。教堂內主要供奉升天的聖母瑪利亞(Assumption of the Blessed Virgin Mary)，有幾件織錦掛毯是鎮堂之寶。

從廣場欣賞教堂立面，那繁複精細的雕刻，十足展現了華麗的倫巴底建築風格。教堂左

邊是建於13世紀的舊市政廳，名為布洛雷托(Broletto)，呈現出仿羅馬式到哥德式的過渡風格，左邊的鐘塔(Torre del Comune)以粗獷厚重的岩石所打造，右邊的拱廊則以倫巴底美麗的白、灰、紅三色大理石拼組而成。

熱內亞
及利古里亞

利古里亞省

Genova & Liguria

當威尼斯雄霸亞得里亞海時，隔著義大利半島的另一側，唯有熱內亞能與其匹敵。威尼斯享有「海上女王」的封號，熱內亞則被稱為「海上霸主」。

熱內亞坐落在利古里亞海岸的中心點，這彎位於義大利半島西北側的狹長海岸，全境因為陡峭的阿爾卑斯山和亞平寧山(Apennines)直逼地中海岸，可說地無三里平，曲折破碎的海岸地形擁有歐洲最迷人的海岸景致。這一長條從法國邊界向東延伸到托斯卡尼的銀色海岸，又稱為義大利的里維耶拉(Italian Riviera)。

住在這片貧瘠土地上的人們，天生就注定要靠海吃飯，港闊水深的熱內亞，因而成為海權時代一顆閃爍的明星。熱內亞以東稱為東里維耶拉(Riviera Levante)，地勢險峻，以五座位於懸崖上的五漁村(Cinque Tere)和美麗海岬上的芬諾港(Portofino)為代表。熱內亞以西稱為西里維耶拉(Riviera Ponente)，因為阿爾卑斯山阻隔了來自北方的冷空氣，全年氣候溫暖，與法國蔚藍海岸(Côte d'Azur)連成一氣，長而美麗的沙灘是熱門度假勝地，以聖雷莫(Sanremo)為代表。

熱內亞和利古里亞The Highlight of Genova & Liguria

新街和羅利宮殿群
Le Strade Nuove e Palazzi dei Rolli
　被列為世界文化遺產的文藝復興式建築及巴洛克宮殿群，一座座打造得金碧輝煌的貴族豪宅以及無數藝術收藏品，象徵著熱內亞16~17世紀初權傾一時的輝煌榮光。(P.234)

馬那羅拉Manarola
　五漁村中歷史最悠久的一座，村落中滿是濃濃的中古世紀風情。它可能也是最受遊客歡迎的一座漁村。里奧馬喬雷和馬那羅拉之間的「愛的小路」沿海岸線而行，七彩小屋堆疊在海岬高崖上的經典畫面，是令人一見傾心的美景。(P.241)

MOOK Choice

MAP ▶ P.233C2

新街和羅利宮殿群

Le Strade Nuove e Palazzi dei Rolli

海權時代強盛的象徵

王宮

🚇從Principe火車站沿Via Balbi向市中心，步行約5分鐘　🏠Via Balbi 10　📞271-0286　🕐週二~週六 9:00~19:00，週日及假日13:30~19:00　💰成人€4，優待票€2。與史賓諾拉宮國家美術館共通券為€6.5，優待票€3.25　🌐www.palazzorealegenova.beniculturali.it

史賓諾拉宮國家美術館

🚇從王宮步行至此約10分鐘　🏠Piazza Pellicceria, 1　📞270-5300　🕐週二~週六 8:30~19:30，週日 13:30~19:30　🕐週一　💰同王宮，每月第一個週日免費　🌐www.palazzospinola.beniculturali.it

新街美術館Musei di Strada Nuova
(含紅宮、白宮、多利亞突爾西宮)

🚇從Principe火車站沿Via Balbi向市中心步行，至Via Garibaldi右轉即達，約15分鐘　📞557-2193　🕐11~3月：週二~週日

9:00~18:30（週六、日9:30開始），4~10月：週二~週四9:00~19:00、週五9:00~21:00、週六、日10:00~19:30　🕐週一　💰紅宮、白宮、多利亞突爾西宮共通券€9，半票€7　🌐www.museidigenova.it/it/content/musei-di-strada-nuova

在16至17世紀早期，熱內亞不論在財富或海權方面，都達到最強盛，當時的新街和羅利宮殿群是熱內亞的歷史中心，更是歐洲第一個統一在公權力架構之下的都市發展計畫，於1576年由上議院所頒布。

2006年被列入世界遺產的範圍包括新街的文藝復興式建築及巴洛克宮殿，羅利宮殿群除了是當時貴族的居所，也作為社交組織舉辦活動，以及迎接國家貴賓住宿之用。

新街涵蓋的範圍相當廣，包含的宮殿無數，大致包括了今天的Garibaldi街、Balbi街、Cairoli街、Lomellini街、San Luca街等。其中又以紅宮、白宮、多利亞突爾西宮所在的加里波底街(Via Garibaldi)最為人所稱頌。

王宮Palazzo Reale

王宮外表灰暗樸素，然而走進建築裡，才驚見它的不凡。一座恰似法國凡爾賽宮的露台花園，雕飾得金碧輝煌、呈現洛可可(Rococo)風格的鏡廳(La Galleria degli Specchi)，以及每間廳堂的濕壁畫、灰泥裝飾，和無數的藝術收藏品，都讓這座宮殿不愧為「王宮」的名號。

這座宮殿建於17世紀，原本為為巴爾比(Balbi)家族的宅邸，

1830年代成為薩丁尼亞國王薩佛伊(Savoy)家族居所，因而有了王宮這個名稱。

除了「鏡廳」之外，位於「國王寢室」裡，掛著《耶穌受難》(Crucifixion)，為法蘭德斯畫家范戴克(Anthony Van Dyck)的作品；而「謁見廳」裡(Sala delle Udienza)，則放置國王寶座，以及范戴克為巴爾比家族所畫的肖像畫《卡特琳娜》(Caterina Balbi Durazzo)。

史賓諾拉宮國家美術館
Galleria Nazionale di Palazzo Spinola

不同於王宮樸素的外表，這棟16世紀的史賓諾拉宮，從裡到外都呈現華麗的洛可可風格，目前為國家美術館。這棟四層樓的建築，曾為史賓諾拉(Spinola)家族的宅邸，他們曾經是熱內亞歷代中最強大的家族之一。

國家美術館的收藏以義大利和法蘭德斯的文藝復興畫作為主，又稱為「利古里亞畫派」(Ligurian School)，以范戴克、魯本斯(Rubens)為代表人物。除此之外，建築內的濕壁畫和華麗裝飾也是一景，從四樓的陽台可以眺望熱內亞城市景致。

白宮Palazzo Bianco
🏠 Via Garibaldi, 11

白宮起建於16世紀，與隔壁的多利亞突爾西宮的中庭相銜接，目前所看到的巴洛克式正門是在18世紀完成。這棟建築和紅宮一樣，在19世紀下半葉成為熱內亞市政府的資產，目前部分空間作為市政廳之用。

白宮的藝術收藏可能是熱內亞所有美術館之最，義大利的大師有卡拉瓦喬、維若內塞(Veronese)、利比(Filippino Lippi)，法蘭德斯的大師有魯本斯(Rubens)、范戴克、梅姆林(Hans Memling)，以及西班牙的慕利羅(Murillo)和蘇巴朗(Zurbarán)。其中又以魯本斯的《維納斯與戰神》(Venere e Marte)、梅姆林的《基督的賜福》(Cristo Benedicento)最為出色。

多利亞突爾西宮Palazzo Doria-Tursi
🏠 Palazzo Doria Tursi, Via Garibaldi, 9

多利亞突爾西宮是今天熱內亞市政府的所在地，裡面收藏了與熱內亞有關的重要文件和名物，其中包括哥倫布親手寫的三封信，以及帕格尼尼廳(Sala Paganiniana)裡，一把價值連城的瓜奈里名琴(Guarneri del Gesù)，那是出生於熱內亞的傳奇小提琴家帕格尼尼(Niccolò Paganini，1784-1840)生前最喜愛的一把琴。

紅宮Palazzo Rosso
🏠 Via Garibaldi, 18

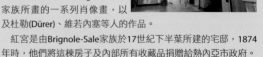

這棟外表呈磚紅色的宮殿，裡面以展示畫作為主。其中包括范戴克於1621到1627年在熱內亞作畫期間、為Brignole-Sale家族所畫的一系列肖像畫，以及杜勒(Dürer)、維若內塞等人的作品。

紅宮是由Brignole-Sale家族於17世紀下半葉所建的宅邸，1874年時，他們將這棟房子及內部所有收藏品捐贈給熱內亞市政府。

MAP ▶ P.233B2

舊港口

Porto Vecchio

重獲新生的海上門戶

🚇距離Principe火車站步行約15分鐘

熱內亞水族館Acquario di Genova

🏠Ponte Spinola, Area Porto Antico ☎234-5678
🕐7~8月：8:30~22:30；3~6月、9~10月：平日
9:00~20:00，週六、日 8:30~21:00；11~2月：平日
9:30~20:00，週六、日 9:30~21:-0 💲成人€24，兒童半
票€15 🌐www.acquariodigenova.it

從11世紀起，舊港口就是熱內亞發展海權的
核心。1992年為了慶祝哥倫布發現新大陸500
週年以及舉辦世界博覽會，這座舊港口也進行了
大改造，由建築師皮亞諾(Renzo Piano)負責操
刀，原本陳舊頹廢的舊港區，變得煥然一新。

沿著港口邊，是一條可以開適散步的濱海大
道，同時還增加許多新建築及設施，其中最受歡
迎的便是熱內亞水族館(Acquario di Genova)，
這是歐洲規模第二大的水族館，大約50座超大
水槽中，飼養超過5,000種來自世界各地的海洋
生物，包括海豚、海豹、鯊魚、企鵝等，它同時
也是一座會議、教育、科學和文化中心。

港口邊，你還可以看到一只球形的海上溫室，
以及一座造型像八爪章魚般的巨大桅杆海上吊
車，而這些都是皮亞諾的傑作。

MAP ▶ P.233C3

聖羅倫佐教堂

S. Lorenzo

收藏寶貴聖物

🏠Piazza San Lorenzo ☎247-1831 🕐9:00~12:30，
15:30~19:00。聖物室週日不開放 💲聖物室(Museo del
Tesoro)€6

聖羅倫佐教堂是熱內
亞的主座教堂，外觀呈
黑白條紋交錯，起建於
9世紀，12世紀竣工，
後又經過無數次的整
建，因此融合了多種建
築風格。北面的聖喬凡
尼大門(Portal of San
Giovanni)保留了12世
紀仿羅馬式的樣貌；立面的三門入口和玫瑰窗則
反映了隨後的法國哥德式風格。

教堂內部的禮拜堂是文藝復興和巴洛克交
錯，其中最耀眼的是供奉施洗約翰(St John the
Baptist)的禮拜堂，祂也是熱內亞的守護神，傳
聞禮拜堂裡的13世紀石棺，曾經安放了施洗約
翰的部分骨骸。

教堂內的聖物室(Museo del Tesoro)收藏了不
少傳說中的聖物，其中包括一只「聖盆」(Sacro
Catino)，據說是用來把聖約翰頭顱獻給莎樂美
(Salome)的石英淺盤。此外，還有在最後晚餐
中使用的綠色玻璃碗，以及「真十字架」(True
Cross)的部分碎片，不過都未經考證。

MAP ▶ P.233C4

法拉利廣場
Piazza de Ferrari

新城中心

🚇搭地鐵至De Ferrari站下車

　　法拉利廣場位於熱內亞市區的東側，靠近Brignole火車站，這裡才是熱內亞的市中心，相較於加里波底街貴族富商的豪宅林立，法拉利廣場周邊則圍繞著政府機構。

　　廣場中心是一座巨大的噴水池，開闊空曠的空間與熱內亞舊市區那黑暗狹小、令人窒息的街道恰成鮮明對比。廣場上最顯眼的一棟建築就是新藝術風格的波爾薩宮(Palazzo della Borsa)，曾經是熱內亞的股票交易所。

MAP ▶ P.233C3

總督宮
Palazzo Ducale

歷任總督官邸

🏠Piazza Giacomo Matteotti 9　☎817-1663　⏰開館：9:00，閉館：19:00~21:00之間，實際時間視不同展覽而定　💲€5~10，視展覽而定　🌐www.palazzoducale.genova.it

　　這棟雄偉的建築曾經是熱內亞歷任總督的官邸，在成為獨立城邦之後，又是政府所在地。總督宮建於1590年，屬於矯飾主義風格，1770年代一場大火之後，曾經過大翻修。

　　外表高貴的建築裡有兩座16世紀的美麗庭院及拱廊，如今則是熱內亞最主要的藝術文化中心，以知名度高的臨時展為主。總督宮裡還有一些小型博物館，例如爵士博物館，收集一些原始錄音，可免費參觀。

MAP ▶ P.233C4

哥倫布故居
Casa della Famiglia Colombo

偉大航海家的足跡

🏠Piazza Dante　☎449-0128　⏰6~8月：11:00~18:00；4~5月、9~10月：11:00~17:00；11~3月：週二至週四11:00~15:00，週五至週日10:00~16:00　🈺週一　💲€5　🌐www.museidigenova.it

　　要在熱內亞找尋哥倫布的足跡，除了從Principe火車站出來看到的哥倫布雕像之外，從街道、廣場、噴泉、酒吧到機場，Cristoforo Colombo這個名字都可以在城裡每個角落看得到。此外，就

是這棟位於Soprana城門邊的古老建築，房舍早已斑駁陸離，外牆爬滿長春藤，據說哥倫布出生於此，其少年時光(1455~1470年)，大約4歲到19歲之間也是在這裡度過。目前哥倫布故居是座小型博物館，陳列一些歷史文件。

五漁村

五漁村
Cinque Terre

文●林志恆　攝影●林志恆

位於熱內亞以東的東里維耶拉(Riviera Levante)，由於地勢險峻、交通不便，好幾個世紀以來幾乎與外面的世界隔絕，直到近代，都還沒有公路抵達。

這段狹長的海岸線，以古老城鎮維內雷港(Porto Venere)、五座位於懸崖上的五漁村(Cinque Terre)，和美麗海岬上的芬諾港(Portofino)為代表。這裡擁有原始的自然景觀以及豐富的人文風貌，它們不僅展現了人與自然之間的和諧關係，也勾勒過去一千多年來，當地居民如何在崎嶇狹窄的地理環境中，維持傳統的生活模式。1997年，聯合國把五漁村、維內雷港納入世界文化遺產保護範圍。

由蒙特羅梭(Monterosso al Mare)、維那札(Vernazza)、科爾尼利亞(Corniglia)、馬那羅拉(Manarola)及里歐馬喬雷(Riomaggiore)所構成的五座漁村，是在中世紀晚期形成的濱海聚落，由於沿海岬梯地而建，只能靠船隻、火車及步行抵達。

維內雷港則是建於西元前1世紀的古老城鎮，它包含3個村落和Palmaria、Tino、Tinetto 3座小島，其義大利語的意思是「女神之港」，曾是詩人拜倫(Byron)最喜愛的一座城市。

大多數的祕境，終究還是會被發現。幾十年前，五漁村就已經不是未被發現的伊甸園，藉由火車、輪船的運送，五漁村已成為北義大利最知名的旅遊勝地之一，夏日旺季時更是遊人如織。然而當你從鐵路、從海上緩緩駛進這些遺世獨立的村落，那險峻的崖岸、岬角上古雅的粉彩屋舍、山崖間挺立的小教堂、從海邊沿著山勢層層往上延伸的葡萄梯田、滿山粗獷野放的橄欖樹林；遠離遊客聚集的廣場、大街，攀爬在那村落之間的健行山徑，你會發現，愈是保留原始之美，愈能散發出一股無法擋的誘人魅力。

INFO

如何前往
◎火車
前往五漁村，搭乘火車是最方便的交通工具，若從西邊過來，熱內亞是當然的出入門戶，從熱內亞Principe車站出發，抵達五漁村西邊的第一站蒙特羅梭(Monterosso al Mare)，車程約1個小時。如果你正好位於東邊托斯卡尼的比薩，不妨延伸行程至五漁村，從東方過來，出入門戶則為拉斯佩齊亞(La Spezia)，距離比薩約1個小時車程，從這裡西進五漁村東邊第一站里歐馬喬雷(Riomaggiore)，車程僅20-30分鐘。購票及查詢方式詳見P.37。
義大利國鐵 ⓤ www.trenitalia.com

區域交通
◎火車
行駛於熱內亞和拉斯佩齊亞之間的火車，從6:30到22:00之間，平均每個小時有1-3班，幾乎五座漁村

蒙特羅梭
Monterosso
維那札
Vernazza
科爾尼利亞
Corniglia
馬那羅拉
Manarola
里奧馬喬雷
Riomaggiore
拉斯佩齊亞
La Spézia
維內雷港
Portó Venere
帕爾瑪利亞島
Isola Palmaria
五漁村位置圖

都會停靠,每座漁村之間的火車行車車程僅5分鐘,詳細時刻表可以在火車站查詢。

◎觀光遊船

　　從復活節之後到10月底左右,拉斯佩齊亞有輪船可以行駛五漁村和維內雷港之間,從9:15到17:20,平均1小時就有1班。除了山上的科爾尼利亞(Corniglia)之外,其餘四座漁村都有停靠。四座漁村間的往來一日券€22,單程視距離為€7~15;若從拉斯佩齊亞出發並停靠維內雷港,一日券€30。

Consorzio Marittimo Turistico

🏠Via Don Minzoni 13　🖂(0187)732200
🌐www.navigazionegolfodeipoeti.it

◎健行

　　除了火車非常方便串連這五座漁村之外,健行也是來到五漁村必體驗的活動。如果時間和體力有限,里奧馬喬雷和馬那羅拉之間的「愛的小路」(Via dell' Amore)沿海岸線而行,路程1.6公里,僅需20~30分鐘,是條必須付費的步道。此外,馬那羅拉和科爾尼利亞之間、科爾尼利亞和維那札之間都有健行步道,由於是從海岸翻越山稜,部分路徑崎嶇陡峭,村落間平均步行路程都要2小時左右,建議穿著適合的鞋子,並攜帶飲用水。

優惠票券

◎五漁村卡Cinque Terre Card

　　這張卡可以使用在五漁村村內巴士、「愛的小路」、參加國家公園的導覽、使用園區內熱點的無線網路、以及享有參觀拉斯佩齊亞市區內博物館的優惠,在火車站或遊客中心可以買到。另有一種Cinque Terre Treno MS卡,除了以上優惠外,還可無限搭乘拉斯佩齊亞至五漁村區域內的火車(IC/ICN除外)。

💲Cinque Terre Card:1日券€7.5、2日券€14.5。
Cinque Terre Treno MS:1日券€12、2日券€23
🌐www.parconazionale5terre.it

旅遊諮詢

◎拉斯佩齊亞遊客服務中心

Cinque Terre Park Office

🏠拉斯佩齊亞火車站裡
🖂(0187)743-500
🕐7:00~20:00
🌐www.parconazionale5terre.it
🚏蒙特羅梭、維那札、馬那羅拉及里歐馬喬雷的火車站中也都設有遊客服務中心

Where to Explore in Cinque Terre
賞遊五漁村

MAP ▶ P.238

蒙特羅梭

Monterosso

度假海灘之村

蒙特羅梭位於五座漁村的最西側,地勢較為平坦,是最容易開車接近、最大、也是唯一擁有度假海灘的村落,相較於其他四座,比較不具坐落懸崖邊的典型漁村樣貌,1940年代時,甚至短暫地被排除在五漁村之外。

　　當火車駛進車站,便能清楚看見群山環抱著一彎沙灘,整排陽傘點綴著作日光浴的遊客,散發出悠閒的度假氛圍。市區就分立在火車站左右兩側,右側旅館、餐廳、紀念品店林立,穿過左側隧道,才能看到老漁村的樣貌。

　　蒙特羅梭以產檸檬和鯷魚聞名,老漁村裡有一座建於1623年的聖法蘭西斯科教堂(Chiesa di San Francesco),左側的禮拜堂裡有一幅《耶穌被釘十字架》(Crocifissione),被認為是法蘭德斯畫家范戴克(Van Dyck)的畫作。

MAP ▶ P.238

維那札

MOOK Choice

Vernazza

布局精巧雅致

由於擁有一座典型的地中海小海港，維那札也是五座漁村中、最能從海上安全著陸的村落；若論其布局，或許也是最為精巧雅致的一座，成排的小咖啡座、卵石鋪成的主街道，還有高高低低的階梯，串連每一棟盤據在岩石上的屋舍；從港邊穿過一座海蝕洞，別有洞天，一彎小海灘伸向無際的大海。

海港邊的聖馬格利特教堂(Chiesa di Santa Margherita)是一座14世紀、帶有利古里亞地區風格的哥德式小教堂，40公尺高的八角塔也是維那札的地標之一。位於港灣另一頭的多利亞堡壘(Castello Doria)，是五漁村現存最古老的防禦工事，可回溯到西元1000年。

MAP ▶ P.238

科爾尼利亞

Corniglia

高懸岩石岬角之上

走出科爾尼利亞火車站，村落卻還遠在天邊，這是唯一一座碰不到海水的漁村，高懸在海拔100公尺的岩石岬角上，必須再爬377層階梯，才能進入村子。

科爾尼利亞四周被碧綠的葡萄園包圍，狹窄巷弄蜿蜒在五彩房舍之間，穿過村落核心，便能來到岬角高崖邊的眺望點，倚著懸崖俯眺利古里亞海湛藍海水。

由於科爾尼利亞就位於五座漁村的正中央，而且坐落高崖之上，左看右望，可以一次覽盡五座漁村的全景。若說科爾尼利亞完全不靠海也不盡然，順著陡峭階梯而下，穿過一座廢棄的鐵路隧道，可以來到一座只有當地人才清楚的秘密海灘。

里奧馬喬雷
Riomaggiore

探訪五漁村的起點

里奧馬喬雷坐落在五漁村最東側，如果從東邊的拉斯佩齊亞(La Spezia)過來，這裡就是探訪五漁村的起點，因此這裡就自然而然成為五漁村非官方的總部所在地。

里奧馬喬雷的港灣不大，但七彩屋舍緊逼海灣、矗立在岬角上的景色亦十分驚人，因此也經常成為明信片上的經典畫面。著名的藍色小徑(Sentiero Azzurro)海岸步道起點便是從這裡開

始，而從里奧馬喬雷通往馬那羅拉這段輕鬆的步道，又有個浪漫的名字──「愛的小路」(Via dell'Amore)。

MOOK Choice

馬那羅拉
Manarola

最經典的五漁村畫面

七彩屋堆疊在海岬高崖上最經典的五漁村畫面，就在馬那羅拉，它也可能是最受遊客歡迎的一座漁村。馬那羅拉由於腹地較大，海灣背後滿山盡是葡萄園，以產甜甜的Sciacchetrà葡萄酒聞名。

馬那羅拉村中到處充滿無價的中世紀古老遺跡，也是歷史最悠久的一座漁村，據說馬那羅拉的義大利語口音非常獨特，而被稱為馬那羅拉

語。由於這裡緊鄰另一座村落里奧馬喬雷，兩者距離僅852公尺遠，因此交通經常打結。

沿著Discovolo路走到最北端，來到一座小廣場，這裡有一座作為防禦瞭望的鐘塔，其對面的聖羅倫佐教堂(Chiesa di San Lorenzo)歷史久遠，約建於14世紀，內部祭壇的一幅四聯畫，也可追溯到15世紀。如果你打算從馬那羅拉翻過高山走到另一座村落科爾尼利亞，那麼沿著Rollandi路往山上爬，再看好指標繼續前進就對了，你會經過山間一座座美麗宅邸，以及滿山的葡萄園，從高處俯瞰，景色極佳，也可以欣賞到不同角度的海岬彩色屋畫面。

熱內亞和利古里亞…五漁村 Cinqueterre

拿波里
及義大利南部

義大利南部

Napoli &
The South of Italy

位於義大利南部的拿波里，是坎帕尼亞省(Campania)的省會，前臨提雷諾海(Mare Tirreno)、後倚維蘇威火山，擁有非常美麗的風光。義大利這隻「長靴」由此逐漸拉開鞋頭的弧尖，往東跨越滿山遍野的橄欖樹、葡萄園來到巴西利亞卡塔(Basilicata)和鞋跟位置的普利亞(Puglia)，往南則是擔任鞋尖角色的卡拉布里亞(Calabria)。

艷陽與蔚藍大海勾勒出南義的經典畫面，每到夏日，遊人如織從拿波里湧向這一片蔚藍，從蘇連多(Sorrento)延伸到阿瑪菲(Amalfi)的海岸，展現了坎帕尼亞省最具代表性的藍色美景。此外，拿波里更是前往附近小島的中繼站，像是擁有溫泉療養地的伊斯基亞島(Ischia)，以及藍洞著稱的卡布里島等，足以忘憂的迷人景致，讓羅馬皇帝也對這片海岸深深著迷。

豐富多變的人文風貌也是南義特色。西元79年，維蘇威火山的爆發讓城鎮毀於瞬間，在厚重的火山灰和泥漿覆蓋下，龐貝和艾爾科拉諾卻得以保存羅馬盛世的原貌；巴里曾歷經羅馬、拜占庭、阿拉伯人、諾曼及西班牙人的統治，各種文化都留了點痕跡，巷子裡的凌亂與悠閒就是典型南義生活；為了躲避苛稅，阿爾貝羅洛發展出可隨時推倒的乾式石砌屋，圓錐石屋獨特的外型如今深受喜愛；馬特拉利用石灰岩洞開鑿居住，則又是另一種聚落形態，而舊城區千年來不變的景象更吸引無數電影前來取景。

拿波里及義大利南部之最The Highlight of Napoli & The South of Italy

龐貝Pompeii
層層覆蓋的火山灰凝結了2000年前的浩劫之日，龐貝的一磚一瓦描繪出羅馬帝國時期，城市的繁榮興盛。(P.262)

藍洞Grotta Azzura
乘坐小船滑入海蝕洞中，彷彿進入一座閃耀奇幻藍光的神殿，隨著動人義大利情歌，進入一生難忘的夢境。(P.261)

阿爾貝羅貝洛
Alberobello
山丘上戴著可愛斗笠的小白屋，翠綠藤蔓攀爬白牆，繽紛花朵妝點街道，如童話般的小村落，在南意的藍天艷陽下散發療系光芒。(P.274)

波西塔諾Positano
依山崖而建的彩色別墅向下延伸，視線盡頭是雪白沙灘與亮藍清澈的海洋，波西塔諾在海岸公路的山灣處綻放明艷亮麗。(P.256)

馬特拉Matera
這裡擁有地中海地區保存最好、面積最大的穴居建築群，密密麻麻、層層疊疊的石穴屋侵略性地佔領視線，千年前古耶路撒冷的模樣，依然在馬特拉呈現。(P.277)

R2巴士或轉乘地鐵前往中央車站及市中心。從西西里島或北非出發的長途渡輪，則抵達附近的另一個碼頭Molo Immacolatella Vecchia。長程船票須在船務公司或代理旅行社購買，短程至鄰近小島及阿瑪菲海岸的船票則當日於碼頭旁的售票口購買即可。

市區交通

◎大眾交通票券

拿波里的大眾交通工具包括地鐵、巴士和纜車，Unico Campania發行的車票可通用於三種交通工具，單程票（Biglietto TIC Orario）在90分鐘內可無限搭乘地鐵和巴士以及一次纜車，費用€1.5。另有交通周遊券，分為1日券(Biglietto Giornaliero)€4.5和一週券(Abbonamento Settimanale) €15.8等。車票可於車站旁自動售票機或有Tabacchi標誌的小雜貨店購買。

第一次使用周遊券時，必須在車上的打卡機上打卡，上面會顯示使用的時間。雖然大眾交通工具不一定會設有驗票閘口，但是如果被抽查到沒買票，則罰款數倍，千萬不要以身試法。

Unico Campania ⊕www.unicocampania.it

ANM大眾交通工具洽詢處

⊙via G. B. MARINO 1 ☎763-111 ⊕www.anm.it

◎地鐵

拿波里的地鐵只有三條，分別為貫穿南北的Linea 1、橫越東西的Linea 2及城市西邊Mergellina火車站使用的Linea 6，其中L1及L2較常為遊客所使用，特別是往來於火車站、舊市區、新堡以及皇宮區之間。

◎巴士

拿波里的景點不算集中，散落在幾個不同的區塊，像是舊市區、皇宮區、聖塔露西亞港口以及聖艾默城堡一帶等，搭乘巴士是參觀當地最方便的方式。幾乎所有巴士都會經過火車站前的加里波底廣場，對旅客而言，最方便的巴士為R2，由火車站出發，經過舊市區邊緣，前往沿海一帶的皇宮區和聖塔露西亞港口。巴士上不販售車票，必須在公車站旁的自動販賣機或售票亭、以及香菸攤(Tabacchi)先行購買。

◎纜車

纜車共有四條路線，其中三條可連接市區及Vomero區域交通。對旅客而言，可於舊市區Montesanto廣場搭乘Funicolare di Montesanto線或於皇宮區搭乘Funicolare Centrale線前往聖艾默城堡。

◎計程車

在拿波里搭乘計程車務必在上車前先談好費用，或是確認司機按跳表計費，起跳價為€3，低消€4.5，部分遊客經常前往的景點有公定價，可以先參考計程車行網頁。計程車招呼站位於主要廣場上，也可使用

電話叫車。

Radiotaxi cotana

☎570-7070 ⊕www.taxivagando.it

Radiotaxi partenope ☎556-0202

優惠票券

若是計劃在拿波里三天或預計參觀較多的博物館，建議使用Artecard。有效期限內可無限次數搭乘市區所有地鐵、巴士、纜車、地區火車等交通工具，並包含任選三個加盟館所的免費參觀（本書介紹景點皆於使用範圍內），第四個景點以後也有五折優惠。拿波里3日卡(Campania> artecard Napoli)€21，坎帕尼亞區域卡（campania>artecard Tutta la regione）3日卡€32、7日卡€34，詳細使用範圍請參考官網。可於主要官方網站、博物館、考古遺址或是中央車站內的Campania> artecard服務中心購買。

⊕www.campaniartecard.it

旅遊諮詢

◎中央車站遊客服務中心

⚑P.245D1 ⊙Stazione Centrale ◷9:00~18:00
⊕www.inaples.it

◎旅客服務中心(新耶穌教堂廣場)

⚑P.245B2 ⊙Piazza del Gesù Nuovo ☎551-2701 ◷週一至週六9:30~13:30、14:30~18:30，週日9:00~13:30

◎旅客服務中心(鄰近溫貝多一世拱廊)

⚑P.245B3 ⊙Via San Carlo 9 ☎402-394 ◷週一至週六9:30~13:30、14:30~18:30，週日9:00~13:30

MAP ▶ P.245B3

皇宮

MOOK Choice

Palazzo Reale

拿波里巴洛克建築代表

🚌 中央車站前搭乘R2巴士於Via San Carlo站下車 📍Piazza del Plebiscito 1 ☎ 794-4021 ⏰ 週四至週二9:00~20:00 🚫 週三 💲 全票€4、18-24歲優待票€3。每月第一個週日免費 🌐 www.coopculture.it

皇宮是拿波里的巴洛克建築代表，建於17世紀西班牙統治時期，18世紀以前皆為拿波里國王的住所，其中包括法國的波旁王朝以及薩佛伊家族(Savoia Family)。

正立面佇立八尊大理石雕像，從12世紀諾曼時期的Roger the Norman到19世紀統一義大利的薩丁尼亞國王艾曼紐二世，不同時期的統治者代表拿波里王國的權力嬗遞。皇宮內展示皇室的起居室、客廳、臥房等，有豐富的巴洛克及新古典主義風格傢俱、繪畫、掛毯、瓷器和藝術收藏品。此外，還有規模不小的國立圖書館(Biblioteca Nazionale)以及一個小型的宮廷劇院(Teatrino di Corte)，圖書館內典藏至少2000冊珍貴的莎草紙及150萬冊以上書籍。緊鄰皇宮的聖卡洛歌劇院（Teatro di San Carlo）則是歐洲最古老的歌劇院之一，舉世聞名的音響效果曾讓拿波里一度成為歐洲音樂之都。

皇宮前方的公民投票廣場(Piazza Plebiscito)，新古典主義風格圓弧柱廊相當壯觀，正中央則是模仿羅馬萬神殿建築的保羅聖方濟教堂(San Francesco di Paola)。

MAP ▶ P.245B3

新堡

Castel Nuovo

混搭風格見證歷史

🚌 中央車站前搭乘R2巴士於Pza. Municipio站下車 📍Piazza Municipio ⏰ 週一至週六9:00~19:00 💲 全票€6

新堡建於1279-1282年間，曾當作王室居所及防禦堡壘，為了與原先建於聖塔露西亞港口的蛋堡區隔而得名，也稱為「安裘諾城堡」(Maschio Angioino)，因為這座城堡是由法國安茹(Anjou)家族的查理一世所建。雕刻精緻華麗的凱旋門則建於15世紀，用以紀念西班牙阿拉貢王朝(Aragon)首位入主拿波里的阿方索一世(Alfonso I)國王，門上繁複的浮雕描繪出該國王的勝利。

如今新堡內當作市立博物館(Museo Civico)使用，位於底層的帕拉提納禮拜堂(Capella Palatina)裝飾著華美的14~16世紀壁畫，上方樓層則收藏描繪拿波里歷史的繪畫，可以回溯該市19世紀時的城市景觀。

拿波里及義大利南部⋯⋯拿波里 Napoli

MAP ▶ P.245B3

溫貝多一世拱廊
Galleria Umberto I
華美高雅的購物中心

🚌中央車站前搭乘R2巴士於Via San Carlo站下車 🏛Piazza Trieste e Trento

隔著聖卡羅大道(Via San Carlo)和皇宮對望的溫貝多一世拱廊,就位於拿波里灣邊最熱鬧的市中心。這座美麗的拱廊落成於1887年,新古典主義建築搭配玻璃穹頂,模樣類似米蘭的艾曼紐二世拱廊,裡頭同樣聚集著精品商店和咖啡館,即使在商店多不開放的假日,也是市民休閒的場所。若是意猶未竟,拱廊旁邊的托萊多街(Via Toledo)也是血拼購物的好去處。

MAP ▶ P.245B4

MOOK Choice

聖塔露西亞港
Porto Saint Lucia
聞名全球的民謠之港

🚌中央車站前搭乘R2巴士至Via San Carlo站,下車後朝海邊步行10分鐘可達 🕐週一至週六8:00-18:00,週日至14:00

「黃昏遠海天邊,薄霧茫茫如煙…」從小耳熟能詳的義大利民謠《聖塔露西亞》,吟唱著拿波里灣小漁村的美麗海岸風光。

順著堤岸走向海港中的Megaride小島,蛋堡(Castel dell'Ovo)倨傲地聳立海中,相傳羅馬詩人Virgil在城堡內埋藏一顆神奇的蛋,並預言蛋破掉的那天,拿波里將沉淪。事實上城堡起建於12世紀,由法國諾曼王朝的威廉一世所建,是拿波里最古老的城堡,15世紀重建後才有目前的外觀,為重要的防禦要塞及皇室住所,也曾作為監獄使用。現在蛋堡內部作為活動和展覽場地,而真正吸引人的是站在城垛上,遠眺拿波里灣及維蘇威火山的景致。

比薩的故鄉

在比薩中加入蕃茄醬料大約開始於18世紀的拿波里,當時只是城市中下階層的路邊小吃,直到20世紀才廣為流傳。正統拿波里比薩只有兩種口味:使用大蒜、義式香料和蕃茄紅醬的Marinara,以及使用蘿勒、Mozzarella乾酪搭配蕃茄紅醬的Margherita。配料沒有太多花招,所以可以品嚐到新鮮番茄糊濃稠微酸的開胃滋味,混合麵皮經過60~90秒柴燒窯烤後散發的甜味香氣,口感柔軟但有咬勁,回歸食材本質,簡單而直接,像極了拿波里人鮮明的個性。

比薩屋集中在火車站東側、卡布阿諾廣場(Piazza Capuano)、但丁廣場(Piazza Dante)和舊城區。創業於18世紀的Brandi是創造Margherita比薩的老店,因為溫貝多一世和瑪格麗特王后相當喜愛,因此以王后的名字為這種口味命名。

另一間必訪名店是自1906年創立的Pizzeria da Michele,電影《享受吧!一個人的旅行》即是在此拍攝。傳統的低溫長時間發酵法製作麵糰和大理石製作檯面是他們成功的關鍵,即使沒有茱莉亞羅勃茲的加持,百年來食客早已絡繹不絕。

L'Antica Pizzeria da Michele
📍P.245C2 🏠Via Cesare Sersale, 1/3 ☎553-9204 ⏰10:30~23:00 🌐www.damichele.net

Pizzeria Brandi
📍P.245B3 🏠Salita S. Anna di Palazzo 2 ☎416-928 ⏰12:30-15:30、19:30-23:30 🌐www.brandipizzeria.com

MAP ▶ P.245B2

聖艾默城堡

Castel Sant'Elmo

MOOK Choice

俯瞰港灣全景

🚇搭乘地鐵L1至Vanvitelli下車,或搭乘Centrale線纜車於Pizaaz Fuga站下車,步行約10分鐘 🏠Via Tito Angelini 20 ☎558-7708 ⏰週三至週一8:30~19:30 ⊗週二 💲全票€5、優待票€2.5、18歲以下免費 🌐cir.campania.beniculturali.it

推薦聖艾默城堡不為六角星型的建築本身或內部展品,真正吸引人在城堡頂樓,拿波里灣的碧海藍天接連著維蘇威火山,夜幕低垂時,聖塔露西亞港亮起點點漁火,火山下的城市燈光閃爍,無與倫比的視野是最值得的旅行收藏。

從公民投票廣場往北望,就能看見拿波里制高點上,盤踞Vomero山頂的碉堡,聖艾默城堡興建於14世紀,曾作為教堂、防禦堡壘及政治犯監獄,如今內部除了收藏圖書與檔案外,也當作藝術展覽場所使用,偶爾還會舉辦音樂會或骨董市集。

MAP ▶ P.245B2

聖馬提諾博物館

Certosa e Museo di San Martino

典藏拿波里歷史

🚇搭乘地鐵L1至Vanvitelli下車,或搭乘Centrale線纜車於Pizaaz Fuga站下車,步行約10分鐘 🏠Piazzale San Martino 5 ☎578-1769 ⏰週四至週二8:30~19:30 ⊗週三 💲全票€5、優待票€2.5、18歲以下免費 🌐cir.campania.beniculturali.it

聖艾默城堡的後方,有另一座宏偉的建築,前身為14世紀修道院的國立聖馬提諾博物館,在17世紀最富盛名的巴洛克建築雕塑家柯西莫(Cosimo Fanzago)手中,變身為拿波里的巴洛克式建築代表。

博物館收藏著法國波旁王朝的歷史文物,透過拿波里藝術家的繪畫與雕塑,可了解當時的政治、經濟及社會生活狀況,一窺拿波里灣的昔日面貌。位於一旁的修道院教堂也值得一看,無論是色彩繽紛的鋪面道路,或是主祭壇上方出自雷尼(Reni)之手的《牧羊人的崇拜》都讓人感受到拿波里的藝術之美。博物館前方平台,可以眺望拿波里灣圍繞舊城區美景。

MAP ▶ P.245C2

舊城區

Centro Storico

感受最真實的拿波里活力

🚇中央車站步行約10分鐘

拿波里的舊城區也許是摧毀你對義大利所有浪漫想像的地方,卻是盤五味參雜而耐人尋味的佳餚,錯綜複雜的街區內密佈巴洛克式、哥德式的教堂和博物館,中世紀民居建造在古希臘羅馬遺址之上,狹窄的巷弄間,傳統市場留下髒亂與氣味,曬衣桿橫跨天空,掛滿大大小小五顏六色的衣服,則成了最有特色的景觀。

舊城區在1995年被聯合國列為世界文化遺產。由San Biagio dei Librai街、Vicaria Vecchia街組合而成「Spacca Napoli」以及Tribunali街是橫貫東西的核心,貫穿主要景點。至今還保留許多專賣某類手工藝品的街道,例如:販售耶誕節辣椒飾品的San Gregorio Armeno街。

拿波里及義大利南部⋯拿 波里 Napoli

MAP ▶ P.245B1

國立考古學博物館
Museo Archeologico Nazionale

MOOK Choice

世界級的考古收藏

搭乘地鐵L2線在Piazza Cavour站下，或地鐵L1線於Museo下車 Piazza Museo 19 442-2149 週三至週一9:00~19:30 週二 全票€8、優待票€4。18歲以下及每月第一個週日免費 cir.campania.beniculturali.it/museoarcheologiconazionale

　　國立考古學博物館是世界最重要的博物館之一。館內最精彩的收藏是從龐貝以及艾爾科拉諾等挖掘出土的壁畫、古錢幣及日常工藝品，以及十六世紀時法爾內塞家族(Farnese)挖掘出的仿希臘式羅馬時代雕刻。

　　博物館原為騎兵營，之後成為拿波里大學，直到18世紀波旁王朝Charles VII才改為博物館。地面層(Piano Terra)展出收藏希臘羅馬雕像；夾層(Piano Ammezzato)多是龐貝出土的馬賽克壁畫和古代錢幣，此外，還有兒童不宜的秘密展覽室(Gabinetto Segreto)，展出古羅馬時期的春宮畫，以及希臘神話中生殖保護神Priapus為主題的工藝品；頂層(Primo Piano)大廳穹頂的巨型濕壁畫是義大利畫家 Pietro Bardellino 於1781年的作品，描繪當時拿波里國王及皇后天神化的模樣，主要展出龐貝出土的濕壁畫、生活用品及龐貝古城的模型。

海克力斯像
Ercole Farnese

　　1545年從羅馬遺跡卡拉卡拉浴場(Caracalla)出土的海克力斯雕像，是西元三世紀的大理石佳作，為希臘雕刻家利西波斯（Lysippus）青銅原作的仿製品。整座雕像高317公分，壯碩的肌肉線條、髮絲及表情都非常細緻，神話中海克力斯的十二項任務的其中之一就是獵殺尼米亞巨獅，手中即是雄獅的毛皮及海克力斯形象象徵的橄欖木棒。

公牛像Toro Farnese

　　同樣出土自卡拉卡拉浴場，大約是西元前三世紀的巨作，也是法爾內塞家族的珍藏之一，當時由米開朗基羅修復。描述希臘神話中，雙胞胎Amphion和Zethus為了報復Thebes的皇后Dirce虐待他們的母親Antiope，將Dirce綁在公牛角上拖行處死的故事。這個戲劇化的場景，是由一大塊完整的大理石雕磨而成，人物及公牛的動作表情栩栩如生。

亞歷山大鑲嵌畫Alexander Mosaic

　　龐貝農牧神之屋（Casa del Fauno）遺址中挖掘的巨型馬賽克拼貼，使用大理石和有色琉璃混合鑲嵌，重現西元前333年伊蘇斯戰役（Battle of Issus）中，亞歷山大大帝和波斯國王大流士三世 (Darius III) 作戰的場景。畫面主體的大流士見敗勢已定，倉皇失措的神情活靈活現，亞歷山大大帝表情及戰甲上蛇髮女妖梅杜莎的細節描繪也看得出當時藝術品的精緻度。

聖羅倫佐馬喬雷教堂

San Lorenzo Maggiore

垂直的歷史序列

🚇 搭乘地鐵L2在Piazza Cavour站下，往大教堂方向步行約10分鐘。或搭乘R2巴士於Duomo下車 🏠Via dei Tribunali 316 ☎211-0860 ⏰週一至週六9:30~17:30、週日9:30~13:30 💲教堂：免費。博物館及考古遺址：全票€9、18歲以下€7 🌐www.laneapolissotterrata.it

走向聖加埃塔諾(San Gaetano)廣場的轉角深處，聖羅倫佐馬喬雷教

堂像是垂直的歷史時間軸，裝飾華美雕刻的鵝黃色外牆是巴洛克式開場，而教堂地底的希臘羅馬遺址則是埋藏2000年的古韻。

聖羅倫佐馬喬雷教堂最初歷史可回溯到西元6世紀，今日的建築主體主要落成於13~14世紀法國安茹王朝「睿智的羅伯」(Robert the Wise)國王統治期間，傳說薄伽丘曾經在此墜入愛河，並開啟《Fiammetta》的創作靈感。之後雖然經過不斷的整修與擴建，迴廊間仍保留前身的羅馬教堂痕跡，而華麗的巴洛克世界之下，是希臘羅馬時代的市集遺址，時間倒轉至公元一世紀，穿梭在酒窖、洗衣場、市集攤販間想像古羅馬人生活樣貌。出土的史前文物及希臘羅馬時代的生活器物則陳列在附屬的博物館中，此外，也有展出古航運圖，可了解南義重要商港的貿易路線。

大教堂

Duomo

奇蹟聖血教堂

🏠Via Duomo 147 🚇搭乘地鐵L2在Piazza Cavour站下車後步行約10分鐘 ☎449-065 ⏰教堂：週一至週六8:00~12:30、16:30~19:00，週日8:00~13:30、17:00~19:30；洗禮堂：週一至週五9:00~12:00、16:30~19:00，週六、日9:00~12:00 💲教堂免費，洗禮堂€2.5

大教堂原名為聖真納羅教堂(Chiesa di San Gennaro)，聖真納羅是拿波里的守護神，在西元305年時殉教，根據傳說，祂的遺骸曾被運往此處，如今教堂的聖真納羅禮拜堂中依舊收藏了兩管聖人的聖血，每到了5月的第一個週六、9月19日以及12月16日三天，凝固的聖血都會奇蹟般地液化，如果聖血沒有液化將會招致厄運，當地居民對此深信不疑。

這間教堂從13世紀開始興建，原本哥德風格的建築在19世紀末增添了今日所見的新歌德式立面。入內後位於右手邊的第三間禮拜堂，就是收藏聖血的聖真納羅禮拜堂，裡頭裝飾著令人眼花

撩亂的壁畫，祭壇的後方有一尊銀製的半身像聖骨匣，裡頭收藏著聖真納羅的顱骨。

和這間禮拜堂對望的是聖復還教堂(San Restituta)，原本是座興建於4世紀的阿波羅神殿，現貌則是14世紀重建的結果，它原本是棟獨立的教堂，同時也是拿波里最古老的教堂，如今和大教堂連成一氣。在主祭壇右側有一座洗禮堂，裡頭保存了非常早期的基督教遺跡，包括一座據信來自酒神(Dionysus)神廟的洗禮台，和西元5世紀時馬賽克鑲嵌畫，地下則有希臘羅馬時期的遺址。

拿波里的地下世界

MOOK Choice

Napoli Sotterranea

深入地底探索歷史

🚇搭乘地鐵Line 2在Piazza Cavour站下，往舊城區步行約10分鐘。 🏠Piazza San Gaetano 68 ☎296-944 ⬇英文導覽每天10:00、12:00、14:00、16:00、18:00(週四增加21:00) 💲全票€10、半票€8 🌐www.napolisotterranea.org

　　手持蠟燭鑽進狹窄陰暗的地下洞穴，絕對是了解拿波里歷史最有趣的方式。拿波里舊城歷史中心的地下40公尺深處，可說是城市創建的源頭，西元前4世紀，古希臘人發現此處火山地形特有的凝灰岩（Tufa）是堅固建材，向下挖掘大量礦坑建造城牆和神廟，羅馬時期發展為蓄水池和地下供水道。19世紀因霍亂流行而暫時關閉，變成城市的陰暗角落及市民垃圾場，直到二次世界大戰時重新作為防空洞而啟用。如今這些地下洞穴猶如一條時空隧道，帶領遊客從古希臘走向近現代，探索拿波里2400年的歷史痕跡。

聖姬拉教堂

Santa Chiara

喧鬧間尋覓一方寧靜

🚇搭乘地鐵L2線在Piazza Cavour站下車後步行約20分鐘 🏠Via Santa Chiara 49/c ☎551-6673 ⬇週一至週六9:30~17:30、週日10:00~14:30 💲全票€6、優待票€4.5 🌐www.monasterodisantachiara.eu

　　熱鬧的新耶穌教堂廣場旁，聖姬拉教堂外觀只是造型簡約的哥德式建築，入內才能發現別有洞天的美麗迴廊。彩色磁磚拼貼出一幕幕的昔日城市景觀，迴廊牆壁上描繪著聖經故事，色彩繽紛的廊柱間，錯落著一棵棵檸檬樹與柑橘樹，給人遠離塵囂的舒適感。

　　這間落成於1328年法國安茹王朝期間的舊教堂，因1943年的炸彈空襲而毀於一旦，後來才以原本的樣貌復建。教堂內部的展覽室中則展示昔日的教堂裝飾，以及位於教堂底下的羅馬遺跡，「睿智的羅伯」和多位安茹王朝的統治者均長眠於此。

卡波迪蒙美術館

Museo e Galleria di Capodimonte

雲端上的博物館

🚇搭乘地鐵L1線至Dante轉乘C63巴士於Capodimonte站下車 🏠Via Miano 2 ☎749-9111 ⬇週四至週二8:30~19:30 🚫週三 💲全票€7.5(14:00以後€6)、優待票€3.75 🌐www.coopculture.it

　　卡波迪蒙美術館的前身為波旁王朝查理三世於1738年時下令興建的行宮，作為陳列母親Elisabetta Farnese所收藏的藝術作品。庭園仿效法國的凡爾賽宮，現在則改設為美術館。

　　美術館庭園的一隅仍留有卡波迪蒙瓷器工廠的遺址，18世紀時這裡生產的瓷器舉世聞名。由於位在北郊的山坡絕壁上，因此有「雲端上博物館」的稱號。美術館內主要展示南部拿波里畫派以及義大利重要的畫作，如馬汀尼的《道魯茲的聖魯德維柯》(San Ludovico di Tolosa)、貝里尼的《聖靈顯現圖》，另外還有葛雷柯以及提香的作品。

阿瑪菲海岸

阿瑪菲海岸
Costiera Amalfitana

文●李曉萍　攝影●李曉萍

道路迂迴盤旋於陡峭山崖上，繞過幾個山灣，泛著寶石光澤的湛藍海洋立即填滿視線，陽光溫暖耀眼，打亮依山壁而築的白色別墅，盛艷紅花綻放滿園熱情，翠綠橄欖樹隨風搖曳，空氣飄散著檸檬和柑橘芳香，阿瑪菲海岸自羅馬時期以來即受到皇帝貴族的愛戴，詩人作家的靈感之源。

東起中世紀的海洋大城薩萊諾(Salerno)，西至拿波里灣南側的蘇連多(Sorrento)，綿延50公里的崎嶇壯麗山崖，聳立於波濤之上。9~12世紀的海上強權阿瑪菲海洋共和國，讓濱海城鎮因對中東及埃及的貿易而繁榮富裕，然而受到其他國家征服侵略而失去獨立自主權，再加上地震、暴雨造成滑坡等天災損害港口，這個區域卻逐漸沒落成貧脊的漁村。直到20世紀

初，美麗的自然景觀受到歐洲遊客青睞，再度開啟阿瑪菲海岸的輝煌。

蘇連多位於半島前端，不管是往東邊的龐貝古城、南邊的阿瑪菲海岸線或是搭船前往卡布里島，交通均相當方便，此外，小鎮物價相對親民，因此以蘇連多為中心點，安排鄰近區域的旅遊行程最為合適。

Info

如何前往
◎火車
　　阿瑪菲海岸的東西入口城市分別為薩萊諾和蘇連多，從這兩個城市出發，再轉乘SITA巴士才能進入海岸線區域。
　　由於東邊的薩萊諾位於義大利國鐵鐵路網上，與其他主要城市間的交通較方便，從拿波里出發，最快僅需35分鐘可抵達，從羅馬出發約2小時。前往西邊的蘇連多則需從拿波里搭乘私鐵維蘇威環線（Circumvesuviana），火車會先經過龐貝，車程約1小時，從拿波里中央車站地下一樓的私鐵加里波底車站發車，平均每30分鐘一班車，單程€4.5。詳細時刻表可上網或至車站查詢，車票可於火車站櫃台購買。
義大利私鐵Circumvesuviana
🏠C. so Garibaldi 387　☎(081)722-2300
🌐www.vesuviana.it
◎巴士
　　往來拿波里和蘇連多間的巴士僅周一至週五營運，從中央車站前的Piazza Garibaldi出發至蘇連多市中心的Piazza Tasso，需時約70分鐘，10~5月間16:40發車，6、9月增開14:40班次，7月再增加18:20班次。

適用於阿瑪菲海岸全線，可直接於巴士前臨時櫃檯或Tabacchi 雜貨店購買。

從薩萊諾發車的巴士可於火車站旁Vittorio Veneto廣場搭乘，至阿瑪菲需時75分鐘，約每30分鐘一班次，單程€2.2，可於火車站內購買，前往波西塔諾或蘇連多須於阿瑪菲轉車。

SITA Sud巴士 www.sitasudtrasporti.it

◎渡輪

4~10月之間有數家船公司提供波西塔諾、阿瑪菲和薩萊諾之間的遊船服務，不但能避開狹窄的海岸公路塞車問題，還能從海面上欣賞錯落於山崖間的小鎮。波西塔諾至阿瑪菲的航程約20分鐘，阿瑪菲至薩萊諾約需45分鐘，單程均為€8，船班時刻常有變動，請至官網查詢。

TraVelMar www.travelmar.it

Alicost www.alicost.it

Linee Marittime Partenopee www.consorziolmp.it

行程建議

7~10月中旬是此區的旅遊旺季，只有兩線道的海岸公路遊客絡繹不絕，若想租車遊覽需要絕佳的開車和停車技術，較不建議，若選擇搭乘SITA巴士，除了起迄站以外，中途下車後，想再擠上車前往下個小鎮非常困難，建議行程安排可以巴士搭配渡輪的方式進行。以蘇連多出發的一日遊為例，先在波西塔諾下車遊覽，步行至海邊後搭乘渡輪至阿瑪菲，若時間充裕，還可從阿瑪菲搭巴士前往拉維洛。

旅遊諮詢

◎蘇連多遊客服務中心

⏥Via Luigi De Maio 35, Sorrento ☎(081)807-4033 ◷週一至週五8:30-16:15 🌐www.sorrentotourism.com ❗火車站外也設有遊客中心

◎波西塔諾遊客服務中心

⏥Via del Saracino 4, Positano ☎(0)89-875067 ◷4~10月：週一至週六8:30-19:00，週日至14:00止。11~3月：週一至週六8:30-16:30 🌐www.positano.com

◎阿瑪菲遊客服務中心

⏥Via delle Repubbliche Marinare ☎(0)89-871107 ◷週一至週六9:00-13:00、14:00-18:00，週日9:00-13:00 🎋4、5和9月週日，10~3月週六日 🌐www.amalfitouristoffice.it

◎拉維洛遊客服務中心

⏥Via Roma 18bis ☎(0)89-857096 ◷4~10月：09:30-18:00。11~3月：09:30-16:00 🌐www.ravellotime.it

Autoservizi Universal

☎(0)81-8714100 🌐www.autoserviziuniversal.it

◎遊船

蘇連多皮可拉碼頭(Marina Piccola)是往來卡布里島最方便的港口，班次頻繁，搭乘高速水翼船航程約20分鐘，單程票價€16.8，渡輪則需30分鐘，單程€13.2。從拿波里Beverello碼頭出發，航程約35分鐘，每日約5~6班次，票價單程€12.3。4~10月間，也可從卡布里島搭水翼船直達波西塔諾、阿瑪菲或薩萊諾。船票均可於碼頭旁的售票處直接購買，由於提供此航線服務的船公司選擇多，建議多利用卡布里旅遊局網頁的聯合查詢功能，瞭解最新的航班時刻。

卡布里旅遊局

🌐www.capri.com/en/ferry-schedule

區域交通

◎巴士

阿瑪菲海岸線的巴士由SITA營運，從蘇連多火車站前發車，經波西塔諾至阿瑪菲，約30~60分鐘一班次，旺季排隊人潮多，建議一大早前往，選擇巴士右邊座位才能欣賞海岸線景觀。往波西塔諾單程€1.8，往阿瑪菲單程€2.7，若沒有計劃在沿海城鎮住宿且安排一個以上的停留點，購買一日券較划算，價格€8，

MAP ▶ P.254

蘇連多

Sorrento

洋溢檸檬與柑橘芬芳的民謠之鄉

🚃 從拿波里或卡布里島出發，請見p.254。從波西塔諾、阿瑪菲或薩萊諾前往，可搭乘SITA巴士

世界名謠《歸來吧！蘇連多》傳唱著令人嚮往的海岸風光和纏綿思念，希臘神話中，女妖以甜美歌聲倚著海崖迷惑水手，蘇連多是16世紀的義大利著名詩人塔索（Torquato Tasso）的故鄉，更以湛藍海水和燦爛陽光吸引拜倫、葉慈、歌德、尼采等文人為其駐足，成為文人雅士的靈感之鄉。

蘇連多建於凝灰岩海岸山崖上方，有兩個港口，皮可拉碼頭(Marina Piccola)是往來卡布里島、拿波里和阿瑪菲海岸各小鎮的重要對外港口，港口與城鎮之間除了迂迴而上的U型車道，就是陡峭階梯，若攜帶行李不方便，也有升降電梯可抵達山崖上的市民公園（Giardini Pubblici）。小鎮西邊的大碼頭(Marina Grande)則是當地漁港，海鮮餐廳林立，可品嚐時令的鮮美滋味。

塔索廣場(Piazza Tasso)是最熱鬧的鎮中心，周圍名品店和餐廳林立，Corso Italia貫穿廣場，往東是火車站，往西則進入舊城區，往北步行約5分鐘即可抵達聖法蘭西斯可教堂（Chiesa di San Francesco），教堂以中世紀的修道院著稱，靜謐古樸的中庭迴廊巧妙融合兩種13世紀建築式樣，兩側是交叉拱廊，另兩側則是圓形拱廊搭配八角形石柱。真正讓遊客流連忘返的是教堂外的市民公園，這裏有視野絕佳的觀海平台，蘇連多半島斷崖懸壁的海岸線綿延至遠方維蘇威火山，傍晚時分，陽光為灰白海崖調色，從金黃、橙紅、粉紫逐漸變成隱入夜色的墨黑，拿坡里灣的夕照令人沈醉。

酸酸甜甜的檸檬滋味

蘇連多半島幾乎家家戶戶的院子裡都種滿了檸檬，每到3~4月，滿樹淡黃色檸檬結實累累，微風送來清爽甜香，襯著綠葉和藍天，形成一幅非常美麗的田園風光。

這裏的檸檬品種為Sfusato Amalfitano，比一般常見檸檬大上數倍，以自然生長而不使用農藥的方式栽種，香氣濃郁而酸度適中，阿瑪菲海岸的特產自然也和檸檬相關。檸檬冰沙清甜爽口，檸檬酒（Limoncello）則是當地人常飲用的餐後甜酒；檸檬橄欖油完美混合了橄欖與檸檬芳香，適合沾麵包或拌沙拉，擁有讓平凡食材變得獨特的魔法；檸檬糖、檸檬手工皂及各種手工繪製檸檬圖案的陶瓷則是最佳伴手禮。雖然阿瑪菲沿岸小鎮都能找到相關紀念品，但以蘇連多的San Cesareo街及S.M. Grazie街價格最實惠。

MAP ▶ P.254A1

波西塔諾
Positano

阿瑪菲海岸最迷人的小鎮

🚌 從蘇連多搭乘SITA巴士抵達約需1小時，停靠的第一站為Chiesa Nuovo，第二站Sponda；從阿瑪菲出發搭乘SITA巴士約需30~40分鐘。4~10月間也可搭乘遊輪往返薩萊諾、阿瑪菲和卡布里島

　　繞過逶迤蜿蜒的海岸公路，初見波西塔諾的剎那，沒有人能掩飾眼中驚豔光芒。20世紀中葉以前，波西塔諾只是沒沒無聞的小漁村，直到1953年才因為美國諾貝爾文學獎作家John Steinbeck的遊記聲名大噪，這裏也是電影《托斯卡尼艷陽下》女主角黛安蓮恩追尋愛人的小鎮。

　　雙腳是認識波西塔諾最好的方式。朝著沙灘方向拾級而下，翠綠山谷間，層層疊疊依山崖而建的彩色屋宇向下延伸至亮藍清澈的海洋，在這裏不妨拋開手中地圖，邂逅每個轉角的不同風景。聖母教堂（Chiesa di Santa Maria Assunta）拜占庭式的幾何拼貼圓頂是海岸線最醒目地標，傳說土耳其船隻行經時，船上竊取而來的聖母畫像傳來耳語：「Posa, Posa!」（放我下去），水手們驚慌失措在海岸旁留下畫像，波西塔諾於是被認為是聖母選擇之地。

　　波西塔諾明豔動人，正如Steinbeck筆下所形容「身處其間時如夢境般不真切，當你離開後，它卻變的栩栩如生。」

MAP ▶ P.254B1

阿瑪菲
Amalfi

點亮海洋的彩色寶石

🚌 從蘇連多搭乘SITA巴士經波西塔諾至阿瑪菲約需1.5小時，從薩萊諾出發前往約75分鐘。4~10月間也可搭乘遊輪往返薩萊諾、波西塔諾和卡布里島

Museo della Carta

🏠 Via delle Cartiere, 23　☎(0)89-8304561　🕙3~10月：每日10:00-18:30，11~2月：週二、三及週五至週日10:00-15:30　💲€4　🌐www.museodellacarta.it

　　市集瀰漫檸檬和柑橘的清香，冰淇淋店傳來誘人甜香，阿瑪菲的悠閒氛圍揉合在各種令人感覺幸福的香氣間。

　　阿瑪菲市鎮中心是被懸崖峭壁包圍的狹窄深谷，9~12世紀是地中海重要貿易勢力－阿瑪菲海洋共和國，全盛期人口超過七萬人，因主宰地中海、拜占庭與埃及間的貿易而富裕繁榮，1131年受諾曼人統治而失去獨立地位，接著比薩共和國的掠奪，再加上海嘯肆虐城鎮，使阿瑪菲商港功能逐漸沒落，現在的阿瑪菲則是蘇連多半島最受歡迎的度假城市。

　　市區範圍不大，從海灘沿著主要道路Via Lorenzo D'Amilfi往山谷前進，約20分鐘就能貫穿市鎮，最熱鬧的區域集中在大教堂前的廣場四周，有許多販售陶器、乾燥香料、檸檬酒和橄欖油等伴手禮的小店，街道底端是紙博物館（Museo della Carta），阿瑪菲以製作高品質的手工紙『Bambagina』聞名歐洲，博物館本身就是13世紀的造紙廠，展示了以水為動力製作手工紙的古老機器。

阿瑪菲主教堂
Duomo di Amalfi
繽紛多彩的信仰中心

🏠 Piazza di Duomo 📞 (0)89-871324 ⏰ 每日10:00-18:45，9:00-10:00及18:45以後可免費參觀中殿 💲 €4

阿瑪菲主教堂又稱為聖安德列教堂（Cattedrale di Sant'Andrea），昂然立於62階陡梯之上，俯視城鎮與市民的生活。主教堂建築融合不同時代的風格，歷史最早可追溯至9世紀的羅馬十字基督教堂（Basilica del Crucifisso），11世紀增加拜占

庭式青銅門為義大利首見，而13世紀的鐘樓和使用雙色石的建築工法則是阿拉伯-諾曼式，中殿呈現後巴洛克時期的華麗，而珠寶盒般明亮繽紛的幾何花紋正立面則是19世紀才重建。

　　從主教堂左側進入天堂迴廊（Chiostro del Paradiso），120根白色大理石柱支撐相互交錯的拱窗，圈繞滿園綠意，四周散佈阿瑪菲貴族的白色石棺，建築風格受北非摩爾人影響，呈現不同於羅馬教堂的靜謐聖潔，將俗世塵囂隔絕在外。連接天堂迴廊的是最古老的十字基督教堂，現在是重現阿瑪菲海洋共和國富裕時代的博物館，其中最珍貴的是13世紀的聖杯和主教帽及16世紀的聖子與聖母濕壁畫。順著階梯向下，來到地下墓室（Cypt），耶穌首徒聖安德魯的青銅雕像下，守護著1208年樞機主教Peter of Capua於第四次十字軍東征時，從土耳其君士坦丁堡帶回聖安德魯的骨骸。

拉維洛
Ravello
俯瞰壯麗海岸線

🚌 從Flavio Gioia廣場旁的SITA車站搭乘巴士前往約30分鐘，約每小時一班次，單程車票€1.2

Villa Rufolo
🏠 Piazza Duomo, Ravello ⏰ 9:00~18:00 💲 €4 🌐 www.villarufolo.it

Villa Cimbrone
🏠 Via S. Chiara 26, Ravello ⏰ 9:00~日落 💲 €7 🌐 www.villacimbrone.com

離開阿瑪菲熱鬧的海灘，拉維洛居高臨下的絕佳視野，寧靜古樸的中世紀氛圍是截然不同的感受。

　　拉維洛位於阿瑪菲後方的山上，自古即受到貴族文人的喜愛，在這各區域蓋了許多度假別墅。

主教堂廣場前的Rufolo別墅擁有建於13世紀的優美花園，華格納(Wilhelm Richard Wagner)來到此地後，讚嘆他終於找到歌劇角色Klingsor居住的神秘庭園了，並以此為背景設定寫下《帕西法爾Parsifal》的第二樂章。而大廣場南邊一公里的Cimbrone別墅，則以能擁抱壯觀海岸線全景的中世紀花園著稱。

卡布里島

卡布里島
Isola Capri

文●李曉萍　攝影●李曉萍‧墨刻攝影組

卡布里島位於拿波里灣南邊，距離蘇連多半島約5公里，原本與義大利半島連結在一起，因為風化與海蝕的結果成為一座獨立的島嶼。這美麗之島有許多如夢似幻的稱號，有人稱它為「藍色之島」或「戀人之島」。

和煦的陽光、盛開的花朵、湛藍清澈的海洋以及混合檸檬甜香的微風，卡布里島得天獨厚的美景自古羅馬時代即受到帝王的青睞，奧古斯都、提比略大帝相繼在此建造許多宮殿和別墅。19世紀中，德國作家August Kopisch在當地漁民的帶領下重新發現藍洞，如同上帝親自調色的藍光驚艷了全世界，各地富豪、名人、藝術家紛紛來訪，時尚設計師也選擇在島上發表休閒系列，名歌手格雷西‧菲爾德斯(Gracie Fields)一曲洋溢海島風情的《卡布里島》(The Isle of Capri)更是被翻唱成各種語言，勾起人們對卡布里的浪漫想像。

島上共分為兩個主要區域：東部的卡布里(Capri)及西部地勢較高的山區安納卡布里(Anacapri)，又以卡布里鎮為中心，也是最熱鬧的地區。島上共有兩座碼頭，往返拿波里、蘇連多及藍洞的船隻都由北方的大碼頭(Marina Grande)出發。

INFO

基本資訊
人口：約12,200　**面積**：10.4平方公里　**區碼**：(0)81

如何前往
◎從拿波里出發
拿波里有水翼船(Hydrofoil / Jetfoil)和渡輪(Ferries)前往卡布里島，水翼船雖然價格較高，但班次密集且可縮短航程。

從拿波里出發的水翼船在Beverello碼頭搭乘，有好幾家船公司經營這條路線，大約每30~60分鐘就有一班船，航程約45分鐘，票價單程為€19，可於碼頭旁售票口購買或於官方網站預約。渡輪在Calata Porta di Massa碼頭搭乘，不過一天只有3~5班，航程約60~80分鐘，一般渡輪單程票價€16.3，慢速渡輪單程€11.2。票價之外均需另外加上卡布里島的港口稅€1.5。

從拿波里中央車站前往Beverello碼頭可搭乘地鐵Linea 1或R2巴士於Municipio下車，前往Calata Porta di Massa碼頭可搭乘ANM電車1號線在Marina下車，兩個碼頭間有免費的接駁巴士往返。詳細水翼船和渡輪時刻表與票價請上網查詢。
SNAV ☎428-5555　🌐www.snav.it
NLG ☎552-0763　🌐www.navlib.it
CAREMAR(渡輪) ☎551-3882　🌐www.caremar.it
◎從蘇連多及其他港口出發
蘇連多也有水翼船和渡輪前往卡布里島，均在皮可拉碼頭Marina Piccola搭乘。搭乘水翼船航程20分鐘，大約每75分鐘一班次，單程票價€16.8，渡輪的航程約30分鐘，一天僅約3~4班次，單程票價€13.2，另需加上港口稅€1.5。船票可於碼頭旁售票處購買或於網站上預訂。此外，夏季時阿瑪菲海岸線其他港口也有船班往來卡布里島，如波西塔諾

卡布里島地圖

```
                    A              B
  藍洞Grotta Azzura    拿波里灣
                      Golfo di Napoli
      聖米歇爾別墅
      Villa S. Michele
                1     大碼頭    裘維思別墅      1
  Piazza Vittoria     步道      Villa Jovis
  山                            ●卡布里鎮Capri
  頂
  纜
  車
  安納卡布里    溫貝多一世    聖史蒂芬諾大教堂
  Anacapri      廣場        Ex Cattedrale S. Stefano
               Pza. Umberto I
  索拉羅山      小碼頭      聖賈柯摩修道院
  Mt. Solaro               Certosa di San Giacomo
          2                                    2
  卡布里島    奧古斯都花園    Faraglioni巨岩
             Giardini di Augusto        N

  圖例 ●景點 ❽廣場 ⚓碼頭 ✚教堂 ……纜車
                    A              B
```

(Positano)、阿瑪菲(Amalfi)、薩萊諾(Salerno)。

Gescab-A.GR ☎807-1812
CAREMAR(渡輪) ☎551-3882 ⓌＷＷＷ.caremar.it

島上交通

◎公車

　　卡布里島分成東部的卡布里鎮(Capri)以及西部地勢較高的山區安納卡布里(Anacapri)兩個區域。前往兩處皆在碼頭售票口旁的公車站牌候車，往安納卡布里的公車也會先經過卡布里鎮，兩區域間也有公車往返。島上公車的單程票價皆為€1.8，一日票則包含兩次纜車及無限搭乘島上公車，票價€8.6，一日票須於車站旁的售票亭購買。

◎纜車Funicolale

　　越過碼頭前方的熱鬧大街即可看到纜車入口，纜車出口即為溫貝多一世廣場，每15分鐘一班次，單程票價€1.8。

◎遊船

　　搭乘中型遊船從海面上環繞欣賞卡布里島是相當受歡迎的旅遊方式。提供服務有Motoscafisti和Laser Capri兩家船公司，皆由大碼頭出發，行程和費用皆相同，約30分鐘一班次。遊程有兩種，只前往藍洞可選擇1小時的行程，包含藍洞來回交通（單程約15分鐘）及在洞口等待換小船入洞的時間，費用€14；另一種為約2小時的環島行程，除了藍洞以外，還會繞島一圈，費用€18。兩種行程均不包含藍洞門票及小船費用，此外，由於藍洞開放時間不定，不需事先預訂，當天視開放狀態決定行程。

Motoscafisti
ⓞ碼頭內獨立售票亭　☎837-5646
Ⓦwww.motoscafisticapri.com

Laser Capri
ⓞVia Cristoforo Colombo, 69（碼頭外大街上）
☎837-5208　Ⓦwww.lasercapri.com

旅遊諮詢

◎碼頭遊客服務中心

ⓞBanchina del Porto(Marina Grande)　☎837-0634　Ⓦwww.capritourism.com　◴4~9月週一至週六9:15-13:00、15:00-18:15，週日9:00~15:00

◎溫貝多一世廣場遊客服務中心

ⓞPiazza Umberto I　☎837-0686　◴4~10月：週一至週六8:30~20:30，週日9:00~15:00；11~3月：週一至週六9:00~13:00，16:00~19:15

◎安納卡布里遊客服務中心

ⓞVia G. Orlandi 59　☎837-1524　◴週一至週六9:00~15:00

MAP ▶ P.258B1

卡布里鎮

Capri

名流匯集的度假勝地

🚍從Marina Grande碼頭可搭乘公車或纜車前往

　　卡布里鎮是島上人口最密集的區域，以溫貝多一世廣場(Piazza Umberto I)為中心，廣場前方的大型平台可俯瞰港口景致，穿著時尚華美的旅客在廣場旁露天咖啡座啜飲悠閒，周圍巷弄精品名店林立，想當然爾，鄰近餐廳及飯店的價位也是名流等級。

　　在卡布里鎮最有趣的莫過於穿梭在島上的小巷道，家家戶戶門前的陶瓷門牌別具創意，海風中混合檸檬香氣，夾道歡迎旅人的白色小屋、屋前爭奇鬥豔的花朵，點綴艷陽下慵懶的地中海風情。

　　廣場旁的階梯通往聖史蒂芬諾大教堂(Santo Stefano)，這座興建於1685年的教堂，主祭壇前色彩繽紛的大理石地板值得欣賞，這些珍貴的石頭取自裘維思別墅(Villa Jovis)。裘維思別墅是卡布里島上最大、保留較為完整的羅馬帝國時期遺址，為西元1世紀時提比略大帝（Emperor Tiberius）的行宮，從廣場出發步行約2公里可抵達，別墅在小島的東北角，站在這裏眺望閃耀藍寶石光澤的拿波里灣和維蘇威火山，就不難理解帝王為何鍾情於此。

拿波里及義大利南部……卡 布里島 Isola Capri

259

MAP ▶ P.258B2

奧古斯都花園

MOOK Choice

Giardini di Augusto

眺望卡布里最經典地標

🚶 從溫貝多一世廣場步行前往約10分鐘 ⏱ 9:00-19:30，冬季（10月底之後）至17:00 💲€1 ❗ Via Krupp因落石整修暫時關閉

想要欣賞卡布里島峭壁綿延的海岸景觀，就不能錯過奧古斯都花園。這處綠地屬於德國鋼鐵實業家A.F.Krupp所有，園內由肥沃的火山石灰土培育出許多美麗花朵，向西方俯瞰，Z字型石砌道路向下延伸至海岸邊的小碼頭Marina Piccola，夕陽下如蜿蜒盤旋於懸崖陡壁上的藝術作品；向東方眺望，造型猶如三角錐體的Faraglioni巨岩矗立於湛藍海面，是卡布里島最經典的畫面。巨岩平均高達100公尺，原本與卡布里島相連，但是經年的海蝕與風蝕，最終形成獨立於大海中的奇岩，中間的岩石還自然開成一座美麗的拱門，傳說戀人在船行經石拱門下時擁抱親吻，可獲得幸福。

MAP ▶ P.258A2

索拉羅山

MOOK Choice

Monte Solaro

卡布里島最高峰

🚶 從安納卡布里的維多利亞廣場搭乘吊椅前往約12分鐘，行上山約1小時 ⏱ 9:30-17:00，冬季至15:30 💲吊椅單程€7.5、來回€10

位於卡布里島西側的安納卡布里，以維多利亞廣場(Piazza Vittoria)為中心，大部分的餐廳以及商店都位於廣場四周延伸出去的街道上。

搭乘廣場旁的單人纜椅可通往卡布里島的最高峰索拉羅山，儘管這座山脈的高度不過589公尺，沿途的景觀卻非常優美，隨著高度的緩緩爬升，將可愛的白色房子、綠意盎然的樹林以及蔚藍的海水踩在腳下，享受一派涼風吹來的快意。山上觀景台擁有360度地中海美景，逐坡而建的卡布里鎮、卡布里島的海上地標Faraglioni巨岩、義大利本島上的蘇連多、拿坡里灣海岸線及鄰近的伊斯基亞島(Ischia)皆盡收眼底。

MAP ▶ P.258B2

聖賈柯摩修道院

Certosa di San Giacomo

喧鬧中的靜謐迴廊

🚶 從溫貝多一世廣場往Via Vittorio Emanuele II，經Via Serena左轉Via Certosa可抵達，步行約10分鐘 🏠 Viale Certosa 11 ☎ 837-6218 ⏱ 夏季：週二~週日9:00-14:00、17:00-20:00。冬季：9:00-14:00 休 週一 💲 全票€4、優待票€2。每月第一個週日免費

翠綠中庭圍繞優雅的白色拱型迴廊，聖賈柯摩修道院是夏季人潮喧鬧的卡布里鎮上一方幽靜秘地。修道院建於1371年，是島上最古老的建築之一，

主要結構包含藥局、開放大眾使用的女子禮拜堂、修士住所及儲藏室、以及兩座迴廊。16世紀曾遭海盜掠奪並焚毀，現在的建築為1927年重新修復的樣貌。

目前內部改為圖書館、學校、藝術展覽及音樂會的場地，此外還有一小部分德國畫家Karl Diefenbach的抽象畫，這位畫家到1913年過世以前一直都住在卡布里島上。順著花園往蔥鬱的林間漫步，隱密的觀海平台建於懸崖之上，可欣賞岩石上的卡布里鎮和海上的Faraglioni巨岩。

藍洞
Grotta Azzura
上帝調色的幻彩

🚣 從碼頭搭遊船到藍洞外，或從安納卡布里的Piazza della Pace搭乘公車前往，車程約15分鐘，下車後順著樓梯向下步行即達洞口。到藍洞洞口後，再轉搭小船入內參觀。遊船資訊見P.259 🕙9:00~17:00 💲小船＋門票€13 ❶1. 前往藍洞最佳時間為11:00~14:00。遇天候不佳或漲潮時藍洞有可能關閉，冬天開放的機率非常低。2. 小船船夫收取小費已是不成文的規定，建議為每人€3~5

MOOK Choice

船夫搖著小船滑入洞穴中，彷彿瞬間進入一座奇幻的藍色神殿，四面岩壁泛著淡淡藍光，小船漂浮在澄澈水波上，海面的藍光忽而如絲緞般柔亮，忽而若寶石閃耀，隨著光線與水波的舞動，瞬息萬變，接著船夫開始高歌義大利民謠，動人歌聲在洞窟中迴盪，即使全程僅短短5分鐘，卻是一生難忘的夢境。

藍洞寬約25公尺，長約60公尺，是海水經年累月侵蝕而成的天然岩洞，從洞中發現的雕像推測，這裏可能曾是羅馬帝國時期王公貴族的私人泳池。由於洞底都是石灰岩，陽光從開口射入，海水吸收光線中的紅光，將藍光反射在水面岩壁上，因此讓整個岩洞散發著奇幻的藍光。

不過想要造訪這美麗岩洞得靠運氣。由於洞口狹小，所以若海潮太高或風浪太大，都無法進入，建議當日先在碼頭詢問藍洞是否開放。若搭船前來，光是在洞口等待換小船進入，旺季時可能需要在海面上漂蕩一個小時，容易暈船的遊客需要注意。

聖米歇爾別墅
Villa S. Michele
迎接陽光、微風和大海的私宅博物館

🚣 從安納卡布里的維多利亞廣場步行前往約7分鐘 📍Viale Axel Munthe 34 ☎837-1401 🕙11~2月：9:00-15:30，3月：9:00-16:30，4、10月：9:00-17:00，5~9月：9:00-18:00 💲€7 🌐www.villasanmichele.eu

這棟懸崖上的幽靜別墅，是19~20世紀享譽世界的瑞典醫師兼作家阿克塞爾‧蒙特(Axel Munthe,1857~1949)的故居，他在卡布里島定居了15年之久，並寫下了一本描繪個人生平的知名著作《聖米歇爾的故事》。如今別墅屬於瑞典文化機構，以博物館的方式對外開放。

蒙特在1876年第一次踏上卡布里島就醉心於此，並下定決心打造一座如希臘宮殿般，迎接陽光、微風和大海聲音的夢想住所。1887年，蒙特選擇在巴巴羅莎(Monte Barbarosa)山腳下，古羅馬帝國時期別墅遺址和中世紀聖米歇爾禮拜堂之上興建房舍，建築上保留了在地特色，內部則裝飾了他從各地蒐集而來的物品，包含古埃及文物、提比略大帝時期的羅馬青銅塑像和馬賽克鑲嵌、伊特魯斯坎（Etruscan）風格的家飾等以自然和動物為主題的藝術品。

除了極具巧思的佈置外，真正令人欽羨的是擁有無際蔚藍海景的庭院。白色迴廊間，青銅雕像洋溢著羅馬風情，一邊是枝葉扶疏的花園，一邊是心曠神怡的大海，通道盡頭一尊望向遠方的獅身人面像(Sphinx)，更增添了這棟別墅的異國情調。

拿波里及義大利南部…卡布里島 Isola Capri

●龐貝

龐貝
Pompeii

文●林志恆　攝影●林志恆

從拿波里港口上岸，沿著海岸線往內陸走，擁有兩個火山口的維蘇威火山雄踞在港灣內側，約莫30分鐘車程，火山橫臥一路相伴，它就是千年前那場世紀大災難的「元兒」。

　　龐貝在被埋沒之前，因為製酒和油而致富，原本是一座十分忙碌的港口，此時正值羅馬皇帝尼祿(Nero)時代，與羅馬往來密切。西元79年8月24日，維蘇威火山大爆發，山腳南麓的龐貝古城瞬間被埋沒，火山灰厚達6公尺，龐貝也因此凝結在那個浩劫之日，直到17世紀被考古學家發掘，將近2000年前都市的一磚一瓦、人們的一舉一動，才得以重見天日。

　　如今這座被火山灰凝結的城市，展現了比其他遺跡更人性的一面，除了一般羅馬遺跡裡經常看得到的神殿、廣場、劇場、音樂廳等建築之外，穿越棋盤狀整齊分佈的街道，一座商業城市該有的機能，例如銀行、市場、浴場、商店等，也一點都不少。

Info

如何前往
◎火車
　　從拿波里可以搭乘國鐵或私鐵前往龐貝，建議搭乘拿波里往蘇連多(Sorrento)方向的私鐵，班次頻繁且車站Pompei Scavi (Villa Misteri)就在遺跡入口處，每天6:09~21:39間從拿波里中央車站下方的私鐵加里波底車站發車，平均每30分鐘一班車，車程約30~45分鐘，單程車票€2.6，一日票€4.5。詳細時刻表可上網或至火車站查詢，車票可於火車站櫃台購買。

維蘇威環線私鐵Circumvesuviana
🏠 C. so Garibaldi 387
☎ (081)722-2300
🌐 www.vesuviana.it

◎巴士
　　SITA巴士提供往返龐貝的巴士交通服務，車程約35分鐘，營運於5:30~20:30之間，班次視尖峰和離峰時段調整，大約15~90分鐘發一班車，詳細發車時間與班次，請於SITA官方網站查詢。

SITA巴士
🌐 www.sitabus.it

旅遊諮詢
◎遊客服務中心
📍 位於遺址的入口處(Porta Marina)及Esedra廣場上
☎ (081)857-5347
🕐 週一至週五8:00~15:30，週六至13:00
🚫 週日

MAP ▶ P.262

龐貝遺跡區
I siti archeologici
火山灰下沉睡的兩千年時光

☎857-5111　🕐www.pompeiisites.org　⏱4~10月8:30~19:30、11~3月8:30~17:00。（關閉前1.5小時為最後入場時間）💲全票€13、半票€7.5；另有結合龐貝、艾爾科拉諾、Oplonti、Stabia以及Boscoreale等5個地點的聯票，全票22€、半票€12，效期為3天。每月第一個週日免費。❗大型行李及後背包禁止攜帶入內，遊客中心有免費行李寄放處

　　由於龐貝幾乎是一整座城市原封不動地被火山灰凝結，相較於世界其他考古遺跡，這裡毋寧是更為人性的。從它今日保留下來的輪廓中，可以描繪出龐貝當初繁榮興盛的模樣，在這個人口粗估約1~2萬人的城市裡，光是市民社交的酒吧就多達99間，而且多半位於街道交叉路口；妓院則位於酒吧後頭較隱蔽之處，甚至街道地面上還刻著男人性器官作為路標，妓院裡的春宮圖更是栩栩如生；麵包烘焙屋裡，可以看到磨麵粉的巨大石磨以及烤爐；有錢的富豪之家，家裡不但有花園、神龕、餐廳、廚房，更在門口地板上貼有犬隻的馬賽克鑲嵌畫，以示「內有惡犬」……，儘管龐貝挖掘出來的精采鑲嵌畫及重要文物，目前都收藏在拿波里的考古博物館裡，然而透過這些建築遺跡，兩千多年前的羅馬生活似乎依舊歷歷在目。

碼頭及城牆Porta Marina & City Wall
　　艾爾可蘭諾(Ercolano)碼頭所在的城門，是龐貝7座城門中最壯觀的一座，當年海岸線還沒積淤之前，船隻可直達於城門下。今天依舊挺立的環狀城牆，大約在西元前6世紀便已構築，約有3公里長。

大廣場Foro
　　大廣場坐落在兩條主要幹道的交叉點，是整座龐貝城的主要廣場，也是市民生活的中心，禁止車輛通行，周邊環繞著宗教、政治及商業性建築，例如朱比特神殿(Temple of Jupiter)、市場、女祭司之屋(Edificio di Eumachia)等。

大會堂Basilica
　　大會堂建於西元前2世紀，呈長方形，當年是龐貝最大的建築物之一，過去作為行政法院和商業交易所。殘存的牆壁上還留有最早時期的裝飾，在大會堂後方登上一座木梯，可以來到法官的座席。

拿波里及義大利南部…**龐**貝 Pompeii

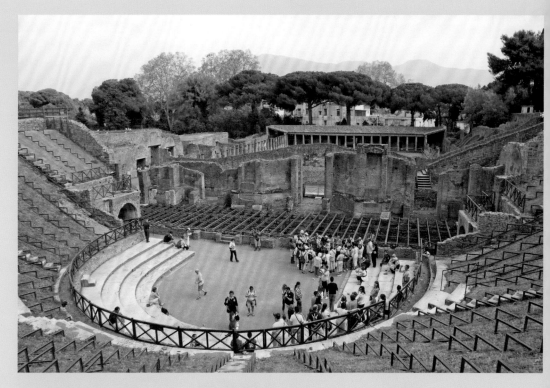

大劇場Teatro Grande

　　大劇場建造時間可以追溯到西元前2世紀，分成三區，最底層部分鋪著大理石，是行政長官和重要人物的保留座；貴賓席上方，由一道環形走廊隔開，屬於一般觀眾席；至於舞台兩旁的「包廂」是在奧古斯都時代才加上去的，也使得整個劇場的座位增加到將近5,000個。舞台背景幕所裝飾的大理石和雕像，是西元62年大地震之後重建的。

史塔比恩浴場 Terme Stabiane

　　這座浴場是龐貝城最古老的浴場，約建於西元前2世紀，裡面分成男女兩大部分，並包含了冷水浴(Frigidarium)、更衣室(Apodyterium)、暖房(Tepidarium)、熱水浴(Caldarium)及公共廁所和游泳池

麵包烘焙屋Forno

　　烘焙屋裡主要由兩種建物構成，一是火爐，一是石磨。磚頭搭建的火爐，以木材當作燃料，經過兩千年並沒有改變太多，許多義大利鄉村的火爐仍採用這種形式。石磨則是用堅硬、有氣孔的熔岩製成，形狀有如沙漏一般，並以騾子來轉動。烘焙屋裡缺了櫃台，也許是大量批發，或者靠小販兜售。

妓院Lupanare

　　Lupa的拉丁文意思就是娼妓，相較於其他妓院只有簡單一兩個房間，這間妓院可以說是全龐貝城最有組織的，地面層和二樓各有5個房間和1間公共廁所。整所妓院最精采便是牆壁上擺出各種姿勢的情色春宮圖。當年在妓院賣淫的多半是奴隸，很多都是希臘人或東方人。

農牧神之屋
Casa del Fauno

農牧神之屋占地2970平方公尺，是龐貝最大的房子。入口處就可以看到這尊著名的農牧神銅雕，約在西元前2世紀所打造，真品目前收藏在拿波里博物館，這棟別墅的名字便取名自這尊雕像。房子原為羅馬貴族卡西(Casii)所有，裡面有許多珍貴的馬賽克地板和壁畫，其中世界知名的《Alexander Mosaic》，描繪亞歷山大與大流士作戰的馬賽克畫作，便是發現自這間別墅，目前也是收藏在拿波里博物館。

朱比特神殿Tempio di Giover

朱比特神殿建築年代約在西元前2世紀，從前階梯可以走上一座高台，兩道柱廊把神殿一分為三，並安放一座眾神之王朱比特雕像，如今只殘留其頭像；後來這座神殿改為供奉卡皮托利利諾山三神(Capitoline Triad)，分別是朱比特、妻子朱諾(Juno)及手工藝女神彌涅瓦(Minerva)。

尤瑪奇亞之屋
Edificio di Eumachia

女祭司尤瑪奇亞是紡織工人的守護神，這棟女祭司尤瑪奇亞之屋建於羅馬皇帝台伯留(Tiberius，14-37 AD)時代。此屋最著名的便是正門精緻的大理石浮雕，栩栩如生的花卉蟲魚鳥獸幾可亂真，讓人聯想到羅馬奧古斯都時代的藝術形式。這棟建築過去可能作為毛料市集或是紡織公會總部。

悲劇詩人之屋
Casa del Poeta Tragico

這是最典型的「中庭式」屋子，儘管比起許多宏偉的住宅小得多。之所以取名「悲劇詩人」，主要來自於公眾廳和列柱廊之間的一塊馬賽克，上頭描繪了劇場裡上演希臘悲劇的場景，當然，這塊馬賽克及其他畫作也珍藏在拿波里博物館裡。目前還留存在原址最著名的一幅馬賽克，則是入口處一隻拴著狗鏈的猛犬，上面刻著CAVE CANEM字樣，意思是「小心內有惡犬」，當年這樣的標示在龐貝相當普遍。

阿波羅神殿 Tempio di Apollo

這座多立克柱式神殿是龐貝最古老的宗教聖殿，從殘留的裝飾顯示，建築可以追溯到西元前550到570年，儘管目前所看到的建築布局是到西元前2世紀才完成的。整座神殿結合了義大利風格(前入口階梯的墩座)和希臘元素(環繞的列柱廊)，地板由鑽石形狀的彩石鋪成，呈現出立體效果。立在兩旁柱廊的雕像分別是手執弓箭的太陽神阿波羅和月亮女神黛安娜，目前立在神殿的雕像是複製品，真品收藏在拿波里博物館。

艾爾科拉諾

艾爾科拉諾
Ercolano

文●墨刻編輯部　攝影●墨刻攝影組

位於拿波里和龐貝之間的艾爾科拉諾，和龐貝同樣埋藏於維蘇威火山西元79年那場驚天動地的爆發中，雖然它的名聲沒有龐貝來得響亮，然而其保存狀況與前者相比，卻是有過之而無不及。

不同於龐貝遭受火山灰的掩蓋，艾爾科拉諾被熱騰騰的火山泥漿瞬間凝結，使得當時許多木造的房屋碳化，因而得以在兩千多年之後，依舊展現完整的結構，1709年時才由考古學家發掘，目前只有部分臨海範圍挖掘出土，面積比龐貝來得小，也因此顯得更為集中。

舊稱Herculaneum的艾爾科拉諾，傳說由希臘神話中的大力士海克力士(Hercules)所建而得名。和龐貝這座商業大城不同，羅馬時代的艾爾科拉諾是貴族的高級度假勝地，他們紛紛在此興建坐擁優美景致的別墅，也因此在遺跡區中鮮少看見商業導向的建築，反而都是一棟棟的私人宅邸，特別是西元63年的一場大地震後，這些皇親國戚才大力整修過他們的房舍，沒想到還是逃不過命運之手的捉弄。

INFO

如何前往
◎火車
從拿波里可以搭乘前往蘇連多(Sorrento)的私鐵路線抵達艾爾科拉諾(Ercolano Scavi)，私鐵班次頻繁，每天6:09~21:39間從拿波里中央車站下方的私鐵加里波底車站發車，平均每30分鐘一班車，車程約

17分鐘，單程車票€2。詳細時刻表可上網或至火車站查詢，購票可至火車站櫃台購買。

私鐵火車站距離遺跡步行大約10分鐘左右，只需沿著車站外的主要道路一直往海邊走去即可。

維蘇威環線私鐵Circumvesuviana
🏠C. so Garibaldi 387
📞722-2300
🌐www.vesuviana.it

◎巴士
艾爾科拉諾距離拿波里大約10公里，除火車外也可以搭乘當地巴士前往，不過巴士站距離艾爾科拉諾的遺跡區有一小段距離，步行約需30分鐘左右，因此不建議搭乘。

旅遊諮詢
◎遊客服務中心
📍位於11月4日大道上，靠近火車站前的圓環附近。
🏠Via 4 Novembre 82/84
📞(081)788-1274
🕐週一至週六8:00~18:00
🚫週日

MAP ▶ P.266

艾爾科拉諾遺跡區
Zone Archeologici
塵封古代豪宅

🏠 Corso Resina ☎ 732-4111 🌐 www.pompeiisites.org
🕐 4~10月8:30~19:30、11~3月8:30~17:00。（關閉前1.5小時為最後入場時間）💲 全票€11、優待票€5.5；另有結合龐貝、艾爾科拉諾、Oplonti、Stabia以及Boscoreale等5個地點的聯票，全票22€、半票€12，效期為3天 ❗ 大型行李及後背包禁止攜帶入內，遊客中心有免費行李寄放處

一層厚達16公尺的火山泥漿，千年來安全的保護著艾爾科拉諾的遺跡，使得人們逐漸淡忘一座古城的存在，然而每當當地居民挖掘地基、水道或是鑿井時，總難免觸及古城的部分建築結構，不過這些片段卻難以歸類為考古活動，直到1709年時，因為奧地利王子愛爾鮑夫(Elboeuf)發現了深埋地底的古城劇院舞台牆，才使得這片遺跡重見天日，同時也展開挖掘活動。

儘管考古活動在18~19世紀開始進行，不過遺憾的是此時期發現的許多大理石以及青銅，都被運往拿波里當成興建宮殿的材料，此外大部分的考古工作進行得並不順利。一直到1927年時，在義大利知名考古學家馬伊烏里(Amedeo Maiuri)的帶領下，艾爾科拉諾的挖掘和保存工作才正式有了組織與規模，而考古工作至今仍依舊進行中。

百眼巨人之家Casa d'Argo

百眼巨人之家的名字來自於屋中的壁畫，描繪希臘神話中，宙斯妻子希拉派百眼巨人Argo看守被變成母牛的女祭司Io的故事，雖然原畫已不存在，但從剩餘的建築遺跡不難看出，昔日必然屬於一個富裕的羅馬貴族家庭所有，這棟豪宅以迴廊環繞一座美麗的長方形中庭。

骨骸之家 Casa dello Scheletro

就在百眼巨人之家斜對面的骨骸之家，因為1831年時在該棟建築的頂樓發現了人類的骨骸而命名。不同於龐貝的人們瞬間死於火山爆發，艾爾科拉諾的居民曾經試圖逃跑，也因此在海邊發現成批罹難居民的遺骸，直到後來才在遺跡區中陸續發現人骨的存在。

這棟建築共擁有三處獨立空間組成，其中比較引人矚目的是遮蔽屋頂的中庭以及兩座提供房間光線的小天井，此外在其典型的羅馬別墅客廳中，有著罕見的半圓型天花板以及漂亮的彩色鑲嵌地板。客廳面對著中央有座小水池的迷你中庭，中庭有馬賽克裝飾的神龕。

宏偉大門之屋
Casa del Gran Portale

因為以紅磚和科林斯式柱頭搭建而成的優雅大門而得名，這棟建築的內部房間面對著門廊，專家認為它應該是附近薩摩奈人之家(Casa Sannitica)在帝政時期部分重建的代表。

木頭隔間之屋Casa del Tramezzo di Legno

外觀擁有一扇大門和幾戶小窗的木頭隔間之屋，裡頭至今依舊保存著幾張椅子，以及幾扇被保護於玻璃之下的原始隔間門。在這棟建築的中庭右側，有一間擁有屋頂方井和大理石蓄水池的大房間，裡頭裝飾著馬賽克鑲嵌地板，還有一張小型阿提斯(Attis)雕像支撐的桌子。餐廳通往中庭，裡頭曾有一扇木頭門隔開它與大廳，餐廳後方有一座柱廊庭園。

青銅艾瑪之家
Casa dell'Erma di Bronze

這棟建築的餐廳因為裝飾著一尊昔日屋主的半身青銅塑像而得名。

特樂佛浮雕之屋 Casa del Rilievo di Telefo

特樂佛浮雕之屋是遺跡區中最優雅且最寬敞的濱海建築之一，這棟兩層樓高的建築擁有一座林立著廊柱的中庭，裝飾其中的殘留浮雕描繪著昔日的雙輪馬車競賽。一條通道通往圍繞著水池花園的列柱廊，在某些房間裡還可以看見昔日的繪畫和馬賽克鑲嵌裝飾，其中一個房間保留了一幅名為《特樂佛傳說》的浮雕。

鹿屋Casa dei Cervi

雙層建築圍繞著一座中央庭園，環繞四周的迴廊裝飾著色彩繽紛的靜物畫和小天使，鹿屋是艾爾科拉諾遺跡區中最著名的建築之一。

這棟奢華的別墅據推興建於西元41~68年之間，延伸的附屬建築形成一個長方形，較長的那側區分成兩個區域：北側包括大廳和房間，南側則是俯視海景的露台，兩者之間以一條朝四面八方開窗的柱廊連接。擁有屋頂的中庭裝飾著黑底壁畫，地上鋪滿了美麗的大理石裝飾，因為在這庭院裡發現了一座名為《受狗攻擊的鹿》雕刻而得名。

科林斯式中庭之家Casa dell'Atrio Corinzio

因為一道裝飾著優雅馬賽克鑲嵌鋪面的柱廊，而引人注目的科林斯式中庭之家，裡頭有著一座有趣的中庭，中庭聳立著六根圓柱，以左右各三根的方式圍繞著中央收集雨水的十字型蓄水池。

海神之屋Casa di Nettuno e Anfitrite

艾爾科拉諾遺跡區中最美麗的馬賽克鑲嵌壁畫非海神之屋莫屬，這棟漂亮的夏日餐廳裡，昔日設有供躺食使用的三方餐桌，牆上裝飾著色彩繽紛的水仙壁畫以及狩獵場景，其中又以位於中央的《男女海神》(Nettuno e Anfitrite)壁畫最為著名，也成為這棟建築的名稱由來。

奧古斯塔學校Sede degli Augustali

位於第三大道底端的奧古斯塔學校，是一棟非常龐大的建築，除了可以看見昔日的拱廊建築結構外，這裡的壁畫保存得相當完整，而且至今依舊維持著鮮豔的顏色，非常值得一看。

浴場Terme

大約興建於西元前1世紀中葉，該浴場擁有四個入口，一處位於第三大道，通往男人浴場(Terme Maschili)，另外三處位於第四大道，其中門牌8號通往女人浴場(Terme Femminili)。

女人浴場面對著一間寬敞的等待室，等待室的牆邊是成排相連的坐椅，儘管女人浴場面積不大且裝飾簡約，然而保存狀況卻相當良好，在它一旁的更衣室中可以看見一幅幾近完整的馬賽克鑲嵌地板，描繪人身魚尾的海神(Triton)、海豚以及海中生物的模樣。位於更衣室左方的溫水浴室地板上，同樣裝飾著非常漂亮的幾何圖案鑲嵌，牆上的壁櫃用來放置衣物。

男人浴場的活動空間寬敞，除了中央有一座直接通往浴場的體育館外，還有一座三方環繞狹窄通道的列柱中庭。男人浴場有著赤陶土裝飾的桶狀拱頂，以及紅白兩色相間的拼花地板，坐椅嵌在三面牆壁上，置衣櫃則位於較長的兩側，底部的半圓壁龕下方坐落著一個大理石水槽。位於浴場左側的冷水浴場，圓形的拱頂上裝飾著魚的圖案，牆壁上則漆上藍色色調。

運動場Palestra

位於遺跡區東北面的區域，是昔日艾爾科拉諾的運動場所在地，通道兩旁林立的廊柱支撐起雙層的半露天式迴廊露台，人們在此進行著各式各樣的運動與遊戲。一旁的半圓室(Thermopolium)中還保留了一張典禮儀式使用的桌子。

MAP ▶ P.271B2

舊城區
Vecchia

迷路中發現南義生活

🚶中央車站向北步行約15分鐘抵達

舊城區像是巴里的城中之城，瀰漫不同於新城的市民生活感。色彩鮮豔的偉士牌機車靈活穿梭在狹窄巷子間，橫越巷弄的拱門上方就是住宅，陽台上剛洗好的衣物隨風飄揚，空氣中常常飄散烤麵包香氣，這裏幾乎沒有一條筆直道路，迷路似乎是常態，而轉角造型各異的聖尼古拉神龕，以及色彩繽紛的陶藝品店是迷路附加的小驚喜。

聖尼古拉教堂是舊城的心臟，而Mercantile廣場則是14世紀以來的商業中心，廣場周圍歷史建築是曾經統治地區的貴族權力象徵，如今已變身成時尚餐廳酒吧聚集的夜生活中心。

MAP ▶ P.271B4

皮特魯切利劇院
Teatro Petruzzelli

金碧輝煌的藝術中心

🏠Corso Cavour, 12 ☎975-2840 🕐週一至週六11:00-19:00 🌐www.fondazionepetruzzelli.it

皮特魯切利劇院是義大利第四大劇院，僅次於米蘭、拿波里及巴勒摩的劇院，它也是歐洲最大的私人興建劇院，由巴里的貿易及造船商人Petruzzelli家族於1898~1903年間建造完成。1980年代是劇院的黃金時期，世界知名的聲樂家、芭蕾舞蹈家及交響樂團都曾在此演出，1991年的大火幾乎讓劇院付之一炬，2009年才整修完成重新啟用，褚紅色建築搭配亮白大門，讓劇院成為新城區的地標之一。演出的夜晚，四層圓弧型紅絲絨包廂坐滿衣鬢華麗的紳士淑女，參與的不只是場藝術饗宴，更是金碧輝煌的貴族體驗。

MAP ▶ P.271A2

諾曼斯維沃城堡
Castello Normanno Svevo

中世紀堅固堡壘

🚶中央車站向北步行至艾曼紐二世大道左轉，前行至D'Aragona路右轉 🏠Piazza Federico II di Svevia 4 ☎521-3704 🕐週四～週二08:30-19:30 休週三 💰€3(若舉辦特展，門票價格依展覽而不同)

儘管護城河已是綠草如茵，曾經佔據重要戰略地位的中世紀防禦堡壘，仍然挺著厚實城牆，英氣勃勃地守護舊城入口。諾曼斯維沃城堡最早為12世紀諾曼人在羅馬遺址上所修築，一度遭嚴重損毀，神聖羅馬帝國腓特烈二世(Frederick II)於1233年下令重新整修，15世紀西班牙Sforza家族的Isabella of Aragona曾將城堡作為住所，留下部分文藝復興風格的佈置，19世紀先後作為監獄及兵營。現在的城堡已無兵戎氣息，展示中世紀的雕塑及南義數個城堡的縮小模型，此外，也作為舉辦活動或臨時性藝術展覽的場地。

聖尼古拉教堂

MOOK Choice

Basilica di San Nicola

城市守護者

🏠Largo Abate Elia 13 ☎573-7111 ⏰教堂：週一至週六07:00-20:30、週日07:00-22:00。博物館：週一至週日10:30-18:00 🌐www.basilicasannicola.it

聖尼古拉原是土耳其米拉城(Myra)的大主教，喜愛孩子、常偷偷送東西給窮人的事蹟，發展成聖誕老公公的故事，只不過聖尼古拉教堂內處處可見的聖人樣貌與親切可愛的聖誕老公公形象相去甚遠。1087年漁民從土耳其偷出的聖尼古拉遺骸，安置於巴里，成為城市的守護聖人，據說地下室石棺旁滲出的聖水有治癒疾病的神奇力量，因此成為東正教的重要朝聖地。

建於11世紀的聖尼古拉教堂為阿普利亞羅馬式(Apulian Romanesque)的典型，大門以花崗岩雕琢繁複華美的門飾，柱廊基部則蟠伏著的獅子；內部跨中殿圓拱及兩側拱窗支撐建築，鍍金木造天花板金碧璀璨，主祭壇上有普利亞地區最古老的13世紀天蓋。此外，大殿右側精緻的銀祭壇、17世紀金箔畫中描繪的聖人生平故事，也值得細細品味，地下室則有義大利少見的俄羅斯東正教禮拜堂。

從拜占庭時期以來，與聖尼古拉及巴里歷史相關的珍貴文物收藏在教堂旁邊獨立的博物館(Museo Nicolaiano di Bari)，這裏可看到羊皮紙、手抄本、繪畫和銀器等。

聖薩比諾主教堂

Cattedrale di San Sabino

優雅莊嚴的白色聖殿

🏠Piazza dell'Odegitria 1 ☎521-0605 ⏰週一至週五8:30-19:00，假日08:00-10:00、11:00-19:00 🌐www.arcidiocesibaribitonto.it

聖薩比諾主教堂是祭祀城市的第二守護聖人聖薩比諾(Saint Sabino)，原本為建於1034年的拜占庭教堂，12世紀中葉在西西里國王威廉一世與希臘人的爭奪中毀於戰火，現在看到的主教堂重建於12世紀晚期，風格受到聖尼古拉教堂的影響，為阿普利亞羅馬式(Apulian Romanesque)的代表性建築。

簡潔樸實，沒有過多裝飾的線條是羅馬式教堂的特色，教堂中殿16根羅馬柱支撐白色圓拱門，營造神聖莊嚴的氣氛。據說每到6月21日下午5點，陽光穿越教堂正立面的大型玫瑰花窗，而這道射入中殿的光線正好會落在中央祭壇地板上，照亮地上的大理石鑲嵌玫瑰，象徵人間與天上的連結。教堂內部的考古挖掘也值得參觀，可看到西元前5~6世紀的古基督教教堂和11世紀的拜占庭教堂遺址，以及章魚、魚類和植物為主題裝飾的馬賽克地板。17世紀的巴洛克式地下祭壇則供奉著大理石的示道聖母像（Madonna Odegitria）及聖薩比諾的遺物。

阿爾貝羅貝洛

MOOK Choice

Alberobello

夢幻童話小鎮

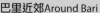 從巴里中央車站後站旁的東南私鐵車站搭乘火車至阿爾貝羅貝洛需時1.5小時，每小時約1班次，單程票價€4.9，於私鐵月台購票，上車前請先確認為往Martina Franca方向的班次。需注意的是週日無火車運行，可於中央車站後站改搭FSE經營的巴士F110路線，巴士路程約1小時50分，週日有5個班次，週一至週六僅有14:10一班次 🚉東南私鐵FSE (Ferrovie del Sud Est)：www.fseonline.it

翠綠藤蔓攀著白牆爬上屋頂，窗台盛開花朵將小巷點綴的色彩繽紛，圓錐形屋頂像山丘上冒出的一朵朵可愛小蘑菇，阿爾貝羅貝洛如同童話中小矮人的村落，在熱情陽光下散發療癒系的萌魅力。

阿爾貝羅貝洛位於巴里南方50公里，原本是一片美麗的橡樹林，被稱為「Arboris Belli（美麗的樹）」，這就是Alberobello名稱的由來。這個居民僅一萬多人的小鎮因為造型特殊的錐形石屋聚落，不但在1996年登錄為世界文化遺產，每年更吸引無數遊客，成為小鎮的經濟來源。

地區發展歷史大約可追溯至15～16世紀，當時這裏還不在那不勒斯政府登記下的非法墾殖地，Conversano城領主默許農民於此耕作以獨吞此地稅收，相對的，也給予較優惠的稅收條件吸引農民，來此地開墾的農民利用當地盛產的石灰岩就地取材，以史前時代延續下來的乾式石砌法造屋，不使用灰泥黏合，最初作為倉庫或看守田地者的臨時住宅。

隨著農作逐漸豐饒，當然引起其他城主的不滿舉發，中央政府於是派人前來視察，當時的Conversano領主Giangirolamo II便下令農民推倒屋舍，假裝此地無人居住，從此居民的住宅就被規定只能蓋可隨時拆掉屋頂的錐頂石屋，以應付不定期的視察，躲避中央政府稅收。直到1797年居民再也受不了這種高壓的封建統治，趁著那不勒斯國王Ferdinand IV出巡時抗爭，才讓阿爾貝羅貝洛擺脫幽靈小鎮和封建制度的命運，變成一個自由城市。此後才開始建造以灰泥黏合、較堅固耐用的錐形石屋，19世紀在這個地區廣為使用並保留至今。

錐頂石屋土廬洛Trullo

小巧可愛的錐頂石屋稱為土廬洛(Trullo，土廬里Trulli為複數)。由於這片區域盛產石灰岩，居民就地取材，將石灰岩敲打成磚砌牆，以生石灰泥塗成白色牆面，再使用灰色片岩堆疊圓椎形屋頂，尖端則會放上圓球或其他形狀的裝飾物，牆面及屋頂均由兩層石頭緊密堆疊而成，中間填充泥土、碎石、稻稈或麥稈。土廬洛門窗小且石牆厚的特點能有效減少夏天日照和冬天寒風，有著冬暖夏涼的效果，由於建築技術的限制，土廬洛的面積不大，因此當家庭成員較多時，就會蓋幾個內部相連接的土廬洛，即使要區分空間，也只會使用布簾分隔。

土廬洛通常只有一個出入口，內部沒有走道、隔間或樑柱，從屋子本體向外突出像大型壁龕的空間，作為臥室或廚房。圓錐屋頂內部使用和牆面一樣的石灰磚塗抹白色生石灰，中空挑高的屋頂以木板隔成天花板的儲物空間，使用可移動式的木梯，作為儲藏農具食物的倉庫或是小孩的臥室。部分土廬洛還建有地下儲水槽，屋頂石材搭建的引水道可直接將雨水及雪水引入地底。

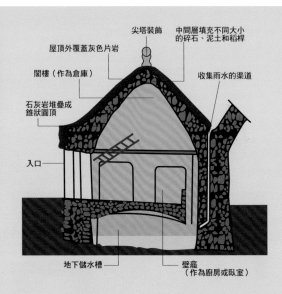

尖塔裝飾
屋頂外覆蓋灰色片岩
閣樓（作為倉庫）
石灰岩堆疊成錐狀圓頂
入口
中間層填充不同大小的碎石、泥土和稻稈
收集雨水的渠道
地下儲水槽
壁龕（作為廚房或臥室）

土廬里的神秘符號

抬頭看看阿爾貝羅貝洛的天空，會發現土廬里的錐形屋頂相當花俏，不但屋頂尖端造型各異其趣，灰色的石灰岩上更繪上各種神秘符號，讓可愛的蘑菇屋更討喜。

屋頂尖端的裝飾稱為Pinnacolo，常見圓球、金字塔、星星、圓盤等形狀，關於它的意義有各種說法，有學者認為是古代民間具有魔力的符號或是與遠古太陽崇拜相關，有人認為單純是屋主選擇自己喜愛的樣式，也有文件顯示這是建造土廬洛的工匠簽名。而屋頂上繪製的符號則與傳統無關，起源於1950年代的商人，為了將土廬里打造成吸引旅客的度假屋，在屋頂上畫了各種幸運符號增加討喜度，符號的內容多為與基督教、天文星象或魔法相關。若對符號的含義有興趣，不妨找紀念品店門口貼著的對照圖。

舊城區Rione Monti & Rione Aia Piccola

沿著火車站前的Via Mazzini步行約5分鐘就會到達人民廣場(Piazza del Popolo)，廣場旁有阿爾貝羅貝洛第一棟使用泥灰塗抹建成的堅固石屋，並以第一任市長Casa D'Amore命名。廣場南邊的觀景台是最佳眺望點，湛藍天空下，雪白耀眼、高低錯落的錐頂石屋群，像戴上灰色斗笠相當可愛。

Largo Martellotta大街將舊城區劃分為艾亞皮卡拉區(Rione Aia Piccola)和蒙提區(Rione Monti)，東邊靠近火車站的艾亞皮卡拉區是較為寧靜的住宅區，聚集400多座土廬里，有許多本地人的住家及民宿，當地望族Pezzolla經營的地區博物館(Museo del Territorio)，展示許多土廬里模型和居民生活用具。

蒙提區則為觀光化的商業區，有1000多座土廬里，餐廳、酒吧和紀念品店密佈，沿著主要商店街Via Monte Pertica拾級而上，各種陶瓷製品為白牆增添活潑色彩，最特別的是小巧精緻的土廬里模型，幸運的話，還能看到職人現場製作，即便是手掌大小的石屋也絲毫不馬乎，依循傳統工法以石灰岩一片片逐步堆疊。街道底端是世界上唯一的錐頂石屋教堂—聖安東尼奧教堂(Chiesa Sant' Antonio)，有些鄰近教堂的紀念品店會開放屋頂天台讓遊客拍照，別錯過另一個俯瞰錐頂石屋的好地點。

275

土廬洛展覽館Trullo Sovrano

📍274A1 🚶出火車站沿Viale Margherita前行至Corso Vittorio Emanuele右轉向北繞過教堂即抵達 🏠Piazza Sacramento 10, Alberobello ☎432-6030 🕙10:00-18:00 💲€1.5

舊城北端的土廬洛展覽館是阿爾貝羅貝洛最氣派的豪宅，也是現存唯一一棟雙層樓、配備固定式樓梯的土廬洛建築。原為18世紀時神父Cataldo Perta的家族住所，有12個錐形屋頂，中央錐頂高達14公尺，也曾作為藥局、講道及聖餐禮的場所。

展覽館空間不大，可以清楚看到土廬洛的結構，了解當時人們的生活。入口處最大的空間是客廳，廚房、糧倉、臥室等陳列著當時的木製傢具和生活陶器，後方庭院種植橄欖樹和葡萄，二樓還有一架織布機。

聖卡斯瑪及聖達米亞諾教堂
Basilica S.S. Cosma E Damiano

📍274A1 🚶出火車站沿Viale Margherita前行至Corso Vittorio Emanuele右轉 🏠Piazza Curri, Alberobello

一片灰頂白牆的石屋間，很難不注意到聖卡斯瑪及聖達米亞諾教堂新古典主義式的雙鐘塔立面。這是阿爾貝羅貝洛最大的教堂，始建於17世紀初，18世紀中才有現在拉丁十字教堂的雛形，祭祀城市的守護聖人，內部則保留了文藝復興的色彩，供奉聖人的塑像及遺骸。聖卡斯瑪及聖達米亞諾是西元三世紀時的雙胞胎醫生，四處免費幫助人們醫病製藥，後來被封為聖者。

巴里近郊Around Bari

MAP ▶ P.10E3

蒙特城堡

MOOK Choice

Castel del Monte

神秘完美的八邊體集合

🚌從巴里中央車站搭乘火車至Andria，出站後於站前廣場轉乘ASA巴士6號至蒙特城堡 🏠Castello Svevo– Piazza Federico II di Svevia, Bari ☎(0)88 356-9997 🕙10~3月：09:00-18:30，4~9月：10:15-19:45（閉館前半小時停止售票）💲成人€5，優待票€2.5，每月第一個週日免費 🌐www.casteldelmonte.beniculturali.it

遠在幾公里外就能看到山丘上造型獨特的蒙特城堡，堅固雄偉的厚實主體呈現精準計算後的幾何美學。城堡主體為等八邊形，每一個角皆佇立著八邊形塔樓，中心為八邊形庭院，每一層樓分佈八個梯形房間，大量使用「八」這個數字不只表現數學上的精確，更被認為具有中世紀符號學上的意義—八邊形是圓與方的結合，連結人的有限與神的無限。

神聖羅馬帝國皇帝腓特烈二世（Emperor Frederick II）當時建造城堡的目的和建築本身一樣帶著神秘色彩。蒙特城堡約落成於1240年，至今仍無法確定其真正用途，它的地理位置在帝國的防禦網上有戰略性角色，但缺少外城牆和護城河卻又降低軍事功能，而室內的火爐、雕塑和當時最先進的衛浴設備似乎顯示為貴族或王室住所，也可能是腓特烈二世打獵時的行宮。

蒙特城堡在17世紀被遺棄，這期間曾作為躲避瘟疫的避難所及監獄，城堡內的大理石和雕刻也被盜賊洗劫一空，直到1876年收歸義大利國有後，政府才開始一連串的整修，而這座融合古希臘羅馬、東方伊斯蘭和北歐哥德式的建築於1996年被UNESCO登錄為世界文化遺產。

馬特拉

馬特拉
Matera

文●李曉萍　攝影●李曉萍

大地色石屋層層疊疊朝天空攀升，石板路上少有人跡，錯綜複雜的石階在屋舍間亂竄，引誘人踏入迷宮巷弄；密密麻麻的石屋侵略性地佔領視線，既破舊頹圮又樸實古拙，在夕陽光下閃耀金色光芒。馬特拉不像典型色彩繽紛的義式小鎮，可愛迷人，也不像華麗的巴洛克城鎮，風姿綽約，它如同大地的一部分，平靜而沉穩，也許不會一見鍾情，但石穴屋堆疊的震撼卻令人念念不忘。

馬特拉是巴西利亞卡塔區(Basilicata)及馬特拉省的首府，史前時代就有人類居住的痕跡，城鎮的發展則能追溯至西元前3世紀古羅馬時代，是世界上最古老的城鎮之一。由於附近都是喀斯特地形，居民利用石灰岩溶蝕形成的天然洞穴作為住宅，這種洞窟石屋就稱為「Sassi」(原文為石頭)，沿陡峭的河谷挖鑿山壁穴居，所以發展出垂直式的聚落型態，馬特拉的舊城是目前地中海地區保存最好、面積最大的穴居建築群。

18~19世紀的舊城曾淪為貧民區，穴居生活無水無電，髒亂與疾病叢生，1952年政府通過法案將居民全部移居至現代化的新城區，舊城荒廢如鬼城，一度面臨拆除的命運。直到1993被列為世界文化遺產，在政府和聯合國的協助下，重新整修石穴屋，觀光業開始發展，部分居民也慢慢移居回來。經過這幾年的努力，更當選為2019年的歐洲文化首都。

Sassi石屋聚集於格拉維納河谷(Gravina)西邊的高地，南側Sasso Caveoso較原始，到處可見無人居住的荒廢洞穴屋，北側為Sasso Barisano，許多餐廳、民宿飯店和紀念品店都在此，聳立於中央山丘上的大教堂(Matera Duomo)是兩區分界。大教堂建於13世紀，為普利亞羅馬式風格，位於舊城區至高點，不管在哪個角落都能看見教堂立面的玫瑰窗和鐘塔。河谷以東則是最早開發的穴居洞窟，景觀類似千年前的耶路撒冷，電影《耶穌受難記The Passion of the Christ》就是在此拍攝。

INFO

基本資訊
人口：60,023 **面積**：387.4平方公里 **區碼**：(0)835

如何前往
◎火車
　距離石穴屋區比較近的是新城區的中央車站（Matera Centrale），經過馬特拉的火車由私鐵FAL(Ferrovie Appulo-Lucane)負責營運，搭乘火車前往馬特拉最方便的方式是於巴里(Bari)中央車站轉乘FAL私鐵。巴里位於馬特拉東北方60公里，車程約1.5小時，每天12班次，單程€4.5。巴里中央車站前廣場左邊的三層樓房就是FAL私鐵車站，車票於一樓售票窗口購買。

　需注意週日火車停駛，可改搭FAL營運的巴士。巴士車程約1小時50分，一天6班次，單程€4.5，搭車

地點在巴里中央車站的後站。

Ferrovie Appulo-Lucane ⓤ ferrovieappulolucane.it

◎巴士

由於馬特拉不在義大利國鐵網路上，只有FAL私鐵連接巴里，若要前往其他北邊或西岸城市，巴士是相對方便的交通工具，區域巴士總站在火車站旁邊的Matteotti廣場，長途巴士搭車點於新城區。Marino每天有2班次前往拿波里，也有往波隆那和米蘭的夜車；Marozzi每日3班次前往羅馬，並與SITA聯營，經Potenza前往西恩納、佛羅倫斯或比薩。

區域巴士方面，除了FAL營運往返巴里中央車站的巴士以外，也可搭乘Grassani巴士前往Potenza，由此處連接國鐵網路，車程約1.5小時，單程車票€5.5，可上車購票。

Marino ⓤ www.marinobus.it

Marozzi ⓤ www.marozzivt.it（需事先訂票）

SITA ⓤ www.sitabus.it

Grassani ⓤ www.grassani.it

市區交通

馬特拉主要景點集中在舊城Sassi石穴區，除了幾條主要幹道，幾乎都是上上下下的台階，步行是遊覽最好的方式，但沒一點體力還真是不行，一雙好走的鞋是必要的。

旅遊諮詢

◎中央車站遊客服務中心

🚇 Via De Viti De Marco, 9（近車站廣場）🖨 331-983 🕐 週一至週五9:00~13:00，週一和週四16:00~18:30 🎄 週六、日 ⓤ www.sassiweb.com

ⓘ Vittorio Veneto廣場、沿Gravina河谷的環城道路及Sasso Caveoso也設有遊客服務中心

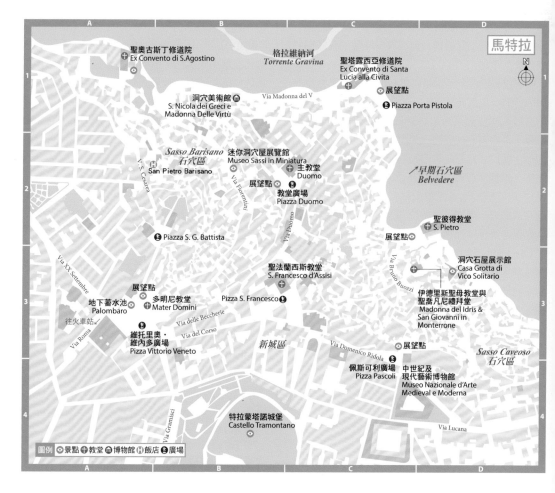

Sasso Barisano

MAP ▶ P.278A3

維托里奧‧維內多廣場
Pizza Vittorio Veneto

進入Sassi世界的起點

地下蓄水池Il Palombaro Lungo

⏱9:30~13:00，17:30~19:30 💲€3 ❶入內參觀需跟隨導覽解說的梯次時間，導覽時間25分鐘

或許是交通不便的因素，馬特拉的遊客人數不比其他城市多，除了舊城區幾個觀景點以外，唯一人潮聚集的地方就是進入舊城的閘口——維托里奧‧維內多廣場。維托里奧‧維內多廣場如同馬特拉最活躍的心臟，從這裡出發沿著Via del Corso，一路上都是商店和餐廳，假日總有許多活動舉行，而廣場邊多明尼教堂(Mater Domini)的露台，則是個眺望Sasso Barisano石穴區和大教堂的觀景點。

馬特拉位於缺乏地下泉水可用的石灰岩層上方，因此發展出一套高明的水資源管理系統，將雨水集中儲存在大型蓄水池中，再利用地勢高低建設管道，讓城市的居民在旱季有水可用，隨著人口增加不敷使用，逐漸發展成於自家地底挖設蓄水池。其中，最大的蓄水池就隱藏在廣場地底，高達15公尺的地下蓄水池(Il Palombaro Lungo)，因為體積壯觀又被稱為「水之主教堂(Cattedrale dell'acqua)」，經過抽水與清理後，在內部水道上加蓋樓梯與走道，可入內參觀。

Sasso Barisano

MAP ▶ P.278B1

洞穴美術館
San Nicola dei Greci e Madonna Delle Virtu'e

聖尼古拉及美德聖母石穴教堂

🏠Via Madonna delle Virtù ☎(0)377-4448885 ⏱7~9月：10:00~20:00，4~5月及10月：10:00~13:30、15:00~18:00，11~3月：10:00~13:30 💲€5 🌐www.caveheritage.it

8~13世紀時，許多本篤會僧侶為了躲避拜占庭帝國的宗教迫害，來到馬特拉並將教堂設於岩窟之中，舊城區有大大小小百來個岩穴教堂(Chiese Rupestri)，至今仍有多處可供參觀。

聖尼古拉及美德聖母教堂緊鄰河谷，約建於西元1000年，13世紀曾作為朝聖者的庇護所，這一整區相通的岩洞面積約1300平方公尺，內部像複雜的迷宮，是當地居民利用洞窟的經典範例。這裡其實有複合性用途，包含聖尼古拉教堂、美德聖母教堂、修道院、以及小型的石灰岩採石場。

洞窟教堂最特別的地方在於，即使全部都是挖鑿石灰岩洞而建，卻仍然遵守許多教堂的建築規則，能清楚分辨中殿。教堂內部除了14~18世紀濕壁畫和耶穌苦像以外，現在也作為當代藝術展覽館，並於每年夏天舉辦頗富知名度的國際雕塑展。

MAP ▶ P.278D2

聖彼得教堂

San Pietro Caveoso

懸崖上的教堂

🏠 Piazza San Pietro Caveoso
⏰ 夏季：11:00~19:00，冬季：9:00~18:30

教堂背對陡峭的格拉維納河谷，面對沿坡而築的石穴屋群和大教堂，看起來恰好卡在懸崖邊上，其險無比，在一片簡單樸素的石穴屋間，巴洛克式正立面格外醒目，而聖彼得教堂前寬闊的廣場更是一處絕佳觀景點。

聖彼得教堂是馬特拉年代最久遠也是最重要的教堂之一，最早建於13世紀，現在的立面、鐘塔及教堂內的石灰岩屋頂則是17世紀大規模整修後的樣貌，教堂內還留有15~17世紀的壁畫。穿越教堂左側的拱門，有一段沿著河谷峭壁修築的步道，風景相當優美。

MAP ▶ P.278D3

伊德里斯聖母教堂與聖喬凡尼禮拜堂

Madonna de Idris & San Giovanni in Monterrone

岩石中的教堂

🏠 Via Lanera 14 ☎ 980-3776 ⏰ 4~10月：10:00~19:00，11~3月：10:00~14:00 💲 €2.5。任選參觀3座岩窟教堂的連票€5，參觀5座教堂連票€6 🌐 www.oltrelartematera.it/

只要翻越大教堂的山丘，Sasso Caveoso內每個角落都能看中央石崖Monterrone的頂端，佇立一座十字架，而聖母教堂就藏在這塊大岩石內，外觀就像在石頭上打了一扇門。

伊德里斯聖母教堂的名稱在14世紀的文獻中被提及，教堂得名源自希臘文的「Oditrigia」，這是聖母在君士坦丁堡的稱謂，意思是在岩石中指出水源及道路的人，所以祭壇的特殊造型就象徵儲水容器。

MAP ▶ P.278D3

洞穴石屋展示館

MOOK Choice

Casa Grotta di Vico Solitario

還原穴居生活

🏠 Vicinato di Vico Solitario, 11 ☎ 310-118 ⏰ 9:00~20:30 💲 €1.5 🌐 www.casagrotta.it

想了解馬特拉人的傳統生活，這個小小的展示館是不能錯過的地方。

這處民宅約建於18世紀初，是典型半建造半挖掘式的石穴屋，入口處以石磚砌成，內部呈現不規則的岩壁空間，只有大門和上方小窗是唯一通風口。走進室內，只需一眼就能看完，睡覺、做菜、吃飯、織布、圈養牲畜都在同一個空間中，只有最深處的一堵牆，區隔馬廄及儲藏室。架高的木床是屋內最主要的大型傢俱，床下則利用空間儲物或放養小雞，當時家庭平均養育6個孩子，所以會利用床頭櫃最下層、木箱、桌子等，鋪上玉米葉子做的墊子讓孩子睡覺。

這樣的生活方式一直持續到1952年，才在政府的幫助下搬遷至新城區。

體驗穴居生活

在馬特拉舊城區住一晚，看著天色從透亮靛藍慢慢變黑，燈火在山丘谷地間慢慢點亮，絕對是穿越時空回到千年前的捷徑，而若是有機會住進洞穴旅館，更能感受當地人的穴居生活。

洞穴旅館是由以前的民宅改建，入口處看起來可能和一般的石灰岩房舍沒什麼不同，入內後才知道房子的後半部鑲嵌入岩洞中，大多和傳統石窟屋一樣，只有大門上方的小窗是通風口，隔音良好，有冬暖夏涼的特

性，但內部濕氣較重，不一樣的是，水電管路的鋪設讓穴居多了現代化的舒適與浪漫情調。這裏的洞穴旅館很多都是附設小廚房的房型，自己下廚也相當方便。

除了稍有規模或是主要幹道Via Fiorentini兩側的旅館以外，想要體驗住在山洞中最好攜帶輕便的行李，因為這些石窟改建的民宿、旅館常常位於景觀優美卻只能步行的石階上。

Residence San Pietro Barisano

📍P.278B2　🏠Via San Biagio, 52　🌐www.residencesanpietrobarisano.it

Sasso Barisano

迷你洞穴屋展覽館

Miniatura dei Sassi

巧奪天工的微型馬特拉

🏠Mostra permanente in Via Fiorentini, 82　☎334-031　🕐4~10月：8:30~21:00，11~3月：8:30~19:00　💲免費　🌐www.materasassiinminiatura.it

貫穿Sasso Barisano 區的主要道路Via Fiorentini旁邊，這家藝品店總擠滿人潮，因為走進店中能欣賞整個Sassi石穴建築群的全貌，濃縮在12平方公尺大小的範圍中。

藝術家Eustachio Rizzi從1996年開始這項創作，以三年的時間打造一個等比例縮小版的馬特拉舊城。密密麻麻的石屋、縱橫交錯的階梯和石板路、山丘頂上的大教堂、懸崖邊的聖彼得教堂和石窟教堂、格拉維納河谷和街上牽著驢子的小人，皆以石灰岩手工雕琢，栩栩如生呈現。除了嘆為觀止的馬特拉微世界，店內其他藝術家的石雕作品也值得欣賞。

Belvedere

早期石穴區

Belvedere

史前人類生活遺跡

🚗自行開車或參加遊客中心辦的導覽團

格拉維納河谷以東的峭壁上是一片平整高原，順著道路Contrada Murgia Timone可到達稱為Belvedere的區域，這裏散佈範圍廣闊的岩洞，有人類定居的痕跡可追溯至新石器時代，而現在只留荒煙漫草下的洞穴，以及迎風佇立的十字架。從這裏看向河谷對岸的馬特拉舊城全景，竟帶點中古時代的蕭瑟悲涼。

荒瘠景觀類似兩千年前的耶路撒冷，成為許多電影的拍攝地，最有名的是梅爾吉勃遜拍攝的《耶穌受難記 The Passion of the Christ》，片中耶穌背著十字架走上山坡的畫面，許多人仍記憶猶新。

拿波里及義大利南部⋯馬 特拉 Matera

西西里島

Sicilia

西西里省

拜歷久不衰的電影《教父》所賜，「黑手黨的故鄉」這名號比西西里島其他的特徵都來得響亮。而德國詩人歌德卻曾這樣形容西西里島：「到義大利卻沒去西西里，就不能叫做看盡義大利，因為西西里是一切的關鍵。」

西西里島位於「長靴」的頂端，是義大利面積最大的島嶼，一半屬於歐洲、一半接近非洲，位處地中海十字路口，自古以來就是各民族爭奪之地，希臘人、腓尼基人、羅馬人、阿拉伯人、諾曼人、西班牙人等，征服者來了又走，成了西西里島始終不變的宿命，幾經融合，發展出自己獨特的文化。

第一大城巴勒摩被讚譽為「世界上最優美的海岬」，而隨著統治者改朝換代，整座城市呈現出融合阿拉伯、仿羅馬、拜占庭、巴洛克式的混血風情，發展出中西合併的「阿拉伯－諾曼式」文化，這樣獨特的藝術結晶，成為當地最具代表性的景觀。

西西里島是希臘神話的舞台，荷馬史詩《奧德賽》中，奧德修斯在島上留下最多的冒險故事和傳說，「諸神的居所」阿格利真托的古老神殿，

比雅典還像希臘。美麗的濱海度假勝地夕拉古沙和有著「西西里最美麗山城」美譽的陶美拿，除了同樣坐擁珍貴的羅馬遺跡之外，不同角度的海洋美景，都讓遊客留下深刻的印象。

西西里島最高峰埃特納火山(Mt Etna)，頻繁的火山活動帶來豐饒物產，也為山腳下的卡塔尼亞帶來毀滅性的災難，以及重建後巴洛克式的華麗。島上氣候溫暖，土壤肥沃，柑橘瓜果甜美，而由於四面環海，漁產豐富，旅行途中可以嘗到各式各樣的美味海鮮。

西西里島之最The Highlight of Sicilia

阿拉伯－諾曼式建築
諾曼式的厚實建築、伊斯蘭風格的雕飾、閃耀璀璨的拜占庭黃金鑲嵌畫，完美融合多種風格，帕拉提納禮拜堂和王室山主教堂表現出淋漓盡致的混血文化。(P.290)

陶美拿Taormina
位在半山腰的中世紀小山城瀰漫浪漫的氣氛，擁抱愛奧尼亞海的蔚藍，眺望埃特納火山的雄偉，山腳下泛著珍珠光亮的白沙灘更是歐洲人熱愛的度假勝地。(P.299)

夕拉古沙Siracusa
羅馬皇帝西塞羅口中「希臘城邦中最美的城市」，希臘、羅馬和巴洛克時期的建築在此共存，歐提加島的小巷子是藝術創作的基地，真正的西西里生活。(P.311)

埃特納火山Mt. Etna
埃特納火山是西西里島東岸最壯觀的地景，火山活動相當活躍，最近一次在2015年底有大規模的噴發。火山口可看到火山熔岩流過的痕跡，以及全景遼闊的視野。(P.310)

●巴勒摩

巴勒摩
Palermo

文●李曉萍‧林志恆
攝影●李曉萍‧林志恆‧墨刻攝影組

島嶼北邊的首府巴勒摩，由於地形顯要、灣
闊水深，構成一座天然良港，德國詩人歌
德曾讚美巴勒摩是「世界上最優美的海岬」。西
元前734年腓尼基人來到巴勒摩建立港口，西元
前3世紀又成為希臘人的領地，但一直都維持小
聚落的局面，直到西元827年北非阿拉伯人（又
稱為撒拉遜人Saracen）的出現才扭轉巴勒摩的
地位。阿拉伯人帶來優良的灌溉技術，引進檸
檬、柑橘、杏仁、甜瓜、稻米等作物，為這片土
地帶來豐饒物產與繁榮經濟，當時歐亞貿易重心
在地中海，而巴勒摩就成為回教世界中重要的商
業文化中心。

諸多外族在巴勒摩留下最深的鑿痕，就屬12
世紀入主西西里的諾曼王朝。11世紀末奧特維
爾家族（Hauteville）的羅傑雖然趕走阿拉伯
人，卻採用懷柔政策，保留了阿拉伯的文化、語
言、宗教及工藝技術，將巴勒摩塑造成一個尊重

多元文化的城市，而他的兒子羅傑二世（Roger
II）承襲了父親的胸襟，融合西方基督教羅馬、
希臘拜占庭與伊斯蘭文化，開創獨特且空前絕
後的阿拉伯－諾曼式風格（Arab-Norman），
1130年羅傑二世被教廷冊封為西西里國王，他
把巴勒摩作為首都，打開巴勒摩的黃金時期。

阿拉伯–諾曼式建築其實是綜合了多種藝術元
素，包括仿羅馬式的建築格局、阿拉伯伊斯蘭風
格的迴廊及雕飾，以及炫麗無比的拜占庭黃金鑲
嵌畫。走訪巴勒摩，到處都能見到這種集多元風
格於一身的綜合式建築，其代表作便是諾曼王宮
裡的帕拉汀禮拜堂(Palatine Chapel)，以及王室
山(Monreale)上的主教堂。

隨著統治者改朝換代，巴勒摩經歷多種宗教、
文化的洗禮，市區建築呈現更多元的風格，從巴
洛克式的普勒多利亞廣場(Piazza Pretoria)、新
古典的瑪西摩劇院(Teatro Massimo)，到集大
成的混合式大教堂(Dumo)，巴勒摩用寬容接待
所有民族，用整座城市刻寫歷史。

INFO

基本資訊
人口：676,118 **面積**：158.9平方公里 **區碼**：(0)91

巴勒摩市區

↑往王室山、聖羅莎利亞聖地Monreale、Saint RosaliaSanctuary

獨立廣場
Piazza Indipendenza

往王室山巴士站

喜捨聖喬凡尼教堂
San Giovanni degli Eremeti

C.so re Ruggero

新門
Porta Nuova

Corso Alberto

V. del Benedettini

諾曼王宮
Palazzo dei Normanni Palazzo Reale

Corso Camillo Finocchiaro Aprile

V. Papireto

Villa Bonanno

V. Antonino Mongitore

V. Porta di Castro

V. Goeth

Corso Tukor

聖法蘭西斯教堂
Chiesa di S. Francesco Saverio

V. C. Avolio

大教堂
Cattedrale

Via Vittorio Emanuele

V. del Scuole

Via Bisaccquino

巴拉羅市集
Ballaro

V. Bosco

聖卡塔爾德教堂
San Cataldo

V. del Celso

Via Alberto Favara

V. Voltturno

V. Pignatelli

瑪西摩劇院
Teatro Massimo

V. Paolo Palermostro

新城廣場
Piazza Castelnuovo

往王室山AST巴士站

Via Maqueda

四角區
Quatro Canti

Via Ruggero Settimo

巴士總站

V. Divisi

V. Ca Denzi

Discesa dei Giudici

普勒多利亞噴泉
Fontana Pretoria

波里提瑪劇院
Teatro Politeama

中央車站
Stazione Centrale

拉瑪爾特拉教堂
La Martorana

Via Prinaipe di Belmonte

Piazza Sturzo

Via Roma

Via Emerico Amari

維契里亞市集
Vucciria

往蒙黛羅巴士站

Via Abramo Lincoln

Via Alloro

V. Cassari

V. Cavour

Via Marinao Stabile

碼頭廣場
Piazza Marina

Via Francesco Crispi

Piazza Magione

奇亞蒙特宮
Palazzo Chiaromonte

西西里地方美術館
Galleria Regionale delle Sicilia

濱海要塞
Castello a Mare

巴勒摩港
Stazione Marittima

Foro Italico

圖例 ◉景點 ✝教堂 ⓑ廣場 🏛博物館 🚉火車站 🎭劇院 ⚓碼頭 🏬商店 🚌巴士站 ❶遊客服務中心

西西里島…巴 勒摩 Palermo

如何到達

◎飛機

　　巴勒摩機場（Aeroporto di Palermo Falcone e Borsellino，機場代號PMO）位於Punta Raisi，距離西

西里首府以西35公里處，連接義大利國內主要城市及歐洲各主要城市間的空中交通。從羅馬搭機至巴勒摩約1小時，米蘭出發約1.5小時。機場內有聯合租車中心，若計畫以開車方式環遊西西里島，可直接在此取車。

巴勒摩機場 ⓦ www.gesap.it

◎火車

　　從義大利主要城市或是西西里島其他城市前往巴勒摩的火車全都停靠於中央車站(Stazione Centrale)，火車站坐落於羅馬路(Via Roma)的南端盡頭，從這裡可以搭乘巴士前往市區其他地方。從羅馬搭乘火車前往巴勒摩將近12小時；從拿波里前往則約需9~10小時；從卡塔尼亞出發，一天有8班火車前往巴勒摩，車程約3小時。時刻表及票價可於國鐵官網或至火車站查詢，詳見P.37。

　　如果不在乎交通時間較長，搭乘義大利國鐵前往西西里島可體驗到兩種有趣的經驗，一是選擇夜間出發的臥鋪火車，既不浪費白天遊玩的時間，又能感受在火車上搖晃到入睡；二是相當特別的將火車開上渡輪過海峽。

　　不管東岸或西岸的火車，都會先抵達義大利半島這長靴鞋尖處卡拉布里亞(Calabria)的聖喬瓦尼車站（Villa S. Giovanni），然後火車會分成2至3節，從這裡將火車開上大型渡輪，約40分鐘之後抵達對岸西西里島東北角的梅西納港車站(Messina Marittima)，列車在此組裝後，繼續開往梅西納中央車站(Messina Centrale)，由此可往西至切法魯（Cefalù）、巴勒摩，或往南至陶美拿（Taormina）、塔卡尼亞（Catania）、夕拉古莎（Ciracusa）。

義大利國鐵 ⓦ www.trenitalia.com

◎巴士

　　所有前往巴勒摩的長程巴士或區域巴士幾乎都停靠在中央車站東邊的Via Paolo Balsamo或是Piazzetta Cairoli bus Terminal，從這裡可以轉搭巴士前往其他地方。從羅馬或拿波里出發，可搭乘SAIS Trasporti的長途巴士。Autolinee Segesta則有義大利各主要城市及歐洲其他國家前往巴勒摩的路線。

　　西西里島也有當地的旅遊巴士，票價與火車票差不多，有時還會比火車快一點。搭巴士可以看到西西里島內陸風光，火車所行經的路線則以海岸線為主。從卡塔尼亞可搭乘SAIS Autolinee前往巴勒摩，幾乎小時都有一班車，車程約2.5小時，單程€14.9。

SAIS Trasporti ⓦ www.saistrasporti.it
Autolinee Segesta ⓦ www.segesta.it

◎海運

　　位於地中海十字路口的巴勒摩，除了上述的飛機、火車和巴士之外，水陸交通也相當發達。巴勒摩的客輪港口位於新城區，Via Francesco Crispi前的海運碼頭(Stazione Marittima)，不管長程渡輪或往返鄰近島嶼間的水翼船都在此靠岸，從碼頭可以搭乘139號巴士前往火車站，或是步行3分鐘至羅馬路上，搭乘101、102、107沿羅馬路直行至火車站。

　　由拿波里Molo Immacolatella Vecchia碼頭出發，可選擇Tirrenia或Snav營運的夜間渡輪到巴勒摩，大約需要11小時。大型渡輪行駛平穩，比較不會有暈船的問題，船上設有餐廳、遊樂室、小型電影院等，價格依所選擇的船艙等級而異，分為座位區、4人一室及2人一室，房間不管是否有對外窗的房型，皆設有獨立衛浴設備，就像住在旅館一樣，不但可省下一晚的房費，趁著夜間移動又不浪費旅行時間，很值得體驗看看。若由薩萊諾(Salerno)出發，則有Grimaldi提供服務。

Tirrenia ⓦ www.tirrenia.it
Snav ⓦ www.snav.it
Grimaldi ⓦ www.grimaldi-ferries.com

機場到市區交通

◎火車

　　機場可經由一個長長的走道連接Punta Raisi火車站，從這裡可搭乘Trinacria Express快速火車前往巴勒摩的中央車站，6:30~24:00之間平均每半小時發一班車。目前此段鐵路正進行整修，預計2016年7月重新啟用。詳細班次、票價及通車狀況可至國鐵網站查詢。

義大利國鐵 ⓦ www.trenitalia.com

◎巴士

　　機場與巴勒摩市區間往來的機場巴士由Prestia e Comandè營運，6:30~23:30間，每30分鐘一班次，車程約45分鐘，停靠海運碼頭(Porto)和中央車

站，車票單程€6.3，來回€11。若要從火車站前往機場，巴士營運時間為4:00~22:30。

Prestia & Comandè
☎586-351　🌐www.prestiaecomande.it

◎計程車
搭乘計程車從機場到中央車站大約為€45，如果到艾曼紐大道(Corso V.Emanuele)則約€40。計程車招呼站在出境大廳外，若當時無車也使用電話叫車。

Trinacria ☎512-727
Radio car taxis ☎513-311

市區交通

◎巴士
巴勒摩的市區範圍雖然不小，但景點算集中，因此使用到巴士的機率並不高，除非前往近郊的蒙黛羅(Mondello)或王室山(Monreale)。
市區巴士由AMAT營運，由於市區常塞車，所以巴士往往又擠又慢，比較實用的為101、102和107號巴士穿梭於羅馬路和自由路(Via della Libertà)，紅線、綠線和黃線迷你巴士則穿梭於舊城區景點間。通常巴士營運到午夜，週日提早在23:30結束服務。在書報攤tabacchi購買90分鐘內有效的單程車票€1.3，上車購票€1.7，1日券€3.5；而行駛於舊城區的迷你巴士，只需要€0.52。

AMAT大眾交通工具洽詢處
🏢Stazione Centrale　🌐www.amat.pa.it

◎計程車
在中央車站外和主要的廣場上設有計程車招呼站，也可以電話叫車的方式要求提供服務：513-311、255-455

旅遊諮詢

◎巴勒摩旅客服務中心
🏢Via Principe di Belmonte 92（鄰近波里提瑪劇院）
☎585-172　⏰8:30~14:00、14:30~19:00，週六至18:00　休週日　🌐www.provincia.palermo.it/turismo（官方網站，目前無英文版本），www.palermotourism.com

◎機場旅客服務中心
🏢Punta Raisi機場出境大廳　☎591-698　⏰週一至週五8:00~19:30，週六8:00~18:00　休週日

◎旅客服務櫃檯
除了以上兩個主要服務中心，巴勒摩旅遊局也會視當年度預算，在市中心幾個主要地點設置小型的旅客服務櫃檯，提供地圖、交通、景點等英語諮詢。
🏢中央車站前廣場、貝里尼廣場、主教堂、碼頭廣場、港口　⏰週一至週六9:00~13:00、15:00~19:00

Where to Explore in Palermo
賞遊巴勒摩

MAP ▶ P.285B3

四角區
Quattro Canti

城市計畫的典範

🚇出火車站沿羅馬街步行至艾曼紐大道左轉，約15分鐘

在艾曼紐大道(Corso Vittorio Emanuele)和馬奎達路(Via Maqueda)的交會口，有四棟宏偉的建築，半圓弧巴洛克式立面，合成一處類似圓形的中心，稱為四角區，這裏自古以來就是巴勒摩市區的心臟，最適合做為探索及認識城市的起點。

四角區正式的名稱為維格蓮納廣場(Piazza Vigliena)，是西班牙統治時期，馬奎達公爵(Duke of Maqueda)於1608~1620年間下令拉索(Guilio Lasso)設計的城市計畫，稱得上是歐洲最主要的城市計畫範例之一。廣場和兩條大道將城市分為四個象限，濱海的東南區名為Kalsa，原本是阿拉伯人的城堡所在，許多水手和漁夫聚集，彎彎曲曲的巷弄間，有許多提供美味海鮮的平價餐館；西南區是Albergheria，曾是諾曼貴族朝臣的居住地，也是諾曼王宮的所在；西北區叫做Caop，主教堂和瑪西摩劇院皆在此區；東北區叫做San Pietro，早期勢力龐大的阿瑪菲商人在此居住。

四棟洋溢著巴洛克風情的建築，底層以象徵四季的噴泉為主題，第二層則是四位西西里的歷代西班牙國王，最上層聳立著巴勒摩的四個區域守護聖人克利斯提納(Cristina)、尼法(Ninfa)、奧利維亞(Olivia)和阿格塔(Agata)。

普勒多利亞噴泉
Fontana Pretoria
巴洛克風格城市地標
🚶四角區步行前往約1分鐘

普勒多利亞噴泉原本是西班牙統治時期的西西里總督委託佛羅倫斯雕塑家Francesco Camilliani於1554年時創作，為的是要裝飾他自己在托斯卡尼的別墅，1574年總督的兒子將噴泉賣給巴勒摩市政府，海運至市政廳前的小廣場重新組裝，頗有和當時競爭城市梅西納（Messina）的新噴泉較勁的意味。

將近30尊真人大小的裸體大理石雕像，以同心圓層層裝飾，表現希臘神話中的海神、水妖、河神、人魚等傳說，噴泉揭幕面對市民時，當時保守的巴勒摩教徒們對這種公然裸露的雕像相當不以為然，所以私下都稱之為「羞恥噴泉」（Fontana della Vergogna）。

維契里亞市集與巴拉羅市集

MOOK Choice

Mercato Vucciria & Ballarò
巴勒摩的在地滋味
🏠維契里亞市集：Piazza Caracciolo, 1。巴拉羅市集：Via Ballarò。🕐週一至週六7:00~17:00、週日至13:00止

市集裡此起彼落的叫賣聲不絕於耳，這邊水果小販輕快饒舌的叫賣法才剛吸引人潮，對面菜販立刻回以連綿不絕的彈舌長韻。走一趟市集，不只見識到西西里島的物產豐饒，更對西西里人戲劇化的叫賣方式大開眼界。

維奇里亞市集過去是工匠聚集的地方，因此很多小巷子以不同的行業命名，像是鎖匠巷、銀匠巷等。雖然觀光客也多了些，仍然能感受到西西里島的旺盛活力和傳統，而位於四角區東南方的巴拉羅市集則更能貼近巴勒摩最真實的市民生活。

庶民美食王國

吸飽陽光的碩大瓜果、閃爍光澤的新鮮魚貨、香味四溢的街頭小吃、誘發食慾的油漬番茄橄欖、集東西方飲食文化於一處的香料，市集裡多樣化的食材，最終都會變成盤中美味佳餚。

西西里島的飲食深深受到地域及各民族文化的影響。最具特色的當然是來自地中海的鮮味，章魚、劍魚、鱈魚、鮪魚、牡蠣等都是常見的食材，沙丁魚義大利麵及鯷魚義大利麵則是島上獨有的滋味。盛產的巨大圓形茄子常以各種形式入菜，例如混入義大利麵中搭配蕃茄紅醬（pasta alla norma），或是加入通心粉、絞肉、乾酪、義大利臘腸等一起焗烤（pasta al forno）等。

街頭小吃以油炸為主，Panelle是用鷹嘴豆泥做成餅狀下鍋油炸，灑點檸檬汁稍去油膩即可直接享用，也當作餡料夾芝麻麵包一起吃，地位幾乎等同於西西里人的鹹酥雞。此外，炸海鮮、炸蔬菜、炸小魚（Cicireddu）、炸馬鈴薯肉餅（Cazzilli）、炸飯糰（Arancini Rossi）都是街上人手一包的美味小點。

對西西里人而言，甜點和咖啡一樣，是生活中不可少的必需品。不管是電影《教父》中獲得老大青睞的Cannoli，做成各種造型、像甜糕口感的Frutta martorana，或是鋪滿西西里島優質杏仁片的Reginelle，各有死忠支持者。

拉瑪爾特拉納教堂

La Martorana

建築上刻寫的歷史

🚶 從四角區步行前往約2分鐘　🏠 Piazza Bellini 3　🕐 週一至週六8:00~13:00、15:30~17:00，週日9:00~10:30　💲捐獻

原名為「海軍上將的聖母瑪利亞教堂」(Santa Maria dell'Ammiraglio)的拉瑪爾特拉納教堂，其名稱來自於它的創立者，同時也是西西里國王羅傑二世(Roger II)的希臘海軍上將安提歐(George of Antioch)。15世紀時，因為隔壁的拉瑪爾特拉納修道院把這間教堂納入，因而改名。

這間教堂以希臘東正教和阿拉伯風格興建於12世紀中葉，到了16和18世紀時因為重新整修的緣故，呈現了今日融合巴洛克式立面的面貌。所幸這些轉變並未改變內部的主體結構，教堂以希臘十字造型建成，東邊有三座半圓形小室直接連接內殿，落成於12世紀，堪稱諾曼風格傑作的鐘樓依然保持著肋拱和纖細廊柱。

教堂最引人注目的是內部拜占庭風格的馬賽克鑲嵌畫，即使室內光線並不明亮，依舊可以看出它們金碧輝煌且富麗堂皇的模樣，無論是主圓頂或是四周的牆壁，都點綴著12世紀的希臘工匠作品，而最原始的兩幅鑲嵌畫就在教堂入口不遠處的牆壁上：下跪的安提歐將這間教堂獻給聖母，以及即將獲得耶穌基督加冕的國王羅傑二世。

聖卡塔爾德教堂

San Cataldo

混合阿拉伯與諾曼風格的小教堂

🚶 從四角區步行前往約2分鐘　🏠 Piazza Bellini 2　🕐 9:30~12:30、15:00~18:00　💲€2.5

和拉瑪爾特拉納教堂同樣位於貝尼里廣場上的聖卡塔爾德教堂，擁有阿拉伯式的紅色小圓頂，諾曼風格堅厚樸實的方整結構，是阿拉伯－諾曼風格教堂的代表。1154年時由威廉一世(William I)的大臣巴里(Majone di Bari)所建，作為私人禮拜堂，十字軍東征時，這裏曾作為聖殿騎士團的西西里總部，18世紀時一度當成郵局使用，所幸在19世紀時以根據原本中世紀建築的模樣重新整修。

教堂內部空間不大，拜占庭式的馬蹄狀拱廊撐起一座座的圓頂，圓頂上的天窗為禮拜堂投射下自然光線，照亮裸露石牆、圓拱和石柱，簡約樸素卻神聖靜謐。美麗的拼花地板也是這間教堂值得一看的地方，它們都是歷史悠久的原件。

MAP ▶ P.285B2

諾曼王宮

MOOK Choice

Palazzo dei Normanni(Palazzo Reale)

融合拜占庭、伊斯蘭教及諾曼風格

🚶 從四角區沿艾曼紐大道步行約10分鐘 🏠 Piazza Indipendenza 1 ☎ 591-105 ⏰ 週一~週六 8:15~17:40、週日和假日 8:15~13:00 💰 禮拜堂+王宮：週五至週一全票€8.5、優待票 €6.5；禮拜堂：週二至週四和假日全票€7、優待票€5。臨時展 門票依展覽而訂 🌐 www.federicosecondo.org ❶ 帕拉提納禮 拜堂在週日和特定假日的9:45~11:15之間因為舉行宗教慶典之 故，不對外開放。此外，議會活動期間皇室居所也不對外開放。

初見外表堡壘模樣的諾曼王宮，難免有點失望，特別是面對獨立廣場那端，像是幾座不同風格的建築拼湊而成，西西里島政權遞嬗的歷史，著著實實刻寫在王宮建築上。

最早的時候，這裡是迦太基和羅馬的堡壘，9世紀時，阿拉伯人更強化了它的防禦功能；接著，諾曼人從北方下來統治西西里，他們運用了手工精巧的阿拉伯和拜占庭工匠，把這裡改造成一座奢華的王宮，今天則是西西里地方政府所在地。建築風格融合拜占庭、伊斯蘭教及諾曼風格於一身。

整座王宮的矚目焦點，就是金光閃閃的帕拉提納禮拜堂(Palatina Capplla)，這是當初最原始的建築之一，可以溯及1143年，禮拜堂是拉丁十字的基本結構，主殿與兩條走道間各以三個拱柱區隔，科林斯式石柱的柱頭上貼滿金箔，而禮拜堂裡，從地板、牆壁、欄杆到天花板，每一吋幾乎都飾滿珍貴的大理石及精美的黃金鑲嵌畫，鑲嵌畫全數是舊約及新約聖經裡的故事，從人物莊嚴而略微僵直的表情及刻意拉長的身形，可看出希臘拜占庭工匠的手藝，其中最顯著的一幅，便是主祭壇半圓壁龕上的《全能的基督》。西西里第一任國王羅傑二世在中殿西端為自己設置了王座，作為聽講道或接見外賓使用，有趣的是座椅高度比總主教還高了些，似乎刻意表達他與羅馬教廷間的微妙拉鋸關係。

除了馬賽克鑲嵌畫之外，一旁還有一座美麗的阿拉伯禮拜堂，其天花板滿滿裝飾著鐘乳石雕花般的木頭雕刻，地上鋪設著大理石拼花地板，一座高達4公尺的諾曼式大理石燭台令人印象深刻。

王宮中開放參觀的部分還包括位於書店旁的昔日建築大廳，這處當成臨時展覽場所的地方，是1560年王宮部分重建時保留下來的舊建築地基，過去曾當作城牆的軍需品臨時儲藏庫使用，後來一度當成議會的會面大廳，如今天花板上殘留著美麗的壁畫，地下樓層還能一窺昔日城牆的遺跡。

新門
Porta Nuova

摩爾囚犯之門

🚶 從四角區沿艾曼紐大道步行約10分鐘

從艾曼紐大道前往諾曼王宮以前，會先經過一道漂亮的城門，上方尖塔裝飾著美麗的馬賽克拼貼，塔頂的老鷹在陽光的照射下閃閃發光。新門興建於16世紀，是為了慶祝查理五世（Carlo V）戰勝土耳其軍隊而建，屬於西西里諾曼式與文藝復興式建築的融合風格，百年來一直是進入城市的主要大門。城門上方除了連拱迴廊引人注目外，下層粗獷的石塊和巨大雕像同樣令人印象深刻，這四尊表情淒苦的雕像代表的是《四個摩爾囚犯》。

三腳梅杜莎

西西里島自治區的旗幟中有一個古怪有趣的圖樣，是由被麥穗纏繞的女子臉孔，以及三隻朝不同方向彎曲的腳所組成，這個符號不只是西西里島的象徵，也被製成各式各樣的紀念品。

當地人稱它為Triskele，義大利文為特里納克里亞（Trinacria，源於希臘文Thrinakrie），這也是荷馬史詩《奧德賽》中的西西里島名，意思是有三個尖角的島，所以這三隻人腿就象徵西西里島突出的三個岬角，分別為南方的Capo Passero、東方的Capo Peloro，以及西方的Marsala。而中央的臉孔則代表希臘神話中的蛇髮女妖梅杜莎，以這個神話中的悲劇人物作為驅邪避魔的象徵，也可看出西西里和希臘文化的不可分割性。梅杜莎後方加上的翅膀，代表飛逝的永恆時間，以麥穗取代蛇則代表西西里島的豐饒物產，有些民間製作物也會恢復梅杜莎的蛇髮。

喜捨喬凡尼教堂
San Giovanni degli Eremiti

清真寺改建的教堂

🚶 從四角區步行前往約15分鐘　🏠 Via dei Benedettini 16　☎ 651-5019　🕐 週二～週六9:00~19:00，週日、週一9:00~13:30　💲€6

諾曼王宮附近巷弄裡的小教堂，外觀簡樸猶如碉堡，上方頂著五座紅色的小圓頂，令人印象深刻，不難推測它的前身是一座伊斯蘭清真寺。

喜捨喬凡尼教堂原為興建於西元6世紀的禮拜堂，阿拉伯人統治期間改為伊斯蘭教清真寺，12世紀諾曼王朝時代又恢復教堂身份，作為本篤派教會。喜捨喬凡尼教堂的建築反映了伊斯蘭傳統：喚拜塔般的塔樓、金銀細絲工般的窗戶、特別是圍繞著噴泉和檸檬樹的美麗迴拱廊，令人聯想起西班牙安達魯西亞伊斯蘭教建築中的柑橘庭園。如今教堂以博物館的形式對外開放，你可以透過殘存於牆壁上的細緻壁畫，追憶它昔日的風華。

西西里島…巴勒摩 Palermo

主教堂

Cattedrale

MOOK Choice

文化混血的代表建築

🚶 由四角區向西步行約5分鐘即達　🏠 Coro Vittorio Emanuele　📞 334-373　🕐 7:00~19:00，週日8:00~13:00 16:00~19:00　ℹ️ www.cattedrale.palermo.it

諾曼人在11世紀入主巴勒摩之後，開啟了這座城市的黃金年代，也開創風格獨特的阿拉伯－諾曼式建築，巴勒摩主教堂就是最經典的代表。

當時的諾曼王權與羅馬教廷間一直處於明爭暗鬥的緊張狀態，威廉二世（William II）為了壓抑教廷勢力並打擊巴勒摩總主教Walter Ophamil，在王室山蓋了一座金碧輝煌的主教堂，Walter一氣之下，拆了舊的主教堂，決心蓋一座比王室山主教堂更雄偉、更精緻華麗的主教堂，於是在1184年開始修建這座如宮殿般的教堂。

儘管它堪稱諾曼建築的代表作，然而經過數個世紀的整修演變，已經成了各種建築風格的綜合體。西面大門呈現13~14世紀的精雕細琢的哥德式風格，尤其是壯觀的飛扶壁及兩座高塔；面對南面的門廊，於1453年增建，屬於西班牙加泰隆尼亞哥德式(Catalan-Gothic)的傑作；只有教堂後端和兩座瘦長的塔樓保留了阿拉伯－諾曼式風格，依稀能看出講求平衡穩定的結構，並裝飾許多伊斯蘭的建築元素；至於18世紀新增的教堂圓頂以及教堂內部，都呈現新古典主義風格。

教堂內部存放著諾曼皇室的墳塚和石棺，「教堂地窖和聖器室」則珍藏著亞拉岡(Aragon)皇后的珠寶、一頂鑲著寶石的皇冠，以及巴勒摩守護神聖羅莎利亞(Santa Rosalia)的一顆牙齒。

瑪西摩劇院

Teatro Massimo

MOOK Choice

歐洲第三大歌劇院

🚶 由四角區向北步行約10分鐘即達　🏠 Piazza Giuseppe Verdi　📞 605-3267　🕐 9:30~18:00，須參加導覽行程，時間約30分　💲 導覽成人€8，優待€5　ℹ️ www.teatromassimo.it

瑪西摩劇院是歐洲第三大歌劇院，僅次於巴黎和維也納，也是巴勒摩19世紀最重要的代表性建築之一。當時正值西西里建築史上最後一段黃金時期，新藝術和新古典主義建築像野火一般，延燒整座城市。

歌劇院是為了慶祝義大利統一而建，總共花了22年才完成。整座建築由巴西萊(Giovan Battistta Basile)設計，並由他的兒子建造完成，當初為了容納這座大型劇院，拆除周邊許多巴洛克時代建築。劇院占地達8000平方公尺，立面呈新古典主義樣式；寬闊的入口階梯兩旁由兩頭巨大的銅獅子坐鎮，獅子上騎著兩尊雕像，分別代表戲劇之神和歌劇之神。

值得一提的是，歌劇院前的台階，就是電影《教父第三集》的最後，艾爾帕西諾遇刺的場景，也因此吸引不少影迷朝聖。

MAP ▶ P.285B4

西西里地方美術館
Galleria Regionale delle Sicilia
巴勒摩最好的中世紀藝術收藏

由大教堂步行前往約20~25分鐘。 Via Alloro 4 623-0011 週二至週六9:00~19:30 全票€8、優待票€4。若計畫參觀王室山主教堂旁的迴廊或喜捨聖喬凡尼教堂，可購買三天內有效的聯票，全票€10.5 www.regione.sicilia.it/beniculturali/palazzoabatellis

西西里地方美術館坐落於一座15世紀的阿巴特利斯宮殿(Palazzo Abatellis)中，收藏了一系列值得一看的中世紀藝術品。美術館主要的館藏，來自於一些王宮貴族和地方要人的私人收藏捐獻，起初是送給像巴勒摩大學的禮物，後來隨著藝術品不斷增加，發展出今日的規模。

西西里地方美術館的分類簡單清楚，地下樓層以雕刻作品為主，繪畫則位於樓上，其中一幅獨特的作品《死神的勝利》(Trionfo della Morte)，展示於昔日的禮拜堂中，這幅15世紀的壁畫幾乎占滿整座牆面，細膩的筆法帶點抽象的味道。在眾多的雕塑作品中，以15世紀出自勞拉納(Francesco Laurana)之手的大理石半身像《亞拉岡的艾蓮諾拉》(Eleanora of Aragon)最為出色，至於繪畫作品則別錯過一系列梅西納(Antonello da Messina)的畫作，其中特別是著名的《聖告圖》(Annunciation)。

MAP ▶ P.285B4

奇亞蒙特宮
Palazzo Chiaromonte
西西里畫家名作

由四角向碼頭方向步行前往約10分鐘。 Piazza Marina 61 607-5306 週二至週六9:00~13:00、14:30~18:30，週日10:00~14:00 全票€5、優待票€3

在寧靜的濱海公園旁坐落著幾棟宏偉的建築，其中這個裝飾著馬蹄形拱窗、洋溢著伊斯蘭風味的碉堡型建物，是14世紀時奇亞蒙特家族的宅邸，17~18世紀西班牙人統治時期，被當成宗教法庭和收押政治犯、思想犯的監獄使用，許多犯人在牆上畫下了與宗教相關的壁畫，至今依舊清晰可見。如今為巴勒摩大學，僅有部分對外開放。

四方形的中庭迴廊，可以清楚看見諾曼風格的融合特色：哥德式的拱廊、14世紀殘存的壁畫、19世紀的屋頂，這裡所有的廊柱柱頭造型全不同，因為接收自其他的古蹟建材再利用。其中「大廳（Sala Magna）」最值得一看，屋頂的24根橫樑上，全部彩繪著1377~1380年間出自西西里畫家之手的繪畫，題材來自《西西里之書》(Big Book of Sisily)中的故事與傳說，至今依舊色彩繽紛。

另一個參觀重點是西西里現代畫家加圖索(Renato Guttuso)的知名作品《維契里亞市集》(Il Vucciria)，這是畫家在1974年時所創作，保留了市集傳統面貌的最後影像，畫面左側的魚販是畫家本身，黑衣白髮婦女則為他的老婆，至於以側面或背面示人的女子代表他的情婦，她們身著象徵義大利三色國旗的服飾。

西西里島…巴 勒摩 Palermo

巴勒摩郊區

MAP ▶ P.285B1

王室山

MOOK Choice

Monreale

義大利規模最大的馬賽克鑲嵌畫

🚌 在諾曼王宮前的巴士站牌搭乘AMAT市公車389號前往，每小時1班次，車票單程€1.8，於公車站旁的售票櫃台購買，建議同時購買回程車票。由於從這裡前往王室山的遊客多，且AMAT公車遲到狀況相當嚴重，建議至火車站旁邊的Piazza Giulio Cesare搭乘AST經營的區域巴士，週一至週六間，每小時1班次，準時發車且為旅遊大巴士的車型，車票單程€2.4，來回€3.8。車約50分鐘。🏠Piazza Gugliemo II, 1, Monreale ☎640-4403 ⏰大教堂：週一至週六8:30~12:30、14:30~17:00，週日及假日8:00~10:00、14:30~17:30；修道院：週一至週六9:00~19:00，週日及假日9:00~13:00 💲大教堂：€3，高塔：€2.5、修道院€6 🌐www.monrealeduomo.it

王室山位於巴勒摩西南8公里，巴士車門一開，迎面而來的寬闊視野立刻讓人神清氣爽，Conca d'Oro谷地以扇形向大海展開，因為附近山坡種植許多柑橘，每到春天是一片黃橙橙的結實累累景觀，所以這個山谷又被稱為「黃金谷地」。

Monreale的意思是「國王的山丘」，1174年諾曼國王威廉二世（William II）為了與羅馬教廷勢力及當時的西西里總主教相抗衡，傾其財力、物力，僅用了短短十年就蓋了這座氣勢恢弘的主教堂，結合了諾曼、伊斯蘭、拜占庭的藝術精華，後來也作為王室陵墓。

教堂主體為拉丁十字結構，長102公尺，寬40公尺，跨進挑高的青銅大門，立刻被天花板、牆壁上廣達6340平方公尺的馬賽克鑲嵌畫所震攝。這些拜占庭風格的鑲嵌畫約完成於1180~1190年，千百萬片的金箔、銀箔、彩色大理石包裹整個中殿，鑲嵌出42幅描繪新約和舊約聖經故事的連續畫，一邊是《創世紀》中亞當和夏娃偷嚐禁果、諾亞獻祭、大洪水與方舟，一邊是耶穌降生的故事。而主祭壇半圓壁龕上的巨大鑲嵌畫《全能的基督》，悲天憫人的面容俯瞰芸芸眾生，即使不是基督徒，也會被這莊嚴神聖的氣氛感動。

從入口右側的樓梯，可穿越中殿上方的內夾層爬上主教堂鐘塔，這裡有壯闊的全景視野，可俯瞰緊鄰主教堂的修道院迴廊和中庭，眺望整座山谷及巴勒摩海灣。

修道院迴廊Cloister

這座迴廊是修士們研讀經書、散步及沈思的地方，228根鑲嵌馬賽克磚、精雕細琢的廊柱在靜謐的空間中，低調又優雅地詮釋拜占庭式的美麗，每一根柱子上都雕刻著不同樣式的仿羅馬式柱頭，而承接的尖拱，卻又呈現出伊斯蘭風情。迴廊的一角，廊柱圈繞出四方形的小噴泉空間，庭院裡種植了棕櫚樹和柑橘樹，這又有西班牙摩爾人的風味。

也只有巴勒摩，也能讓各種文化的痕跡，融合得如此協調吧！

巴勒摩郊區

MAP ▶ P.285D4

蒙黛羅
Mondello

巴勒摩度假勝地

位於巴勒摩北方10公里郊區，從市區的Piazza Sturzo搭乘806號公車可達，車程約30分鐘

　　蒙黛羅綿延1.5公里的絕美白沙海岸，不管在西西里或整個歐洲都是聲名遠播。

　　蒙黛羅是巴勒摩郊區最知名的度假區，佩勒格里諾山(Monte Pellegrino)和加羅山(Monte Gallo)一左一右，環抱著一灣湛藍海水及白色沙灘。這裡原本只是一座捕鮪魚的泥濘小漁港，19世紀末後，巴勒摩人駕著馬車來到海邊度假漸成風潮，於是在海岸邊建造了新藝術風格的碼頭和別墅，並開發成擁有私人海灘的度假勝地。沿著濱海大道有許多海鮮餐廳，其中最知名的便是新藝術宮殿風格的查爾斯頓(Charleston)，優雅的外觀擁抱大片海景，旺季時一位難求。

巴勒摩郊區

MAP ▶ P.285B1

聖羅莎利亞聖地
Santuario di Saint Rosalia

城市守護神聖地

位於巴勒摩西郊Monte Pellegrino山頂上，從市區的Piazza Sturzo搭乘812號公車至終點站可達，車程約25分
Via Pietro Bonanno, Montepellegrino ☎540-326 ▼
7:30～12:30，14:00～18:30 ⓦ www.santuariosantarosalia.it

　　巴勒摩的守護神為聖羅莎利亞，關於她有這麼一段故事。相傳12世紀中葉，一位名為羅莎利亞的年輕女孩來到巴勒摩郊區佩勒格里諾(Pellegrino)山頂上的一個山洞裡，奉獻一生苦修祈願，一般相信她是諾曼皇族的一員甚至是威廉二世的姪女。在她死後，其信眾開始宣揚她的神蹟，並封她為巴勒摩的守護神。

　　當年她修行的山洞後來也改建成一座禮拜堂，每年都有不少信眾前來朝聖，而山洞滲漏的水也都被視為神蹟。山洞禮拜堂裡，最有價值的便是一尊貼滿金箔的聖羅莎利亞神像。

切法魯
Cefalù

文●李曉萍　攝影●李曉萍

陡峭的巨大岩壁下，磚紅屋瓦書寫中世紀的古拙優雅，小漁港仍保留住純樸傳統。切法魯曾經只是個安靜的小漁村，現在則是西西里島北岸的度假勝地，每年夏天吸引無數的歐洲遊客來此享受陽光、海洋和道地的西西里料理，而切法魯的小港口也是前往愛奧尼亞群島（Aeolian Island）的夏季門戶。

切法魯大約建城於西元前五世紀，希臘人、羅馬人、拜占庭、阿拉伯人和諾曼人先後在這裡留下足跡，岩石山上有希臘人的神殿遺址，那擁有高聳雙塔的主教堂中，馬賽克鑲嵌畫閃耀阿拉伯─諾曼式文明的光芒。

小鎮上那種恬靜地似乎凝結住時光的氣氛，吸引義大利導演朱賽貝·托納多雷（Giuseppe Tornatore）前來取景，拍攝他最知名的電影《新天堂樂園Cinema Paradiso》。從佩斯卡拉拱門望向大海，那與世無爭的畫面總讓人想起電影中男女主角的純真愛情。

INFO

基本資訊
人口：14,467　**面積**：66.6平方公里　**區碼**：(0)921

如何到達
◎火車
搭乘火車前往切法魯是最好的方式，從巴勒摩中央車站出發，車程約50~60分鐘，每小時1班次，車票單程€5.15。從梅西納出發，車程約2~2.5小時，每小時1班次單程€9.1。時刻表可上國鐵官網或至火車站查詢，詳見P.37。
◎水翼船
6~9月間，可從切法魯港口搭乘SMIV營運的水翼船前往愛奧尼亞群島（Aeolian Island），往來的島嶼包含Alicudi、Filicudi、Salina、Lipari、Vulcano。也有早上從切法魯港口出發，前往Lipari和Vulcano兩個島，傍晚再回切法魯的一日遊程。
SMIV ⓣ www.smiv.it

市區交通
切法魯市區範圍不大，步行是最好的遊覽方式，從火車站步行至舊城入口的小廣場約10分鐘。

旅遊諮詢
◎遊客服務中心
🔍 P.296A2　📍 Corso Ruggero, 77　☎ 421-050　⬇
週一至週六8:00~19:30，週日9:00~13:00　🗓 冬季的週日　ⓣ cefalu.it

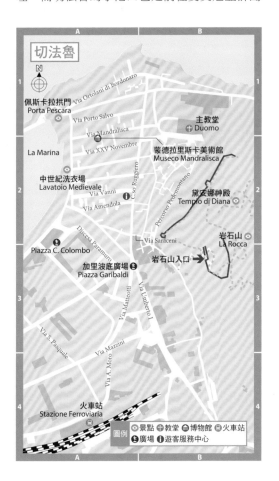

切法魯

佩斯卡拉拱門
Porta Pescara

La Marina

中世紀洗衣場
Lavatoio Medievale

Piazza C. Colombo

加里波底廣場
Piazza Garibaldi

主教堂
Duomo

蒙德拉里斯卡美術館
Museco Mandralisca

黛安娜神殿
Tempio di Diana

岩石山
La Rocca

岩石山入口

火車站
Stazione Ferroviaria

圖例
◎景點　✚教堂　🏛博物館　◎火車站
🚩廣場　ℹ遊客服務中心

MAP ▶ P.296A2

舊城區

Città Vecchia

滯留在中世紀的悠閒

🚉 出火車站朝著大岩石的方向前進，經Via Matteotti即可抵達舊城入口的Piazza Garibaldi，步行約10分鐘

以舊城區入口的加里波底小廣場（Piazza Garibaldi）為起點，進入由石牆和紅瓦屋頂交織的街道，Corso Ruggero是居民和遊客經濟活動的重心，鵝卵石道路兩旁都是手工藝品店和餐廳，小鎮維持著羅馬時代的棋盤結構，沿山坡而建的每條巷子堆疊出不同風景，彩繪陶瓷的地圖和招牌，也成了點綴巷弄的可愛裝飾。

與Corso Ruggero平行的熱鬧街道Via Vittorio Emanuele旁，稍微留意路標，走下一個毫不起眼的樓梯，能看到建於河流入海口之上的中世紀洗衣場（Lavatoio Medievale），15個獅頭吐水口引進流經城市下方的暗流水源，直到近代這裏一直是婦女洗衣兼社交的中心。繼續前進直到被左邊閃耀的藍色光芒吸引，穿越中世紀的佩斯卡拉拱門（Porta Pescara），小漁村的樣貌在眼前展現，沙灘上的小漁船還曬著網，遊人戲水的歡鬧聲乘著海風飄散，陽光下蜂蜜色的石牆和閃閃發光的大海描繪出與世無爭的悠閒氣氛。

MAP ▶ P.296B1

主教堂

Duomo

MOOK Choice

西西里最古老的精緻鑲嵌畫

🚉 Piazza Garibaldi沿Corso Ruggero向北部步行約5分鐘 🏠 Piazza del Duomo 📞 922-021 🕐 4~9月：8:00~19:00，10~3月：8:00~17:00

堅實方正的蜜色石牆與高聳雙塔讓教堂擁有如碉堡一般剛硬的外觀，跨越白色雪花大理石大門，才看見中世紀小漁村中閃耀著的阿拉伯－諾曼式文化光輝。

據說羅傑二世（Roger II）的船行經切法魯外海時遇上暴風雨，他誓言若能脫困就蓋一座教堂獻給上帝，諾曼式主教堂因此始建於1131年，然而從規模而言，與其說獻給上帝，不如說是羅傑二世意圖在巴勒摩以外的區域顯示王權的作法。

主教堂為拉丁十字結構，後殿半圓壁龕上，金碧輝煌的拜占庭鑲嵌畫是目光焦點，這幅《全能的基督》是西西里島最古老且保存良好的鑲嵌畫。神情悲憫的基督左手拿著以希臘文和拉丁文書寫的聖經，引用自約翰福音8:12「我是世界的光，跟從我的，必定不在黑暗裡走，卻要得著生命的光。」，下方則是穿著拜占庭服飾的聖母瑪莉亞和大天使。

教堂中殿16根羅馬柱頭可能來自岩石山上的黛安娜神殿，比較特別的是，教堂內以抽象彩繪玻璃裝飾，這是1985年由巴勒摩的藝術家Michele Canzoneri所創作。

MAP ▶ P.296B2

岩石山

MOOK Choice

La Rocca

登高眺望中世紀漁村

📍Corso Ruggero 步行至Via Saraceni右轉，沿Tempio di Diana指標上山　🕐5~9月：8:00~19:00、10~4月：9:00~16:00　💲全票€4，優待票€2

高聳巨大的石灰岩峭壁，以壓倒性的震撼姿態佇立於小鎮後方，海拔270公尺的岩石山就像是神話中的石頭巨人，千百年來守護著切法魯。

岩石山真的有個和小鎮相關的故事，希臘神話中英俊的牧神達夫涅斯（Daphnis）因為背叛天后希拉的女兒而失明，又被掌管商業的赫爾默斯（Hermes）懲罰，變成這顆巨岩，在古希臘居民的眼中，巨岩的形狀就像是達夫涅斯的頭顱，所以將此地命名為Kefaloidion，後來就演變成羅馬文的Cefalù。

順著健行路徑一路向上，經過兩道隨山坡攀升的殘破城牆，位於較低處的是黛安娜神殿遺址（Tempio di Diana），裡面的儲水槽最早可追溯至西元前9世紀。而山頂上則是諾曼人征服此地時建立的戰略功能的碉堡（Il Castello），這裏從阿拉伯人佔據時代就已是重要根據地。斷垣殘壁早已不具戰略功能，而氣喘吁吁攻頂的獎賞，是一望無際的壯闊海灣、以及陽光下紅瓦白牆的中世紀小鎮。

MAP ▶ P.296A2

蒙德拉里斯卡博物館

Museco Mandralisca

小巷內的隱藏名畫

📍沿Corso Ruggero朝海邊步行，左轉Via Mandralisca即達　🏠Via Mandralisca, 13　📞421-547　🕐9:00~19:00　🈺11~2月週一　💲全票€6，優待票€4　🌐www.fondazionemandralisca.it

蒙德拉里斯卡博物館低調地展示蒙德拉里斯卡男爵的家居生活與私人收藏。

蒙德拉里斯卡男爵（Enrico Pirajno di Mandralisca, 1809-1864）的收藏相當廣泛，包含16~18世紀的繪畫作品、愛奧尼亞島上的古希臘陶器和考古遺跡、各式錢幣、歐洲自然史相關收集等，讓這間小小地區美術館的主題略顯雜亂。然而走進博物館的人大多是為了一幅梅西那（Antonello da Messina）所繪製的神秘男子肖像畫(Ritratto d'uomo,1465)而來。

梅西那是文藝復興時期的西西里畫家，他開始將肖像畫中的人物轉為四分之三的側面，暗色背景包圍主體，以柔和光線強調臉部特徵，使觀賞者被畫中人物的視線吸引，這種強調人文主義的繪畫方式影響到15世紀的威尼斯畫派，後來成為流行的肖像畫模式。

陶美拿
Taormina

文●李曉萍　攝影●李曉萍

地圖標示：
- 薩拉遜城堡Castello Saraceno
- 卡塔尼亞城門Porta Catania
- 主教堂 Duomo
- 往卡斯特莫拉Castelmola
- 4月9日廣場 Piazza Nove Aprile
- 梅西納城門 Porta Messina
- 溫貝多一世大道 Corso Umberto I
- 火車站 Stazione F.S.
- 展望點
- 古希臘劇場 Teatro Greco
- 巴士站
- 纜車Funivia
- 市民公園 Villa Comunale
- 展望點
- 沙灘區 Lido di Mazzaro
- 貝拉島 Isola Bella
- 陶美拿

圖例：◎景點　✚教堂　🚉火車站　🚌巴士　🌳公園　❻廣場　ℹ️遊客服務中心　🛍️購物

位於陶羅山(Monte Tauro)山腰的陶美拿，前方擁抱愛奧尼亞海的蔚藍，西面眺望埃特納火山的雄偉，自古就是王室與藝術家熱愛的度假地，散發著不同於西西里島其他城市的迷人風采。

從西元前4世紀古希臘時期，陶美拿獨特的地理環境就帶來繁榮，曾為拜占庭時期的西西里島首都，中世紀的優雅因此注入這座小城。雖然在諾曼王朝時代一度沈寂，但隨著18~19世紀德國詩人歌德和英國作家勞倫斯對這裏的迷戀和讚美，重新開啟歐洲人對陶美拿的興趣。

這個西西里島最美麗的中世紀小山城，擁有以天空、大海和埃特納火山為背景的古希臘劇場，歷經23個世紀仍舊令人驚艷；搭乘電纜車又可以輕鬆抵達山城下的沙灘區，徜徉在西西里島無止境的湛藍；搭上巴士隨著蜿蜒山路盤旋而上，卡斯特莫拉的全景視野更叫人難忘。

INFO

基本資訊
人口：11,075　面積：13平方公里　區碼：(0)942

如何前往
◎火車
距離陶美拿最近的火車站是陶羅山腳下的Taormina-Giardini車站。從卡塔尼亞和梅西納(Messina)都有班次頻繁的火車前往，車程都約在40~50分鐘左右，從夕拉古沙出發，約需時2小時。從巴勒摩出發，需在卡塔尼亞換車，車程共約需4.5小時。時刻表及票價可上國鐵官網或至火車站查詢，詳見P.37。

◎巴士
巴勒摩、卡塔尼亞和梅西納每天都有巴士前往陶美拿，由Interbus提供服務，下車地點就在山腰舊城邊緣，方便又便宜。從卡塔尼亞出發，車程約70分鐘，單程€5.1，來回€8.5；梅西納出發，車程約1小時50分，單程€4.3，來回€6.8。

Terminal Interbus-Etna Transport
🔺P.299B1　🚉Piazza Luigi Pirandello　🕐夏季：週一至週六6:20~23:45，週日8:15~23:45。冬季：週一至週六7:15~14:00、15:15~19:00，週日8:15~13:00、15:15~19:00　🌐www.interbus.it

市區交通
從陶美拿山腳下的火車站轉搭Interbus公車可前往小鎮舊城中心，車程約10分鐘，時間充裕者，也可選擇步行，約30分鐘。巴士總站位於陶美拿東邊的Pirandello路上，前往卡斯特莫拉的巴士也在這裏發車。

從巴士站上坡步行前往市中心大約只需要10分鐘。舊城範圍不大且多上下坡樓梯，適合以步行的方式參觀。

旅遊諮詢
◎遊客服務中心
🏠位於艾曼紐廣場上(Piazza Vittorio Emanuele) 🏠Palazzo Corvaja　☎23243　🕐週一至週六8:30~14:00、16:00~19:00　🚫週日　🌐www.taormina.it

Where to Explore in Taormina
賞遊陶美拿

MAP ▶ P.299A1

溫貝多一世大道

Corso Umberto I

中世紀小山城風情

🚌 位於梅西納城門進入

溫貝多一世大道貫穿陶美拿小鎮中心線，由梅西納城門(Porta Messina)向西延伸至卡塔尼亞城門(Porta Catania)，沿路都是可愛的藝品店、小餐館、名品店和藝廊，而大道兩旁上上下下的蜿蜒階梯，佈置著五彩繽紛的花卉和藝術創作，更是值得探索的迷人風情。

沿著這條街道直走來到4月9日廣場(Piazza IX Aprile)，黑白大理石拼接的大廣場是最佳景觀台，夏夜還會有戶外音樂會，在此欣賞夜景尤為美麗。廣場旁是建於12世紀的古鐘樓(Torre dell' Orologio)，過了鐘樓即來到陶美拿的中世紀村(Borgo Medievale)，洋溢著中古小城的氣息。再往前走為主教堂廣場，這裡是當地年輕人聚集的地點，廣場上半人馬雕像的巴洛克式噴泉是城市的象徵，旁邊有著文藝復興式門面的大教堂(Duomo)約建於1400年，內部為拉丁十字架結構，前面有6根陶美拿粉色大理石打造的圓柱，上頭以魚及金箔裝飾而成。

MAP ▶ P.299B2

貝拉島

Isola Bella

愛奧尼亞海的珍珠

🚌 梅西納城門朝巴士站步行3分鐘，即可看到前往沙灘區的纜車車站。也可由巴士總站搭乘Interbus前往Lido Mazzaro，車程約10分鐘

纜車

🕐 4~9月：9:00~凌晨1:00，10~3月：9:00~18:15 💲 單程€3，來回€3.5

Bella的義大利文是美麗的意思，而貝拉島也真如其名，為一座落在愛奧尼亞湛藍海灣上的綠色小島，有著愛奧尼亞海上珍珠的美稱。

小島原本為Travelyan女士所有，她在島上建造了一座度假屋。1990年時政府將它買下，1998年將美麗之島列為自然保護區。島上地貌豐富，有各種地中海植物，如果是初春或初秋來到小島，也許有機會觀察到地中海海鳥的生態，退潮的時候可慢慢地在波浪拍打下，從岸邊踏上細白的淺灘連結到小島。

海島前的沙灘區Lido Mazzaro高級度假飯店和餐廳林立，這裏可是義大利人的日光浴天堂，夏天時想要躺下來，幾乎是一位難求。

MAP ▶ P.299B1

古希臘劇場
Teatro Greco
義大利最美的希臘劇場

🚶 從梅西納城門步行前往約5分鐘　🏠 Via Teatro Greco 📞
23220　🕐 9:00~日落前1小時（5~8月19:00，4月和9月
18:00，3月和6月17:00，11~2月16:00）💰 全票€10
❗ 上午是參觀劇場最好的時間，從觀眾席望向小鎮正好順光，
埃特納火山也較清晰，一般而言，下午遊客較多且水氣較重。

　　坐在保存完好的觀眾席石階望向舞台，即使台上
沒有身著華服的演員，斷垣石柱搭配西西里島海天
相連的漸層藍、鑲嵌在翠綠山腰上的繽紛小鎮、終
年吐著白煙的埃特納火山就是最美的演出。

　　景色壯麗的劇場是西西里島上規模第二大的希臘
劇場，僅次於夕拉古沙的古希臘劇場，始建時間一
直是個爭論，從舞台結構推論應是西元前3世紀的
希臘時期建造，但堅固的結構、雕像和柱飾則是西
元2世紀時，羅馬人再度擴建的傑作。羅馬時期一
度被改為鬥獸場，所幸沒破壞原本的結構。

　　整座劇場分為3個部分：舞台、樂隊席、觀眾
席，觀眾席共可容納約5000名觀眾，分成9個區
域，石階座椅後方環繞磚造的拱廊，拱廊下層設
置木椅，為婦女觀賞區，上層的平台沒有固定座
位，則是給社會位階較低的人。經過2000多年，
劇場仍可使用，每年夏天陶美拿藝術季(Taormina
Arte)時，在這裡舉辦許多音樂會、戲劇、舞蹈表
演及時裝秀，電影節時這裡頓時又成為最獨特的露
天電影院。

MAP ▶ P.299A1

卡斯特莫拉
Castelmola
擁抱西西里島東海岸絕景

🚌 從城外巴士總站搭乘Interbus前往，車程約20分鐘，平均每
小時1班次，車票單程€1.9，來回€3。從舊城區步行前往有條5
公里的上坡健行步道，步行約1小時

　　陶美拿後方，另一座海拔約550公尺的山頭
上，盤踞著可俯瞰陶美拿的中世紀小城－卡斯特
莫拉。這個迷你小山城的居民僅有約1000人，
以刺繡和杏仁酒聞名，漫步在沿山而建的狹窄石
板巷中，相當悠閒。

　　卡斯特莫拉的最佳觀景點是山頂上的14世紀
西班牙碉堡遺址，這裏有360度全景視野，後方
是連綿不絕的綠色山丘，前方是浩瀚無際的愛奧
尼亞海，視線從正下方的陶美拿小鎮和希臘劇場
向海岸延伸，越過埃特納火山直達卡塔尼亞，整
個西西里島東部海岸線盡收眼底，天氣好的時
候，連對岸扮演義大利鞋尖角色的卡拉布里亞
(Calabria)都看得見。

西西里島⋯陶　美拿 Taormina

301

阿格利真托
Agrigento

文●李曉萍・墨刻編輯部　攝影●墨刻攝影組

若說阿格利真托是「諸神的居所」並不誇張，因為連希臘境內也找不到一處神殿遺跡如此密集的地方。

城市的規模早在西元前581年就已建立，當時來自希臘羅德島附近的殖民者，在兩河之中建立了一座名為Akragas的城市，也就是今日阿格利真托的前身。這裏曾是古希臘黃金時期僅次於夕拉古沙的富裕城市，西元前406年敗給迦太基人之前，是個多達20多萬居民的大城市。

西元5世紀起，先後被迦太基人、羅馬人占領，又歷經拜占庭、阿拉伯王國的統治，但後來阿格利真托的重要性逐漸被西西里島東岸的城市所取代，昔日繁華忙碌不再，只留下許多神殿遺蹟。如今這些神殿、城牆、墓穴等遺跡已成為阿格利真托最重要的觀光資產，它們大多聚集於現今城市南面的谷地間，統稱為神殿谷，許多建築歷史可以回溯到西元前5世紀，1997年被為聯合國明訂為世界遺產，是希臘境外保存最完整的古希臘遺跡。

當你穿梭於當地高低起伏的道路時，經常會因為遠方出現於一片綠意中的神殿而驚豔，彷彿時光不曾流逝，而這正是阿格利真托之所以迷人的地方。

阿格利真托

阿格利真托中央火車站
Staz. Agrigento Centrale

Pza. Posselli

Pza. Vottorio Emanuele

Pza. Marconi

國立考古學博物館
Museo Archeologico Nazionale

佛卡諾神殿
Tempio di Vulcano

古希臘羅馬住居遺址
Quartiere Ellenistico Romano

朱諾神殿
Tempio di Giunone

宙斯神殿
Tempio di Giove Olimpico

神殿谷
Valle dei Templi

神殿廣場
Ple. dei Temopli

協和神殿
Tempio della Concordia
Via dei Templi

狄奧斯克利神殿
Tempio dei Dioscuri

海克力士神殿
Tempio di Ercole

特隆涅神殿
Tempio di Terone

圖例　景點　廣場　遊客服務中心
博物館　火車站　巴士站

INFO

基本資訊

人口：59,648　**面積**：224平方公里　**區碼**：(0)922

如何前往

◎火車

從巴勒摩的中央車站搭乘火車前往阿格利真托中央車站（Agrigento Centrale），車程約2小時10分，每小時1班次；從卡塔尼亞搭乘火車前往，無直達列車，需要在Caltanissetta轉車，車程約3.5~4.5小時。時刻表及票價可於國鐵官網或至火車站查詢，詳見P.37。

◎巴士

城市間的長途巴士都停靠在火車站北方不遠處的Piazza Rosselli，這裏同時也是售票窗口。從巴勒摩搭乘巴士前往阿格利真托相當方便，Cuffaro和Autoservizi Camilleri均提供往返交通，車程約2~2.5小時，Cuffaro票價單程€9，來回€14.2；Autoservizi Camilleri單程票價€8.7。週一至週六每天約有5~8班次，週日會減至1~3班，Autoservizi Camilleri車次選擇較少。從卡塔尼亞出發，可搭乘SAIS的巴士，平均每小時發車，車程約3小時，票價單程€13.4，詳細發車時間可於官網查詢。

Cuffaro ⓦ www.cuffaro.info
Autoservizi Camilleri
ⓦ www.camilleriargentoelattuca.it
SAIS ⓦ www.saistrasporti.it

市區交通

火車抵達位於舊城邊緣的阿格利真托中央車站，不管是從火車站或巴士總站，距離市中心都不遠，可以步行前往。若要步行前往景點，考古學博物館約需25分鐘，神殿谷約需35分鐘，建議搭乘TUA巴士，巴士1、2、3號由Piazza Rosselli發車，途經火車站、考古學博物館和神殿谷。於書報攤先購票，單程票價€1.1，上車購票€1.65。

阿格利真托的主要景點都集中在神殿谷，建議先搭巴士至考古學博物館，對該地建築及歷史稍加了解後，再步行前往神殿谷。

旅遊諮詢

◎遊客服務中心

ⓟP.302A1 ⓖ火車站 ⓦ週一至週五8:00~20:00，週六8:00~14:00 ⓧ週日

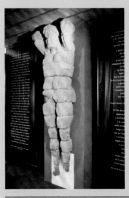

MAP ▶ P.302A3

考古學博物館
Museo Nazionale Archeologico

收藏阿格利真托文物

🚌火車站或巴士總站搭乘1、2、3號巴士前往，於San Nicola下車 ☎401-11 ◐考古學博物館週日和週一9:00~13:00、週二至週六9:00~19:00 ⑤全票€8、半票€4，神殿區與考古學博物館套票全票€13.5、半票€7 ⓦ www.valleyofthetemples.com

在市區與神殿群之間的路上，有一座國立考古學博物館，是西西里島的第二大博物館，在參觀神殿之前先花點時間看看考古博物館，可以對神殿的歷史、建築更加瞭解。

博物館內收藏大量在阿格利真托以及附近域出土的文物，包括年代回溯到西元前3~6世紀古希臘及羅馬時期的瓶甕、陶器、大理石、大大小小的雕像、石棺以及陪葬用品等，其中最震撼的是高達7.5公尺的巨石人像，從宙斯神殿散落的石塊搬移過來並重新組合復原，仰望這個曾被安置於神殿外牆的巨人，再對照一下旁邊的宙斯神殿小模型，不難想像從前宙斯神殿雄偉壯觀的規模。

博物館旁邊有一座西元前1世紀的小神殿，以及可容納多達3000人的希臘圓形集會場所(Ekklesiaterion)，該集會場所興建於西元前4~3世紀之間，是西西里島上保存最完整的古希臘時期公共建築，至今還可以看見上方的馬賽克鑲嵌畫。

西西里島⋯阿 格利真托 Agrigento

神殿之谷
Valle dei Templi

希臘境外最重要的古希臘建築群

🎵可搭乘1、2、3號巴士前往神殿廣場，於Posto di Ristoro 下車，之後以步行的方式參觀各景點 ☎261-611 ⏰神殿區 8:30~19:00 💲全票€10、半票€5，神殿區與考古學博物館套票全票€13.5、半票€7 🌐www.parcovalledeitempli.it

神殿谷是阿格利真托南面的一座小山丘，有希臘境外最重要的古希臘建築群。 這裡最早的建築可溯至西元前5世紀，現在的面貌雖然屢遭天災、戰火及基督教徒的破壞，但還算保存完整；再加上位居山谷內的險要地勢，一面可遠眺阿格利真托市區，一面坐擁山谷綠地，還能遠觀地中海海景，因此參觀起來令人感到心曠神怡。 神殿谷以神殿廣場(Ple. del Templi)為中心，劃分為東西兩個區域，門票統一在東部區域的入口處購買。東部區域居高臨下，擁有得以眺望遠至海岸的景色，這個區域裡坐落著最古老的海克力士神殿、完美保存的協和神殿，以及聳立於邊緣的朱諾神殿。至於西部區域則散落著大量頹圮的遺跡，其中以殘留巨石人像的宙斯神殿，以及僅存四根柱子的狄奧斯克利神殿最具看頭。

海克力士神殿Tempio di Ercole

海克力士神殿興建於西元前520年，現在所看到僅存的8根廊柱，是經過英國考古學家哈德凱斯爾(Alexander Hardcastle)修復的，原先共有40根廊柱，撐起這座獻給地中海世界中最著名英雄大力士海克力士的神殿，不過如今許多都已倒塌。當然也有部分考古學家認為這座神殿其實是獻給太陽神阿波羅，因為它和位於希臘德爾菲(Delphi)的阿波羅神殿有著類似的結構，但無論如何，即便至今依舊無法找出它傾倒的原因，海克力士神殿始終都是阿格利真托最古老的一座神殿。

協和神殿Tempio della Concordia

大約興建於西元前430年的協和神殿，是西西里島規模最大、同時也是保存最完整的一座多立克柱式神殿，如果就希臘神殿來說，它保存完整的程度僅次於雅典的帕德嫩神殿！

34支列柱環繞的協和神殿擁有絕佳的視野，可以俯視阿格利真托一帶綿延的城市景觀與海岸。雖然是座神殿，卻在西元596年時因為當時教宗的一聲令下，搖身一變成了聖保羅聖彼得大教堂，也因此有了某些變革和維護，例如地下有著墳墓，此外還設有部分密室等。18世紀時，協和神殿以原本的設計重新整修，也因此今日才能有著如此完整的結構。

神殿原本祭祀的神祇已不可考，神殿的名字來自於考古學在在神殿基座發現的拉丁文刻文。

朱諾神殿Tempio di Giunone

　　位於東部區域最邊緣地帶的朱諾神廟，獻給宙斯的妻子朱諾，羅馬人稱她為「希拉」，她是主宰婚姻及生育的女神，同時也是希臘萬神殿中的主神，朱諾神殿一向被希臘人作為舉辦婚禮的地方。

　　朱諾神殿興建於西元前470年，雖然上部結構都已消失，然而大部分的圓柱卻都還保存完好。這些柱子於18世紀重新放回原地，柱基長約38公尺、寬約17公尺，柱子高度更還達6.4公尺，原本應有34根石柱，如今只殘存30根。建於山脊上的朱諾神殿也是阿格利真托所有神殿中視野最好的一座。

狄奧斯克利神殿Tempio dei Dioscuri

　　狄奧斯克利神殿又稱雙子星神殿，是獻給斯巴達皇后麗妲（Leda）和宙斯所生的雙胞胎兒子卡斯托爾（Castor）和波呂克斯（Pollux）。神殿建於西元前5世紀，但在與迦太基人的戰爭及後來的地震中幾乎被破壞殆盡，1832年時曾作修復，不過目前剩下的4根神殿柱卻是使用其他神殿的石材所拼湊出來，而這也是神殿谷中最常出現在明信片或紀念品上的地標。

宙斯神殿Tempio di Giove Olimpico

　　宙斯神殿是西面區域最重要的神殿遺址，建於西元前480年左右，是當時最大的多利克式神殿，不過卻從未落成，之後多次地震的破壞，再加上阿格利真多建新城時，從此處運走大多數的石材，現神殿已面目全非，只留下石頭和柱座，得以窺知當初宏偉的規模。是一座長約113公尺、寬56公尺的建築。

　　根據推估宙斯神殿約有10層樓高，其圓柱高度達18.2公尺，不像其他神殿為開放式柱廊的設計，而是在柱間增加石牆以強化承重效果，考古博物館中看到的巨石人像(Telamone)就安置在外牆上半部的柱間，雙手高舉的姿態就像被宙斯懲罰以肩擎天的巨人亞特拉斯（Atlas），但其實石像的裝飾性大於實質樑柱功能。其中有一塊高7.5公尺的巨石人像還留存至今，現收藏在考古學博物館中，神殿旁則有一尊複製品。

MAP ▶ P.306B2

主教堂

MOOK Choice

Duomo

巴洛克式的莊嚴

🚶 火車站向南步行至Vittorio Emanuele II右轉，約15分鐘 🏠 Piazza del Duomo ☎ 320-044 🕐 7:00~12:00，16:00~19:00

主教堂建於11世紀初諾曼人征服卡塔尼亞後，為拉丁十字結構，因為是獻給西元251年在此殉教的聖女雅加塔（Sant'Agata），所以也稱為聖雅加塔大教堂（Cattedrale di Sant'Agata）。在經歷多次地震、火災和重建後，只有三個半圓形後殿留下諾曼時代的痕跡。

現在的巴洛克風格，是1693年大地震後重建的結果，大量使用埃特納火山的黑色火山岩和夕拉古沙的白色大理石，而擁有柯林斯柱式裝飾的華麗立面則出自維卡里尼（Vaccarini）的設計，大門上方神龕是聖雅加塔的雕像。

教堂內部就像卡塔尼亞的萬神殿，入口就是世界知名的歌劇作曲家貝里尼（Vincenzo Bellini）長眠之地，他為歌劇《夢遊女 La sonnambula》所譜的一段樂曲就刻在石棺上。右翼的聖母禮拜堂有兩個中世紀仿羅馬式石棺，埋葬著亞拉岡（Aragona）時代的國王。中央的半圓後殿濕壁畫，描繪等待加冕的聖雅加塔，左邊的聖器收藏室中，大片壁畫則勾勒出1669年埃特納火山爆發時，岩漿侵襲城鎮情景。

每年2月5日的聖雅加塔節（Festa di Sant'Agata）是西西里島最盛大的節慶之一，從2月3開始一連三天的慶祝和遊行活動。

MAP ▶ P.306B2

教堂廣場與大象噴泉

Palazzo Duomo & Fontana dell'Elefante

鎮壓火山之寶

🚶 火車站向南步行至Vittorio Emanuele II右轉，約15分鐘

主教堂廣場是卡塔尼亞的「心臟」，政治、宗教、商業與生活都繞著廣場四周進行。廣場被維卡里尼設計的巴洛克建築圍繞，東邊是主教堂、北邊是市政廳、南邊是神學院和舊城門Porta Uzeda，這裏也是貫穿城市南北的埃特納大道（Via Etna）起點，從神學院旁邊的小巷子，則可前往充滿海味的魚市場，感受島民的旺盛活力。

卡塔尼亞最具特色的地標，就是廣場中央那隻駄著白色方尖碑的黑色大象。大象的材質是埃特納火山岩，不過雕刻的年代和作者至今不詳，相關的傳說也很多，有種說法是西元八世紀的巫師Eli Odorus雕刻出小黑象，並施展魔法讓大象走路，變成跟隨在身邊的寵物；另一種說法是西元前三世紀佔領卡塔尼亞的迦太基人所雕刻的。

無論大象起源如何，卡塔尼亞人相信這隻小黑象會帶來好運，並且擁有保護城市不受火山侵襲的神奇魔力，所以也被選為城市的象徵。

羅馬劇場

Teatro Romano

卡塔尼亞的羅馬時代

🚶 主教堂沿Vittorio Emanuele II向西步行約5分鐘 🏠 Via Vittorio Emanuele II 266 ☎ 715-0508 🕐 週一至週六9:00~13:00、14:30~19:00，週日9:00~13:00 💲 €6，優待票€3

　　這個劇場被周圍民宅和教堂包圍的密不透風，很容易忽略那小小的入口，進入後才驚訝於劇場的規模，總共21排建於斜坡的觀眾席，據記載曾可容納7000名觀眾入場。

　　半圓劇場建於西元2世紀的羅馬時代，延續原本在此地的古希臘建築，特別的是就地取材，使用黑色火山岩建成堅固的拱廊，獨立的樂團演奏處和觀眾席則有大理石覆蓋。現在劇場最下層的結構已經與流經城市下方的阿曼納諾河水(Amenano)相接觸，原本的設計是為了引水進入，在劇場中表演水戰，卻變成了讓劇場無法使用的障礙。旁邊還有一個相鄰的小型室內劇院。

貝里尼博物館

Museo Civio Belliniano

歌劇大師的故居

🚶 主教堂沿Vittorio Emanuele II向西步行約3分鐘 🏠 Piazza San Francesco D'Assisi, 3 ☎ 715-0535 🕐 週一至週六9:00~19:00，週日9:00~13:00 💲 免費

　　聖法蘭西斯可教堂旁邊這棟不起眼的灰黑色火山岩房子，就是卡塔尼亞的名人－文琴佐 貝里尼(Vincenzo Bellini，1801~1835)的出生地。

　　貝里尼年輕時至拿波里學習音樂，1835年病逝於法國巴黎，他是十九世紀義大利最重要的浪漫樂派作曲家之一，與羅西尼(Rossini)、多尼采蒂(Donizetti)齊名。他的作品特色是結合美妙的旋律和高難度的美聲，表現出浪漫主義式的憂鬱，知名作品有《夢遊女 La sonnambula》、《諾瑪Norma》和《清教徒I Puritani》。

　　現在內部規劃為博物館，分為三個區域，分別展示貝里尼的私人物品、雕像、樂譜手稿及大師生平年表。

瑪西莫貝里尼劇院

Teatro Massimo Bellini

獻給貝里尼的音樂聖殿

🚶 火車站步行前往約13分鐘 🏠 Via Perrotta,12 ☎ 730-6111 🕐 導覽：週二至週六9:30~12:00 💲 導覽：€6 🌐 www.teatromassimobellini.it

　　1890年5月31日，在這個獻給歌劇作曲家貝里尼的同名劇院中，美聲女伶唱出最動人的樂章，以大師譜寫的經典歌劇《諾瑪Norma》揭開序幕。

　　瑪西莫貝里尼劇院的建築外觀裝飾許多寓言神話雕刻，同樣是西西里式的巴洛克風格，與旁邊建築及廣場能完全無違和感的結合。

　　氣派華麗的大廳中央，貝里尼的雕像迎接衣香鬢影的賓客，紅絲絨與裹上金漆的4層樓包廂，裝飾的金碧輝煌，穹頂壁畫描繪的是貝里尼歌劇作品中的四個知名場景。歌劇院內可容納1200人，音場效果相當優良，當代許多知名的聲樂家、演奏家都曾在此演出。

西西里島⋯卡 塔尼亞 Catania

烏西諾城堡
Castello Ursino

火山與地震後倖存的城堡

🚶主教堂步行前往約10分鐘 🏠Piazza Federico II di Svevia, 3 ☎345-830 ⏰9:00~19:00 💲全票€6，若有特展，門票隨之調整

這座四方形的火山岩城堡，幸運地躲過火山和地震，是卡塔尼亞少數殘存的堅固建築。

城堡建於1239年腓特烈二世時代，原本是座海崖邊的防禦軍事碉堡，所以城堡內少有裝飾，瞭望的圓形高塔佔據四個角落。然而1669年火山熔岩改變了地貌，城堡南面由海洋變成陸地，形成現在被住宅包圍的奇特位置。

目前為市立博物館，展出鄰近地區的希臘羅馬時期考古文物和雕刻，中世紀到18世紀的瓷器、武器、銘文、馬賽克和繪畫作品等。

聖尼可拉本篤會修道院
Monastero dei Benedettini di San Nicolò l'Arena

歐洲最大的修道院

MOOK Choice

🚶從主教堂步行前往約15分鐘 🏠Piazza Dante 32 ☎710-2767 ⏰週一至週五8:00~20:00，週六8:00~14:00，週日僅限導覽參觀。導覽：9:00~17:00，每小時一梯次(8月11:00~18:00)，導覽時間約1.5小時 💲全票€6，優待票€4 🌐www.monasterodeibenedettini.it

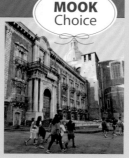

最初只是16世紀建於聖尼可拉教堂後方的小修道院，經過長時間不斷增建，變成歐洲最大的本篤會修道院，能看到不同年代的建築特色。19世紀曾作為民宅、多所學校、軍營和天文觀測台等用途，1997年才成為卡塔尼亞大學的人文學院所在地。

入口大樓的外觀就值得好好欣賞，華麗而生動的雕刻環繞每一扇窗戶，是典型晚期巴洛克式建築，然而門面立柱卻是新古典樣式，此外，內部還有兩座風格迥異的修道院迴廊、建於火山岩上的中庭花園、16世紀儲存食物的地窖、隱藏羅馬時期住宅遺址的地下通道，以及1669年火山噴發時熔岩流過的痕跡。

© Henry_Ma ion via Visualhunt.com / CC BY-SA

埃特納火山
Etna

MOOK Choice

歐洲最活躍的活火山

🚶於中央火車站前的廣場，搭乘AST巴士前往火山南側的Rifugio Sapienza(1923公尺)，再轉乘Funivia dell' Etna纜車上山至2500公尺處。 ⏰AST巴士：8:15出發，途經Nicolosi，16:30回程；纜車：12~3月9:00~15:45、4~11月9:00~16:45 💲AST巴士：單程車票€3.4，來回€5.6；纜車：來回€30 🌐funiviaetna.com(纜車)

埃特納火山是西西里島東岸最壯觀的地景，海拔約3300公尺，是歐洲最高的活火山，由於位處歐亞板塊和非洲板塊的交界，火山噴發活動相當頻繁，幾千年來為卡塔尼亞帶來災難，也帶來肥沃的火山土壤。

大多遊覽埃特納火山都由南側上山，搭乘登山纜車抵達2500公尺後，就擁有眺望愛奧尼亞海岸線的全景視野，從這裡可以選擇健行或搭乘有導遊帶領的四驅車前往2900公尺的火山口區，健行來回約需3.5~4小時路程。山頂火山口區可看到像月球一樣荒涼的地表，冷卻後的火山熔岩和熔岩洞，黑色火山堆和冒著煙的火山口。

夕拉古沙●

夕拉古沙
Siracusa

文●李曉萍・墨刻編輯室　攝影●李曉萍・墨刻攝影組

你也許不認識夕拉古沙，但一定曾在小學課本中認識阿基米德，這個身兼數學家、物理學家、科學家和發明家於一身的古希臘學者，就是夕拉古沙最有名的市民。

夕拉古沙位於西西里島的東南海岸，易於防守的海岸線、絕佳的天然海港以及肥沃的土壤，吸引了古希臘人於西元前733年時在此創立殖民地，雖然它也有過短暫的民主，但城市能迅速發展，要歸功於幾位雄才大略的專制統治者，西元前五世紀亥厄洛一世（Ieron I）和狄奧尼修西奧一世（Dionysius I）時期，夕拉古沙已經是西西里島城邦之首，也是雅典以外最重要的經濟、文化中心。

不過也因為它過於蓬勃的發展讓雅典備受威脅，西元前415年羅伯奔尼薩戰爭期間，假借聲援傑斯塔（Segesta）的求助，希臘派出一支擁有上百艘戰船的艦隊攻打夕拉古沙，沒想到全反遭殲滅。

西元前四世紀，這座城市已經成為希臘世界中最富裕的城市，直到西元前215年時，在羅馬與迦太基人的第二次布匿克戰爭中，夕拉古沙選錯邊支持迦太基人，反遭逢羅馬人攻擊，最後終因不敵長達2年的圍城而被迫投降，從此夕拉古沙失去了它的重要性。

如今，這座西西里島上知名的濱海度假勝地，仍保留著2700年前的歷史痕跡，許多希臘、羅馬和巴洛克時期的建築，分布於城市北面的尼阿波利考古公園以及南面歐提加島(Isola di Ortigia)的舊城區，而連接兩者的中間地帶，則是夕拉古沙新城的所在地。

INFO

基本資訊

人口：122,316　**面積**：207.78平方公里
區碼：(0)931

如何前往

◎火車

從巴勒摩或西岸、南岸其他城市搭乘火車前往夕拉古沙，都必須在卡塔尼亞換車，巴勒摩出發車程約4.5~5小時。從卡塔尼亞（Catania）、梅西納(Mesina)和陶美拿(Taormina)前往夕拉古沙的火車，以卡塔尼亞的班次最多，平均每小時就有一班，車程約1小時10分；從陶美拿出發，每天約有10班車，車程約2小時；梅西納出發車程約3小時。正確班次、詳細時刻表及票價可於國鐵官網(www.trenitalia.com)或至火車站查詢，火車相關資訊見P.37。

◎巴士

部分地區巴士停靠於火車站前，但大多前往夕拉古沙的城際巴士停靠於歐提加島最北邊、靠近溫貝多一世大道的巴士中繼站，由此可步行前往景點，或在溫貝多大道上轉乘市區巴士前往本島。

從卡塔尼亞可搭乘Interbus巴士前往夕拉古沙，幾乎每小時就有一班車，車程約1小時20分。AST巴士則往來拉古薩(Ragusa)的路線，車程約2小時20分。詳細發車時間與班次，請至官網查詢。

Interbus Ⓤ www.interbus.it
AST Ⓤ www.aziendasicilianatrasporti.it

市區交通

火車站位於本島的南端，無論前往歐提加島或是尼阿波利考古公園，步行均約需20分鐘左右。

如果時間充裕，建議以步行的方式慢慢參觀這座城市，特別是穿梭於歐提加島的巷弄之間，景色非常宜人。本島尼阿波利考古公園一帶的景點，像是聖喬凡尼教堂墓窖和流淚聖母教堂等等，彼此距離也都不遠，唯獨歐提加島的大教堂和尼阿波利考古公園之間，步行約需40分鐘，可以選擇搭乘市區巴士往返。

比較適合遊客的是AST經營的d'amare巴士，起站於本島西南角，1號藍線繞行歐提加島外圍一圈、經阿基米德廣場、溫貝多一世大道至火車站；2號紅線經溫貝多一世大道、流淚聖母教堂、尼阿波利考古公園至火車站，營運時間為7:00~22:00，每20分鐘一班次，90分鐘內有效的單程票€0.5，一日券€2，直接上車投幣買票即可。

旅遊諮詢

◎歐提加島遊客服務中心

🔺P.312B3　⊙Via Maestranza 33　☎464-255
🕐週一至週五8:00~14:00、14:30~17:30，週六8:00~14:00　㊡週日　Ⓤwww.siracusaturismo.net
(提供許多資訊的民營網站)

◎羅馬路遊客服務中心

🔺P.312B3　⊙Via Roma 31　☎0800-055-500　Ⓤ
週一至週六8:00~20:00，週日9:15~18:45

尼阿波利考古公園
Parco Archeologico della Neapoli

聖喬凡尼教堂墓窖
Catacomba di San Giovanni

保羅歐西考古學博物館
Museo Archeologico Regionale Paolo Orsi

希臘劇場
Teatro Greco

羅馬圓形劇場
Anfiteatro Romano

流淚聖母教堂
Santuario Madonnina delle Lacrime

亥厄洛二世祭壇
Ara di Ierone II

夕拉古沙車站
Staz. F.S

Pza. Morconi

大港 Porto Grande

公車總站

潘卡利廣場
Pza. Pancali

阿波羅神殿
Tempio di Apollo

Foro Vittorio Emanuele II

阿基米德廣場
Pza. Archimede

阿蕾杜沙之泉
Fonte Aretusa

大教堂 Duomo

歐提加島
Isola di Ortigia

瑪尼亞契城堡
Castello Maniace

夕拉古沙

圖例　◎景點 ✚教堂 🏛博物館 🚌巴士站 ▢廣場
　　　 🎭劇院 🏰城堡 🚉火車站 ℹ遊客服務中心

本島

MAP ▶ P.312A1

尼阿波利考古公園

MOOK Choice

Parco Archeologico della Neapolis

保留夕拉古沙的黃金時代

🚶 由火車站步行前往約20分鐘,或搭乘d'amare紅線 ⌂ Via S. Sebastiano 43(諮詢與售票處) ☎ 66206 ◷ 4~10 月9:00~18:00,11~3月9:00~16:30 💲 全票€10、優待票 €5,另有與考古博物館的套票€13.5,優待票€7

「Neapolis」字源是希臘文中的「新城」,當傑隆(Gelon)擔任君主時期,歐提加島的居民已呈飽和,所以他在這裏開闢新城區,接下來歷任統治者陸續於此建設,形成了這一片占地遼闊的區域,殘存至今的包含當地最具代表性的古希臘遺址、採石場和羅馬遺址等,2005年被列入世界文化遺產。

羅馬圓形劇場Anfiteatro Romano

羅馬圓形劇場的年代可回溯到西元3世紀,至今依舊可以看見它橢圓形的石造結構,是世界上現存第三大的同類型建築,僅次於羅馬和維洛納兩座圓形劇場。

劇場觀眾席高台下依舊保留了猛獸及格鬥士出場的通道,圓形劇場後方有個羅馬水池,從前可引水進入表演水戰場面。低頭仔細看看觀眾席的石椅,運氣好的話,能找到昔日座位上刻留的擁有者姓名。

天堂採石場
Latomia del Paradiso

這個枝葉扶疏的大型庭園,古希臘時期是開鑿、切割、獲取石材的地方,夕拉古沙重要的神殿與建築都是從這裡獲得材料。

此處最著名的景點是一處名為「狄奧尼西奧的耳朵」(Orecchio di Dionisio)的洞穴,洞口狀似耳朵,深達65公尺,擁有極佳的回音,1586年時著名畫家卡拉瓦喬參觀過這裡後替它取了今日的名字,傳說狄奧尼奧國王曾在上方竊聽拘禁於此的戰俘和囚犯言談。一旁的繩索工人洞穴(Grotta di Cordari)擁有非常涼爽的環境和大量的水源,這裡一直都是工人製作繩索的地方。

希臘劇場Teatro Greco

陽光下閃耀白亮的希臘劇場(Teatro Greco),坐落於昔日獻給阿波羅的聖山(Mount Temenite)上,位置居高臨下,足以遠眺直到港口的風光。劇場落成於西元前5世紀,比陶美拿的希臘劇場還大,67排石椅可同時容納將近1萬5千名觀眾,曾經上演過古希臘劇作家兼詩人埃皮卡爾摩(Epicarmo)的作品,現在每年夏季的希臘藝術季,舞台上仍然高唱希臘詩歌。

亥厄洛二世祭壇
Ara di Ierone II

圓形劇場旁的巨大白色石頭底座,是希臘時代保存至今最大的神殿祭壇。大約為西元前3世紀亥厄洛二世所建,從遺址推測,長寬約198和23公尺,當時曾在這個祭壇為宙斯同時獻祭過450頭公牛。上方的結構已在16世紀時被西班牙軍人摧毀。

西西里島┈┈夕 拉古沙 Siracusa

本島

MAP ▶ P.312A1

聖喬凡尼教堂墓窖

MOOK Choice

Catacomba di San Giovanni

古老的大型地下墓室

🚇 從火車站步行前往約15分鐘，或搭乘d'amare紅線於San Giovanni下車 ⌂Via San Giovanni alle Catacombe, 1 ☎64-694 ⏰週二至週日9:30~12:30、14:30~17:30 ⊗週一 💲全票 €6、半票 €4（包含導覽）

傳說教堂興建於羅馬殉教聖人聖馬爾奇安(St Marcian)西元3世紀時的下葬處，聖喬凡尼教堂墓窖最初的建築出現於拜占庭時期，阿拉伯人入侵幾乎損毀了它的半圓形室，如今所看到的面貌，是以同樣建材重建的。

一條通道通往容納上千座大小壁龕的地下室，由於聖馬爾奇安的傳說，使得這裡被視為羅馬基督教堂的聖地，幾千具骸骨至今仍在此安息，除此之外，你可以欣賞到不同時期的壁畫，以及象徵四大福音書作者的原始符號，至於最古老的大型地下墓室年代可回溯到西元4世紀，那是利用古希臘人的地下儲水池修建。

本島

MAP ▶ P.312A1

流淚聖母教堂

Santuario della Madonna delle Lacrime

神蹟的淚水

🚇 從火車站步行前往約15分鐘，或搭乘d'amare紅線於San Giovanni下車 ☎21-446 ⏰7:00~20:00 🌐www.madonnadellelacrime.it

這座高達80公尺，猶如大型三角錐的教堂，是夕拉古沙的地標，在本島及歐提加島的高處都能看見它高聳擎天的塔尖。

教堂落成於1994年，是當地少數現代建築之一，裡頭收藏著一尊1953年時淚流5天的聖母像，當時許多人都見證了這項奇蹟，而聖母像流下的眼淚經分析成分等同於人類的淚水，這件事情轟動國際，越來越多信徒湧向夕拉古沙，因此同年年底當地的大主教答應替聖母興建一座教堂，也就是今日的流淚聖母教堂。教堂的造型靈感來自一滴巨大的淚水，如今這尊聖母像供奉於上層禮拜堂的中央祭壇上。

本島

MAP ▶ P.312B1

保羅歐西考古學博物館

Museo Archeologico Regionale Paolo Orsi

收藏古代遺跡

🚇 從火車站步行前往約15分鐘，或搭乘d'amare紅線於San Giovanni下車 ⌂Viale Teocrito, 66 ☎489-511 ⏰週二至週六9:00~18:00、週日和假日9:00~13:00 ⊗週一 💲全票€8、優待票€4，另有與尼阿波利考古公園的套票，全票€13.5，半票€7 🌐www.regione.sicilia.it/beniculturali/museopaoloorsi/

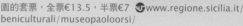

昔日位於歐提加島上的考古學博物館因不敷收藏19世紀大量出土的文物，而遷移到本島上的Landolina別墅，成為今日占地9千公尺的保羅歐西考古學博物館。

博物館收藏品依時間排列展示，主要分為四大部分，史前時期、青銅時期、希臘殖民時期、羅馬統治時期。在它上千件的收藏中，以在塔波索斯(Thapsos)發現的陶器、陪葬物品，以及西元前2世紀的女性雕像Venus Landolina最具代表性，後者甚至成為該博物館的標誌。

歐提加島

MAP ▶ P.312B3

阿波羅神殿

Tempio di Apollo

大型多利克式神殿遺址

🚋 從火車站至溫貝多一世大道過橋至歐提加島即達，步行約15分鐘

　　歐提加島是夕拉古沙的舊城區所在地，已有超過2700年的歷史，儘管受到外族、地震甚至二次大戰轟炸的破壞，還是保存了不少遺跡，位於潘卡利廣場(Piazza Pancali)上的阿波羅神殿就是其一。

　　阿波羅神殿興建於西元前570年，屬於希臘人早期殖民的建設，是西西里島上第一座落成的大型多利克式神殿，一度被當成拜占庭教堂和清真寺使用，於1938~1943年間挖掘出土，儘管今日僅留下基座、斷垣殘壁以及幾根圓柱，依舊可勾勒出昔日宏偉的模樣。

　　神殿旁的當地市集，販售鮮花、蔬果、香料以及當地海鮮，早晨總是擠滿熙來攘往的人潮，最能感受西西里島居民的蓬勃生氣。

歐提加島

MAP ▶ P.312B3

阿基米德廣場

Pza. Archimede

紀念城市的名人阿基米德

🚋 從火車站步行前往約20分鐘

　　阿基米德是夕拉古沙最引以為傲的人物，他在物理上發現浮力與相對密度間關係的阿基米德原理，在數學上發明了影響微積分發展的逼近法，在羅馬圍城夕拉古沙時，他甚至發明了許多武器應敵，可惜最後還是輸給了偷開城門的叛徒，而阿基米德也死在羅馬士兵的手中，夕拉古沙在奮勇抵抗2年後不得不投降。

　　阿基米德廣場是歐提加島的經濟活動中心，用來紀念這位偉大的人物，廣場四周圍繞著多棟華美的建築，中央坐落著黛安娜噴泉，以現代的方式闡述水仙阿蕾杜沙(Aretusa)為躲避河神阿菲歐(Alpheus)的熱烈追求，而化身為一道泉水的故事。

歐提加島

MAP ▶ P.312B4

阿蕾杜沙之泉

Fonte Aretusa

希臘愛情神話傳說

🚋 從火車站步行前往約30分鐘，或搭乘藍線巴士至Fonte Aretusa

　　這處濱海的露天湧泉是昔日的自然飲水口，種植著大量的紙莎草(papyrus)，現在泉水四周圍繞著一座平台，是欣賞海景和散步的好地方，經常可以看見當地人撐起釣竿，在海邊悠閒釣魚。

　　阿蕾杜沙之泉的名稱來自一則希臘神話，據說水仙阿蕾杜莎在和黛安娜女神狩獵後，來到阿菲歐河游泳，沒想到河神卻愛上了她，為了躲避阿菲歐的熱烈追求，在黛安娜女神的幫助下，阿蕾杜沙化身為一道泉水，並流注於伯羅奔尼薩半島(Peloponnese)外的海上，最後成為夕拉古沙的一處泉水，阿菲歐為了追隨她也將自己化身為一道泉水，並遠從希臘到此和她交會。

西西里島⋯⋯夕 拉古沙 Siracusa

時，多利克式神殿搖身一變成為拜占庭教堂，內殿之間以8道圓拱區隔，兩側牆壁依然可看見這些巨大而歷史悠久的石柱。而現在的巴洛克式門面，則是1963年大地震的嚴重毀損後重建的結果，出自18世紀設計師帕爾瑪(Andrea Palma)。

儘管外觀呈現華麗的巴洛克形式，然而教堂年代久遠，經歷數次轉變，因此內部保留了不同時期的風格與藝術收藏。右殿第一座禮拜堂中有一座13世紀的洗禮台，7隻銅獅成了它的座腳；第二間禮拜堂點綴著大量的雕刻，獻給夕拉古沙的守護聖人聖塔露西亞(Santa Lucia)，主祭壇下方的聖骨匣中收藏著聖人的一截手臂骨；16世紀的聖塔露西亞塑像銀棺放置於祭壇後方，只有在聖人紀念日當天才會開放參觀。

右殿最後方的是保存了拜占庭風格的聖十字禮拜堂，一旁裝飾著15世紀的聖母和聖塔露西亞等雕像。中殿有15世紀胡桃木的唱詩班席位，左側半圓後殿則供奉著聖母與聖嬰像。

歐提加島

MAP ▶ P.312B3

主教堂

Duomo

華麗巴洛克的大型藝術品

🚇 從火車站步行前往約25分鐘，或搭乘藍線巴士至Fonte Aretusa下車再步行5分鐘 🏠Piazza del Duomo 4 ☎65328 ⏰8:00~19:00 💲€2

大教堂廣場一整片米白色石灰岩建築，陽光下閃耀溫柔的金色光芒，其中擁有富麗堂皇的外觀，精緻的猶如一件大型藝術品，就是夕拉古沙的主教堂。

教堂最早的結構出現於西元前6世紀，是古希臘時期獻給戰爭女神雅典娜的神殿。西元7世紀

歐提加島

MAP ▶ P.312B4

瑪尼亞契城堡

Castello Maniace

守護城市的堡壘

🚇 從火車站步行前往約35分鐘，或搭乘藍線巴士至Castello Maniace 🏠Via Castello Maniace, 51 ☎464-420 ⏰週一至週六9:00~13:45 💲全票€2，每月第一個週日開放免費參觀

倨傲獨立於歐提加島尖端，突出在愛奧尼亞海之上，瑪尼亞契城堡擁有絕佳的360度視野，能全面監控進出港口的船隻。

優越的戰略位置吸引腓特烈二世（Federico II）的青睞，於1239年在這裏建立軍事堡壘，除

了15世紀成為監獄用途以外，瑪尼亞契城堡一直到第二次世界大戰的漫長歷史中，都肩負著重要的軍事功能。現在的城堡已卸下保衛城市的職責，幾個簡單的展覽廳除了展示從前城堡中的文物，也用於不同主題的特展。

The Savvy Traveler
聰明旅行家

文●墨刻編輯部

基本資訊

義大利

正式國名：義大利共和國Repubblica Italiana(Italian Republic)
地理位置：義大利是由阿爾卑斯山脈向地中海延伸的靴型半島，北與法國、瑞士、奧地利、斯洛維尼亞等國接壤，東、西、南面分別被亞得里亞海、愛奧尼亞海、地中海、第勒尼安海、利古里亞海環繞。本土之外，周邊還包括西西里島、薩丁尼亞島等70多座島嶼
面積：301,338平方公里
人口：60,795,612人
首都：羅馬(Roma)
宗教：95%羅馬天主教
語言：義大利語，但每個地方都有一點差異的方言。除了南義和西西里島的小鄉鎮以外，大多可使用英語溝通。

梵諦岡

正式國名：教廷The Holy See
地理位置：全境被羅馬市區包圍
面積：0.44平方公里，為全世界面積最小的國家
人口：約800人
首都：梵諦岡城(Vaticano)
宗教：羅馬天主教
語言：義大利語，拉丁語(羅馬教廷)

聖馬利諾共和國

正式國名：聖馬利諾共和國Republic of San Marino
地理位置：位於義大利東北方艾米利亞－羅馬納區境內，座落於亞平寧山脈間
面積：61.2平方公里，世界上面積第五小的國家
人口：32,742人
首都：聖馬利諾市(Citta di San Marino)
宗教：羅馬天主教
語言：義大利語

簽證辦理

從2011年1月11日開始，台灣遊客前往包含瑞士、列支敦士登在內的歐洲36個國家和地區，無需辦理申根簽證，只要持有效護照即可出入申根公約國，6個月內最多可停留90天。有效護照的定義為，預計離開申根區時最少還有3個月的效期。

但要注意的是，儘管開放免簽證待遇，卻不代表遊客可無條件入境，移民官有時會在入境檢查時要求提供相關證明文件，例如：來回航班訂位紀錄與足夠的旅費，建議隨身攜帶以備查驗。另外，原本辦理申根簽證所需的旅遊醫療保險，雖同樣非入境時的必備證明，但最好同樣投保，多一重保障。

旅遊諮詢與實用網站

◎義大利經濟貿易文化推廣辦事處
⌂台北市基隆路一段333號18樓1809室國貿大樓
☎(02)2345-0320
✉簽證組：週一和週五9:50-12:50；領事組：週二至週四9:50-12:50
🌐www.italy.org.tw
◎義大利國家旅遊局
🌐www.italia.it
◎義大利國家鐵路
🌐www.lefrecce.it
◎綜合交通資訊規劃
🌐www.rome2rio.com

飛航資訊

義大利是台灣熱門的旅遊目的地，多家航空公司提供飛往羅馬、米蘭、佛羅倫斯以及威尼斯等城市的班機，只有中華航空直飛羅馬以外，其他航空公司都必須轉機，但中華航空直飛羅馬的班機也會中停印度新德里，飛航時間約16個小時。

亞洲航空公司通常提供該國首都轉機一次的羅馬或米蘭班機，如果想飛往佛羅倫斯、威尼斯或西西里島等地，就必須搭乘歐籍航空公司航班，通常得經過兩次轉機才可抵達。

若不知如何選擇航空公司，建議善用機票比價網站

航空公司	目的地	訂位電話	網址
中華航空	羅馬	412-9000(手機撥號02-412-9000)	www.china-airlines.com
國泰航空	羅馬、米蘭	(02)2715-2333	www.cathaypacific.com.tw
新加坡航空	羅馬、米蘭	(02)2551-6655	www.singaporeair.com.tw
泰國航空	羅馬、米蘭	(02) 8772-5111	www.thaiairways.com.tw
馬來西亞航空	羅馬	(02)2514-7888	www.malaysiaairlines.com
大韓航空	羅馬、米蘭	(02)2518-2200	www.kepak.com.tw
英國航空	羅馬、米蘭、威尼斯	(02)2512-6888	www.britishairways.com
德國漢莎航空	羅馬、米蘭、佛羅倫斯、威尼斯	(02)2325-2295	www.lufthansa.com.tw
瑞士航空	羅馬、米蘭、佛羅倫斯、威尼斯	(02) 2507-8133	www.swiss.com
荷蘭航空	羅馬、米蘭、佛羅倫斯、威尼斯	(02)2711-4055	www.klm.com.tw
法國航空	羅馬、米蘭、佛羅倫斯、威尼斯	(02)2711-4022	www.airfrance.com

Skyscanner，填寫出發、目的地及時間後，可選擇只要直達班機或轉機1~2次，網站上會詳細列出所有票價比較、飛航時間及提供服務的航空公司組合。

◎Skyscanner

ⓦwww.skyscanner.com.tw

旅遊資訊

時差

冬季比台灣慢7小時，夏季實施夏令日光節約時間（3月最後一個週日起，10月最後一個週日止）比台灣慢6小時。

貨幣及匯率

歐元為唯一的法定貨幣， 1歐元約等於台幣36.6元(2016年3月)。

電壓

義大利的電壓為220伏特，電器插頭為2根圓頭，插座有個圓型凹孔。

打電話

從台灣撥打義大利：002＋39＋區域號碼(去掉0)＋電話號碼
從義大利撥打台灣：00＋886＋區域號碼(去掉0)＋電話號碼
從義大利撥打台灣手機：00＋886＋手機號碼去掉第一個0
◎緊急連絡電話
警察局：113
◎駐義大利台北代表處
⊙Viale Liegi 17, Roma ☎(06)98262800
◎急難救助電話
駐義大利代表處：366-806-6434、340-386-8580

外交部海外急難救助免付費電話：00-800-0885-0885

網路

住宿的飯店民宿，不管哪種等級，大多提供免費無線網路，許多餐廳和咖啡館也開始提供這項服務。至於公共區域的免費網路沒有台灣普及，一般而言北部大城市較多無線網路熱點，例如米蘭市區到處都有免費網路點。火車站、景點和博物館雖然提供免費網路，但常常需要有一組義大利的手機號碼來接收註冊的簡訊密碼。

若常有使用網路的需求，可考慮在國內先購買依天數計費的網路漫遊分享器，或是於當地購買電信業者推出的手機預付卡(Prepaid)方案，可比較義大利最大的電信公司Telecom Italia以及TIM Welcome Internet的資費方案，好處是可以得到一組電話號碼用來註冊各地免費使用的無線網路。

郵政

許多人到國外旅遊喜歡寄明信片給自己或親朋好友，義大利的郵政系統比較多元，除了國營郵局(Le Poste)以外，還有Friendpost和Globe Postal Service(GPS)兩種私營郵政系統。

國營郵局的郵票(Francobolli)有印Italia字樣，可以投入一般隨處可見的紅色郵筒，寄回台灣的話記得投入右邊投遞口，郵票可在郵局或Tabacchi香菸攤購買。GPS和Friendpost都有專屬郵筒，大多設在熱門觀光區的紀念品商店外，好處是郵票上有Bar Code，可追蹤信件的下落，缺點是郵筒較少，若帶著郵票前往下個城市，不見得找得到專屬郵筒。若在紀念品店或Tabacchi買郵票，記得看清楚是屬於哪個郵政系統。

小費

於餐廳消費，服務費已包含在費用內，若對於服務

非常滿意，可加**10%**作為小費。但對於高級飯店協助提行李或客房服務的人員，習慣上會給予2歐元小費。

飲水

一般而言，飯店和餐廳內水龍頭的水皆可生飲，許多城市路邊都有大大小小的噴泉，若沒有特別標註，都是可直接飲用的水。某些石灰岩層區域，水中礦物質含量較高，例如：普利亞省、西西里島等，水的味道較為特別，若平常腸胃較敏感的人，建議還是另外購買飲用水。此外，若在餐廳用餐，要求**Tap Water**是免費的。

廁所

義大利街上的公廁很少且幾乎都要收費，價格依城市而有不同，約在€0.5~€1不等，所以如果已付了門票費用進入景點或博物館，記得使用完廁所再離開。如果臨時想上廁所，不妨前往咖啡館，只要站著喝杯1歐元的義式咖啡(Expresso)，還可以免費使用洗手間，是一舉兩得的辦法。不過要注意是站在吧台喝咖啡，在義大利不管是用餐或喝咖啡，坐著都比站著貴，還會另外收座位費。

營業時間

◎商店

大部份商店營業時間為週一到週六9:30~12:30，然後經過約2~3小時的午休，於15:30~19:30間繼續營業，通常商店週日和假日並不營業，部分商店週六只營業至中午，或是周一只在下午營業。不過像羅馬、米蘭、佛羅倫斯和威尼斯這些旅遊熱門城市，越來越多商店整天營業，有時連週日和假日也不例外。至於購物中心和超市則是整天營業不休息，大約是10:00~21:00左右。

◎餐廳

大部份餐廳都有分中餐和晚餐時段，中餐約為12:30~14:30，晚餐約為19:30~23:00。咖啡館則為全天候7:30~20:00。

治安

近年來受經濟不景氣影響及非法移民與難民增加，犯罪案件有上升趨勢，尤其在觀光客多的大城市，用巧妙手法偷竊的情況一直存在，前往義大利旅行時務必注意自身及財物安全，不要讓行李離開自己的視線，此外，若遇上有人自稱警察要臨檢你的護照或金錢，最好要求要在警察局內進行，因為很多人會假扮假警察騙取財物。

購物退稅

只要不是歐盟國家的人民，在攜帶免稅品離境時，都可以享有退稅優惠。凡在有「Tax Free」標誌的地方購物(也可詢問店家)，且同家商店消費金額滿155歐元以上，便可請商家開立退稅單據，退稅手續須在3個月內到海關辦妥手續。

義大利的營業稅(IVA)約為22％，退稅後扣除手續費約可拿回12％。購物時記得要向售貨員索取退稅單，這張單子應由售貨員幫你填寫，拿到單子一定要再次檢查退稅單上的資訊（姓名、護照號碼、國籍、信用卡號）是否正確。

到達機場要先辦理登機並拿到登機證，交給海關查驗同蓋章時需準備1.登機證2.退稅單3.收據4.購買的商品(沒有使用的痕跡)。

行李託運退稅：機場Check in時先告訴航空公司托運行李要退稅(Tax Refund)，櫃檯會將登機證給你並先貼上行李條，將行李拉到海關退稅處蓋章，此時海關可能會抽查購買的商品，之後再將行李拖回航空公司櫃台送上輸送帶。

行李手提退稅：機場Check in拿到登機證後，直接至海關退稅處蓋章。可選擇在入關前或入關後辦理。

海關在退稅單上蓋印後，即可在機場或邊境的退稅處領取稅款，Premier、Globle Bule和Tax Refund這三家公司在羅馬和米蘭機場都設有專屬服務櫃檯，可選擇領取現金或退回至信用卡。需特別注意的是，排隊退稅的人非常多，盡量提早到機場，事先使用線上Check in也可以加快速度。

常見單字對照表

中文	義大利文	中文	義大利文
星期一	Lunedi	今天	Oggi
星期二	Martedi	明天	Domani
星期三	Mercoledi	昨天	Ieri
星期四	Giovedi	東	Oriente
星期五	Venerdi	南	Sud
星期六	Sabato	西	western
星期天	Domenica	北	Nord
廁所	Toilette / Bagno	男	Uomo
列車	Treno	女	Donna
火車站	Stazione	票價	Tariffa
車站月台	Binario	售票處	Biglietteria
教堂	Chiesa	郵票	Francobolli
廣場	Piazza	你好/再見	Ciao
公園	Giardino/ Parco	對不起	Mi Scusi
巴士	Autobus/ Pullman	謝謝	Grazie

義大利 Italy

MOOK NEWAction no.13

U0153962

作者
李曉萍‧林志恒‧墨刻編輯部

攝影
李曉萍‧林志恒‧周治平‧墨刻攝影組

主編
李曉萍

美術設計
董嘉惠 (特約)‧許靜萍 (特約)‧羅婕云

地圖繪製
陳玉菁 (特約)

出版公司
墨刻出版股份有限公司
地址：台北市104民生東路二段141號9樓
電話：886-2-2500-7008
傳真：886-2-2500-7796
E-mail：mook_service@cph.com.tw
讀者服務：readerservice@cph.com.tw
墨刻官網：www.mook.com.tw

發行公司
英屬蓋曼群島商家庭傳媒股份有限公司城邦分公司
地址：台北市104民生東路二段141號2樓
電話：886-2-2500-7718　886-2-2500-7719
傳真：886-2-2500-1990　886-2-2500-1991
城邦讀書花園：www.cite.com.tw
劃撥：19863813
戶名：書虫股份有限公司

香港發行所
城邦(香港)出版集團有限公司
地址：香港灣仔駱克道193號東超商業中心1樓
電話：852-2508-6231
傳真：852-2578-9337

製版‧印刷
凱林彩印股份有限公司

經銷商
聯合發行股份有限公司（電話：886-2-29178022）
誠品股份有限公司
金世盟實業股份有限公司

城邦書號
KV3013

定價
399元

ISBN
978-986-289-258-9
2016年3月初版　2017年4月4刷

國家圖書館出版品預行編目資料

義大利 / 李曉萍, 林志恒, 墨刻編輯部作. -- 初版. -- 臺北市：墨刻出
版：家庭傳媒城邦分公司發行, 2016.03
320面；16.8×23公分. -- (自遊自在New action；13)
ISBN 978-986-289-258-9(平裝)
1.旅遊 2.義大利
745.09　　　　　105003132